高等职业教育汽车类专业规划教材

Qiche WeiXiu Qiye Guanli

汽车维修企业管理

（第4版）

沈树盛　安国庆　主编

人民交通出版社股份有限公司
China Communications Press Co.,Ltd.

内 容 提 要

本书是高等职业教育汽车类专业规划教材。主要内容包括：企业管理概论、企业经营管理、汽车维修制度、生产技术管理、质量管理与质量检验、企业财务管理、人力资源管理、企业文化建设、汽车维修行业管理，共9章。

本书供高等职业院校汽车类专业教学使用，也可供经营管理者学习参考。

图书在版编目(CIP)数据

汽车维修企业管理 / 沈树盛，安国庆主编. —4版. —北京：人民交通出版社股份有限公司，2019.1

ISBN 978-7-114-15135-4

Ⅰ. ①汽… Ⅱ. ①沈…②安… Ⅲ. ①汽车—修理厂—工业企业管理—高等职业教育—教材 Ⅳ. ①F407.471.6

中国版本图书馆CIP数据核字(2018)第257843号

书　　名：**汽车维修企业管理**(第4版)
著 作 者：沈树盛　安国庆
责任编辑：时　旭
责任校对：刘　芹
责任印制：刘高彤
出版发行：人民交通出版社股份有限公司
地　　址：(100011)北京市朝阳区安定门外外馆斜街3号
网　　址：http://www.ccpcl.com.cn
销售电话：(010)59757973
总 经 销：人民交通出版社股份有限公司发行部
经　　销：各地新华书店
印　　刷：北京虎彩文化传播有限公司
开　　本：787×1092　1/16
印　　张：17
字　　数：408千
版　　次：2004年7月　第1版
2008年5月　第2版
2014年1月　第3版
2019年1月　第4版
印　　次：2024年8月　第4版　第3次印刷　总第28次印刷
书　　号：ISBN 978-7-114-15135-4
定　　价：39.00元

第4版前言

企业发展的成败,关键在于企业生产经营管理者的经营理念和管理素质。

由于现代汽车维修企业管理具有服务性工业企业的特征,企业规模越大、人员越多,生产工艺及生产技术就越复杂,就越需要有先进的企业管理。为此,笔者在工科大专“汽车检测与维修技术专业”的课程设置中坚持开设《汽车维修企业管理》,其目的就是为了让学生掌握汽车维修企业管理的基本思想和基本技巧,从而培养更多的“懂管理的技术人员”及“懂技术的管理人员”,让他们在今后工作实践中,能改善汽车维修企业的生产经营管理,并提高汽车维修企业的产品质量与服务质量。

本书第一版出版于2004年7月、第二版出版于2008年5月、第三版出版于2014年1月。由于本书深入浅出、实用性强,不仅深受汽车维修专业大专院校在校学生们的喜爱,而且也深受汽车维修企业生产经营管理者的欢迎,为此,本书在每版出版后都重印过很多次。

但在第三版出版至今,随着我国改革开放的不断深入,也随着我国机动车维修经营的不断私有化,为了加强对机动车及机动车维修经营者的日常管理,国家不仅颁发了全新的国家标准《汽车维护、检测、诊断技术规范》(GB/T 18344—2016)、《机动车运行安全技术条件》(GB 7258—2017);交通运输部也重新颁发了2015年第17号部令《机动车维修管理规定》和2016年第1号部令《道路运输车辆技术管理规定》。这些新的部令及标准与以往的部令及标准相比较,其差别不仅是将汽车的概念扩展为机动车或道路运输车辆(包括上道路行驶、供人员乘用或运送物品,以及进行工程专项作业的轮式车辆,如汽车及汽车列车、摩托车、拖拉机运输机组、轮式专用机械车、挂车等),而且将汽车维修企业的概念扩展为机动车维修经营者(包括汽车维修企业、个体或集体机动车维修经营者等)。为了全面贯彻这些新的部令及标准,不仅有必要对本书进行全面修订,而且也有必要对本书进行全面审校,以纠正前版不足并尽可能压缩版面。需要说明的是:尽管新旧部令及新旧标准所涉及的范围已有不同,但对于机动车维修经营者而言,其经营管理的内容仍基本相同,因此,本书书名仍将沿用原来的《汽车维修企业管理》。

本书的总体编写思路是,既要继承我国国有企业成功的管理经验,也要发扬我国民营企业灵活的经营理念,并将两者结合,从而创造出一套能适合于我国国情的汽车维修企业管理模式来。虽然国外的汽车维修企业其经营管理理念也十分优秀,但由于国情不同,我们也不能照搬。

当然,随着我国改革开放的不断深入,汽车维修企业管理也还处在不断的发展和摸索过程之中,新问题不断出现,即使是成熟经验也还有待于新实践的检验。因此,即使再版,恐怕也难尽人意。为此,我们殷切期望读者能提出宝贵批评建议,以便能在今后得到纠正。

参与本书编写的人员有:沈树盛、安国庆、代蔚、戴军、孙长富、赵志康、安兰、沈姬、王豫川、龚裕键、周小川等,我们对此表示衷心感谢。

编　者

2018 年 2 月

目　　录

第一章　企业管理概论……………………………………………………………… 1
　第一节　企业管理基本概念…………………………………………………… 1
　第二节　企业管理发展过程…………………………………………………… 6
　第三节　企业管理体制与企业管理制度 ……………………………………… 13
　复习思考题 ……………………………………………………………………… 20
第二章　企业经营管理 ………………………………………………………… 21
　第一节　企业经营管理 ………………………………………………………… 21
　第二节　市场营销理论与经营管理实务 ……………………………………… 28
　第三节　公务车辆及其维修的政府采购 ……………………………………… 44
　复习思考题 ……………………………………………………………………… 48
第三章　汽车维修制度 ………………………………………………………… 49
　第一节　汽车的预防维修制度 ………………………………………………… 49
　第二节　汽车的维护与修理 …………………………………………………… 53
　复习思考题 ……………………………………………………………………… 66
第四章　生产技术管理 ………………………………………………………… 67
　第一节　汽车维修企业的生产管理 …………………………………………… 67
　第二节　汽车维修企业的工艺管理 …………………………………………… 73
　第三节　汽车维修企业的物资管理 …………………………………………… 78
　第四节　汽车维修企业的技术管理 …………………………………………… 85
　第五节　汽车维修企业的设备管理 …………………………………………… 93
　复习思考题……………………………………………………………………… 106
第五章　质量管理与质量检验………………………………………………… 107
　第一节　质量管理概述………………………………………………………… 107
　第二节　全面质量管理与质量保证体系……………………………………… 110
　第三节　汽车维修企业的全面质量管理……………………………………… 122
　第四节　汽车维修企业的质量检验…………………………………………… 130
　第五节　汽车竣工出厂规定与质量保证……………………………………… 137

复习思考题…………………………………………………………………………………… 144
第六章　企业财务管理………………………………………………………………………… 145
第一节　企业财务管理…………………………………………………………………… 145
第二节　企业资产、负债、所有者权益……………………………………………………… 149
第三节　汽车维修企业的营业收入………………………………………………………… 153
第四节　汽车维修企业的成本与费用管理………………………………………………… 156
第五节　汽车维修企业的利润和分配……………………………………………………… 159
第六节　汽车维修企业的财务报告………………………………………………………… 162
第七节　汽车维修企业的财务分析………………………………………………………… 169
复习思考题…………………………………………………………………………………… 178
第七章　人力资源管理………………………………………………………………………… 180
第一节　劳动人事管理…………………………………………………………………… 180
第二节　劳动保护与劳动保险……………………………………………………………… 188
第三节　人力资源管理…………………………………………………………………… 191
第四节　职业道德………………………………………………………………………… 202
第五节　现代企业的职业经理人…………………………………………………………… 208
复习思考题…………………………………………………………………………………… 212
第八章　企业文化建设………………………………………………………………………… 214
第一节　企业文化………………………………………………………………………… 214
第二节　企业形象与企业精神……………………………………………………………… 221
第三节　重塑企业形象…………………………………………………………………… 226
复习思考题…………………………………………………………………………………… 231
第九章　汽车维修行业管理…………………………………………………………………… 232
第一节　汽车维修行业概述………………………………………………………………… 232
第二节　汽车维修行业管理………………………………………………………………… 234
第三节　汽车维修企业的分类及开业……………………………………………………… 240
第四节　汽车维修行业的发展趋势………………………………………………………… 252
复习思考题…………………………………………………………………………………… 253
附录 1　机动车维修管理规定 ………………………………………………………………… 255
附录 2　道路运输车辆技术管理规定 ………………………………………………………… 262
参考文献……………………………………………………………………………………… 266

第一章　企业管理概论

第一节　企业管理基本概念

一、企业与企业管理

1. 企业与企业管理的概念

所谓企业，是为了满足社会需求、从事商品生产或商品经营（流通或服务）等经济活动，并获取盈利的基本经济组织。在社会主义市场经济条件下，企业是具有法人资格、享有民事权利并承担民事义务，依法自主经营、自负盈亏、自我发展、自我约束的独立经济核算单位。

人类的管理活动范围很宽。只要有许多人在一起相互配合、共同劳动的地方都需要管理，甚至凡是有人群的地方都需要管理。例如，七八个人一起抬木头，为了这七八个人的行动统一，就需要有人喊号子来实施管理，当然，这是最原始的管理。

对于人类劳动的管理，源远流长。最初的企业管理只是在企业出现之后需要对企业中的劳动力实施管理。由于当时企业的生产力水平很低，且大多是体力劳动，因此，劳动力管理乃是原始企业管理的中心内容。但随着企业中人员的不断增多和企业规模的不断扩大，特别是随着产品经济向商品经济的发展过渡，为提高企业生产效率和经济效益，企业内部及企业之间便开始了明确分工，企业管理除了劳动力管理外，也出现了更多复杂的管理。由此可见，企业管理不仅是随着人类的共同劳动而逐步产生的，也是随着人类共同劳动的复杂程度而不断发展的，它是社会化大生产的客观要求和直接产物。

现代企业的生产要素不仅包括人力、财力和物力，而且还包括信息、时间和空间。因此，所谓现代企业管理，就是企业管理者通过其管理权限、执行管理职能，掌控企业中人力、财力、物力、信息和时空，并实施有效统一的管辖和治理，从而实现企业生产经营管理既定目标的全过程。虽然企业管理的对象既可能是事，也可能是人，但由于管事或管人都离不开人，因而对于人的管理乃是企业管理中最重要的管理。

正是由于企业管理者直接决定着企业中的人力、财力、物力、信息和时空等诸多要素，因而企业管理者是有效开展企业生产经营管理活动、决定企业生产效率和经济效益的重要保证。企业规模越大，企业人员的步调一致比企业人员的个人能力更加重要。企业越大就越需要企业管理，这就是我们在企业管理中常说的“三分技术、七分管理”。

管理，顾名思义，一是要“管”，二是要“理”。其中的“管”是指管辖权限；而其中的“理”是指在管辖权限范围内的治理职能，包括计划、组织、指挥、控制、协调、领导等。我们要求企业管理者的基本职业素质，不仅要敢于管辖和敢于治理（这是衡量企业管理者的管理态度）；而且还要善于管辖和善于治理（这是衡量企业管理者的管理水平）。

企业管理属于软技术或艺术。虽然企业管理不属于直接的生产力,但由于企业管理是充分发挥企业生产力的重要前提,加强企业管理能使企业不断产生出新的生产力,因而,企业管理也是生产力。

2. 企业管理的两重性

企业的生产过程是统一和协调企业生产力与生产关系的过程。为了保证企业生产过程的正常进行,企业管理者的两个基本职能是:既要合理地组织企业的生产力,也要维护好企业的生产关系。根据这两个基本职能,现代企业管理便具有两重性。

(1)自然属性(共性职能或一般职能)。不管社会制度如何,要发展企业生产力,就必须合理地组织劳动并统一指挥生产。

(2)社会属性(个性职能或特殊职能)。对于不同社会制度下的企业管理,都要维护和完善与社会制度相适应的生产关系。

基于上述企业管理的两重性,我们既要善于学习、借鉴和消化吸收国内外先进企业的管理模式和管理经验(企业管理的自然属性),也要根据国情或企情的不同,将国内外先进的管理技术与国内优越的社会主义制度相结合,才能形成具有中国特色的社会主义现代企业的管理模式——以我为主、博采众长、融合提炼、自成一家。

二、企业管理的基本任务

企业是生产和经营"商品"的基本单位,也是发展社会生产力、实现技术经济进步的主体。企业管理的基本任务,就是要根据社会化大生产的客观规律,在国家计划及国家法律法规的管理、监督、指导和调节下,合理而严密地规范和组织本企业的生产经营管理活动,以便能最充分有效地利用本企业中的人力、物力、财力、信息、时间和空间,为消费者提供足够多、足够好的商品和服务并实现企业的预定目标,从而为本企业创造出最好的经济效益,同时也要承担企业的社会责任,在为国家积累资金的同时保护周边生态环境、改善社会和社区的生活质量,从而为企业创造出最好的社会效益。

汽车维修企业管理的基本任务,就是要根据汽车维修市场的需求,不断增强企业汽车维修能力,提高汽车维修质量,从而满足汽车制造业和汽车运输业的发展需要;同时也要为国家和企业不断创造更多的盈利,从而扩大企业积累。只有这样,才能把汽车维修企业建设成为具有高度精神文明和高度物质文明的社会主义现代化企业。

办企业决不能唯利是图。一个经营管理好的企业:

(1)能充分有效地利用企业中的所有资源(人力、物力、财力、信息、时间和空间)而没有浪费。

(2)企业群体富有凝集力和活力并取得最好的经济效益和社会效益。

三、企业管理的基本职能

企业管理的基本职能包括计划、组织、指挥、控制、协调、领导等。

1. 计划

计划是企业管理的首要职能,是企业进行生产经营管理活动的行动纲领。企业只有通过编制计划,确定企业近期或远期的具体行动目标(干什么)、进度(何时干)、途径与方法(怎么干),才能实现企业发展的最终目标。

企业计划的分类,若按计划时间分类,可分为中长期发展规划、年度或月度发展计划等;若按计划项目分类,可分为产品销售计划、产品生产计划、技术措施计划、产品服务计划、材料供应计划、设备购置计划、员工培训计划、企业财务及成本计划等。

在制订企业计划时,首先要求计划必须符合企业实际需要,即计划要切实可行、操作性强,既不能因为计划制订得太高、经过努力也不能完成而成为空头计划,也不能因为计划制订得太低、不需要努力就能达到而起不到促进企业发展的作用。其次要求计划应该能层层分解和具体落实,从而使企业中各部门及各个人都能明确各自的奋斗目标,便于企业管理者实施组织、考核和控制,确保企业计划目标的全面实现。企业计划的制订方法是:首先要确定企业的经营目标、经营方针和经营政策,然后为实现上述经营目标,编制详尽的生产经营管理作业计划。为了确保企业计划的准确性,企业管理者在制订计划之前一定要充分进行市场调查,并做出准确的市场预测。当企业计划确定之后,整个企业的各项生产经营管理活动都必须严格按计划执行而决不能朝令夕改,以确保企业计划的严肃性。当然,在计划的具体实施过程中也要及时检查,倘若发现有误,也应当根据计划修订程序及时、局部地调整原定计划。

2. 组织

企业的组织管理,就是根据企业计划、企业的业务性质及工作量,来设置必要的组织机构并配备必要的业务人员,并明确其各自的业务范围与职责权限,明确其相互之间的领导与协作关系(包括办事程序和规章制度等),从而合理有效地实施企业计划的全过程。

由于企业(尤其是点多、面广、规模小的汽车维修企业)的组织管理通常会涉及各员工的个人利益,因而也是企业管理中最重要而又最难办的事。为此,在机构设置和人员配备时,必须本着精简和高效的原则,适时适当地调整组织机构并采用岗位竞聘方式来选用能人,因事设人而不要因人设事。

3. 指挥

为确保企业生产经营管理顺利地进行,从而实现企业既定目标,在企业内部必须建立高度集中统一的生产经营管理指挥系统,以组织和调度企业内部的各项事务及各类人员,并使其相互配合、有机协调地发展。

为确保指挥的有效性和权威性,在企业内部:

(1)必须建立岗位责任制度,并根据岗位责任制度,严格按照“逐级管理、逐级负责”的原则,保证指挥或命令的畅通无阻,而不要实施越级管理。

(2)必须加强企业员工的政治思想工作,既要强调执行命令的组织性与纪律性,以确保指挥或命令的有效实施,也要强调各级组织之间的相互合作与主动配合。

(3)指挥者不仅要在指挥之前深入实际,做好充分的调查研究,预测可能发生的各种问题,并及时果断地做出指挥和调整,避免脱离实际的瞎指挥,而且也要充分发扬民主,正确处理民主与集中的关系,以便群策群力,确保指挥或命令实施的正确性。

4. 控制

所谓控制,就是根据企业的既定目标,对企业计划的实施情况实施积极而有效的监督、检查和控制。倘若发现偏差,就要及时分析原因并采取措施纠正。

由此可知,计划是控制的基本依据,控制又是实现计划的基本保证。只有在实施企业计划的整个过程中及时有效地控制，才能确保企业既定目标的最后实现。但要实施计划控制，就必须要建立相应的计划监督与检查制度，并相应建立部门及个人的工作标准，包括岗位责任制度和经济责任制度，各种安全技术操作规程、工艺规范和技术标准、技术经济定额等。

5. 协调

为最终实现企业的既定目标，还需要企业内部和外部多方面、多层次的联系和配合。但在具体实施过程中，可能因为种种原因而难免出现各种人际矛盾，结果使原有的工作安排发生脱节，原有的工作程序遭到破坏，这时就需要协调。这种协调，既包括企业内部的关系协调（如上下级之间的纵向关系协调与部门之间的横向关系协调），也包括企业外部的关系协调（如与其他企业之间的协调、与政府部门之间的协调等）。

为了搞好企业内部的关系协调，不仅在平时就要加强企业员工的政治思想工作，处理好人际矛盾，搞好相互间公共关系；而且还要利用“现场办公”来实地解决企业生产经营管理活动中所发生的各种实际问题，以便理顺关系，强化指挥权威。倘若还有些人际矛盾实在无法协调时，就要及时调整其组织结构，并平衡其纵横关系。

6. 领导

企业管理包括管事和管人两个方面。其中管事的职能通常称为管理，而管人的职能通常称为领导。管理与领导的区别见表1-1。

管理与领导的区别　　表1-1

项　目	管　理	领　导
管理对象	事务	人员
管理内容	企业的生产经营目标	企业的政治思想工作
管理手段	处理人、财、物、时、空的关系，以利用和挖掘各种物质资源的潜力	处理人际关系和上下级关系等，以利用和挖掘各种人力资源的潜力
管理范畴	依靠生产技术（业务知识或业务技术）处理生产经营业务，解决生产、技术与经济问题	依靠企业管理者的个人素质与领导艺术（公关艺术、做好人的工作）解决人事安排与组织保证问题

（1）就管理对象而言，企业管理的管理对象通常是具体的事务；企业领导的管理对象则通常是具体的人。

（2）就管理内容而言，企业管理者通常只注重企业中具体的生产经营管理目标；企业领导则通常注重如何做好企业员工的政治思想工作，以便充分发挥人的主观能动作用去实现企业的生产经营管理目标。

（3）就管理手段而言，企业管理者必须具备企业管理的理论知识和实际技能，并依靠其管理知识及实际技能去处理企业生产经营管理中的各项事务；企业领导者则通常凭其个人素质和领导艺术，依靠公共关系去做好企业员工的政治思想工作，并由此做好相应的人事安排与组织机构，以保证企业生产经营管理中各项事务的顺利进行。

（4）就管理范畴而言，企业管理者通常利用和挖掘企业内部的各种资源（如人、财、物、信息和时空等），以便处理企业内部生产经营管理的各项业务；企业领导者则通常利用和挖掘企业内部的人力资源，掌握人的思想动态，来处理企业内外的各种人际关系。

由此可知，企业领导者的基本职能，就是运用指示、命令、考核、处罚和动员、启发、沟通、教育等手段，统一企业员工的思想和意志，调动企业员工的主人翁责任心和工作积极性，从而推动企业内部各项业务都能朝着既定的企业目标而努力。为此企业领导者不仅要学会如何做企业员工的政治思想工作，并且在日常管理中要多使用动员和启发、少使用指示或命令，多使用沟通和教育、少使用考核或处罚，以实施“以人为本”的人性化管理。

企业领导者的领导艺术，不仅取决于企业领导者的个人素质、管理经验、管理能力（如判断决策能力等）和影响能力，还取决于企业领导者的地位和职权、品德和威望、知识和专长、技能和思维等。由于企业领导者的领导艺术具有经验性、灵活性、创造性、鼓动性和不确定性，因此，企业领导是企业各项生产经营管理职能中最富有挑战性和艺术性的。要想成为一个勇于改革、敢于开拓、受人尊敬、令人称职的企业领导，不仅要重视自身气质和形象的修养，而且更要注重自身领导艺术的修炼和提高，包括如何做好人的政治思想工作，如何搞好企业的各项管理制度建设，如何善于培养、选拔和使用人才，如何做好员工待遇和奖惩等。

上述企业管理的六项职能，彼此之间既相互联系又相互制约，既不可缺少也不可偏废。

四、企业管理者的基本素质

1. 企业管理者的分类

（1）按照企业管理者的管理层次，可分为高层、中层和基层三种。其中：

①公司总经理属于企业管理机构的最高层，其主要职责是制订企业的发展规划和经营方针，实施企业的重大决策，以及选配中层管理者等。

②职能部门经理与车间负责人等属于企业管理机构的中层，其主要职责是根据企业高层所确定的经营计划和经营方针，在各自分管的部门内分解并执行其管理职能。

③工段长与班组长等属于企业管理机构的基层，即现场管理者，其主要职责是根据企业中层的管理指令，直接指挥和监督企业的生产经营管理现场。

（2）按照企业管理者的素质结构，可分为经验型、知识型和能力型三种。其中：

①经验型管理者。由于他们大多刚从工人中提拔，尽管经验丰富，但由于管理能力不足，因而在处理日常事务时常常依赖于经验和习惯。

②知识型管理者。由于他们大多刚从学校毕业，或者刚从专业技术岗位上提拔，尽管有知识、有抱负，但由于年轻而缺乏必要的实践经验，因而在处理日常事务时常常依赖于书本知识。

③能力型管理者。他们不仅具有扎实的理论基础，而且具有丰富的实践经验。显然，成功的企业领导者应该是这种能力型管理者。

2. 企业管理者的基本素质

企业管理者的基本素质，包括品德素质、知识素质、能力素质、生理心理素质等。

（1）品德素质。企业管理者应该具有强烈的事业责任心和敬业精神，具有良好的工作作风和必要的思想道德品质，从而对企业、员工、客户及社会负责。例如，在日常工作中，能作风正派、公正廉洁、尊重科学、重视民主、平等待人、知人善任；在生活中，能严于律己、模范做人，自觉保护环境、自觉遵守公共卫生和公共秩序等。

（2）知识素质。企业管理者应当具有足够的文化素养，不仅应当熟知企业管理基本知识、政治经济学和法律知识，而且应当熟知本企业产品及服务的专业知识。

（3）能力素质。企业管理者对企业生产经营管理各项活动的掌控能力（如决策能力、组织能力、控制能力等)乃是企业管理者的核心能力。这就需要企业管理者在日常管理工作中不断地积累和提高。其中：

①决策能力,是指企业管理者根据企业外部经营环境和内部经营实力的变化,通过调查分析及判断,及时正确地做出各种决策。

②组织能力,是指企业管理者在具体的内外部环境条件下,有效地组织和配置企业内部现有的各种要素(如机构及人员等),从而实现企业生产经营管理目标的能力。

③控制能力,是指企业管理者通过各种行政、经济和法律的手段,及时发现企业各项生产经营管理活动的具体实施情况与预定计划目标之间的差异(差异发现),并有效控制企业中的人、财、物,信息和时空等,保证企业能如期实现其预定计划目标(目标监控)的能力。

(4)生理与心理素质,包括企业管理者的体力、精力、智商、心态、意志和应变能力等。这不仅要求企业管理者身体健壮、精力充沛,具有良好的生理素质,而且要求企业管理者能心态平和、处事冷静,敢于面对各种困难和挫折,善于应付各种突发事件,临危不乱,应变能力强,具有良好的心理承受能力。

第二节　企业管理发展过程

企业管理是从第一次工业革命、出现工厂之后开始,并随着工厂规模的迅速扩大和社会化大生产的高度发展,以及随着科学技术的飞速发展而不断发展的。

企业管理的发展过程经历了以下三个阶段。

一、传统管理阶段

自从手工业资本家雇用工人办工厂开始,工厂便是资本家工业化生产的重要方式。为了能使生产正常进行,并尽可能减少资本消耗以赚取更多利润,资本家不仅要用机器来代替劳动者的手工作业,而且还要把劳动者、劳动对象和劳动工具最有效地组织起来,这就需要对工厂加强企业管理。

传统管理阶段大约从18世纪后期到19世纪末(即从出现资本主义制度到资本主义垄断止)历时100多年。此阶段中还包括以下三个过程：

(1)资本家直接管理。早期的工厂大多由资本家直接管理(甚至直接参加劳动),一切都听从资本家的现场指挥,相当于我们所见的手工业家庭作坊。

(2)工头管理。随着工厂规模的日趋扩大和工人数量的日益增多,资本家已不可能再亲临现场直接指挥,于是雇用一批专职的企业管理人员(如工头、监工和领班等)来实施管理。但由于这些人的企业管理指导思想始终认为工人只是用钱雇来的劳动工具,因此大多采用家长式独断专行的管理方式,对工人进行强制性的监督管理,结果引发了尖锐的劳资矛盾。

(3)经验管理。随着工厂规模的日益扩大和生产技术的日益复杂,资本家开始聘用一批具有生产技术及管理经验的资深人士作为代理人,从事工厂的日常管理(包括生产技术管理、成本管理、劳动工资管理等)。但由于当时既无统一的技术标准、操作规程、劳动定额和消耗定额,也无统一的管理办法和管理标准,工人凭经验或习惯实施操作,管理人员凭经验或习惯实施管理,训练工人也采用“师傅带徒弟”的办法,大家都凭经验或习惯办事。因此,此阶段的企业管理也称为经验管理。

二、科学管理阶段

20世纪初期，随着工厂规模的日益壮大，资本主义生产高度发展，生产技术也复杂多变。倘若再采用工头管理强迫工人劳动等过去的经验管理，不仅因为劳资矛盾尖锐而经常出现不可调和的劳资冲突（如罢工等），也不适应现代企业的生产力发展和生产关系变化。如何实施现代企业管理以继续提高企业生产力，不仅要尽快地寻找出路，改革企业中的生产关系，而且还要尽快地将过去积累的管理经验系统化、标准化和理论化。这时便有不少的企业管理学家提出建议，其中最有代表性的有泰罗和法约尔等人。

以美国的泰罗为例，他于1911年发表《科学管理原理》，提出用科学管理原理来管理工厂（称为“泰罗制”），以代替原有的传统管理。其主要内容如下。

（1）实施标准化操作。他通过对流水线上工人操作过程的研究，制订出各种标准化的操作方法，不仅要求工人必须按照标准操作方法进行操作，而且还要用标准操作方法来挑选和训练工人，从而代替传统的“师傅带徒弟”训练办法。这是因为，传统的师傅带徒弟训练办法不仅时间漫长，而且徒弟似乎不可能超越师傅（即师傅会的却不愿教）；况且，随着生产技术的日益复杂，师傅在很多方面也难以适应（连师傅自己都不会）。

（2）全面实施劳动定额。通过对完成基本操作所消耗时间的研究，提出了在一定的设备条件下，工人为完成一定工作量的基本操作所必需消耗的工时标准（工人数×小时数），并以此作为合理劳动定额来考核工人的劳动成果。

（3）实行按劳取酬。在劳动定额的基础上，对各工种实施有差别的计件工资制。其中，凡能按照标准操作方法、在规定时间内完成规定劳动定额的，可按照较高工资率计发工资，超额的还可加发工资；而对于完不成劳动定额的，则要按照较低工资率计发工资，甚至扣发工资，实行“多劳多得、少劳少得、不劳不得”的分配政策，以此刺激工人的生产积极性。

（4）明确各自的岗位职责。企业管理层（白领）与执行层（蓝领）之间必须要有明确的岗位分工，并明确其各自的岗位职责，以提高其管理效率和生产效率。

泰罗的科学管理制度产生于供不应求的卖方市场年代，工厂仅以完成生产任务为宗旨。因此，它用单纯的生产观念来研究工厂的管理制度（生产组织机构和规章制度等），属于内向封闭型、生产型的企业管理。但由于泰罗的科学管理制度确实提高了企业的生产效率并降低了企业的生产成本，不仅使工厂的企业管理从传统管理迈进了科学管理，而且也为现代的企业管理奠定了良好的基础。为此，列宁指出：泰罗的《科学管理原理》，一方面为资本家剥削工人提供了最巧妙和最残酷的手段；另一方面却又对当代企业管理做出了最丰富和最杰出的贡献。由于泰罗的《科学管理原理》其核心内容就是要实施劳动定额和制度管理，因此这种科学管理也称为“定额管理”或者“制度管理”。

法约尔等人则研究了企业中生产经营管理的组织形式及其功能。他提出：要搞好企业管理就要坚持以下14条原则：①实行劳动分工；②权责相当；③统一领导；④统一指挥；⑤实行集中原则；⑥严整组织层次；⑦执行劳动纪律；⑧维护生产秩序；⑨个人利益服从集体利益；⑩实行公平原则；⑪以劳取酬；⑫实现人员稳定团结；⑬发扬首创精神；⑭培养团队精神等。他还强调，要在企业中建立高效而非个人化的层级式行政组织结构，不仅要保证各岗位权责分明，而且要强调企业管理教育，一切按规章制度办事。

对现代企业管理制度做出巨大贡献的还有甘特、福特、丰田等人。其中，甘特提倡用“线条图”来制订生产作业计划，并借此来控制生产作业计划的执行，从而奠定了现代“看板管理”的原形。福特创立了汽车生产流水线，运用流水作业来控制生产节奏，从而极大地提高了劳动生产效率，也为现代工业大生产方式（自动化生产线）创造了光辉的典范。但“福特生产方式”只适应于以产定销的、少品种大批量的产品经济时代。丰田创立的“丰田生产方式”则适应于以销定产的、多品种小批量的商品经济时代。从“福特生产方式”到“丰田生产方式”，完成了企业管理由科学管理阶段逐步向现代管理阶段的过渡。

三、现代管理阶段

自第二次世界大战后，资本主义的企业规模、科学技术和生产工艺都得到了极大发展，企业规模越来越大（出现了很多跨国经营公司、甚至跨国垄断公司），生产过程的自动化程度和连续性大大提高，技术和产品的更新周期也大大缩短。由于产品大量积压和市场严重滞销，从而由卖方市场转变为买方市场，致使产品紧缺的计划经济时代进入到商品过剩的市场经济时代。买方市场的剧烈变化和激烈竞争，不仅要求现代企业必须由“产品生产型”转变为“商品经营型”，而且要求现代企业的生产经营管理者必须从“面向工厂”转变为“面向市场”。为此，要求企业管理者在懂生产技术、懂企业管理的同时，更要懂得市场营销。现代企业管理制度也开始由科学管理阶段向现代管理阶段过渡。

市场是商品与劳务的交换场所。从广义说，市场也是实现商品与劳务交换关系的总和。市场是商品经济的产物。只要存在着商品与劳务的交换，就会存在着市场。

在科学管理基础上建立起来的现代企业管理，尽管企业内部管理仍然要以定额管理为基础，但为了能适应市场竞争的需要，还必须强调企业外部的经营和决策。正因为此，现代企业管理也称为经营型企业管理，这是一种外向型、开放式，侧重于市场营销决策的企业管理。它要求企业管理者必须要用市场营销的思想理念，市场竞争的战略战术，以“为用户服务”为基本宗旨，实施“以销定产”，最后实现企业的经济效益和社会效益。

企业管理的现代化乃是工业现代化的重要标志，也是提高现代企业经济效益和社会效益的重要手段。所谓现代企业管理，就是根据市场经济的发展规律，运用科学发展的思想、组织、方法和手段，为企业生产经营管理活动提供最有效管理的全过程。

1.现代企业管理的主要特征

1）现代企业管理更突出“经营和决策”

在当今激烈的市场竞争中，现代企业管理必须关注企业的发展战略。这是因为，倘若企业发展战略（如产品结构调整、产品计划及开发、产品销售与服务、资金筹措与运用，对外联合与协作以及企业扩建与改造等）出现失误，不仅直接关系到企业的生存和发展，而且企业生产效率越高，其经济损失就越惨重。

企业发展战略的重心在于企业外部的经营与决策。只有做好企业外部的经营与决策，才能做好企业内部生产技术的结构调整，企业外部的经营决策比企业内部的生产技术更重要。为此，现代企业管理不仅要根据国家的政策法令及企业的自身条件，自主地进行经营和决策，而且还要通过正确的经营决策与管理理念来改造企业内部原有的管理模式，从而通过现代企业管理，把企业全部生产经营管理活动（如生产、流通、消耗和分配等）全面系统地管理起来，把开发新产品、提高生产技术和改进企业服务、提高企业产品及服务质量来作为企业发展的核心，才可能使现代企业面对现实的市场竞争。

2）现代企业管理更强调“以人为本”

尽管泰罗科学管理制度的基本原理是正确的，但其致命弱点却是忽视了人的因素。现代企业管理明确提出：现代企业管理的竞争，实质上是人才的竞争，人是现代企业管理中的第一要素。毛主席早就说过，“决定战争胜负的是人、而不是枪”。现代企业管理既要重视产品或服务的质量和数量，重视产品或服务的市场营销和市场研究，更要强调人的核心地位和主观能动作用。为此，必须强调“以人为本”的思想，强调人际关系，把人的因素置于现代企业管理的首位。重视研究与应用人的行为科学，注重人力资源的开发和管理，这就是现代企业管理的人本原理或人本管理。

现代企业管理之所以要研究人的行为科学，其原因是：

（1）人的意识（包括思想、感情、动机、思维能力等）是人的内在行为，而人的动作则是人的外在行为。人的外在行为取决于人的内在意识。在科技发展过程中，不管计算机如何发达，由于计算机也是由人研制和操纵的，因此要想进一步发展社会生产力，必须重视人力投资与人力开发。

（2）通过对人行为科学的研究，可以改善人际关系，从而缓和现代社会中的劳资矛盾，造就和谐社会。

为使企业的产品或服务尽可能满足市场需要，从而实现企业的既定经营目标和经济效益，现代企业管理者必须运用市场营销的观点，重视企业文化建设（企业形象及企业精神）。不仅要在人际关系上做适当的感情投资，强调和提倡群体利益，以充分激发人的主观能动性；而且，要重视对企业中各级业务人员的素质培训，以全面提高现代企业人员的综合素质，这乃是现代企业管理的基本指导思想。

3）现代企业管理更突出企业的“管理效率”

凡实施了专业化生产与多种经营的现代企业，不仅要扩大市场营销从而为消费者提供更多的服务，由此提高企业和产品的竞争力，提高企业社会效益；而且还要减少企业的资金占用和经营成本（如人力、物力、财力消耗），从而提高企业经济效益，实现企业的持续稳定发展。要提高企业这两个效益，必须要提高企业的管理效率，提高企业的经营效果。也就是说，在现代企业的生产经营管理活动中，将不看其主观动机，而只看其最后效果。

4）现代企业管理更重视企业的“市场信息”

现代企业要提高企业管理效率，以面对复杂的商品市场，就必须及时广泛地收集和掌握各种瞬息即变的市场信息。为此，必须要用现代化的科学技术和管理手段来加强现代企业的信息管理，特别是计算机、运筹学、信息技术和网络技术等。

5）现代企业管理更重视“全面管理”

现代企业管理是建立在科学管理基础上并应用现代管理理念的企业管理，尽管它仍然强调逐级负责、实施定额科学管理，但却更重视全面的、全员的、全过程的系统性管理，包括全面计划管理、全面质量管理、全面人力资源管理、全面财务核算管理等。

科学管理与现代管理的区别见表1-2。

科学管理与现代管理的区别　　表1-2

项　目	科学管理	现代管理
出发点	把人当成机器 企业是经济人	激发人的能动性 企业是社会人
管理方法	执行有定额管理制度 就事论事	提倡企业文化和以人为本 培养群体意识和团队精神
管理范围	劳动工资管理 研究组织机构和管理方式	人力资源管理 研究人的感情与人的潜能

2.21世纪的企业管理

人类在经历了农业经济时代和工业经济时代之后，随着国际互联网的迅速发展和经济全球化进程的加速，将使21世纪向着崭新的知识化、网络化和全球化的知识经济时代过渡。由于网络技术能够随时沟通各个客户，因此信息技术也正在渗入现代企业管理的各个层面，为现代企业管理带来了全面深刻的革命。

21世纪的企业管理，将是一个“没有管理的管理”，这也是企业管理发展的最高境界。到那时，人人都很自觉，人人都是管理者或被管理者。大家都同心同德地为着同一个目标而努力奋斗。通过企业不断地管理创新或创新管理，充分地尊重人性并充分地发挥个性，也使企业获得不断的、可持续的发展动力。

四、企业管理现代化的内容和要求

现代企业管理的基本内容，包括：

(1)战略管理。

(2)决策管理。

(3)信息管理。

(4)资金管理。

(5)成本管理。

(6)设备管理。

(7)技术与质量管理。

(8)人力资源管理。

(9)企业形象管理等。

要实现企业管理的现代化，就要正确调整企业中的生产关系，合理组织企业中的生产力。具体而言，就是要使现代企业实现“管理思想现代化、管理组织高效化、管理方法科学化、管理技术电子化、管理人员专业化、管理方式民主化和管理模式特色化”。

1.企业管理者经营管理思想的现代化——企业管理现代化的核心

人的行为取决于人的思维。企业管理者经营管理思想的现代化乃是企业管理现代化的核心。总结我国企业发展历史的经验教训就可知道：在计划经济时代，由于商品紧缺，企业管理者可以只讲生产而不讲经营，只看厂内而不看市场。但现在情况变了，现在市场中的商品不是紧缺而是过剩，国家经济体制也由计划经济转变为市场经济。在此情况下，倘若企业管理者的指导思想仍然停留在原计划经济模式而只讲产量不讲质量，只讲产值不讲利润，只懂内部管理不懂外部经营，只懂计划执行不懂竞争创新，只讲生产不讲服务，就必然会产生错误决策和错误领导，就不可能使企业在当前市场经济条件下获得生存与发展。

现代企业管理是突出市场经营的企业管理。它要求企业管理者必须树立市场观念、服务观念、经济观念、竞争观念及创新观念，千方百计地将“产品”变为“商品”从而推向市场，并设法牢固地占领市场和扩大市场，以最快的速度和最好的质量为用户服务，才能使企业获得生存发展的动力，提高企业的经济效益和社会效益。现在，有些企业虽然也号称实施着现代化企业管理，但其管理模式却仍然强调着传统管理阶段的经验管理，或者强调着科学管理阶段的定额管理和制度管理，忽略了现代化企业管理的基本核心——人性化管理。究其原因，是因为这些企业管理者的思想观念并没有得到真正更新。倘若这些企业管理者的思想观念不能与时俱进，就不可能改变企业生产经营管理的落后状况。

2. 企业管理组织的高效化——企业管理现代化的重要保证

为了适应市场竞争，实现企业管理组织的高效化是实现企业管理现代化的重要保证。为此，必须根据企业实际状况，合理配置企业内部的管理机构和业务人员。既要“精兵简政”，也要建立健全必要的规章制度，从而做到人尽其才和物尽其用，减少扯皮和矛盾，减少闲置和浪费。也只有这样，才能提高企业管理组织的管理效率。

3. 企业管理方法的科学化——企业管理现代化的重要基础

现代企业管理要求以法治厂，而不是以人治厂，企业管理方法的科学化乃是企业管理现代化的基础。为此，现代企业的各项管理都必须“标准化、系统化、准确化、最优化”。其中，企业管理方法的标准化是指企业中的各项生产经营管理(如管理程序、管理方法、效果评价和目标考核等)都必须有章可循，事事有标准，人人都照章办事；企业管理方法的系统化是指企业中的各项生产经营管理都必须按照部门或系统进行分类分解和逐级管理，以做到秩序井然、有条有理；企业管理方法的准确化是指企业中的各项生产经营管理都要凭数据说话，不能“大概”或“差不多”地模糊性办事；企业管理方法的最优化是指企业中的各项生产经营管理都应该最优，且都以取得企业最佳的经济效益与社会效益为最终目标的。

4. 企业管理技术的电子化——企业管理现代化的重要工具

随着现代企业生产经营管理活动的日趋复杂和电子计算机应用的日益普及，企业管理技术的电子化也是企业管理现代化的重要工具。这就要求，在企业管理中不仅要让电子计算机全面地参与企业生产经营管理的全过程，而且还要广泛地应用现代通信技术和网络技术，从而为企业建立必要的信息网络，为企业营销和生产服务。实际上，现代汽车已经电子化及机电一体化，例如汽车的性能检测和故障诊断早已使用了微处理机。现在的任务就是将电子计算机进一步拓展应用到汽车维修企业的各项生产经营管理中。但在目前，仍有不少汽车维修企业不仅并未配备电子计算机，有的即使配备了也只是用于办公，显然这是不够的。

5. 企业管理人员的专业化——企业管理现代化的重要保证

企业的竞争实际上是企业人才的竞争，企业管理人员的专业化乃是企业管理现代化的重要保证。由于汽车维修企业点多、面广、规模小且技术密集，因此要实现汽车维修企业管理的现代化，不仅需要一支懂管理的高素质技术队伍，还需要一支懂技术的高素质管理队伍。当然这些高素质专业人才的获得绝不是靠挖墙脚(不道德)或者靠用钱购买(不可靠)的，而是靠对现有汽车维修专业人才的使用和培养，靠汽车维修企业内部员工素质的普遍提高。

6.企业管理方式的民主化——企业管理现代化的基本要求

要在现代企业管理中建立集中而高效的生产经营管理指挥系统，不仅需要有严密的规章制度和劳动纪律，更需要有民主的管理方式，以改善企业内部的人文环境和人际关系，充分发挥企业全体员工的主观能动作用和群体效益。企业管理方式的民主化乃是企业管理现代化的基本要求。在现代企业中实施民主管理，不仅仅是为了反映员工意见，履行民主职责，行使民主权利，维护员工合法权益，而是为了让企业员工能真正地关心和理解企业，并直接参与和支持企业生产经营管理中的各项重大决策，将企业当成自己的家、将企业的事当成自己的事。根据我国宪法规定，在国有企业中实行民主管理，主要有以下三种形式：

(1)设置由工会主席和员工代表参加的企业民主管理委员会。

(2)实施企业员工代表大会制度。

(3)建立班组民主管理制度——这是企业民主管理的基础。

7.企业管理模式的特色化——企业管理现代化的发展方向

企业管理模式的特色化，是指每个企业都必须具有能与其他企业相区别的独特性管理模式。这是因为：随着现代科技的飞速发展，同类产品的品种差异及质量差异逐渐减少。倘若所有企业都生产相同产品并采用相同服务，竞争到最后就只能是低层次的价格拼杀。为此，现代企业只有依靠有特色的企业管理和有特色的产品服务，才能做到“人无我有、人有我精、人精我廉、人廉我换……”，才能在日益激烈的市场竞争中占有市场，从而争取本企业的生存与发展。企业管理模式的特色化乃是企业管理现代化的发展方向。

五、实现企业管理现代化的主要途径和基础工作

现代企业管理通常包括行政、经济、法律和教育等方面。

1.实现企业管理现代化的主要途径

1)要实现企业管理现代化，首先要求企业管理者的现代化

这是由国外企业管理经验所证明了的。企业管理者的现代化包括：经营管理思想现代化、经营管理组织现代化、经营管理制度现代化、经营管理方法现代化、经营管理手段现代化等。其中特别是企业管理者经营管理思想的现代化，乃是整个企业管理现代化的基础。要实现企业管理者经营管理思想的现代化，不仅要实现企业管理者的四化(年轻化、专业化、革命化、现代化)，而且还要求企业管理者管理观念的彻底转变——从单纯生产观念转变为市场经营观念；从计划经济观念转变为市场经济观念；从办事交差观念转变为市场竞争观念。

2)从实际出发，坚持改革和创新

要实现我国企业管理现代化，既不能依靠国内外过去的先进管理经验(因为过去的只适用于过去)，也不能照搬国内外现在的先进管理经验(因为国情和企情不同)。要冲击传统观念并革除现有企业中传统管理的积弊，在改革中必然会遭遇阻力，有时甚至会“寸步难行”“进退两难”。这就要求企业管理者必须要有变革的勇气，积极上进，不怕艰难险阻，通过借鉴国内外的先进经验，从本企业实际出发，坚持改革创新，逐步摸索出适合于本企业实际的现代企业管理办法来。

3)加强教育培训，普及现代企业管理知识

我国企业与国外企业的主要差别还在于员工素质的差别。因此，要改变我国企业管理的

落后面貌，根本措施就是要加强员工的教育培训，大力培养人才，全面提升员工素质（特别是企业生产经营管理人员的综合素质），以尽快建立一支既能掌握现代管理知识，又有实际管理能力的企业生产经营管理队伍，从而实现我国企业管理的现代化进程。

2. 实现企业管理现代化的基础工作

现代企业管理的基础工作，是指为实现企业经营目标和管理职能，加强企业管理中各项专业管理所必需的日常性基础性管理，如管理制度、管理教育、企业标准及技术经济定额等。

（1）管理制度。要搞好各类专业管理，首先要搞好企业管理的基本制度建设，包括企业管理基本制度（如企业领导制度、工作制度和责任制度等）和各类专业管理制度（如全面计划管理制度、全面质量管理制度、全面经济核算制度、全面人力资源管理制度等）。

（2）管理教育。管理教育包括企业管理教育、政治思想教育、科学文化教育、业务技术教育等。

（3）企业标准。企业标准包括管理标准（如企业管理规程、管理规范及管理标准等）与技术标准（如安全技术操作规程、工艺规范及技术标准等）的制订、执行和管理。

（4）企业技术经济定额的制订、执行和管理。如工时定额、消耗定额、费用定额等。

（5）信息。收集、整理、传递和储存所有对企业管理者经营决策必需的资料与信息。

3. 充分利用现代企业管理的计算机软件

为提高企业管理效率，现在汽车维修企业大多使用了电子计算机，有的还开发了企业管理类应用软件，初步实现了企业内部的计算机联网。但可惜的是，由于搞软件的人不懂汽车维修企业管理，而懂汽车维修企业管理的人又不懂计算机软件，因此，有些企业管理类软件其实并不实用。汽车维修企业在选择或开发企业管理类软件时须注意：

（1）汽车维修企业并不等同于一般的工业企业，因此其软件开发应当突出汽车维修企业独有的管理模式和使用特点。

（2）企业管理类应用软件应该有较好的可靠性、稳定性与安全性。

（3）软件公司应当有良好的后续服务，以保证这些企业管理类应用软件的不断升级。

第三节　企业管理体制与企业管理制度

一、我国企业管理体制的发展过程

长期以来，我国国有企业的领导制度曾经历了从创立、发展，到逐步完善的过程。

1. 中华人民共和国成立前

中华人民共和国成立前，除少数外国殖民工厂及官僚资本企业外，我国的民族工业几乎为零。

抗日战争时期，党在革命根据地所创办的各种公营企业，实行的是由厂长、党支部书记和工会委员长组成的“三人团”制度，工厂生产过程中的问题通常由三人会议做出决定，当三人意见不统一时由厂长决定，这是我国公营企业领导制度的初期形式。

在解放战争到全国解放初期，革命根据地的公营企业虽然规模弱小，但却都得到了很大发展，也积累了不少企业管理经验。例如，坚持党的领导，加强政治思想工作，实行以生产为中心的民主管理，发扬艰苦奋斗的创业精神等。在此期间，我国公营企业还实行了由厂长任主席，副厂长或生产负责人及一定数量员工代表组成"工厂管理委员会"的领导制度，公营企业中的重大问题由工厂管理委员会集体讨论决定，并规定凡200人以上的公营企业都必须在上级组织的领导下建立员工代表大会制度，从而对工厂管理委员会的日常工作执行监督、批评和建议。但由于当时的公营企业规模较小，工厂生产力很低，产品供不应求，企业中又大多实行供给制，不搞独立经济核算，因而，其企业管理明显带有手工业小生产方式的特征。

2. 中华人民共和国成立后

中华人民共和国成立后，我国没收官僚资本企业并建立全民所有制国营企业，开始了我国国营企业管理历史。然而60多年来，我国国营企业管理也经历了曲折的发展过程。例如，在1953年的第一个五年计划期间，我国开始了大规模经济建设。在国营企业内部开始建立生产责任制度和企业管理制度，推行生产作业计划、工艺规程、技术标准和劳动定额，并加强国营企业的资金管理，开展群众性劳动竞赛和经济核算，贯彻按劳分配等。由于产品稀缺，国民经济实行计划管理。实践证明，当时实行的计划经济模式以及企业管理制度不仅符合我国当时的经济条件和形势需要，而且还使我国国营企业管理迅速地从传统经验管理走上科学管理的轨道。但遗憾的是，由于缺乏经验又大干快上，抓了生产而放松了政治思想工作，从而使国营企业管理出现了不少新问题。例如，盲目学习苏联而推行"一长制"，片面强调厂长的个人集权而忽略了企业民主，从而官僚主义盛行，既不尊重党的领导，也不发扬员工民主。于是，1956年党中央决定在国营企业中实行党委领导下的厂长负责制和员工代表大会制。但又由于"共产风"的出现，夸大了人的主观能动性，否定了商品生产和按劳分配原则，不讲经济效益，搞乱了已经建立的科学管理制度。有些部门还由于过分强调党的一元化领导，出现了党政合一和党委包办，结果又使我国国营企业管理陷入了混乱。

1961年中央提出对国民经济实施调整、巩固、充实、提高的"八字方针"，并颁发了《国营工业企业工作条例》（工业七十条），在总结正反两方面经验的基础上，规定了国营企业的性质、任务、基本制度和各项管理；再次强调了在国营企业中要实行党委集体领导下的厂长负责制和员工代表大会制；在1958年的"大跃进"，1966—1976年的"文化大革命"中，毛主席还提出"干部参加劳动，工人参加管理，改革不合理规章制度，实施领导干部、技术人员和工人三结合"（两参一改三结合）的新管理经验；并提出"工业学大庆"，试图在国营企业中建立岗位责任制，以使我国国营企业管理走上全面科学管理的轨道。可惜当时由于各种思潮的干扰，工业学大庆也多流于形式，说在嘴上、写在纸上、挂在墙上、掉在地上，结果又使我国国营企业管理陷入混乱。但不管怎么说，1949—1976年我国国有企业突飞猛进，不仅实现了从无到有、从弱到强，也为后来的改革开放奠定了坚实的基础。

3. 改革开放后

在1978年党的十一届三中全会后，我国决定改革开放，并决定将党的工作重点转移到社会主义现代化建设上来。为此，要求我国全民所有制工业企业都要贯彻国民经济"调整、改革、整顿、提高"的新八字方针；并明确提出企业领导要实施"党委集体领导、员工民主管理、厂长行政指挥"的三原则。全面调整国营企业管理的指导思想、组织领导和管理制度，从而使我国的企业管理又重新走上科学管理的轨道。1982年，党中央提出全民所有制工业企业全面整顿的基本要求,即搞好企业领导制度、企业员工队伍、企业管理制度的三项建设,达到国家、企业和个人三者利益兼顾好、产品质量好、经济效益好、劳动纪律好、文明生产好、政治工作好的六项要求。

随着我国经济体制改革的深入发展,商品日趋丰富。为了能适应社会主义市场经济体制的发展要求,1988 年 4 月 13 日第七届全国人民代表大会第一次会议通过了《中华人民共和国全民所有制工业企业法》,规定了全民所有制国有企业要实行厂长/经理负责制的领导原则,并规定了员工代表大会制度和党组织在国有企业中的地位和作用,明确提出要将国营企业的所有权与经营权分离,从而将“国营企业”变为“国有企业”。对我国国有企业领导制度的重大改革,标志着我国国有企业将由国家经营转变为企业经营,由生产型转变为经营型,并由科学管理转变为现代管理。

现在,党中央又提出要深化改革,实施供给侧结构改革,走新时代中国特色社会主义道路,开创为实现“中华民族伟大复兴”、全面强国的新阶段。

上述企业管理体制的演变过程,说明了我国政治经济体制对企业管理制度的影响。

我国的企业领导制度及管理制度不仅是随着我国社会生产力和生产关系的发展而发展的,而且也是随着我国经济管理体制的变化而变化的。在计划经济时期,由于条件所限,由国家经营的全民所有制企业并不涉及所有权与经营权,但由于企业的生产经营管理活动经常会受到政府的干预和政治运动的波及,其发展过程不断波折。而现阶段,为使国有企业适应于当今的世界潮流和市场经济条件,有必要将企业所有权与经营权两权分离,必须明确国有企业也是社会商品的生产者和经营者,厂长是企业的领导者,从而改革国有企业的管理模式和管理体制。这就要求国有企业必须抓住机遇,主动参与市场竞争,自主经营决策,集中统一指挥,并逐步转向生产高附加值低能耗的商品。这不仅能使国有企业获得更大的经济效益和社会效益,而且还能使国有企业逐步走出国门。

二、国有企业的体制改革

1. 国有企业体制改革的基本要求

1)政企分开、两权分离

这不仅是现代企业制度的重要特征(有利于建立企业法人制度),也是实施现代企业管理制度的基本条件(有利于社会主义市场经济的发展)。其中,“政企分开”是指将政府的行政管理与国有企业的生产经营管理分开,从而使国有企业具有法人资格,享有民事权利并承担民事义务,依法自主经营、自负盈亏、自我约束、自我发展;“两权分离”是指将国有企业的资产所有权与企业法人的经营管理权分离,其中国有企业的资产所有权属于国家,由政府国有资产管理部门统一管理,国有企业的经营管理权归于企业法人,对国有企业资产的保值增值承担责任并照章纳税,政府今后不再直接干预国有企业内部的生产经营管理活动。

2)加强监督与激励

建立现代企业管理制度,必须明确现代企业中的组织机构。不仅要建立国有企业的权力决策机构和经营管理机构,而且还要建立国有企业的监督机构,以便建立激励和约束相结合的调控机制,并明确各自的职责权限,相互独立而又相互制约,合理地调节企业所有者、经营管理者以及劳动者三者间的关系,防止国有企业的垄断与腐败。

2. 国有企业的厂长/经理负责制

为适应国有企业的社会化大生产，适应社会主义商品经济必须面向市场的客观要求，同时也为了适应国有企业体制改革和强化的客观要求，《中华人民共和国全民所有制工业企业法》规定了我国国有企业必须实施“厂长/经理负责制”。所谓厂长/经理负责制，是指国有企业的厂长/经理应当作为国有企业的法人代表及行政负责人，受国家委托对国有企业的生产指挥与经营管理全权负责。为此，国有企业必须建立以厂长/经理为首的生产经营指挥系统，以使厂长/经理在国有企业的生产经营活动中具有生产经营管理的决策权、指挥权和任免权，实现国有企业的决策与执行、管理与用人的统一。当然，为保证厂长/经理能正确地行使职权，还必须明确厂长/经理对企业生产经营管理的职责和权限。以前国营企业的厂长/经理都由政府任命而对政府负责，现在国有企业的厂长/经理将由国家公开竞聘而对国家和企业负责，今后国有企业的厂长/经理还将由经国家公开考核合格的职业经理人担任而对国家和企业负责。

1）国有企业厂长/经理的责任

国有企业的厂长/经理应当承担如下职责：

(1)对国家负责。必须贯彻党和国家的方针政策，遵守党和国家的法律法规，在坚决维护国家利益的前提下执行政府主管部门的指令和决定。

(2)对社会负责。必须做好员工的政治思想工作，积极协调各方面关系以建立良好的企业内外部环境，创建企业品牌和企业文化、改善环境保护；必须严格履行技术经济合同，保证产品与服务质量，降低生产成本，提高企业经济效益，并及时缴纳税金。

(3)对全厂员工负责。必须执行企业内部党委和职代会的各种决议，改善工人的劳动条件，做好安全生产；并在发展生产、提高效益的基础上结合本企业实际，正确处理国家、企业和员工个人三者间的利益关系，逐步提高本企业员工生活水平。

2）国有企业厂长/经理的权利

国有企业的厂长/经理受国家委托，具有如下权利：

(1)决策权。厂长/经理对本企业生产经营管理中的重大问题具有决策权，包括本企业长远规划和年度计划、重要经营决策及重大技术改造，并建立、修改与废除企业中的重要规章制度及组织机构重大变动等。

(2)指挥权。厂长/经理在国家政策规定范围内，对本企业生产经营管理事务具有指挥权；包括对本企业各类人员、各项资金和各种物资具有调度处置权，并有权拒绝企业外无偿抽调企业中人员、资金和物资等；有权拒绝对外劳务及不合理的费用摊派等。

(3)任免权。厂长/经理有权提出企业副职的任免名单，有权管理、考核、使用和任免企业内部的中层行政干部。

(4)内部分配权。厂长/经理有权根据国家政策规定并经员工代表大会讨论通过，提出本企业内部的利润分配及工资调整方案。

(5)奖惩权。厂长/经理有权根据国家政策规定制定本企业奖金的分配方案，有权奖惩企业员工，包括晋职晋级、表彰嘉奖、记过、撤销行政职务、降职降薪直至开除处分等。

国有企业在实施厂长/经理负责制时，不仅要坚持四项基本原则(坚持党的领导，坚持无产阶级专政，坚持社会主义道路，坚持马克思列宁主义毛泽东思想)；而且还要解决好如下问题：

(1)严格按照干部的革命化与专业化要求,配备好国有企业领导班子(特别是厂长/经理与党委书记)。

(2)遵循各司其职的原则,正确处理好厂长/经理、党委书记及员工代表大会之间的关系,并建立以厂长/经理为首的生产经营管理指挥系统,保证厂长/经理的集中统一指挥。

(3)搞好以岗位责任制与经济责任制为重点的配套性改革,包括企业内部的组织机构、干部制度、工资分配制度和民主管理制度等。

3.国有企业的企业管理基本制度

国有企业的企业管理基本制度包括:企业领导制度、民主管理制度与企业管理制度。

1)国有企业的领导制度与民主管理制度

在我国国有企业实施"厂长/经理负责制",其目的是为了在国有企业中,通过全面整顿而逐步建立既有民主又有集中的国有企业领导体制。其核心就是要将国有企业的生产经营管理交给厂长/经理全权负责。要抓好企业领导制度的这一重大改革,就要做好以下工作:

(1)选择革命化的、懂行自律的人来担任厂长/经理,并为其配备精明强干的生产经营指挥系统。

(2)加强企业内部的民主管理制度建设,以便根据民主集中制原则正确地处理企业内部行政、党委与员工代表大会三者间的关系;同时还必须加强企业内部的民主与监督,以防止厂长/经理的越权与腐败。

(3)在岗位责任制基础上实施经济责任制,"以责定权、以责定利",从而在国有企业内部建立起科学合理的组织机构和规章制度,提高企业的经济效益和社会效益。

国有企业中的企业领导制度与民主管理制度都属于现代企业管理的基本制度。要建立和完善企业领导制度及企业民主管理制度,其根本原则就是要坚持社会主义现代企业的管理模式——"坚持党的领导、实施厂长集中统一指挥和员工民主管理"。其中,坚持党的领导,就要实施"党管一切",特别是要坚持党在国有企业中政治思想的领导,而不是充当行政领导去干预国有企业中具体的生产经营管理;实施厂长集中统一指挥,就是要在国有企业中强化厂长/经理的生产经营指挥系统;实施员工民主管理,就是要让企业员工有权当家做主,并有义务主动参与、民主监督厂长/经理的日常经营管理事务,以防止厂长/经理的越权与腐败;而不是干预厂长/经理正当的经营管理事务。在国有企业实施厂长/经理负责制后,倘若没有国家法律法规的制约,倘若没有企业员工的主动参与及民主监督,就极易发生越权与腐败,从而给国有资产造成大量损失。

2)国有企业的企业管理制度

企业管理制度是企业中各机构及各员工应该统一执行的行为规范和办事准则。为加强国有企业的企业管理,保证企业中各项管理都能高效、统一和协调,就要相应设置必要的企业管理机构,并建立各种企业管理制度(如企业工作制度、企业责任制度等),以做到"人人有事管,事事有人管,人人有专职,事事有考核"。

(1)企业工作制度。这是按照企业生产经营管理活动的客观要求,对企业中各种专项管理制订相应的操作规程和操作规范,包括管理范围、管理内容、管理程序、管理方法及管理目标等。汽车维修企业的工作制度,包括业务办事程序和业务操作规程。其中前者包括业务办公制度,会议报告及报表程序,劳动人事管理制度及财务管理制度等;后者包括生产合同管理程序、车辆交接程序，车辆拆装程序、核料领料程序、生产管理程序、技术安全操作规程、车辆维修工艺规范及技术标准、车辆质量检验及验收程序、维修设备管理规程及操作规程，技术责任事故及处理程序、技术经济定额管理、成本核算及费用结算程序等。

为强化国有企业的企业管理，应在人力资源、计划管理、质量管理、经济核算等方面都要实施全面管理（即全面、全员、全过程的管理）。包括人力资源管理、计划管理、质量管理、经济核算等。其中，全面人力资源管理包括定岗定员与工资管理、技术安全与劳动保护、人力资源开发及全员培训考核等；全面计划管理包括计划编制及环境治理、技术经济指标管理、生产合同管理、市场营销与售后服务管理、统计报告管理等；全面质量管理包括生产技术管理、物资供应管理、质量管理与质量检验等；全面经济核算包括企业资产与资金管理、财务管理及成本核算等。

（2）企业责任制度。国有企业中的责任制度包括岗位责任制度及经济责任制度。

所谓岗位责任制度，是按照社会化大生产对劳动分工和劳动协作的要求，企业员工在定岗定员的基础上，明确其应承担义务、职权和责任的具体规定。例如各级领导者的岗位责任制度、各业务职能部门及各业务人员的岗位责任制度、各生产工人的岗位责任制度等。由于岗位责任制度把企业中的每项工作都落实到每个员工身上，不仅保证了企业中良好的工作秩序和生产秩序，而且也能使企业中各项技术经济指标都能得到落实。因此岗位责任制度是企业中综合性及基础性的管理制度。实践证明，企业管理较好的国有企业，其原因就在于其岗位责任制度落实得较好。我国曾经的“工业学大庆”，其核心就是要落实岗位责任制度。

所谓经济责任制度，就是在岗位责任制度的基础上明确其经济责任。这是一项为提高企业经济效益，以责任、权力、利益相结合的生产经营管理制度。其中，岗位责任制是基础，经济责任制是核心。在国有企业实施经济责任制度，既是国有企业管理体制的重大改革，也是对国有企业生产关系的重要调整和完善。在国有企业中，实行“所有权不变、经营权下放”并实施经济责任制度，从而将企业效益与员工利益相结合，既体现了“多劳多得”的社会主义分配原则，也调动了国有企业生产经营管理者的积极性；而且还扩大了国有企业的经营自主权，从而让国有企业员工真正地成为企业主人，有利于促进国有企业生产力的发展。

在国有企业实施经济责任制度，尽管其实施形式将随着企业的性质不同而不同，但实施原则却基本都一样，即必须坚持以下原则：

①坚持“三个有利”“三个不能”原则。既要有利于企业生产技术的进步与发展；也要有利于调动企业员工生产经营管理积极性；且要有利于企业适应市场的变化。而不能降低产品质量和提高产品成本；员工收入增长率也不能高于国家税收及企业积累的增长率。

②坚持“两个结合”“两个加强”的原则。必须坚持责任、权力与利益相结合的原则；必须在保证国家税收与企业积累的前提下，实行个人增收与企业增收相同步的原则。为此，必须加强企业基础管理（如搞好原始记录及报表，搞好技术经济定额等）；并必须加强员工政治思想工作，既要抓好企业的物质文明，更要抓好企业的精神文明。

现代企业管理制度的基本特征是：

①开放性。随着现代企业的全球化进程，过去那种地域性管理方式已被淘汰，改革开放已是现代企业管理的基本要求。

②创新性。现代企业为了能在激烈市场竞争中可持续发展，要求现代企业管理者能在经营理念、管理体制及管理方式等方面全方位、全过程的持续创新，实现“以新制胜”。

③个性化。现代企业管理制度还具有个性化趋势。既要满足外部用户的个性化需求，也要满足内部员工的个性化需求。

为此，现代企业管理必须要突出“以人为本”的管理理念。现代企业的改革开放能否成功，其重要标志就是能否关心人的需要、注重人的利益、发挥人的激情、体现人的意志、满足人的诉求。

4. 国有企业体制改革的正确方向

市场经济是竞争经济，遵从着优胜劣汰的规则。无论是国有企业还是民营企业，都必须顺应市场经济规则，建立与生产力发展相适应的现代企业管理制度。为此，在对国有企业实施体制改革时必须要“分类对待”。决不能迷信市场经济，从而借国有企业体制改革为名，大搞国有企业的全面私有化、从而大搞腐败与垄断。倘若一窝蜂地将所有国有企业统统变为民营股份制企业或国有私有混合制企业，不仅会造成国有企业员工的大量下岗和国有资本的大量流失，而且还会挤压国有经济，从而使国有企业名存实亡，最终颠覆以公有制为基础的社会主义制度。为了保障国家安全，凡有关国家安全及重大国计民生的国有企业必须在继续国有化的基础上深化体制改革，而只将可以市场化的国有企业交还给市场，激发其新的活力。

三、民营股份制企业的企业管理制度

除国有企业外，其他非国有的或非国控的民营企业（如集体企业、私人企业，或由多种经济混合构成的民营股份制企业）都同样具有法人资格。这里只介绍民营股份制企业。

1. 民营股份制企业的设立与破产

为了促进市场经济发展并维护社会经济秩序，必须保护民营股份制企业中公司、股东与债权人三者的合法权益。为此，国家对股份制企业的设立与破产都有明确而严格的规定。例如在设立公司时，必须根据《申请登记表》严格审查其法定股东、注册资本、公司章程、经营场所、经营条件、经营范围与设立程序等，并必须在审查批准后才能领取营业执照。倘若公司由于经营风险或经营管理不善而造成亏损，资不抵债而不能清偿到期债务时应当申请破产。但近年来，为了激发民间资本积极地参与创业，国家简化了非国有企业的登记制度，降低了准入门槛（涉及国家安全、人民生命财产安全的除外），并实施证（许可证）照（营业执照）分离，取消事后审批，加强事中、事后监管，并实施谁审批谁监管等，即今后只需根据其《申请登记表》即可注册登记并领取营业执照，但同时也要强化经营者的主体责任。

2. 民营股份制企业的组织机构

大中型民营股份制企业（如有限责任公司等）的组织机构，通常由股东大会（最高权力机构）、公司董事会（决策机构）、公司监事会（监督机构）、公司总经理（管理机构）等组成。各机构相互独立、权责明确、相互制衡，协调运转，既保证了所有者权益，也赋予了经营者自主权，同时还调动了生产者积极性。民营股份制企业的这种企业管理制度，将为其日常经营、激励和约束都提供了组织与制度的保证。

公司董事会是民营股份制企业的关键决策机构，由资产所有者的股东大会选举产生。为了维护出资人的权益而对股东大会负责，董事会负责公司的重大经营决策。公司董事会的职能包括：

（1）选聘公司总经理或首席执行官、提名新董事（交股东大会通过）等。

（2）制订并评估公司战略与计划，考核和评价公司业绩，监督和规范公司经营活动。

(3)审批公司人员的聘任与薪酬。

(4)审核公司主要投资项目及经营项目；审计公司财务，并宣布公司红利分配方案等。

(5)解决公司所面临的各种危机等。

公司董事会下通常还设置有各种专业委员会：如财务委员会、审计委员会、薪酬委员会、提名委员会、环境事务委员会、执行委员会等。其中，审计委员会主要负责监督和审查企业的经营情况及财务情况；执行委员会则在董事会休会期间执行董事会的日常权力。

3. 民营股份制企业的财务管理

利益分配是民营股份制企业最基本的经济关系。为了维护所有者、经营者、生产者及债权人各自的经济利益，必须保证民营股份制企业内部公平、公正与公开的利益分配。为此，必须建立严密的财务管理制度，以监督民营股份制企业内外所有的经济活动，维护其经济秩序。

4. 民营股份制企业的人力资源管理制度

人力资源管理也是民营股份制企业中最重要的企业管理。由于民营股份制企业强调的是经济利益，因此其用人标准也往往是从如何提高企业生产经营管理效率出发的。但从业者却往往是从满足个人需求出发的。为使这两者目的达到平衡，民营股份制企业的人力资源管理必须实行双向选择、平等协商、合同制约、动态使用；并按贡献实施分配。当然，为了保障劳动者的合法权益，国家规定民营股份制企业必须与员工签订劳动合同，必须为员工购买相应的劳动保险，并必须保证劳动者的人权与自由等。

复习思考题

1. 什么是企业？什么是企业管理？
2. 企业管理者的基本职业素质是什么？
3. 什么是企业管理的两重性？它对现代企业管理有何启示？
4. 汽车维修企业管理的基本任务是什么？评价汽车维修企业管理状况的标准怎样？
5. 汽车维修企业管理的基本任务是什么？
6. 企业管理的基本职能有哪些？并试述各具体职能的含义。
7. 企业管理者的基本素质有哪些？
8. 试述企业管理发展的三个阶段及其基本特征。
9. 企业管理现代化的要求和内容有哪些？
10. 现代企业管理的主要特征有哪些？什么是21世纪的企业管理？
11. 实现企业管理现代化的主要途径和基础工作有哪些？
12. 国有企业体制改革的基本要求是什么？
13. 为什么要在国有企业实施厂长/经理负责制？厂长/经理的职权与责任有哪些？
14. 国有企业中的企业管理基本制度有哪些？
15. 什么是企业领导制度、企业民主管理制度与企业管理制度？
16. 国有企业的管理制度主要有哪些？股份制企业的管理制度主要有哪些？
17. 什么是岗位责任制度与经济责任制度？怎样实施？
18. 什么是国有企业体制改革的正确方向？
19. 什么是民营股份制企业？什么是有限责任公司及无限责任公司？

第二章　企业经营管理

随着汽车技术的不断进步及公路运输条件的不断改善,也随着人民生活水平的不断提高,我国的汽车保有量正在高速增长。汽车保有量的高速增长,不仅促进了汽车运输业的发展,也促进了汽车维修业的发展,从而使汽车运输业及汽车维修业在国民经济中都占着极其重要的地位。传统的汽车维修业,其主要任务是服务于汽车运输业;而现代的汽车维修业,其主要任务不仅服务于汽车运输业或客户,也服务于汽车制造业。

第一节　企业经营管理

在计划经济时代,由于中华人民共和国刚成立,百业待兴、商品短缺,国家被迫实行"统购统销"政策,即国营企业的供应及销售都由国家负责,国营企业的任务就是搞好厂内生产以完成国家下达的生产指令,国营企业的利润全额上交、对政府负责。但随着商品的日益丰富和技术的迅速进步,我国也跨入了市场经济时代。为了适应市场经济,国家对国有企业实行政企分开政策,从而将国有企业变成独立的经济核算单位,要求国有企业能主动面对市场,实行"自主经营、自负盈亏、自我发展、自我约束"。现今的国有企业,其任务不仅要抓好厂内的生产管理,生产适销对路产品,而且还要抓好厂外的市场销售,将产品变成商品。

一、企业经营管理的内容

现代企业要想达到预定的经营管理目标,首先要以市场为出发点及归宿点,通过市场调查和市场预测,掌握市场信息(需求量和持续性等),从而对企业的生产经营管理做出正确的经营决策(选定产品方向,制订企业发展规划,进行新产品开发等);再通过企业的生产经营管理去组织生产,开展商品销售及技术服务,以满足社会用户的需求,由此使企业获得良好的社会效益与经济效益。当然,上述的生产经营管理过程还要不断循环,并根据市场用户的新需求,不断反馈调整企业的产品结构和营销服务,从而用更适销对路的商品及服务去适应市场用户需求。由此可知,现代企业不再是单纯的生产型企业,而是从生产领域扩展到流通领域的经营型企业,既要自己生产产品,也要自己销售商品。商品经营已成为现代企业管理的重要内容。所谓经营型企业管理,就是在市场经济条件下,把市场经营理念作为企业管理的指导思想,把经营决策作为企业管理的重心和中心,把提高企业经济效益和社会效益作为企业的核心目标,从而为实现企业的经营目标所做的全部努力。

企业经营管理的内容有很多,但按照其性质,可分为对外企业经营和对内生产管理两个部分。

(1)对外的企业经营。

对外的企业经营是指企业对外经营活动的管理(即产品销售与服务)。其内容包括市场预测、商品销售及技术服务等；其目的是将企业产品变为市场适销对路的商品，并获得良好的销售业绩和经济效益。

(2)对内的生产管理。

对内的生产管理是指对企业对内部生产活动的管理(即内部企业管理)。其内容包括产品开发与产品生产等；其目的是通过企业内部人、财、物、信息、时空等各种资源的最佳配合，生产出市场适销对路产品，并服务于市场及客户。

以汽车维修企业为例，其对外的企业经营，就是要通过市场调研，摸清市场中的汽车拥有量和增长趋势，预测维修市场的需要和变化，从而制订汽车维修企业的发展规划、经营目标和经营决策，寻找车源、尽力扩大服务领域而开拓市场(如开展快修服务等)并及时调整专业化服务方向，实现汽车维修企业的多种经营等。其对内的企业管理，就是要努力提高员工素质，改革维修工艺，精心组织生产并实施岗位责任制与经济责任制，努力提高维修质量，缩短维修周期，降低维修成本，改善技术服务，从而以高质量、短周期、低价格与勤服务，搞好汽车维修企业内部的生产管理，提高用户满意度并树立企业形象等。

在市场经济条件下，企业管理的重点在于对外经营，而对外经营的重点在于决策和管理。这是因为：要使企业获得更好的生存和发展并获得社会认可，必须依靠企业的对外经营管理来实现。只有将企业产品迅速地转换为商品销售，并通过提高用户满意度来扩展市场，才能满足社会日益增长的物质需求和精神需求。

对外的企业经营与对内的生产管理这两者既有联系也有区别。要说区别：两者的目标任务有区别。前者的目标任务是对外开拓市场，并利用商品的销售或服务去实现企业预定的经营目标；而后者的目标任务则是为了实现企业对外经营而去组织生产适销对路、价廉物美的产品及服务。要说联系：企业管理离不开企业经营，企业经营也必然涉及企业管理。特别是在现代市场经济条件下，对内的生产管理必须要有市场销售为指导而实施“以销定产”，否则生产管理就会失去方向和动力；而对外的企业经营也需要有企业管理，否则既不可能生产出适销对路、价廉物美的产品及服务，也不可能实施最好的销售。

二、经营管理的目标、方针与理念

1.经营管理目标

建立企业经营管理目标体系是企业战略管理中的重要环节。所谓企业经营管理目标，是企业生产经营管理活动在某个时期内所要达到的预期目标，包括企业发展方向、经济效益与社会效益等。

1)经营管理目标的内容

包括：

(1)战略目标，如企业的发展方向与发展规模、经营档次、品牌与信誉，所占市场份额及用户满意度等。

(2)贡献目标，如企业应缴税金和应尽社会责任等。

(3)效益目标，如企业要实现产量、质量与服务的等级，营业额、企业成本与利润，员工收入与福利等。

(4)时间目标,即实现上述各目标的时间要求。

通过上述目标,既明确了企业生产经营管理的工作重点,也提供了企业绩效的考核标准。

2)经营管理目标的制订原则

包括:

(1)整体性与系统性原则,即在确定企业经营管理目标时,首先要从整体性与系统性出发,充分考虑企业的外部环境及内部能力。因为只有这样,所制订的企业经营管理目标才可能符合于企业的实际情况。其中,企业外部环境包括宏观环境(如国家法律法规)、行业环境(如行业发展动态及规章制度)、竞争对手与原材料供应等;企业内部能力包括企业的经营管理理念、营销能力与生产能力、人才能力与资金能力等。

(2)可行性与可量化原则。其中,可行性原则是指所制订的企业经营管理目标不仅是切实可行的,而且是能够通过努力达到的。既不能把目标制订得太高从而通过努力仍不能达到;也不要把目标制订得太低从而不需要努力便可实现。可量化原则是指在所制订的企业经营管理目标中,凡能量化的目标(如战略目标、贡献目标、效益目标、时间目标等)都必须量化。因为只有可量化的目标才能被层层分解和层层落实,不仅能使每个责任人都能心中有数;而且在实施过程中还能做到“检查有依据、考核有标准”。企业经营管理目标越是可行及可量化,其实施措施便能越具体,实现目标也越有保证。

3)经营管理目标的实施

要实施企业经营管理目标,首先就要将经营管理目标进行层层分解、并层层落实,以构成各部门及各岗位、各年度及各月度的分目标,以此构成企业经营管理的总目标体系。其次是要根据上述的总目标,明确各部门及各岗位在各个时期分目标的实施细则和实施重点,实施时间和考核办法等。在企业经营管理目标的实施过程中,还须做好:

(1)发展新客户、保住老客户。其中,发展新客户是为了拓展新市场,从而使企业获得新发展;保住老客户则是为了巩固原市场,从而保证企业能赖以生存。保住老客户是其中最基本、最重要的环节。当然,无论是发展新客户还是保住老客户,都需要企业主动出击而与新老客户保持良好的人际关系。

(2)要不断地完善企业经营管理制度,提高企业经营管理水平。即不仅要根据市场的新需求,搞好企业的软硬件建设,搞好企业人员的素质培训,并努力开展免费检测与维修服务,以最低消耗、最优质量、最短周期和最好服务,努力维修更多的车辆;而且还要搞好企业经营管理目标的日常性督促检查,并开展各项劳动竞赛等。

2. 经营管理方针

企业经营管理方针是指企业生产经营管理活动的经营方向及行动纲领。企业的经营管理方针不仅反映着企业的经营理念,由此决定着企业的经营方向及经营行为;而且还随着企业发展阶段的不同而不同。其制订原则是:①要守法而不违法。即要在国家与行业管理政策法规许可的范围内开展企业各项生产经营管理活动。②要充分体现为客户服务的原则。

汽车维修企业在制订企业经营管理方针时,不仅要将企业的长远利益与当前利益相结合,而且要以市场预测及决策为主要依据,并结合企业自身经营特点、经营目标及经营策略,权衡利弊,确定适合于本企业的经营管理方针。再根据此方针,编制企业的人力资源计划、资金财务与成本计划、市场营销与汽车维修计划、质量计划与服务计划等。

3. 经营管理理念

企业是人的企业。企业也与人一样,企业的各项生产经营管理活动都会受到企业管理者某种思想观念或理念的支配,企业行动取决于企业管理者的经营管理理念。

一个企业经营得好坏,能否在复杂市场环境中取得成功,关键就在于企业管理者的经营管理理念是否正确。正确的经营管理理念可使企业获得健康发展并不断取得较好效益;而错误的经营管理理念只会使企业误入歧途。因此,企业为了生存(简单再生产)和发展(扩大再生产),必须首先要确定企业的经营管理目标。而要实现企业的经营管理目标,企业管理者必须树立以下经营管理理念。

1)市场竞争与市场风险的理念

在市场经济条件下,所有企业都要勇敢地面对市场,并以市场为导向,树立"为市场提供服务,向市场要效益"的经营理念。但由于市场竞争始终遵循着优胜劣汰的法则,市场中到处都充满着各种风险,因此市场经济既是竞争经济也是风险经济。为此,汽车维修经营者在市场中竞争,还要有市场竞争策略,以尽可能规避风险,在市场竞争中拓展市场,在市场风险下取得效益。

2)自主创新、多种经营的理念

在市场经济条件下,所有企业只能自主经营而不能依靠"守株待兔"式的等待。当然,要自主创新,就要坚持专业化生产与多种经营相结合的原则。以汽车维修企业为例,只有多种经营(努力开拓精品特色服务),才能多方面地满足客户各种需求,尽力做好各种服务,从而广开门路、多头并进、以丰补歉,从中寻找企业最好的经济效益点和社会效益点,规避企业经营风险。也只有专业化服务,才能采用专业化机具设备,并迅速提高维修人员专业技能,从而提升汽车销售与维修业务,降低服务成本并提高服务质量。例如,现在中大型汽车维修企业已大多成为4S汽车维修企业(所谓4S汽车维修企业,是指将整车销售Sale、零配件销售Spare part、售后服务Service和信息反馈Survey合而为一的汽车维修企业,其中售后服务Service中还包括汽车维修、保险索赔、信息反馈、技术培训、旧车置换、旧车翻新和旧车改装等,以下同),有的还成立了4S汽车集团公司。有的4S汽车集团公司还分设有若干与之连锁经营的汽车快修、急救和专项汽车维修服务等,同时实施着多种经营与专业分工。

3)人才观念与质量观念

以汽车维修企业为例,企业经营者要在市场竞争中取胜,从表面看是维修服务及维修质量的竞争,但实质上却都是企业管理者经营管理理念的竞争,经营管理水平与生产技术能力的竞争,归根结底是企业人才的竞争。为此。汽车维修企业的经营管理者在日常的生产经营管理活动中,既要强调服务态度与维修质量,实施全员、全面、全过程的全面质量管理,更要有强烈的人才观念,充分地重视人才、吸纳人才和使用人才;并注重于智力投资,完善企业人才结构,加强企业人才的培养、考核和激励等。

4)企业形象与企业品牌的理念

要树立良好的企业形象以适应市场竞争,就要认真地执行国家的方针政策和法规法纪,顾全大局,而不能违反国家方针政策、法规法纪而去从事各种非法活动,即:钱是要赚的,但要赚得心安理得;办企业不仅要讲诚信,而且还要讲良心。

在当前,汽车维修业已经星罗棋布,市场竞争日益严峻,汽车维修业正面临着新一轮洗牌。

汽车维修企业要在这个市场中求得生存和发展,不仅要主动地适应市场环境,而且还要树立良好的企业形象并创建企业品牌,在取得良好经济效益的同时兼顾良好的社会效益与社会形象。要建立良好的企业形象并创建企业品牌,首先要积极地开展企业形象策划。为此,不少汽车维修企业都聘请有若干有名望和有实际工作经验的专家参与企业的生产经营管理,定期或不定期地为企业培训各类专业人才,提高企业员工的职业道德素质和技术业务素质,或者设立专家监督机构或专家咨询机构,定期或不定期地为企业诊断所存在的问题并启发思路,帮助企业不断地提高和改善生产经营管理水平。

5)为客户服务的理念

无论是汽车销售或是汽车维修,汽车维修企业若要面对竞争而赢得客户并占有市场,就必须要千方百计地为客户服务,并千方百计地提高客户满意度。为此,必须要围绕着客户需求来实施企业的各项生产经营管理,必须要围绕着企业的产品质量及服务质量,做到质优价廉、周期短、服务好,从而提高客户满意度。

所谓客户满意度,就是指客户对企业的经营理念、营销行为、外观形象、产品质量和服务质量等的满意程度,考核客户满意度乃是汽车维修企业最重要的经营管理指标。汽车维修企业的客户满意度,不仅取决于汽车维修企业能否为客户提供满意的产品或服务,更取决于客户在获得该产品或服务过程中所经历的感受。其中产品质量是基础,服务质量是关键。

要使客户在汽车销售或维修过程中感到满意,汽车维修企业的经营管理思想还必须从原来的"为车辆服务"转变到现在的"为客户服务",并根据客户的满意程度,来改进企业的生产经营管理。要做到这一点,不仅要教育汽车销售或维修从业人员提高其工作责任心,真正树立为客户服务的经营理念,以客户为对象,以客户满意为目标,千方百计地去满足客户的各种需求,并且以客户的关注点去关注客户的实际需求。既不能只顾企业利益而得罪客户,也不能只看到车辆而看不到使用该车辆的主人。否则,车辆卖得再好或修得再好,倘若客户不满意,其服务效果都将等于零。

三、经营管理策略

现代科技的迅猛发展,使所有企业在增加挑战的同时也提供了机遇。实际上,凡没有满足当前市场需求的地方都存在着市场机会,各种市场机会总会有的,关键是我们能否发现。因此,汽车维修企业还要积极分析和选择市场并寻找和把握机会,积极地进入目标市场,从而获得更多利润,实现企业经营管理的最后目标。

所谓企业的经营管理策略,就是企业为适应激烈竞争的市场环境,实现企业既定目标所采取一系列方式方法的总和。在制订企业经营管理战略时,首先要明确企业的经营宗旨和发展方向,既要从社会主义商品生产的要求出发,树立为客户服务的思想,也要从社会主义制度的要求出发,把企业精神文明放在企业经营管理策略的首位,把社会责任和义务与良心放在职业道德的首位。

汽车维修企业常用的经营管理策略如下。

1. 市场细分与市场开发策略

1)市场细分与专业化差别化战略

此战略是根据市场的发展变化,首先要细分市场,并选择其中适合于本企业的市场目标,制订出合理而有步骤的市场开拓计划(这对于新成立且只经营某单一品牌汽车销售维修服务的4S汽车维修企业来说尤为重要);其次是在市场细分策略基础上再实施专业化与差别化战略。其中,专业化战略是指走专业化道路的战略。例如为某品牌车型或者专为某同类客户群开展的某专业化特色服务(如特约维修、专项维修等),以发挥自身特长,用最少的代价获得最好的经济效益,从而在这些特定领域赶超竞争对手;差别化战略则是指有意识地在企业形象、维修工艺、客户服务和连锁经营等方面,以与其他企业明显不同的独特优势和鲜明特点,形成差别并独具一格。

2)市场开发与市场渗透策略

其中,开发市场策略是根据企业的自身条件,依靠广告宣传,积极开拓新项目和扩大老项目,开拓新市场和扩大新客户群(例如由城市拓展至县城,由本地拓展到外地等)。而市场渗透策略是指不依靠广告宣传,而是依靠优质廉价和快速良好服务(或免费增添新项目),在稳定老客户群的同时,借助老客户群的宣传扩散,逐步渗透并扩展到新客户群,从而提高企业的市场占有率。显然,前者成本较高而后者成本较低。

2.连锁经营策略

伸出单个手指并没有多少力量,倘若将手指并拢再伸出则力量要大得多,团结就是力量。

根据交通运输部令2015年第17号《机动车维修管理规定》:鼓励汽车维修企业实行集约化、专业化、连锁经营,促进汽车维修业合理分工和协调发展。

所谓连锁经营,就是将经营同类商品或同类服务的若干企业或店铺,以一定的形式组成联合体。汽车维修业的连锁经营,就是利用某汽车品牌效应,将多个企业或店铺联合经营(以战略联盟的形式统一经营、统一规划而协同作战)。由于连锁经营模式不仅可以将原来的竞争对手转化为战略联盟,且可以实施集中管理和专业化分工,从而简化复杂的商务活动,其经营机制灵活、占领市场较快、获取共同规模效益更大。由此可知,连锁经营不仅是国内汽车维修市场竞争的必然结果,而且也是国内汽车维修企业走向国外的必然趋势。

连锁经营模式有“直营连锁”“特许连锁经营”“自由连锁”三种。

(1)直营连锁,是指各连锁公司的所有店铺均由总公司全资或控股开设,在总公司的直接领导下,对各店铺的商流、物流、信息流等实施集中管理、合理布局、统一经营,以充分发挥其规模效应。

(2)特许连锁经营,是指总公司将自己所拥有的商标、商号、产品、专利、技术以及经营模式等,通过特许连锁经营合同的形式并支付相应费用,特许连锁店按统一规定的形象、管理及经营模式开展经营活动。

(3)自由连锁或自愿连锁,是指所连锁的各店铺虽然使用着共同的店名,但由于资产所有权关系仍然各自独立,因此只能根据自由或自愿的原则,在总公司统一指导下根据其签约合同与总公司共同经营。

汽车维修业的连锁经营与超市、餐饮业的连锁经营明显不同,也与汽车美容或轮胎油品的连锁经销明显不同。首先,要根据城市规模和汽车保有量,在城市的非繁华地段兴建1~2个相当规模和档次的总店。这些总店不仅建立有连锁经营的作业标准和管理手册,而且还具有一流的技术、设备、场地、人员,一流的速度、环境、质量、服务,可以对各连锁经营网点的经营行为加强监管和约束,以杜绝不规范的商业行为。总店还负责着各连锁分店的资金流、人流、物流和信息流，实施统一调配、统一管理、统一采购、统一配送，并实施统一的标识、价格、经营方针及服务规范、统一的品牌宣传和远程诊断等。其次，要围绕着总店，在城市繁华地段、商务小区、豪宅花园、商住小区等合理布局和安营扎寨，按统一的模式克隆兴建若干简化的连锁店（既可以与当地物业公司合作构成，也可以收购众多小型汽车修理店铺构成），以作为总店的终端服务机构，面对着众多的客户群，实施统一经营与统一服务。由于这些连锁店占地少，投资少且规模小，作业项目又多以快修与救急为主，因而不必配置过多的配件和人员，可以见缝插针地开展与客户最短距离的门对门服务。这样，总店是各连锁分店的强大后盾，而各连锁店是总店的不断延伸，既可以发挥总店的低成本运作优势；也可以发挥各连锁分店的群狼战术优势，两者命运息息相关。

当然，汽车维修企业要实施上述的连锁经营，首先要明确企业连锁经营的最终目标。不管是自己兴建还是合作共享或相互协作，为了突出连锁经营的经营特色或核心优势从而实现规模效益，应当在连锁经营企业内部组建以下五大支持系统。

①人力资源管理系统：包括连锁店人员的招聘、培训、调配等。

②客户管理系统：包括客户开发、档案管理、客户调研、形象宣传、品牌设计、售后服务、项目开发等。

③信息管理系统：包括网络兴建、数据库维护、外部商业情报和科技情报收集；还包括跨地域业务连锁经营和企业策划等。

④配送管理系统：包括连锁配送、库存调剂、外部协作、物流网络建设等。

⑤标准化管理系统：包括企业形象的标准化、计量设备的标准化、生产技术的标准化、产品质量的标准化、服务内容与服务承诺的标准化等。

3. 为客户服务、使客户满意的服务策略

为了提高客户对企业的满意度，现代企业要实施“为客户服务、使客户满意”的服务战略。企业要为客户服务，就要从客户的需求和期望出发，处处为客户着想，随时应对客户可能提出的任何合理性需求（除不合理需求外）。为此，汽车维修企业除了必须保证其主要服务项目（如汽车营销与汽车维修等），通过四公开服务（公开维修项目、公开收费标准、公开维修过程、公开服务承诺）外；还需要为客户提供相应的额外服务和免费服务。例如：

（1）做好“预约维修服务”以做到维修无等待。

（2）准备丰富的附件精品或赠品，以满足不同层次的客户需求。

（3）在维修中提高故障的检测准确率，降低车辆的返工返修率。

（4）建立和完善汽车销售或维修后的质量保证体系（如质量保证和质量索赔）。

（5）建立维修后的电话回访制度，定期开展客户满意度调查等，并根据客户意见不断地改进企业管理。

（6）提供足够的营业时间，并为客户提供必要的机动性保障，如实行 24h 紧急救援或服务，提供接送和替换车服务等。

4. 价格竞争策略

由于客户总希望能获得价廉物美的产品与服务，而企业总希望获得较高利润。因此任何的市场竞争都会经历“产品竞争”“服务竞争”“价格竞争”三个阶段。其中，在商品稀缺时通常为产品竞争，在商品较多时通常为服务竞争，而在商品饱和时通常为价格竞争。价格竞争将

是同类产品或同类服务的市场竞争中最后的重要策略。

随着汽车维修市场竞争的日益加剧，也随着汽车销售及维修业务的饱和与同质化，汽车销售及维修的价格竞争也将日益突出。由于价格不仅会影响企业的经济收入，而且也会影响企业的市场竞争能力，为此一定要把握好定价环节。

(1)定价依据。企业的定价主要应从成本、需求和竞争诸方面综合考虑。其中，企业生产经营管理成本是定价的底线，而市场需求量及客户心理则是定格的上限。价格的浮动比例则根据市场竞争程度来确定。例如，当某需求稀缺且竞争优势较强时，可适当偏高定价，但当某需求失去竞争优势时应及时调价，以免影响客源而形成滞销。

(2)定价策略。过去的汽车维修服务价格(如维修工时定额及工时单价)一般都由汽车维修管理部门统一制定。但随着汽车产品的日趋复杂、政府管理权力的放开，汽车维修服务定价必将会随行入市，从而需要汽车维修企业自行制定或自行调整汽车维修服务价格。

汽车维修服务的定价通常有以下几种策略：

①新项目定价策略。对于汽车维修管理部门尚未定价的新项目而言，其定价可根据市场反应而自行制订。倘若此项目其他竞争者目前不可能立即跟上或此项目不可能坚持长久时，企业可利用自身优势，利用客户认为新项目价格偏高也合情合理，且又独此一家时，可先采取偏高定价，以获得最大利润。否则应采取偏低定价，利用薄利多销而防止其他竞争者近期介入。

②差别定价策略。对于个别项目，或对于不同客源(特别是特殊客源)应采取差别定价或特殊定价。例如对于长期忠诚的老客户应实行较低的优惠定价；对于本企业特别优秀且别人无法仿效的项目，即使偏高定价也不会影响客源时应采取偏高定价。

③折扣定价策略。倘若客户能按期付款或提前付款(特别是能现金支付)时，由于资金回收较快，可采用折扣收款。为了鼓励分销商和大客户，或为了保住老客户，也可采用折扣收款。包括现金折扣、数量折扣、现金提成返还等。

④心理定价策略。利用消费者总想占便宜的心理状态，可采用馈赠礼品、结算时去零取整或取零去整等办法，以满足客户的心理感觉，使其体验优惠或优待从而使客户满意。当然也可采取有差别的特殊服务，例如开展对某些常规项目实行低价，并开展免费检测(不免费修理)等，以招引客源，带动其他非低价非免费项目的维修服务。

第二节　市场营销理论与经营管理实务

一、市场营销理论

随着社会经济的不断发展和人民生活水平的不断提高，车辆品牌不断升级，私人买车不断增多，汽车销售额大幅攀升，客户消费心理也出现了多样化倾向，使汽车营销或汽车维修业务的竞争日趋激烈。汽车营销或汽车维修业务的竞争，主要取决于购车者或修车者的消费心理与消费行为。为此，汽车维修企业在开展汽车营销及汽车维修业务时，不仅要注重汽车的产品品质与品牌效应，而且还要研究并采取有效的营销战略和营销手段，以刺激和影响购车者或修车者的消费心理与消费行为。

1. 马斯洛的市场营销层次理论

美国著名心理学家马斯洛的《市场营销层次理论》,将消费者的消费需求分为五个层次——生理需要、安全需要、社会需要、尊重需要、自我实现(图2-1);其消费规律总是由低层次向高层次发展的。即先满足低层次需要后,再产生高层次需要。其中,低层次需要是指人的生理需要及安全需要,这是处于低层生活的人们维持其生存最基本的需要。例如在饥饿时不仅想吃饭,想饮水,疲倦时想睡眠,同时还要防止自己免受伤害或免被别人误解。尽管不同低层次的人其生存需要也可能会有差别,但总的来说,这些人的消费心理属于"求廉"与"求实",总希望能以最低的生活费用满足自己最基本的生存需要。高层次需要则是指人的心理需要,包括社会需要、尊重需要、自我实现需要等。这是人们在解决了生理需要及安全需要后,出于人际交往的社交需要,需要表明自己所属的地位和阶层,因而需要装扮自己,甚至为了炫耀而追求名牌与档次,甚至愿意高价消费等,此时的消费心理属于"求美"。求美之后还要"求奇",为了引起周围人的注意而追求奇特,以争取更多的回头率。还有些人为了表现自己或者希望受到别人尊重和羡慕,或者为了实现自己的理想以满足自己的癖好,或者为了获得某种成就感而不顾一切地消费,此时的消费心理属于"求癖"。

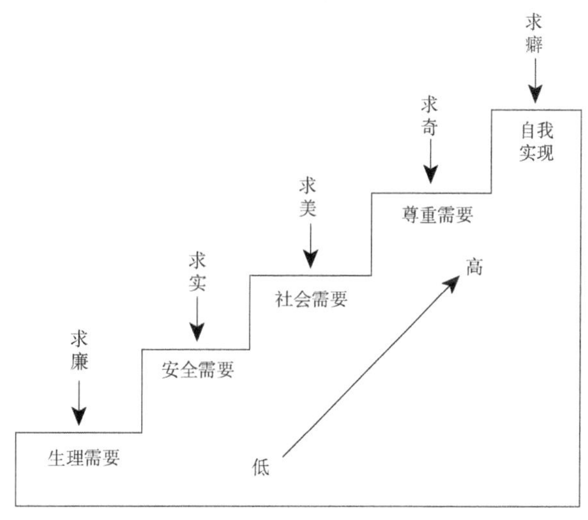

图2-1　消费者消费需求的五个层次

但人们的消费需求往往是无止境的,因而在实际的营销过程中,各种消费需求可能是多层次或混杂的。上述的《市场营销层次理论》只是一般规律,即只有当消费需要因为条件所限而不能同时满足时,才会自觉或不自觉地按照上述规律逐层地选择:先满足低层次物质满足的需要(生理需要与安全需要)以维持生存;只有在低层次需要基本满足之后,才会有高层次精神满足的心理需要,然后才是强调自我表现及张扬个性,追求时尚潮流,企图使自己的生活更加美好。

2. 消费者消费心理分析

市场营销理论通常将消费者的消费心理分为理性消费、感性消费与情感消费三种。

1)物资满意层次的理性消费

在商品紧缺、供不应求的卖方市场中,商家不愁销售而消费者发愁购买。此时的消费者大多关注产品与服务的实用功能、可能价格及实际质量,追求"价廉物美"。其消费心理包括:

(1)急迫心理。倘若某种商品在正常供应情况下能随时买到时，则消费者往往并不关注；但如果该商品供不应求而需要凭票限购时，消费者心理就会感到压力，于是四处打听，只要遇上机会甚至借钱也要购买。在这种急迫心理的支配下，特别是当受到周围环境感染时，通常会对原来并不想购买的商品突然敏感起来，有些本来可以不买的商品也变成必须购买的商品，不再考虑是否真的需要。

(2)多占心理。在商品紧缺时，消费者通常害怕以后会买不到该商品而吃亏，于是作为备用或者投资，抢购或者多买，甚至只求数量而不求质量。但越是抢购或者越是多买，商品便更加紧缺，于是市场中便会出现不少虚假泡沫，商家也会借此大量进货并哄抬售价，如此恶性循环……由于消费者抢购或所多买的商品只是被储存而并非真正的消费，当该商品达到饱和而造成积压和滞销时便会出现崩盘。

(3)攀比心理。有些消费者看到别人消费，由于羡慕或炫耀需要而产生强烈的消费欲望，无意识地产生攀比心理，甚至不惜高价去追求某些更高消费。

2)精神满意层次的感性消费

在商品较充裕的买方市场中，消费者的消费理念开始由物资满意层次的理性消费进入精神满意层次的感性消费。此时的消费者比较关注产品品牌及商家信誉，追求商品的质量及舒适度。但由于此时该商品已经过剩而供大于求，消费者不愁购买而商家发愁销售，于是消费心理也发生了很大变化。例如：

(1)挑选心理。由于市场中商品供应充足，不仅经营者会积极主动地推销商品，而且消费者心理也比较放松，消费时不仅处于主动地位，而且还有较大的选择余地，只要有时间都会“货比三家”，认真地挑选、从容地消费，从中挑选出性价比更高、更有特色或更有新奇感的商品；或者挑选出更加漂亮、更上档次的商品(尤其是装饰品)。

(2)缓买心理。由于商品供应充足，商家竞争激烈，不仅名牌商品众多，而且同名牌商品之间也会有价格竞争。此时消费者只要感到不满意就会暂停消费，即使是急需品也只是买到够用为止，以减少盲目采购或延长消费周期。

(3)期待心理。由于商品供应充足且消费者处于主动地位，消费者总是希望商品的性价比更高，即总希望所购买的商品其功能更多、性能更好，使用起来更安全与方便，且价格更低、服务更好。

3)社会满意层次的情感消费

在商品特别充裕的买方市场中，随着人们生活条件的不断改善，消费者消费理念将由精神满意层次的感性消费转入到社会满意层次的情感消费，追求时尚和美感，追求产品与服务的新奇和时髦，关注社会认可度与尊重度，讲究保健、崇尚自然、突出个性、讲究情趣等，从而开始流行时尚的消费潮流。虽然这种时尚潮流也会不断发生变化，但由于普通人消费毕竟不同于专家型消费，因而经常会受到某些权威部门的提倡、某些专家或者某些明星偶像的鼓动，以及受到社会环境、消费风气及时尚潮流的刺激，在求美、求奇、求癖的消费心理影响下，消费者相互模仿或者相互攀比，从而激发消费者时尚商品的消费动机，形成对某种商品在短期内的消费热潮。时尚消费潮流的形成通常与消费人群的审美观念、经济地位等相关。以时装为例，当年被认为是得体的穿戴，倘若提前2年穿戴会被认为是大胆，提前3年穿戴会被认为是招摇，提前5年穿戴会被认为是怪物。但倘若过1年后再穿戴就显得土气，过5年后穿戴就成了古董，过

10 年后穿戴会招来耻笑；而过 30 年后再穿戴，人们又会觉得新奇和帅气。经济越发达，时尚潮流的变化速度越快。

3. 消费者的消费行为分析

根据《市场营销》理论，消费者的消费行为或消费过程可分为如下五个阶段。

(1)期望。期望是指消费者的需要或欲望，正是由于这些需要或欲望，才会产生消费动机。

(2)信息。倘若消费者有了消费动机，便会主动关注和收集相关的商品信息。其中有的来源于市场，有的来源于周边环境，还有的来源于消费者自身的经验或经历。

(3)评估。在消费者获取各种商品信息后，通常要对商品从品牌、品种、性能、质量、价格、服务等方面进行比较分析和综合评估；并参考别人的消费评价从中确定消费方向。

(4)消费。通过评估与确定之后，倘若条件许可，便开始消费。

(5)评价。客户在消费时或消费后不断评价，以证明自己的本次消费决策是否正确，并确认其满意程度，同时还要根据其消费体会，传播满意或不满意的信息。倘若满意，还会强化这种消费，从而会更积极地重复消费或扩大消费，甚至鼓励别人去同样的消费；倘若不满意，则不但不会重复，还会劝说别人不要如此消费。显然，消费者的满意或不满意不仅取决于产品与服务的质量和性能，更取决于消费者的感受与心理。

为此，生产企业应根据消费者消费行为的分析，加强企业的生产经营管理。在期望阶段去刺激客户的消费心理；在信息阶段不断为客户提供信息；在评估阶段促使客户最后决策；在消费阶段为消费者做好服务，以保证消费者满意；在评价阶段增强消费者满意度，以防止消费者产生不满意度。

4. 消费者消费的基本期望值

消费者不仅在消费前或消费时大多已确定了本次消费的基本期望值(一般期望值、理想期望值、最高期望值)；而且在消费后还会将实际的获得值与基本的期望值相比较，得出是否满意或不满意的结论。以汽车销售及汽车维修为例，由于消费者总是期望企业不仅能为其提供最满意的质量并付出最少的代价；而且还期望企业能为其提供最好的礼遇和服务(如费用优惠与折扣、免费专项检测、赠送小礼品等)，甚至还期望企业能为其增加额外服务(如预约与救援、质量保证、旧件保管、接送服务等)。倘若企业真能做到这些，从而使客户的实际获得值远优于基本期望值，客户就会感到超值满意，此时即使该车在某些方面还有不足，客户也会忽略而感到满意，并自觉地充当业务宣传员到处宣传企业的好处。但倘若客户的实际获得值劣于基本期望值，对车辆质量或维修服务不甚满意，客户都会感到吃亏而产生抱怨，并自觉地充当业务宣传员到处宣传企业的不足。由此可知，顾客满意才是企业最好的广告，否则就是企业最坏的广告。

5. 消费者消费行为的影响因素

在影响消费者消费行为诸多的因素中，除客观因素外(社会因素、环境因素、市场供求、消费潮流等)，主观因素是影响消费者消费行为的主要因素。其中包括消费者的性别、年龄、文化程度、所在地域、社会地位、个人经历与个人偏好等。不同的消费者有着不同的消费需求与基本期望值。要想使客户感到满意，不仅要改善其消费过程；而且还要根据不同的客户类型，分析其消费特点，掌握其消费需求与基本期望值，从而实施有差别的服务，变被动为主动。当然,由于消费者各人关注的侧重点不同,其消费需求及基本期望值也可能会有很大的差别。有的偏重于质量,有的偏重于品牌与式样,也有的偏重于价格等。但其共性是,大多数消费者都会在多占心理的主导下,总希望他的消费是最价廉物美、最物超所值的,也是比别人最多占的。因此,企业要使客户满意,就要经过周密的市场调查,根据不同消费者的消费要求及基本期望值“投其所好”。也只有这样才能让消费者感到满意,从而取得客户信赖,为企业今后的扩大再经营奠定良好的基础。

二、汽车维修企业的市场经营部

1.建立汽车维修企业市场经营部

在过去的计划经济时代,由于修车难,汽车维修企业并不愁车源,因此只需完成上级下达的维修任务,并不需要建立市场经营部,而只需“守株待兔”即可。

在计划经济向市场经济的过渡期,汽车维修企业开始需要向客户承诺质量,或者采用回扣来“找米下锅”,从而出现了公务车辆送私人维修企业去维修(图的是回扣),而私家车辆送国有维修企业去维修(图的是质量)的现象。有些维修企业还起用若干能说会道的业务人员,用私人关系和感情投资去拉拢客户,以维持汽车维修企业的日常业务。但其结果,往往是讨价还价、坑蒙拐骗,不正之风盛行。有些企业就因为业务人员的短期行为而葬送了老客户的忠诚度,或者因为业务人员的反叛,而使企业永久地失去了这些客源。

在市场经济时代,汽车维修市场已经明显饱和,竞争更加激烈。由于送修车辆又大多是私家车辆,而私家客户总是希望汽车维修企业能提供价廉物美的维修质量与维修服务。因此,4S 品牌汽车维修企业通常都以“前店后厂”的模式进行生产经营管理。其中,前台业务大厅专门用于销售汽车与接待客户;而后台维修车间则专门用于技术保障与车辆维修服务。4S 汽车维修企业之所以要设置前台业务大厅或市场经营部,不仅是为了更好地开拓车源,积极地参与市场竞争,借以提高企业的经济效益和社会效益,而且还以经营团队的形式来替代原有的散兵经营形式,既可以使企业服务更加规范和标准,从而建立良好的企业形象,同时也可加强对客户的开发和管理,提高客户的满意度和忠诚度,从而保证汽车维修企业可持续发展。

汽车维修企业的市场经营部,其管理形式与服务内容应随着企业规模、客户服务理念以及企业实际情况而不断变化的。一般地说,在为某品牌轿车营销服务的 4S 品牌汽车维修企业中,通常将汽车维修隶属于营业额较大的汽车营销(即以汽车营销为主、汽车维修为辅),汽车维修仅是汽车营销的售后服务部分。但随着汽车营销的不断饱和,不仅使汽车维修成为汽车维修企业中最长远、最稳定和最基本的业务,而且由于汽车维修远比汽车营销技术复杂,投入及占用人力物力也多,因而,通常将汽车销售与汽车维修两者并列,由市场经营部代表企业统管本企业汽车营销及汽车维修所有的对外对内业务。

4S 品牌汽车维修企业的市场经营部,其前台业务大厅是企业直接面向客户的关键性服务窗口,应当予以重点规划和优化布局,以保持其整洁美观,并充分展示本企业的文化,做好本企业形象宣传。为此,其业务大厅内不仅要配备计算机,并充分展示所销售汽车样品等,而且还要公示销售及维修的服务项目、服务价格及质量保证等,设立收银柜台及跟踪服务柜台,设立车辆销售及维修的客户档案、救援服务热线电话、保险代理服务、客户休息室等。当然,对于无汽车营销业务的非 4S 品牌汽车维修企业而言,其前台业务大厅可以不甚豪华,但也应该整洁美观，并应设在车辆进出的最显著位置。

2. 对市场经营部业务人员的基本要求

市场经营部前台业务大厅内的业务人员主要包括：汽车销售人员、维修技术人员及进出厂检验人员等。

4S 品牌汽车维修企业在前台业务大厅内工作的所有业务人员，不仅应注重仪表仪容，统一着装（佩戴标志牌），以充分展示本公司的企业精神与企业形象外，还应从企业的整体利益和最终目标出发，以“为客户服务”的理念去指导各自的经营业务。助人为乐、友善待人，并始终保持良好的精神面貌，主动热情地微笑服务。例如，通过市场开发和客户管理，积极地收集市场信息及客户反馈信息，积极地研究客户消费心理与消费行为，并提出切实可行的改进方案；代表企业与客户认真交流，听取客户意见，定期组织客户联谊活动，从而与客户建立密切持久的良好关系，以赢得客户的亲近和信任，提高客户的满意度。除此之外，前台业务大厅的所有业务人员还应坚持文明用语及专业术语，充分尊重客户意见和客户利益，热情待客，并实事求是介绍情况，切不可似懂非懂或自作主张，更不能胡乱许愿或诽谤同行。业务人员之间要勤于通报，如业务进度，质量反馈，销售或维修进度及收费情况等；保持前台整洁，不得彼此闲谈或私自会客，更不得私接业务或索要报酬等。

三、汽车营销的经营管理

1. 汽车营销的业务流程

汽车营销的业务流程，是实施汽车营销计划的一系列过程，包括了解客户、整车销售、售后服务、备品配件供应和信息反馈等环节。

1）了解客户

客户是企业的衣食父母，因而是不能得罪的。否则将会失去客户、失去市场，从而威胁到企业的生存和发展。

为了确保汽车营销的正常进行，汽车营销人员不仅应当明确其服务对象，而且应当了解和研究服务对象的消费心理、消费行为、消费基本期望值等。并以客户为中心、市场为导向，保住老客户，发展新客户，兴旺人气，做好销售服务。

在我国，汽车营销的对象已经发生了很大变化。过去大多为单位公款购车，现在则大多为私人购车。但无论是公款购车或私人购车，在选定车型、签订合同、验车办证等方面，汽车营销人员都应当给予热情周到的售前、售中及售后服务，并尽可能在技术上帮助他们及时排除一些常见的突发性故障，以提高他们的购车信心。倘若是机关、团体、学校、企业、基建矿山工程、公交系统、旅游系统、金融系统、邮政电信系统等单位的团体购车，或者是政府部门的公款购车，由于销售量较大，汽车营销人员更应该深入这些购车团体或单位了解其用车情况，并通过各种渠道与购车团体或购车单位建立和保持长期联系，做好长线技术服务。

2）整车销售

整车销售是汽车销售企业的中心业务，其中包括：进货、验车、运输、存储、定价、促销、销售等环节。

（1）进货。进货是汽车营销的首要环节。为了减少中间环节，降低进价及进货风险，提高企业经营效果，最好是从汽车制造厂直接进货（特别是紧俏的品牌或车型）。为此不仅要严格履行产销合同以建立本企业良好信誉，而且应采用强有力的公关手段，努力成为汽车制造厂的特约销售网点。

(2)验车。验车就是检查和验收供方所提供的商品车辆。此事应指派熟悉汽车构造且能实际操作的技术检验人员担任。在检验时，首先应该按照相关手续检验商品的真假（如车辆编码、发动机号及底盘号等），以防受骗上当。倘若是进口车还应验证其报关单，以防用国产车冒充进口车；倘若车源来自中间商，还应逐车检验，以免中间混有旧车。其次是应该检查车辆外观是否完好无损，各种装备附件是否齐全有效，各操纵系统及灯光指示是否正常，蓄电池是否完好，各种软管和塑料件是否老化等。最后还应检查该车的合格证、说明书、维修卡等技术资料。

(3)运输。运输是将所购商品车运回本企业。其发货方式有：由制造厂预订铁路运输发货；委托当地储运物流公司发货；由本企业自雇车辆通过公路联运长途运送等。其中，最安全经济的办法是委托制造厂预订铁路运输发货。

(4)存储。存储是指将商品车辆运回后在本企业存储。存储时既要避免露天存放，以免风吹日晒和雨淋，也要定期做好车辆的检查与维护，以防止蓄电池失效和机件锈蚀。当需要租用他人仓库时，要签订储存合同约法三章，以防换车或换件或偷用车辆等。

(5)定价。目前汽车的实际出厂价 = (出厂价 + 消费税) × (1 ± 10% 浮动幅度)。由于车辆实际出厂价中已包含有消费税，因此，车辆销售价可由实际进货价加商品流通费（如运杂费、营销费、管理费和财务费等）再加 17% 的增值税和销售利润来确定；而客户在购置车辆时还应向当地交通征管部门缴纳 10% 的车辆购置税，并购买保险费等。

(6)促销与广告。汽车营销商通常都会采取相应的促销措施，例如报纸、广播、电视、广告牌等的广告促销，以让消费者知道该车辆品牌、营销厂商及性能特点等，并引起消费者消费欲望。广告的设计原则是，既要有吸引力、艺术性和新颖感，也要简明扼要、经济实用。汽车的销售广告通常由制造厂或经销商负责，广告时应核算广告耗费与收益。

(7)销售。经销商应为上门的客户提供相应的销售资料（标有经销商名称、销售地点与联系方式等）。倘若是私人购车，交易时须凭居民身份证做好项目登记，以便日后联系；倘若是单位购车，交易时须凭单位介绍信等。在销售过程中，营销人员要分析消费者的消费动机与消费心理，尽力满足用户要求，以促成交易、并使客户满意。

3)商务谈判与签署合同

商务谈判是由交易双方就某单商品交易，为各自利益进行洽谈的经济活动。通过商务谈判形成交易共识；待双方满意后，由交易双方签署具有法律效力的协议、格式合同及附件附录等予以确认。当然，在商务谈判时，须坚持平等互利、友好协商、谋求合作、互谅互让的原则。商务谈判的程序包括询价、报价、还价、认同、签约等。商务谈判的方式可以多种多样，一般是先联系、后面谈，最后再签合同。为此需要在面谈之前先做好大量的谈判准备工作，并周密考虑做到知己知彼；直至双方意见接近、沟通无误后再进行面谈确认。面谈时不仅要遵守时间，讲究仪容仪表和文明礼貌，还要讲究谈判艺术。既要热情好客、不骄不躁、不卑不亢，也要兵不厌诈，互惠互利，以维护企业利益。在与外商谈判时，还要注意谈判的场所和礼节，包括对等选择接送车辆、对等选派谈判人员等。

4)售后服务

由于汽车属于高技术、高价位商品，且一般客户也不可能完全掌握汽车的结构原理与性能特点,因此售后服务便成了汽车销售过程中的重要环节。售后服务是从汽车完成销售交易后开始的,不仅包括提车服务(如协助购车者办理购车手续,办理临时牌照,购置车辆保险及完成车辆审验等),而且还包括对客户进行技术培训,以及在汽车使用过程中、质量保证期内外的维修服务及配件供应等。

商场就是战场,现在的4S品牌汽车营销商店已经遍地开花。倘若要在激烈的市场营销竞争中获胜,除了要销售良好的品牌汽车之外,还要拥有一支训练有素的营销队伍。由于汽车营销人员会直接面对客户,为此必须了解汽车销售市场的供销状况,该型汽车的结构原理与性能特点;还必须了解本企业汽车营销服务的基本流程。

汽车营销人员的结构已经经历了三个阶段:在汽车营销初期主要靠漂亮模特进行促销。但由于客户是买车而不是买人,因此在汽车营销中期,这种美女香车的促销方式只能用于新车展示,实际的汽车营销则主要依靠市场营销专业毕业的、能说会道的营销人员进行推销。尽管他们并不懂汽车,但由于懂得客户心理,因此销售业绩也通常不错。到汽车营销后期,由于汽车销售后还要进行相应的技术服务,于是改由懂技术的营销人员或懂营销的技术人员进行推销,并采用谁卖车谁服务的一条龙服务原则,实现汽车销售与技术服务的一体化。

2.对汽车营销人员的基本要求

汽车营销人员的基本职责包括以下几个方面:

(1)负责汽车营销的市场调查,不断开拓市场。

(2)负责接待客户,了解客户需求,并建立客户档案;通过预约服务和售后服务,通过俱乐部及救援活动等,履行服务承诺,宣传企业形象及企业文化。

(3)为汽车制造厂及本企业营销及维修部门收集并反馈车辆销售信息及维修信息,帮助本企业提高销售及维修的服务质量。

根据上述职责,要求汽车营销人员必须具备较高的综合素质及熟练的业务素质,包括国家的政策法规和规章制度,汽车营销的业务规范、服务标准以及汽车营销的价格及流程;必须具有一定的汽车专业理论知识;熟练掌握所售车辆的驾驶操作技能(以指导客户试乘试驾);必须熟悉汽车保险、质量索赔及技术责任事故处理及计算机操作等。

由于汽车营销人员的天职就是销售汽车,因此不管采用何种营销策略或营销手段,其目标就是要在合理合法的前提下尽可能多地销售汽车。为此,特别要求汽车营销人员的耐心、诚心、热心、信心和责任心。这就是说:要成为一个合格的汽车营销人员,应该是一个事业心很强的人,认真负责并敢于承担责任;遇事百折不挠、坚韧不拔、不达到目的誓不罢休。同时,也应该是一个性格外向豁达、诚恳热情,文明礼貌,且亲和力、语言表达能力及应变能力很强的人。作为汽车营销人员,要善于控制自己的情感,善于观察和交际、善于理解和沟通,善于为客户着想,处理好与客户的关系。为此,汽车营销人员应该是一个汽车爱好者,因为只有爱好汽车,才可能去钻研汽车,才可能有兴趣和毅力去销售汽车。

汽车营销人员在接待客户时,还要学会针对不同的人群说不同的话。例如,对于不算富有的普通蓝领或者老年人购车,由于其目的可能只是为了代步,对于他们应多介绍些“此车是如何的价廉物美、经久耐用”;对于年轻人且生活条件很好的群体买车,由于其目的通常是为了玩车或炫耀,有的仅是为了飙车,因而特别喜欢大排量的名车或跑车,对于他们应多介绍些

“此车不仅高档名贵,而且加速性能极好”;对于中壮年的白领男士买车,由于其目的通常是为了显示其地位和成就,对于他们应多介绍些“此车如何高档豪华及安全保障,所处地位相当于某级首长等”;对于中青年的白领女士买车,由于其目的通常是为了表征个性,以争取更多的“回头率”,对于她们应多介绍些“此车是如何的稀缺与新奇”。另外,对于不懂汽车技术的人来买车,应多介绍些“该车的外观造型、装饰特点与性能等”;而对于懂汽车技术的人来买车,应多介绍些“该车采用了多少新技术与新结构,且购买该车是如何的经济实惠”等。

四、汽车维修的经营管理

根据交通运输部令2015年第17号《机动车维修管理规定》:“所谓机动车维修企业的经营管理,是指为维持/维护或恢复/修理机动车技术状况,延长机动车使用寿命,以及实施维修救援等生产经营管理活动的总称”“机动车维修经营者应当依法经营,诚实守信,公平竞争,优质服务;机动车的维修管理应当公平、公正、公开和便民。任何单位和个人不得封锁或者垄断机动车维修市场。鼓励机动车维修企业实行集约化、专业化、连锁经营,以促进机动车维修业的合理分工和协调发展”。

机动车维修经营者不仅应当按照经批准的行政许可事项开展维修服务,在经营场所醒目位置悬挂统一式样的机动车维修经营许可证及机动车维修标志牌;而且应当推广应用环保节能的机动车维修新技术和新工艺(如不解体检测与故障诊断等),推进行业信息化建设和救援维修服务的网络化建设,提高机动车维修业的整体素质,以满足社会车辆的维修需要。

1.汽车维修的业务流程

1)预约维修

维修预约(由客户预约或由企业主动预约)是汽车维修企业与客户之间,就维修时间及维修项目等内容经预先约定的过程。其中,汽车维修企业的主动预约,不仅可以展示企业形象,体现对客户关心,增强与客户情感交流,从而与客户建立良好的关系,而且可增加维修业务量,提高维修营业收入。预约维修的内容包括:

(1)了解客户车辆的使用状况及实际车况,弄清楚本次预约的维修项目。

(2)做好相应的预约准备(如预订车辆维修计划、预定本次维修费用等)。

当然,无论是客户预约或企业主动预约,前台业务人员在维修预约时,都必须讲究沟通技巧,即不仅要轻声细语、认真倾听,并做好预约电话记录,以显示企业员工的形象与规范;而且在预约后还必须履行预约承诺。当预约维修不能按期进行或者承诺不能及时兑现时,还应事前与客户协商。

为了做好预约维修,凡经本企业销售或维修的客户车辆,都应用计算机进行分类存档(如客户名称、联系方式、车辆牌照号及车辆型号、行驶里程数、以往维修情况,本次需做维修类别及维修项目,或者需要解决何种故障等),以此建立客户档案及车辆维修技术档案。

2)进厂交接

客户车辆在进厂维修时,首先应由客户填写《报修单》,再由前台业务人员或汽车维修进厂检验人员根据《报修单》,会同客户共同检查车辆,填写《车辆进厂检验单》。其内容包括:

(1)清点车辆外观残缺与车内贵重物品,清点随车工具及随车附件,交接车辆行驶证、音响密码及以往维修记录等。

(2)检查车辆进厂时的实际装备和实际车况。当车辆存在着机件故障(特别是疑难故障)时,应先进行必要的检测诊断(必要时路试),以判定故障原因,确定维修方法;并与客户共同确定本次维修项目及维修方案。

(3)与客户共同签订《汽车维修合同》并签字确认。

(4)估算本次维修费用及承诺修竣交车时间等。

(5)由前台业务人员根据《报修单》及《车辆进厂检验单》,开具汽车维修企业内部使用的《派工单》实施派工调度,并将待修车辆送至维修车间的指定维修工位。

在车辆进厂报修及进厂检验时,前台业务人员不仅应当热情接待、微笑服务,并善于与客户沟通,以体现本企业的形象及礼仪,也体现前台业务接待人员的职业素质与专业素质。由于目前多数汽车维修企业的前台业务人员只懂服务而不懂技术,因而大多只能充当二传手,直接将客户的《报修单》充当《派工单》下达给维修车间。这种做法的弊端是:由于客户的《报修单》可能会漏报或错报,不仅可能影响到车辆维修的进度及质量,而且还混淆了前台业务人员进厂交接及进厂检验的岗位职责,增加了企业内部的人为矛盾。

3)掌握维修过程

车辆在维修过程中,前台业务人员应随时掌握其维修进度。

为了保证车辆维修过程中的维修效率和维修质量,汽车维修人员应注意以下问题:

(1)汽车维修人员在接到《派工单》后,不仅应完成《派工单》所规定的各项维修项目,而且还应本着"漏报不漏修、漏修不漏检"的原则,及时增减或调整《派工单》维修项目。但《派工单》维修项目的增减或调整,重要基础件或贵重总成的更换以及因疑难故障而可能延期交车时,都应预先报请车间主管,并经前台业务人员及时通报客户,在取得客户同意后方可实施,不得擅自超范围维修。

(2)在整个维修过程中,汽车维修人员不仅应严格遵守汽车维修的操作规程、工艺规范和技术标准,而且还应爱惜客户车辆,注意车辆防护及清洁,做到文明维修,还应强调汽车维修过程中的工艺管理和过程监督,做好以工位自检与工序互检为核心的过程检验。

(3)为确保汽车维修竣工后的出厂质量及行驶安全,在车辆维修竣工后,应由主修人做好维修收尾工作(如清洁车辆,收集及清理将由客户带走的旧件、填报《派工单》等),并在主修班组自检及互检合格的基础上,交专职检验员完成车辆维修的竣工出厂检验。车辆维修竣工出厂检验的内容包括本次维修项目有否漏项、车辆装备是否齐全、维修质量是否合格等。

(4)倘若本次维修竣工出厂质量经检验验收合格,应由主修人完善维修记录、财务结算维修费用,并由专职检验员填写《维修车辆竣工出厂检验单》、开具《汽车维修竣工检验合格证》及出门证,再由前台业务人员通知客户接车。在通知用户接车时不仅应告知本次维修的费用结算及交车时间;而且还应告知车辆修竣出厂后的使用注意事项及下次维修时间等。

为了表示汽车维修企业的诚信经营,不仅要在前台业务大厅的易见位置公示所有的维修项目及收费标准;而且还应在《车辆维修结算单》上对各项需要收费的维修项目明码标价,不得随意增添或擅自提价。《车辆维修结算单》应详尽记录所有维修项目(包括免费项目),并应附维修合同、维修工时及维修材料清单,且要求所列条目及术语都能让客户看懂。

4)汽车维修后续工作

汽车的维修质量不仅取决于车辆维修过程中各工位、各工序的维修质量,也取决于车辆修竣出厂之后客户的使用质量。这是因为,客户的使用质量会直接影响汽车的维修质量。为此,维修竣工车辆在出厂后的1周内,应由前台业务人员与客户电话联系,做好跟踪回访。跟踪回访的内容包括:

(1)征询客户对本次维修的意见,了解本企业的维修质量与服务质量(包括服务态度、维修质量及维修费用等),以增强客户对本企业维修服务的满意度。

(2)了解客户车辆的使用状况,提供技术咨询服务。

这种跟踪回访十分必要,也十分有效,这不仅表示汽车维修企业关心客户,更重要的是能通过跟踪回访及客户反馈意见,提高企业的生产经营管理水平。

在跟踪回访时一定要说明本次跟踪回访仅仅是关心客户的“例行回访”,以便取得客户的信任和好感;而不要给客户形成本次维修还有问题尚未解决的错觉。为此,在跟踪回访时不仅要态度诚挚、语速适中,并认真做好记录,而且要让客户多尽情倾诉、而不要随意打断。在首次跟踪回访后,还要每隔一定时间进行“定期回访”,并预约下次维修时间。倘若电话回访时发现客户有抱怨或责备时,前台业务人员必须认真听取客户意见、做好记录,并根据客户意见及时做好回复。对于客户上门投诉的,不仅要热情接待,而且还要察看实际车况,并承诺及时认真处理,决不要竭力搪塞或推卸责任,更不要与客户发生争执。其中,倘若确属于维修责任的,要在详尽了解情况之后立即向客户道歉,并建议返厂返修,实行优惠或免费;倘若确属于客户责任的,也要礼貌地解释,并建议他今后做好车辆的日常维护。

无论是跟踪回访或处理投诉,前台业务人员都应学会换位思考,多为客户着想,以尽自己最大努力,及时认真地处理。前台业务人员还要每月定期召开“工作例会”,以汇总各客户情况,检讨在维修服务方面存在的问题,并提出相应的改进措施。

2. 对汽车维修前台业务人员的基本要求

由于汽车维修前台业务人员的专业技术性较强,不仅要履行汽车维修企业日常的生产经营管理职责,而且还要代表汽车维修企业去接待客户,因而汽车维修前台业务人员的每个言行举止都代表着企业的素质与文化,代表着企业为客户服务的深度与广度,也代表着企业的技术实力与管理水平。

汽车维修前台业务人员的结构组成在东、西方国家有所不同。东方国家通常以经营服务为主;西方国家则通常以技术检验及故障检测为主。究其原因,是因为西方国家早已实现了汽车普及,客户来厂是为了修车而不是为了接待。目前,我国汽车维修企业的前台业务人员虽然也大多以经营服务为主,但正在逐步向技术检验及故障检测转变及过渡,汽车维修企业的前台业务人员通常包括经营服务人员及技术检验人员两类。

1)经营服务人员

在市场经营部的团队管理模式中,业务经营人员的主要职责是:

(1)负责汽车维修市场的调查和开拓,联系车源、接洽业务。

(2)负责走访客户及客户接待,以了解客户需求,履行对客户承诺等,并建立客户档案。

(3)通过预约服务、修后服务,以及开展救援活动及车友俱乐部等,全方位地为用户服务,由此创建企业文化、宣传企业形象。

为了树立良好的企业形象并提高汽车维修质量及服务质量,汽车维修企业通常都对前台业务人员要求很高并寄予厚望。例如,要求其具有良好的人品与性格,良好的政治思想素质、职业道德和技术业务素质等。为此不仅常在企业中选派具有较高综合素质的优秀员工去充当前台业务人员;而且还不断强化前台业务人员的岗位培训和业务考核。

2)技术检验人员

在市场经营部的团队管理模式中,技术检验人员的主要职责是:

(1)负责车辆进厂维修登记、派工调度及维修合同管理。

(2)负责汽车进出厂交接和进出厂质量检验;并负责车况鉴定、事故鉴定及技术责任事故处理,负责车辆维修的保险与索赔等。

(3)负责维修车间的生产管理(如生产安全、派工调度、生产进度与生产统计)、维修技术指导,维修业务的估价与结账等。

为此,要求前台技术检验人员不仅具有熟练的业务素质(熟悉本企业汽车维修的业务流程),而且还具有一定的汽车专业知识和丰富的汽车维修经验及故障诊断能力,并了解相关的政策法规和规章制度,熟悉保险及索赔条例,熟悉品牌汽车的配件编码、维修价格及本企业收费标准,能熟练驾驶车辆及熟练使用计算机等。

五、汽车维修企业的合同管理

汽车销售及汽车维修所使用的合同都属于技术经济合同。其中前者属于购销合同,其内容包括成交车辆的车型、种类、数量与质量,合同总价,付款方式与交货地点、交货时间和交货方式,装运、检验和质量保证以及技术资料、使用说明、违约责任及赔偿等;后者属于加工承揽合同,它是托修方委托承修方进行车辆维修,承修方按照托修方要求维修汽车,并在维修竣工及质量检验合格后由托修方付给约定报酬的有偿协议或原始凭证,其内容包括合同签订的原则、范围、要求和程序,合同的履行、实施与监督,合同的担保、变更和解除,违约责任与纠纷处理等。

1.汽车维修合同的内容

为了加强汽车维修行业管理,维护汽车维修市场正常秩序,保障承、托修双方当事人的合法权益并规范汽车维修合同的管理和使用,从而规范汽车维修经营者的经营活动,为处理汽车维修质量和价格纠纷提供法律依据,不仅应使用本地工商局及税务局所规定的汽车维修合同范本,而且应严格依照《经济合同法》实施管理。

1)汽车维修合同的作用与适用范围

汽车维修合同的作用是,通过签约双方的权利和义务,从而将签约双方的经济活动纳入法制的轨道,以防止非法交易,维护市场秩序。这不仅加强了汽车维修的行业管理,保障了签约双方的合法权益,而且也规范了汽车维修企业的生产经营管理行为。与此同时,汽车维修企业也通过汽车维修合同提高其维修质量和服务质量,并提高企业整体素质,促进汽车维修企业的专业化和横向联合,提高汽车维修企业的经济效益和社会效益。汽车维修合同适用于中国境内已取得由当地道路运政管理机构核发的《道路运输许可证》及由工商行政管理机关核发的《营业执照》的各类汽车维修企业。

必须签订汽车维修合同的范围包括:

(1)汽车大修。

(2)汽车总成大修。

(3)汽车二级维护。

(4)预算费用超过1000元的汽车维修作业。

2)汽车维修合同的签订原则

汽车维修合同的签订必须由承托修双方遵照合法性原则(符合国家法规和政策)和权利义务可行性原则(平等互利原则、协商一致原则、等价交换原则)依法签订,签章生效。凡违背上述原则的汽车维修合同都将视为无效合同。

3)汽车维修合同的主要条款

(1)客户信息。如承托修双方的名称全称、联系人及联系方式、签约日期及合同编号等。

(2)车辆信息。如送修车辆的车类车型、车辆编码及牌照、底盘号及发动机号、车辆已行驶里程等。

(3)维修信息。如本次托修类别及附加修理项目、送修日期及预计完工日期等。

(4)费用结算信息。如结算方式与结算期限、预计维修费用及结算方法、合同纠纷解决及违约处罚方式等。

(5)附加信息。双方商定的其他条款。如维修质量(质量保证期、验收方式和验收标准)、维修配件供应(是否客户自带,旧件是否带走等)。

4)汽车维修合同的签订要求

(1)维修合同必须使用由本地工商局及税务局规定的《汽车维修合同示范文本》。

(2)合同双方必须按照平等互利、协商一致、等价有偿的原则,遵照合同签订的规定程序依法签订,在承托修双方签字盖章后生效。

(3)承修方在维修过程中若需要增添维修项目或需要延长维修期限时,应征得托修方的同意。

(4)代签合同应有委托单位证明,并根据其授权范围,虽然可由委托单位代签,但代签人应对委托单位直接承担相应的权利和义务。

5)汽车维修合同的签订程序

为使所签订的汽车维修合同具有合法性和可行性,在签订时须遵循下列程序:

(1)主体资格及资信履约能力的审查。即在准备签订合同之前,合同双方都应事先审查对方的主体资格及资信履约能力。托修方应出示其资信证明;承修方也应说明其生产技术能力、设备工艺条件及维修质量保证等。

(2)要约与承诺。合同双方在签订合同时必须就合同主要条款进行协商,其协商过程可分要约和承诺两步骤。即一方提出要约(要约内容应具体,且不能含糊或有不同理解),另一方则根据要约方的立约要求提出修改或补充。经双方反复协商直至达成一致。

(3)合同签署。将双方达成的协议,格式化为《汽车维修合同》;并由双方签约当事人签字确认。倘若是代签,则应附委托单位的授权和证明,并根据其授权范围签字确认。

6)汽车维修合同的履行

汽车维修合同经双方合法签署后便具有法律效力,合同双方都应严格按照合同条款履行各自的义务。

(1)托修方义务。送修时应按照合同规定送修车辆,并提交与车辆相关的技术资料,办理车辆交接手续；接收维修竣工车辆时应按合同规定支付维修费用。倘若自带配件或材料的，应保证所提供的配件或材料质量合格。

(2)承修方义务。应按照合同规定，并按照汽车维修技术规范和技术标准维修车辆，以确保汽车的维修质量；并应按照合同的规定时间向托修方交付质量合格的竣工车辆，同时交付《汽车维修竣工出厂合格证》和与车辆维修相关的技术资料等；按合同规定的收费标准及收费办法向托修方收取维修费用，并提供相应的工时清单、材料清单和维修费用结算凭证；以及保证在质量保证期和质量保证范围内履行其保修义务等。

7)汽车维修合同的实施与监督

汽车维修合同的实施由承修的汽车维修企业负责；汽车维修合同的监督由当地道路运政管理机构和工商行政管理机关负责。

8)汽车维修合同的变更、解除与违约责任

在需要变更或解除汽车维修合同时，在不损害国家或集体利益的前提下，须经合同双方的当事人协商同意，任何一方都无权擅自变更或解除，否则将视为违约。由此而产生的后果将由违约方负责赔偿；只有当双方都严重违约或者该合同已被上级主管部门依据法规取消时，原合同才能视为自行解除。另外，合同双方为了保证合同的履行、保障双方权益不受损失，经协商一致，可采用定金、抵押担保、名义担保、留置担保等“合同担保”的办法。但在合同担保时，其《担保书》应具有法律效力；并应作为《汽车维修合同》的副本凭据。所谓定金，是指合同未履行前由托修方预付部分货款作为合同的保证金，以补偿倘若托修方违约从而对承修方造成的损失。倘若是托修方违约，则托修方无权要求返还定金；但倘若是承修方违约，则应由承修方加倍返还定金。

9)汽车维修合同纠纷的处理

倘若汽车维修合同的双方在履约过程中发生争议，首先应由合同双方友好协商；倘若协商不成，则任何一方都可申请道路运政管理机构、汽车维修行业管理部门或经济合同仲裁机构进行仲裁，或者直接向人民法院起诉。重大汽车维修合同纠纷的仲裁程序如下。

(1)受理。首先由当事人递交申诉书提出申诉，仲裁机关受理。

(2)取证。由仲裁机关调查取证，以查明事实、分清责任。

(3)调解。由仲裁机关在查清事实后敦促当事双方相互谅解并达成调解协议，然后由仲裁机关监督执行。

(4)仲裁。倘若当事双方无法调解时将由仲裁庭机关仲裁；倘若当事双方对仲裁不服时可向人民法院起诉。

(5)司法判决。由人民法院依法判决。仲裁或判决的费用原则上由败诉方承担，但也可由当事双方的败诉比例进行分摊。

10)汽车维修合同的管理

汽车维修企业应建立健全汽车维修合同的管理制度(如台账登记、归档保管、汇总报告等)；并定期向汽车维修行业管理部门报送汽车维修合同的履行情况。汽车维修行业部门则应加强对汽车维修合同的监督、检查和考核。凡汽车维修项目范围属于应签订而未签订汽车维修合同的，道路运政管理机构可以对其警告和罚款；由此而引起的维修质量或经济纠纷，道路运政管理机构可不予受理。凡属于应签订的汽车维修合同倘若不符合规定要求的，道路运政管理机构可责令其整改。

2. 汽车维修企业合同管理的注意事项

使用汽车维修合同，不仅可以约束及规范合同双方的经济活动及经营行为，而且还可以保护合同双方的权益免受损失。为此，汽车维修合同管理不仅是汽车维修行业管理的重要内容，也是汽车维修企业管理的重要内容。在汽车维修企业，汽车维修合同归市场经营部专设的合同管理人员管理，其职责是：检查各合同的签订是否完善与合法，并由此监督合同执行。倘若在合同履约过程中出现问题或纠纷，应及时报告，提出处理意见并采取补救措施。合同履约完成后，由合同管理人员将所有合同收集、整理和归档。

在签订汽车销售合同或汽车维修合同时的注意事项：

(1)在签订汽车维修合同时，先要做好对方的资信调查，以避免现实市场经济活动中常见的合同欺诈。例如，在汽车营销合同中，买方故意写错支票，结果提走了车辆而收不到车款。也有的供方在需方付款后却故意拖延供货，从而使需方造成销售困难或资金周转困难。因此，对于重大的经济合同，市场经营部的主管要亲自审查和过问，甚至还要聘请法律顾问以协助处理相关经济纠纷，维护自身合法权益。

(2)在签订汽车维修合同时，一定要谨慎地判定所签合同条款的有效性。倘若与无经营权单位签订合同以及签了违反国家法律法规的合同（如经营走私车、没收车、非法改装车及报废车等），都将视为无效合同。维修或贩卖走私车或偷盗车的合同，不仅将视为无效合同，而且还将涉嫌违法。

六、汽车维修企业的客户管理

汽车维修企业为客户服务的常见做法有：

(1)不断改进企业的维修质量与服务态度，尽可能满足客户需求；并明确制订企业收费标准，合理收费。

(2)由专人接待客户来访，认真处理客户投诉，重视客户信息反馈；经常联系和走访客户，开展各种客户联谊活动，广泛征求客户意见。

(3)派专人定期巡回及上门服务，并根据车辆使用情况，针对本企业营销或维修的不足而做好善后服务；定期提醒客户按期维修，并实施对本企业产品实行“质量三包”等。

(4)编制本企业汽车营销服务手册或汽车维修使用说明书；做好配件、备件、附件及专用工具供应；积极宣传本企业的经营优势，主动拓展服务范围（如增设新的免费服务项目，包括开展免费检测、免费维护、免费救援等），从而与客户建立更持久广泛的公共关系。

(5)建立企业技术服务网站，建立客户车辆维修技术档案，并积极开展技术咨询，组织汽车俱乐部，或为客户举办各种技术培训班等。

汽车维修企业开展为客户服务的作用和意义在于：

(1)通过为客户服务，可帮助客户正确使用车辆，以充分发挥车辆的功能和效果，使客户感到“物有所值”。

(2)通过为客户服务，增强本企业信誉，从而扩大市场，保住老客户、发展新客户。

(3)通过为客户服务，可以广泛接触客户，从而密切与客户关系，有利于企业了解市场，更有利于改善企业的生产经营管理水平。

随着市场经济体制的逐步法制化和规范化，汽车维修企业要本着“正当竞争、互利共赢”的观念，积极开展公正、公平、公开的市场竞争，并自觉地维护市场秩序，从而互利双赢和共同发展。为此，汽车维修企业还要共同反对违法经营和不正当竞争。例如，不讲诚信、相互欺诈，在维修过程中随意越级或超范围维修，或者偷工减料、使用伪劣配件和乱收费等，使用高额回扣来拉拢客户，不择手段地挖高技艺维修人员等。

近来，国家对数起进口品牌垄断经营及垄断维修进行了调查和处理，以此来打破4S进口品牌汽车销售维修的垄断黑洞（例如只有在4S店高价维修才能获得原厂配件及维修资料，只有在4S店高价维修后才能获得其质量保证等），并规定：不得限制和干预消费者维修服务的自主选择权，也不得因为客户在汽车三包期限内曾选择了其他维修服务而拒绝提供维修服务。这就意味着，以后的非4S汽车维修企业也能维修进口品牌汽车。国家还要求充分运用互联网技术，打破垄断，保证维修配件及维修资料的公开透明，并由此建立汽车维修业、连锁品牌、人才体系等要素的追溯体系和诚信体系。

1.建立完整的客户档案

所谓客户档案，是经过收集、整理和归档后尽可能详尽的客户资料，它是一个不断收集充实、并不断整理与规范的动态过程。由于这些资料涉及个人或单位的隐私，因此一定要妥善保管，决不能随意泄露。

(1)个人档案。包括客户姓名、家庭地址、电话、邮箱、出生年月、学历与专业、配偶、专业与特长，以及客户单位名称及单位地址等。

(2)企业档案。包括：

①基础资料。如企业名称、地址、电话与邮箱、法人代表，所在区域及人文特点等。

②客户特征。如企业经营规模、经营特点与经营方向，产品种类与产品许可证，企业的财务与资信等。

③业务关系。如与本企业关系、与竞争者关系等。

2.根据客户差异，确定忠诚客户，并加强与客户互动沟通

在汽车维修过程中，并非所有的客户都能为企业带来效益。为此要根据客户的差异，找出能为企业带来效益的忠诚客户，并将其发展成为企业的合作伙伴，带动企业的客户管理。

与客户坦诚沟通，建立必要的友谊，并了解客户在何时需要何种的服务，这是提高客户满意度，赢得客户相任的关键。常见措施有：积极与客户保持沟通（这是消除隔阂的最有效途径），定期走访客户或定期召开客户座谈会，并经常赠送小礼品或纪念品，经常邀请客户参加企业的某些活动（如旅游、酒会等），以博得客户对企业的好感。

3.建立客户投诉处理制度

客户投诉，是客户对企业产品或服务表示不满的反馈方式。由于客户投诉反映着企业存在的缺陷，因此在处理客户投诉时，必须引起企业各级领导充分重视。这不仅是企业用以弥补缺陷的重要机会，而且也是企业教育员工、提高企业维修质量及服务水平的重要机会。用别人的投诉来教育本企业员工，比企业自己说理教育的效果好得多。

为了能处理客户投诉，企业应专门设置客户投诉机构或投诉中心，并由专人负责。投诉中心应努力简化投诉流程，尽量使客户投诉方便快捷，为此要公布投诉电话，加强网上联系。在处理客户投诉时，首先要记录投诉人、投诉内容、投诉对象、投诉要求等；其次，要判定此投诉是否成立。倘若投诉成立，应根据投诉内容及投诉要求提出相应的处理意见；倘若投诉不成立，也应婉转地答复客户，以求得客户的谅解、消除误会。处理完客户投诉后，还要及时将投诉资料进行收集、整理、分类和归档。

第三节　公务车辆及其维修的政府采购

在政府采购中，公务车辆的集中采购及定点维修都属于政府部门的公务消费及公款消费，且数额庞大、档次较高，因而对于汽车维修企业而言，将具有很大的吸引力。

一、概述

1.什么是政府采购

政府采购是指国家机关、事业单位和团体组织使用国家财政性资金而集中采购货物、工程或服务的行为。其目的和宗旨是：规范政府的采购行为，提高政府采购资金使用效益，维护国家利益及社会公共利益，保护政府采购人合法权益，促进政府廉政建设。根据《中华人民共和国采购法》规定，政府采购的招投标过程适用于《中华人民共和国招标投标法》，政府采购合同适用于《中华人民共和国合同法》。

政府采购的管理部门是各级人民政府的财政部门，执行部门是各级人民政府常设的政府采购交易中心或政务中心。其主要职责是：实施政府采购目录；编制采购预算及限额标准，落实政府采购资金并申报政府采购计划，确定采购方式，支付采购资金。政府采购项目的招投标过程、专家评定及签约履约监督，则由各级人民政府的监察部门及审计部门负责实施。为此，政府采购须遵循公开透明、公平竞争、公正和诚实信用的原则。

2.政府采购的招标方式

1)公开招标与邀请招标

公开招标是采用招标公告的方式，向所有不特定供应商公开投标。它是政府采购的主要招标方式，采购人不得将应当公开招标的货物或服务拆散，化整为零地改用其他方式来规避公开招标。邀请招标则是从有限供应商中随机邀请三家或三家以上供应商参与投标。它是公开招标的辅助方式，主要用于特殊货物或特殊服务采购；或者招标费用占该项目总费用比例过大的采购。公开招标与邀请招标两者相比，虽然招标方式有差别，但评标方式基本相同，都由评审专家采用综合评分法确定拟中标的供应商。

2)竞争性谈判与竞争性磋商

由评审专家组与有效供应商分别当面谈判或当面磋商，在其重新报价及承诺后，就各自价格、性能及服务等用性价比法或综合评分法综合比较来确定拟中标供应商。主要适用于：

(1)虽然连续经过多次公开招标但有效投标商始终不足三家的。

(2)因技术复杂或性能特殊而不能确定其详细规格或技术要求的。

(3)采用公开招标所需时间不能满足用户急需的。

(4)不能预算总价额度来确定其合理标的的。

3)询价

询价适用于货物或服务的规格与标准相对统一且供应充足、价格变化较小的政府采购项目。其过程是:先由采购人向数个供应商发出询价通知让其报价,再由评审专家经资格性审查及符合性审查后,对其中的有效供应商根据其重新报价综合比较,在同等产品、同等质量及服务的前提下,采用最低价法确定拟中标的供应商。

4)单一来源采购

这是面向单一有效投标商的直接采购。主要用于:

(1)因为该物品或服务(如特殊商品或自主创新产品等)的来源单一而不能采用其他方式提供的。

(2)为保证与原采购项目的一致或配套,或属于原采购合同追加或添置,且添置资金总额不超过原采购合同金额10%,而需要继续由原投标商提供的。

(3)在不可预见的紧急情况下不能采用公开招标的。

显然,由于单一来源采购严重缺乏市场竞争性,因而必须从严控制。

3.政府采购的评审方法

1)综合评分法

根据招标文件规定的因素及配分对各有效投标人进行综合性评分,并以得分的高低来确定拟中标候选人。

2)性价比法

根据招标文件规定,根据各有效投标人投标物品性能及服务的综合评分,除以有效投标人的投标报价,以其商值(即最高性价比)来确定拟中标候选人。

3)最低报价法

倘若投标的是同类同质物品,则可根据各有效投标人的最低报价来确定拟中标候选人。

4.政府采购的评审专家

政府采购的评审专家,是指符合规定条件、持有《政府采购评审专家资格证书》,并以独立身份参加政府采购评审或咨询的人员。每次参与政府采购的评审专家都由政府专业人员在"政府采购评审专家库"中临时随机抽取。评审专家应承担的职责与义务如下。

1)遵纪守法,严格评审

根据招标文件规定及政府采购的法律法规,既要严格审查各有效投标商的资格性及符合性;也要严格评审各有效投标商投标物品的价格、技术,质量及服务等,然后由各专家独立做出科学合理、公平公正的客观评判。

在政府采购评审过程中,评审专家有义务解答与政府采购评审相关的各种咨询,有义务配合采购人或采购代理机构答复有效供应商的各种质疑,并配合财政部门做好投诉处理等。

2)廉洁公正、保守秘密

在政府采购评审中,既不得透露政府采购招标文件、专家组成及评审情况;也不得透露各有效投标商的投标文件及商业秘密。不得发表倾向性或歧视性的言论;更不得恶意串通、行贿受贿等。

二、公开招标的评审过程

政府采购的评标委员会由政府临时抽取并召集的评审专家组成。评审专家在评审过程中必须严格遵照政府采购法律法规及招标文件的规定，对供应商投标文件进行独立评审。

1. 资格性审查

资格性审查用以确定投标供应商是否具备投标资格。有效供应商的资格审查应包括以下内容。

1）投标函及报价表

投标函及报价表原件（如所投标物品的名称、型号规格、数量及报价构成）等。汽车维修企业的投标报价则应包括各类维修项目的工时报价、材料报价及优惠率等。

2）企业概况

企业基本情况。

3）企业资质

投标供应商应提供有效、经营范围符合招标规定的营业执照复印件、企业法人授权书原件及投标人身份证复印件；应提供近期经审计的企业财务报告、近期依法纳税证明及社保证明的复印件或承诺书原件；应提供良好商业信誉及近三年无重大违纪的承诺书原件；应提供为履行合同所必需专业技术能力（设备及人员）的证明文件复印件；应提供招标书要求的及法律法规规定的其他证明材料复印件，以及投标保证金复印件等。

4）产品资质

应提供有效的工信部产品公告及目录复印件、产品制造商授权书及授权目录原件；并提供产品生产服务流程、产品质量与服务质量的承诺书原件，以及由国家颁发的产品检测报告、产品信誉证书（如产品质量认证、安全认证、节能环保认证等）。另外，进口产品需提供报关单复印件，特种产品需提供生产许可证复印件。

2. 符合性审查

在资格性审查结束后，符合性审查用以确定其中有效投标人的投标文件是否符合招标文件的实质性要求。

1）完整性审查

对有效投标人投标文件的密封、装订、正副本数量等进行确认；并与招标文件的规定要求相比，应内容完整、无缺页或缺项，外文资料须逐页译成中文等。

2）有效性审查

对有效投标人的重要投标文件（如投标函、报价表、法人授权书等）是否签字盖章的有效性进行确认；对格式招标文件（如投标函、报价表、法人授权书、商务偏离表及技术偏离表、诚信承诺书及近三年无违纪承诺书、服务承诺书及质量承诺书等）是否符合规定格式进行确认。

3）响应性审查

对有效投标商的《商务应答表》《技术偏离表》是否响应招标文件规定要求进行确认。其中，《商务应答表》应包括投标有效期、报价表构成、交货期、交货方式、售后服务及付款方式等；《技术偏离表》应包括所投标物品的型号规格、性能参数、安装调试、质量保证、售后服务等。

3. 综合评定

评标专家组根据招标书所规定的评定办法，在对投标人资质进行资格性审查，并对其投标文件进行符合性审查后；再对其中有效投标人的投标价格、专业技术能力、产品质量及服务承诺等综合评定,顺序排列出拟中标的候选投标商;最后撰写评标报告并签字确认。

三、招投标书的制作

各投标商所提交的《投标文件》必须完全遵照《招标文件》所述及其要求进行编写。所有招投标文件都必须经过打印、胶粘、装订及密封;投标文件还必须经法定代表人有效签字、承诺及盖章确认等。其中:

(1)招标人《招标文件》的内容包括:投标人资格要求、投标文件格式、商务要求与技术要求、评标细则等。

(2)投标人《投标文件》的内容包括:投标函、开标一览表及分项报价表、资格要求证明文件、投标产品技术响应及售后服务实施方案等。

四、公务车辆的集中采购与定点维修

公务车辆的集中采购、定点维修、定点加油、定点投保等的招投标办法,与大多数商品的招投标办法基本相同,其招标方式也采用公开或邀请招标、竞争性谈判或磋商,以及询价等;其评审过程也都包括资格性审查及符合性审查,然后综合评分及综合排序。

1. 关于公务车辆的集中采购

公务车辆集中采购目前所存在的问题是:尽管中央三令五申,要求排量不超过1.8L,整车价格不超过18万元,以遏制政府公务车辆的购置。但有时也有借口下乡、抢险、接待等特殊或紧急用途从而规避政策,采购高档轿车或越野车;也有的在采购普通轿车后,再增加使用费或维修费来增加车辆的配置与装饰;还有的则以下属企业或租车业的名义购置高档轿车,然后长期转借或转租给政府部门使用等。为此,在公务车辆的集中采购中,轿车采购必须强调其批准权限(政府主管部门证明);客车、货车及由货车改装的专用车及特种车等的集中采购,则必须强调制造厂或改装厂的生产资质,工信部产品公告及注册目录,原制造厂的授权书及授权目录,以及改装车辆的安全认证、质量认证与节能环保认证等。

2. 关于公务车辆的定点维修

公务车辆的定点维修,在选点时必须首先强调其经营地点及平面布置的合理性及经营场所的合法性。其评审项目则通常包括:维修企业的技术能力(如维修设备及维修人员);服务能力(如服务态度、救急服务等);维修质量(如维修质量标准、质量检验制度、返工返修处理等);收费价目(如工时单价及优惠率、材料单价及加价率、车辆救急费用等);以往公务车辆的定点维修量等。评审方法通常是在同类(一类或二类)汽车维修企业中横向比较及综合评分,最后排序确定。

公务车辆的定点维修,目前所存在的问题是:由于原定工时单价因近年工资增长而明显偏低,原定工时定额因多年未修订及未细化而明显偏高,且由于公务车辆定点维修又属于公款消费,维修项目、维修质量及服务态度都任凭驾驶员主观认定,因此普遍存在着维修质量低劣、收费项目混乱、收费标准偏高等问题。其中包括虚开工时数量,以换件代替修理,以仿冒配件充当原厂配件,随意超范围修理、随意换件和随意重复收费等。有的还将其他购置费、装饰费及美容费等也纳入汽车维修项目进行收费。

在对公务车辆定点维修企业考核时,应侧重于以下方面:

(1)检查收费项目。通过对实际汽车维修费用结算(包括工时费及材料费等)及汽车配件的实际进出货单的查验,检查汽车维修企业是否履行了公务车辆维修费用优惠的承诺。

(2)检查维修项目。通过对实际汽车维修进厂报修单、进厂检验单及派工单、汽车维修过程检验单及竣工出厂检验单,以及对汽车维修费用结算单的查验,检查汽车维修企业是否存在着随意超范围修理、随意换件和随意重复收费,并检查其中是否混杂有其他非维修性收费等。

(3)检查服务质量。通过查验用户回访记录及车辆返修记录,或者用电话回访抽查用户,以调查汽车维修企业的实际维修质量及实际服务质量。

复习思考题

1. 什么是汽车维修企业的经营管理？试述其企业经营与企业管理的联系和区别。
2. 什么是汽车维修企业的经营管理？为什么要研究汽车维修企业的经营管理？
3. 什么是汽车维修企业的经营管理理念？
4. 怎样进行用户的消费心理与行为分析？
5. 什么是汽车维修企业的经营思想、经营目标与经营方针？
6. 汽车维修企业的经营策略有哪些？
7. 为什么说市场竞争将从产品竞争,走向服务竞争与价格竞争？
8. 为什么汽车维修企业中要建立市场经营管理部门？
9. 汽车维修企业市场经营管理部门的人员构成及基本要求有哪些？
10. 2015 年交通运输部第 17 号令《机动车维修管理规定》关于机动车维修管理规定有哪些？
11. 试述汽车营销的基本流程,汽车营销人员的基本素质有哪些？
12. 试述汽车维修前台业务人员的组成、职责及工作流程？其基本素质有哪些？
13. 试述业务人员的接待规范,如何做好汽车维修后续工作,如何处理用户投诉？
14. 什么是汽车维修企业的合同管理？并试述其适用范围、签订原则和主要条款？
15. 试述签订汽车维修合同的注意事项。
16. 如何进行用户管理？
17. 什么是政府采购？政府采购形式有哪些？
18. 政府采购评审专家的职责和义务有哪些？
19. 如何编写政府采购的投标文件？
20. 汽车维修企业如何参与公务车辆的集中采购与定点维修？
21. 目前的公务车辆的集中采购与定点维修存在着哪些问题？

第三章　汽车维修制度

第一节　汽车的预防维修制度

由于汽车结构复杂且使用条件苛刻，汽车在经过长期使用后，必然会引起机件损伤和技术状况恶化，如摩擦磨损（磨粒磨损、黏附磨损）、腐蚀磨损（化学腐蚀、电化学腐蚀、穴蚀）、机械变形（弯曲或扭曲）、机件老化或疲劳断裂等。为了维持或恢复车辆的技术状况，确保车辆的使用安全，就需要对车辆适时地维护或修理。据资料介绍，我国车辆的年维修费用大约占车辆运输成本的25%。

一、机械零件的磨损规律

机械零件失效的常见形式是摩擦磨损。一对相同公称尺寸的轴孔配合副之间的间隙变化规律称为机件磨损规律。

例如，一对由孔形零件Ⅰ与轴形零件Ⅱ组成的配合副，其配合表面的磨损通常有三个阶段（图3-1）。

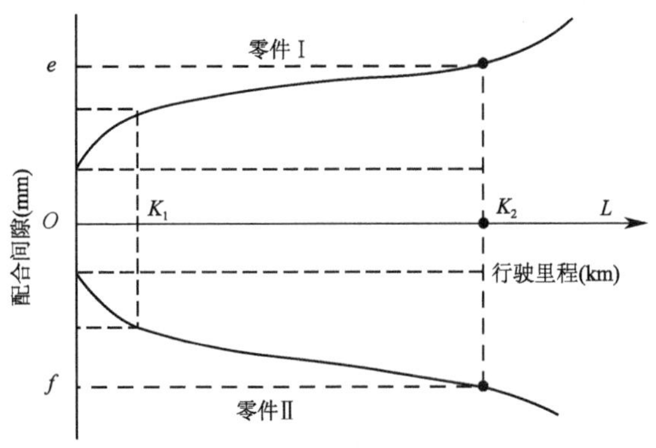

图3-1　两配合零件间隙的变化

（1）图3-1中$O \sim K_1$段称为使用初期或磨合期。在此阶段由于两加工表面相对粗糙（有的还留有刀痕），因此在相对摩擦时磨损速度较快，孔径磨大而轴径磨小，使配合副间隙随之增大。

（2）图3-1中$K_1 \sim K_2$段称为正常使用期。在此阶段随着轴孔配合面的逐步磨光，两零件摩擦状态得到改善，磨损速度也相对减缓。

（3）图3-1中K_2后称为故障期，在此阶段随着车辆继续使用，配合副间隙不断增大。当间隙增大到某个极限时，原来正常的配合关系遭到破坏，从而使两者之间出现撞击和异响。倘若继续使用，不仅磨损速度明显加快，而且还会造成异常断裂或损坏，从而频频引发各类故障。此时两配合副零件必须立即维护或修理，以尽可能恢复配合间隙，延长其使用寿命。

分析上述两轴孔配合零件在不同使用条件下的磨损规律就可发现：在磨合期时，不同的使用对机械零件寿命影响特别明显（图3-2）。例如，曲线1，其磨合期及正常使用期内磨损最小，使用寿命最长；曲线2，虽然磨合期内磨损最小，但正常使用期内因使用不当而磨损较大，使用寿命有所缩短；曲线3由于在磨合期及正常使用期内都磨损较大，使用寿命最短。由此可知，尽管机械零件在日常使用中的摩擦磨损不可避免，但倘若在磨合期内加强技术管理（如加强车辆使用初期的减载、减速及润滑等）；在正常使用期内加强技术维护（如定期紧固各部连接螺栓，及时润滑各摩擦部位，及时检查和调整各部间隙，及时发现和消除故障隐患等），就能明显减缓摩擦配合副的磨损速度，从而防止零部件早期损坏，延长车辆的使用寿命。

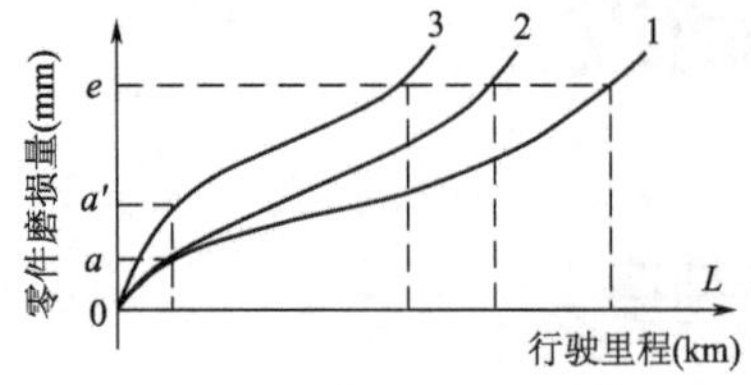

图3-2　汽车使用对零件磨损的影响

二、汽车维修制度的演变

1.1954年与1963年的红皮书《汽车运输和修理企业技术管理制度》

我国的汽车计划预防维修体系是在中华人民共和国成立之后，在学习苏联及欧美国家的经验基础上逐步建立起来的。例如，我国在1954年首次颁布了当时汽车运输技术管理的法规性文件《汽车运输企业技术标准与技术经济定额》（俗称红皮书），规定我国汽车各级保修计划的作业周期和作业内容都根据汽车机械零件的磨损规律、汽车技术状况的变化规律以及解放牌CA10B中型载货汽车的使用经验制订，以企图在汽车机械零件尚未达到极限磨损或汽车将要发生技术故障之前，对汽车进行强制性技术保养和计划性修理，以预防潜在的故障隐患。

这种计划性汽车保修体系可分汽车保养与汽车修理两种。汽车保养可分例行保养、一级保养、二级保养和三级保养，汽车修理可分小修、中修和大修三类（后来将汽车中修改为三级保养）。其中，除例行保养为每天执行、汽车小修为零星临时性运行修理外，其余各级保修的作业周期都按汽车行驶的间隔里程计算，并按“三三制”原则执行，且开始时所有的汽车保养作业都不含汽车修理。其间隔里程为：倘若一级保养的间隔里程为1500~2000km，则三次一级保养后做一次二级保养（二级保养间隔里程为6000~8000km）；三次二级保养后做一次三级保养（三级保养间隔里程为2.4万~3.2万km），三次三级保养后做一次汽车大修（大修间隔里程为9.6万~12.8万km）。

上述的这种计划性汽车保修体系，由于充分体现了“以预防为主”的指导思想，也为我国汽车运输车辆的技术管理奠定了良好的基础。但后来因为资金短缺、车源不足、车辆使用强度极高，车属单位又无力及时更新，从而使车况普遍变差，故障率也随之增高。倘若再采用常规的计划保修，就很难维持起码的车辆完好率。因此，后来在实际的各级汽车保养作业中都增加了附加修理，同时也说明1954年版的红皮书已经明显落后。于是交通部于1963年不仅提出了“严格管理、合理使用、强调保养、计划修理”的十六字方针，而且在原红皮书基础上吸收国内外先进经验，重新颁发两本新的红皮书《汽车运输企业技术管理制度》《汽车运用技术规范》，不仅要求汽车运输企业加强汽车保养的强制性和修理的计划性，以确保车辆技术状况，降低故障率，提高行车安全，而且还随着公路运输条件的改善，要求延长各级保修作业的间隔里程。例如，将二级保养间隔里程延长至1万~1.2万km、三级保养间隔里程延长至4万~4.8万km等。

到20世纪80年代，随着我国改革开放，也随着我国公路运输业的日益发展和汽车产品的升级换代，重型汽车与小型汽车开始增多。显然，再沿用原解放牌CA10B中型载货汽车的维修模式已不能适应新型车辆的维修。于是交通部在1981年提出了“科学管理、合理使用、定期保养、计划修理”的新十六字方针；而且还在总结解放牌CA10B中型载货汽车的使用经验基础上，再次修订和颁发最新的红皮书《汽车运输和修理企业技术管理制度》和《汽车修理技术标准》（JT 3101—1981），从而把计划预防维修制度再次提高到崭新水平。

2. 交通部令1990年第13号《汽车运输业车辆技术管理规定》

尽管“以预防为主”的汽车维修指导思想对我国的汽车技术使用曾经起到了积极而重要的作用，因而必须坚持；但倘若“一刀切”就不可取了。特别是在我国改革开放后随着汽车技术与汽车电子技术的突飞猛进，不仅各型汽车产品都在升级换代，新车型不断出现，而且随着进口轿车数量的猛增，民用汽车保有量持续上升，各型汽车维修出现了全新的情况。例如：

（1）汽车结构类型与制造质量的差别。汽车的机件磨损和故障原因不仅取决于汽车的实际行驶里程，也取决于汽车的结构类型和设计制造质量。不同结构类型与制造质量的汽车由于其结构特点、设计标准及制造质量的不同，将使车辆的实际使用性能、故障率和使用寿命差别很大。

（2）汽车实际使用条件、使用工况和使用强度的差别。由于我国地域辽阔，汽车实际使用条件（如海拔、道路、季节和气候）、使用工况（如驾驶技术、行车速度、载质量与拖挂量、所用燃润料）和使用强度（如连续使用率及使用负荷率）等差别很大，同样会影响汽车的实际使用性能、故障率和使用寿命。即使是同类型车辆，也会由于使用年限和新旧程度的不同而实际车况不同，因而具有不同的使用寿命与使用车况。例如，经常行驶于山区的车辆通常要求加强转向系和制动系的维修；经常短途往返于城市内的车辆通常要求加强传动系和制动系的维修；经常使用于风沙地区的车辆通常要求加强三滤（空气滤清器、机油滤清器、燃油滤清器）的清洁；经常使用于炎热地区的车辆通常要求加强冷却系的维护；经常夜间行驶的车辆通常要求检查灯光照明系统；而经常重载或拖挂的车辆通常要求缩短发动机的维修周期等。

（3）汽车众多机械零件的磨损规律和使用寿命的差别。例如，有些机件因为耐用且使用条件较好，因而使用寿命较长，倘若计划修理周期过短而被迫修理，不仅会增加维修作业量并增加维修成本，而且还会加速机件损坏，结果造成人力物力浪费；有些机件则因为易损且使用条件较差，因而使用寿命较短，倘若计划修理周期过长而不及时维修，不仅会提前出现途中故障而影响汽车使用可靠性，而且还会给汽车运输带来很大的安全威胁。

显然，倘若不顾各种类型车辆的差别，不顾各种使用因素的影响，从而将各型车辆都统一按解放CA10B中型载货汽车的维修模式执行，不仅将使各型车辆的使用维修不能兼顾，而且将使各型车辆的随机故障随之增多，从而暴露出许多难以克服的缺陷。为了既考虑各型车辆的共性，也兼顾各型车辆的个性或特殊性，在实施计划性汽车维修制度时，必须根据汽车的结构类型和设计制造质量，根据汽车的实际使用条件、使用工况和使用强度等，对具体汽车维修的作业周期和作业项目做相应的调整。

为了构筑我国道路交通运输的法规体系，我国交通部于1990年颁布了第13号令《汽车运输业车辆技术管理规定》，之后又接连颁布了一系列关于旅客运输、货物运输、危险货物运输、机动车驾驶培训、机动车维修、从业人员管理等配套性规章制度。其中包括：交通部令2001年第4号《道路运输车辆维护管理规定》、交通部令2005年第7号《机动车维修管理规定》等。国务院也于2004年发布、并于2012年修订的《中华人民共和国道路运输条例》，还颁布了国家标准《汽车维护、检测、诊断技术规范》（GB/T18344）、《机动车运行安全技术条件》（GB7258）等。

根据交通部令 1990 年第 13 号《汽车运输业车辆技术管理规定》，所谓“车辆技术管理”，就是对道路运输车辆实行“择优选配、正确使用、定期检测、强制维护、视情修理、合理改造、适时更新与报废”的全过程综合性管理。由此，要求各级汽车运输管理机构及各级汽车运输企业管好、用好、维修好车辆，以提高汽车运输企业的装备素质。

交通部令 1990 年第 13 号《汽车运输业车辆技术管理规定》与原红皮书《汽车运输和修理企业技术管理制度》相比，其区别在于：

(1) 从汽车维护看：新的汽车预防维修制度将原来的“定期保养”改为“强制维护”。不仅强调了车辆定期维护的强制性；而且还强调了车辆技术维护必须要在检测诊断的基础上附加必要的视情修理，从而体现了“以预防为主”及“技术与经济相结合”的原则，从而有效地提高了汽车的使用可靠性。

(2) 从汽车修理看：新的汽车预防维修制度将原来的“计划修理”改为“视情修理”，不仅强调了车辆实施维修前必须先进行车况检测诊断（并参考车辆的实际行驶间隔里程），从而用视情修理来代替计划修理，用“局部性修理”来替代原来整车修理的大拆大卸；而且还纠正了由于修理作业计划与实际车况严重不符，防止因延误修理而导致的车况恶化，或者因提前修理而导致的修理浪费，充分体现了“以预防为主”及“技术与经济相结合”的原则。

3. 交通运输部令 2016 年第 1 号《汽车运输业车辆技术管理规定》

从交通部令 1990 年第 13 号《汽车运输业车辆技术管理规定》颁布 25 年来的实施结果看，该部令对于我国加强道路运输车辆技术管理，推动汽车维修制度改革，促进道路运输安全及节能减排，确保汽车运输业可持续发展等都发挥了极其重要的作用。

但随着道路运输车辆的结构优化与道路运输条件的不断改善，随着我国经济体制改革的不断深化和道路运输业的不断转型发展，特别是随着私营车辆或私人车辆不断增多，国家安全生产管理与节能减排的不断推进，都需要我们重新审视原有的车辆技术管理制度。为此，必须从道路运输车辆的准入、使用、维修、检测、监管等环节，以创新、协调、绿色、开放、共享的目标导向，坚持综合交通、智慧交通、绿色交通、平安交通的发展理念，对原来 1990 年的第 13 号部令《汽车运输业车辆技术管理规定》进行全面修订，从而修订出一整套能与时俱进、更具有时代特征的政策管理措施，这就是交通运输部令 2016 年第 1 号《道路运输车辆技术管理规定》。根据该部令，所谓道路运输车辆的技术管理，是指为保证道路运输车辆（如客车、货车及危险货物运输车辆），按照规定的维护、修理和综合性能检测的技术条件及技术要求所做的全部技术性管理工作。由于道路运输经营者是道路运输车辆技术管理的责任主体，并应当坚持“分类管理、预防为主、安全高效、节能环保”的原则。因此，道路运输车辆实行择优选配、正确使用、周期维护、视情修理、定期检测和适时更新须由道路运输经营者负责，以保证所投入道路运输经营的车辆符合规定的技术要求。

(1) 交通运输部令 2016 年第 1 号《道路运输车辆技术管理规定》的内容可概括为以下三点。

①一个厘清，即厘清交通运输主管部门与道路运输经营者关于道路运输车辆技术管理各自的管理职责，从而为道路运输经营者自觉有效的全过程技术管理奠定了基础。

②两个强化，既强化了机动车维修经营者实施车辆技术管理及维护修理的主体责任，也强化了政府部门对道路运输车辆的市场准入和事中事后的监管责任。

③三个创新，创新了车辆的技术管理制度、创新了车辆的分类管理模式、创新了车辆的维护与修理制度。

(2)交通运输部令2016年第1号《道路运输车辆技术管理规定》的意义在于：

①本次修订,不仅将交通部令1990年第13号及之后发布的所有配套性法律法规进行全面整合,从而强化了道路运输法规的系统性与完整性,使道路运输车辆的技术管理法规更加制度化与规范化,而且还增补了许多新内容。例如,本次修订将所有的道路运输车辆分为三类:客车、普通货车与危险货车。坚持道路运输车辆的分类管理,并将其中的客车及危货车辆列为道路运输车辆的管理重点,既界定了客车及危货车辆的承修条件,也严格了车辆综合性能检验的周期和频次,从而以"预防为主"为原则,实现道路运输车辆的安全高效和节能环保。本次修订还将全过程综合性技术管理制度由原来的"择优选配、正确使用、定期检测、强制维护、视情修理、合理改造、适时更新与报废",更改为"择优选配、正确使用、周期维护、视情修理、定期检测和适时更新",不仅将"强制维护"改成为"周期维护"(由道路运输经营者自己安排周期进行维护),而且将"定期检测"移后(取消二级维护竣工的强制检测),并用"适时更新"来代替原来的"适时更新与报废"。

②本次修订,不仅有意强化了道路运输经营者合法经营的主体责任,而且还有意强调了我国政府的职能转变,从而有意分清了道路运输经营者与道路运输行业管理部门各自的基本职责。这是因为,道路运输经营者既然是具有独立民事责任的市场主体,而道路运输车辆的技术管理又是道路运输管理的重要组成部分,因此道路运输经营者对于保持车辆的良好技术状况,确保道路运输的安全高效与节能环保等都负有不可推卸的责任。只有强化这种主体责任,才能更有效地加强道路运输车辆的技术管理,保证运输车辆技术状况,保障道路运输安全并达到节能减排。由此,鼓励道路运输经营者使用安全、节能、环保型的车辆,促进标准化车型的推广运用;并加强科技应用,不断提高车辆的管理水平和技术水平。与此同时,也要有意强调我国政府的职能转变,既要加大政府职能的简政放权,也要强调各级道路运输行业管理部门依法履行道路运输车辆技术管理的监督职责,从而依法行政,加强市场监管。

当然,为了实施交通运输部令2016年第1号,既要做好新老维护制度之间的衔接,也要做好车辆综合性能检测和技术等级评定周期的调整等。

需要说明的是:目前我国品牌轿车4S特约维修企业的轿车维修制度(如维修间隔里程与作业项目等)大多照搬着国外的模式(即完全根据原品牌轿车制造厂商的要求执行),而与我国既定的汽车维修制度差别很大(且随着车型品牌而不同,其中特别是家用轿车)。由于外国品牌轿车引进我国后不仅在我国生产,而且在我国使用,因此若要使外国品牌轿车也能适应于我国国情(使用环境及使用条件),也应当实施我国的汽车预防维修制度。

第二节　汽车的维护与修理

根据《汽车维修术语》(GB 5624—2005),汽车维修是汽车维护与汽车修理的泛称。

汽车维护与汽车修理,尽管两者目的相同,即都为了保证汽车运行安全、提高汽车运输效率并降低汽车运输成本,且都属于技术保障体系,但两者的任务和性质有所不同。前者是维护,后者是修复,两者不可偏废。既不能用维护来替代修理,也不能用修理来替代维护。实践证明,只有掌握车辆运行规律,定期执行各级技术维护,才能确保汽车的良好技术状况。倘若忽视车辆技术维护而重使用、轻维护,最后只有靠修理来恢复,不仅会影响车辆的使用安全,而且还会影响车辆的技术寿命。

根据交通运输部令2016年第1号《道路运输车辆技术管理规定》：道路运输经营者应当结合车辆类别、车辆运行状况、道路条件、行驶里程及使用年限等因素，自行建立车辆维修制度，自行确定车辆的维修周期及作业项目，并自行执行车辆的正常维修。维修时，不仅应执行国家、行业或地方的汽车维修技术标准及技术规范，如《汽车维护、检测、诊断技术规范》（GBT18344—2016）、《机动车运行安全技术条件》（GB7258—2017）；而且还应参照执行机动车制造厂《车辆维修手册》或《使用说明书》所规定的技术要求。

一、汽车维护

所谓汽车维护，是指为维持汽车良好技术状况或工作能力而执行的维护性技术作业。汽车维护应贯彻"以预防为主、周期维护"的原则。

汽车维护的作业内容包括：

（1）清洁。清洁燃油滤清器、机油滤清器、空气滤清器芯，清洁和养护汽车外表、总成或零部件外表等。

（2）紧固。紧固容易松动的各部机件连接螺栓。

（3）润滑。更换或添加发动机及传动系润滑油，添加行驶系各润滑点润滑油脂等。

（4）补给。补充汽车燃油、润滑油及特殊工作液，并实施蓄电池补充电及轮胎补气等。

（5）检查。检查汽车各部件工作情况及其连接。

（6）调整。调整汽车各部件配合间隙，恢复其工作性能等。

汽车维护的作业目的是：

（1）通过技术维护，尽力保持车容整洁与车况良好，并及时发现和消除汽车使用过程中出现的故障与隐患，保证随时出车，防止车辆因途中故障而影响行车安全或早期损坏。

（2）通过技术维护，努力降低车辆使用过程中运行材料（如燃润料、轮胎及配件等）的消耗与环境污染。

（3）通过技术维护，努力使汽车各部总成的技术状况保持均衡，以尽可能延长汽车大修间隔里程。

各类车辆的各级技术维护，首先应根据既定间隔里程定期实施。在具体实施过程中，再根据汽车结构类型、实际使用条件及实际使用工况，对各类车辆各级技术维护作业的作业周期及作业内容（其中特别是视情修理附加作业）进行相应调整。须注意的是：在具体实施汽车技术维护时，汽车各大主要总成除了因故障损坏而必须解体的外，一般都不得解体。

汽车维护的作业类别可分为汽车日常维护与汽车特殊维护两类。

1.汽车日常维护

汽车日常维护包括日常维护、一级维护、二级维护等。

1）汽车日常维护

汽车日常维护是指驾驶员在每日出车前、行车中、收车后所实施的例行性维护作业，也称为例行维护、行车三检制等。其作业内容以清洁、补给、安全检视为主。其中包括：

（1）出车前检查。如检查及添加润滑油、燃料、冷却液；起动检查发动机和仪表，检查各电气系统工况；检查传动系统、制动系统、转向系统、行驶系统（轮胎及悬架）工况及其连接；检查汽车各部有否四漏（漏水、漏油、漏气、漏电）；检查人员乘坐、物资装载及拖挂连接等。

（2）途中检查。如检查轮毂及制动鼓温升是否异常；检查车辆各部有否渗漏；检查传动系统、转向系统、制动系统、行驶系统（轮胎及悬架）工况及其连接。另外，货车应检查牵引装置和货物捆扎情况；客车应检查行李架、行李网是否牢固可靠等。

（3）收车后检查。如清洁全车以保持车容整洁；添加润滑油、燃料、冷却液等；检查和紧固底盘各部连接螺栓；清除轮胎胎面杂物；并排除汽车行驶过程中所发现的故障隐患。

汽车每日维护不仅是各级技术维护作业的基础，同时也是驾驶员爱车的具体体现。为此，必须教育驾驶员做好车辆的每日维护，管好、用好和养好自己所驾车辆。

2）汽车一级维护

汽车一级维护是在汽车每日维护基础上，客货汽车每间隔1500～2000km、品牌轿车每间隔4000～6000km（由品牌轿车制造厂规定），由道路运输经营者自行组织实施，或者委托二类以上汽车维修企业的技工实施（并做好记录）。其作业内容除了完成汽车每日维护所规定的作业项目外，还应以紧固、润滑、检查、调整为主，以补充汽车每日维护作业的不足；其作业重点是检查车辆行车安全部件及驾驶操作机构的工况及连接，以便及时发现故障隐患，排除汽车运行故障。

3）汽车二级维护

汽车二级维护是在汽车一级维护的基础上，客货车每间隔行驶1万～2万km，轿车每间隔行驶4万～6万km（由品牌轿车制造厂规定），由道路运输经营者自行组织实施，也可委托二类以上的汽车维修企业技工实施（并做好记录，并由汽车维修企业向委托方出具《二级维护竣工出厂合格证》）。二级维护作业项目除了应完成汽车一级维护所规定的全部作业项目外，还应对汽车进行全面系统的检查与调整，并进行必要的附加修理，从而使汽车各主要机构都维持良好的技术状况，达到汽车所规定的安全性、动力性和经济性要求。

4）汽车三级维护（若必要时）

国产老旧客货汽车通常在每间隔行驶4万～6万km后，为代替汽车中修，需要在汽车二级维护的基础上做一次汽车三级维护。其作业项目通常包括：

（1）发动机部分。就车拆检曲柄连杆机构，清降积炭，测量汽缸磨损，必要时更换活塞销及活塞环，收紧曲轴轴承与连杆轴承；研磨气门、检查与调整压缩比及配气相位。

（2）底盘部分。就车拆检传动系统、行驶系统、转向系统、制动系统各总成，必要时更换摩擦片及皮碗皮膜；检查轴距及轮距；调整四轮定位；修补轮胎并执行轮胎定期换位等。

（3）电气部分。检查蓄电池存电并定期充电；检修发电机及起动机；检修灯光仪表、清理线路等。

（4）车身部分。就车检查车架有无裂损或变形（必要时焊补与校正，若铆钉松动应重铆）；就车检查车身、车头及驾驶室，修整车身钣金表面裂损或变形并局部刮灰补漆；就车检修门锁、摇窗机及刮水器；就车清洗冷却系统水垢，检修散热器及水管、燃油箱及油管；就车检修坐垫靠背及顶篷；就车检修货厢及铁附件等。

（5）质量检验。对汽车进行综合性质量检验，并进行必要的路试检验。

需要说明的是：随着我国汽车更新速度的加快，不仅在用车辆的成色普遍较新，道路运输条件也日益好转；而且车属单位及汽车维修企业都加强了汽车的检测诊断和附加修理，从而使汽车的车容与车况普遍较好。为了避免不必要的大拆大卸，交通部令1990年第13号《汽车运输业车辆技术管理规定》及交通运输部令2016年第1号《道路运输车辆技术管理规定》都明确取消了三级维护。但由于我国中西部地区的汽车使用条件和使用工况较为特殊，因而仍有不少车属单位对于国产老旧汽车实施着以拆检各部总成为主的三级维护作业；有些城市公共交通企业甚至还实行着以车身维修为主的四级维护作业。究竟是否应该取消三级维护或四级维护，要根据汽车的具体情况（如结构类型，实际使用条件、实际使用工况和实际使用强度，以及零配件质量、车辆故障规律、技术经济效果等）具体分析，从而以"技术可行、经济合理"为原则，综合地考虑和适当地调整。

汽车三级维护或四级维护也可视为在汽车二级维护作业的基础上，增加若干附加修理作业，从而对车辆再做一次更全面系统的检查、调整与维修（包括就车拆检发动机及底盘各主要总成等），以消除故障隐患。其作业方式既可由道路运输经营者自行组织实施，也可委托二类以上的汽车维修企业组织实施，并由汽车维修企业向委托方出具二级维护出厂合格证。

2. 汽车特殊维护

汽车特殊维护包括走合维护、换季维护、环保检查维护 I/M。

1）汽车换季维护

汽车换季维护是为了使汽车能适应季节的变化（入冬或入夏）而按季节实施的维护作业，例如按季节更换润滑油并相应调整油电路等。但由于目前进口或合资轿车不仅大多已使用冬夏季通用型润滑油，即使需要更换也可结合二级维护作业完成，而且电喷发动机的油电路也不需要日常调整，因此这种换季维护目前已经淡化。

2）汽车走合维护

汽车走合维护，是对新车出厂或大修竣工出厂汽车在磨合初期所实施的技术维护。在客货汽车行驶1500～2000km、轿车行驶3000～5000km的磨合期内，除了要求驾驶员实施磨合期内汽车的减载减速，并做好汽车每日维护（如及时检查并更换润滑油，及时检查及紧固各部连接螺栓，及时检查并调整各部配合间隙，并随时注意各总成异响和异温等）外；还要求汽车在磨合期满时，应由汽车销售点或汽车维修厂的专业维修技工在一级或二级维护的作业基础上，完成汽车的走合维护。其作业内容包括：

（1）发动机部分。拆检活塞连杆组，检查汽缸壁及轴瓦的磨合情况，更换润滑油并清洗油底壳；紧固汽缸盖及进排气管连接螺栓，检查发动机有无异响异热，拆除限速器或限速片，重调油电路，排除四漏（漏气、漏水、漏油、漏电）等。

（2）底盘部分。拆盖检查变速器及主传动器中齿轮的磨合情况，检查及调整驾驶操作机构的行程及间隙，检查并紧固底盘各部连接螺栓，排除四漏（漏气、漏水、漏油、漏电）等。

（3）检验部分。按新车或大修车竣工出厂质量标准，重新检验及车况鉴定，并处理返修项目。

应当说明的是：汽车走合维护的作业目的原是为了检查和评定新车装配质量或大修车修理质量，因而需要通过拆检来检查汽缸壁及轴瓦、传动系统传动齿轮的磨合情况等。但由于品牌轿车制造厂商已不允许汽车维修企业在新车走合期满时进行拆检，因此除了大修车辆在走合期满时仍需要通过就车拆检来评定其大修质量外，对于新购置的品牌轿车其走合维护通常只等同于常规的一级或二级维护。

3）环保检查/维护

汽车环保检查/维修 I/M（Inspection/Maintenance）是指对于在用车辆，通过定期检测诊断，倘若因系统故障而导致排放超标时，立即执行技术维护，以排除故障并改善车况，从而使汽车排放达到规定的限值。其常用检测仪表有：数字万用表、解码器、示波器、温度表、压力表、真空度表、气体流量计、汽缸压力表和汽缸漏气量仪、点火正时灯、废气分析仪、转速表、点火闭合角表等。其检测周期一般为每年一次（对于载质量小于3.5t、使用年限超过4年的轻型柴油车则规定每年检查2次）。

国外 I/M 检测的常用方法包括基本型、混合型和加强型三类。

(1)基本型检查。包括怠速排放试验;曲轴箱及燃油箱盖的压力检查等(以判断曲轴箱强制通风装置与燃油蒸发排放装置是否失效)。

(2)混合型检查。包括简单的 I/M240 加速模拟工况排放检测,及预加载双怠速排放检测等。

(3)加强型检查。包括有底盘测功、简单 I/M240 加速模拟工况排放检测,以及车载自诊断系统 OBD-Ⅱ检查等。其中,对于在用汽油客户要做 350 ~ 1100r/min 低怠速排放检查,对于装有三元催化转换器和氧传感器的在用汽油车则还要做 2200 ~ 2800r/min 高怠速排放检查,而对于在用柴油车则主要做自由加速不透光烟度排放检测,国外 I/M 检测的排放限值随测试方法的不同而不同。例如美国的在用汽车,根据 92/55/EEC 指令和修订的 77/143/EEC 指令其怠速排放限值通常为 $HC \leqslant 100 \times 10^{-6}$、$CO \leqslant 0.5\%$、$(CO + CO_2) \leqslant 6\%$;而欧洲的在用汽车其排放限值较严(表 3-1)。在美国,凡承担车辆环保检查/维护 I/M 制度的检测维修单位都必须与汽车维修行业主管部门签订合同,并接受各级环保局直接管理(日本则完全由运输省管理)。其职能是:由汽车试验站负责新车的一致性抽查试验和排放控制装置的型式认证试验,倘若试验合格则发放新车牌照和汽车生产许可证。汽车检查站负责新车和在用汽车的排放检测,对其中符合排放标准的发放汽车排放合格证,但不做汽车维修;汽车维修站负责排放超标汽车的维修服务,以恢复车况并使其排放合格,但不发放排放合格证。

欧洲在用车排放标准　　表 3-1

汽车生产年限	怠速 CO(%)
1986 年 10 月前生产	≤4.5
1986 年 10 月后生产	≤3.5
装三元催化转换器和装有氧传感器的车	标准混合气时≤0.3(2000r/min)

根据国外治理经验,上述 I/M 检测不仅符合技术经济性原则,而且也易于被公众所接受。

虽然我国目前并未实施上述制度,但我国近年来也在逐年严格汽车排放法规,并出台了许多配套性防治对策。例如不仅以《机动车排放污染防治技术指南》作为政策过渡,实施以提高汽车技术状况为主的新汽车技术管理制度(以预防为主、周期维护、视情修理、定期检测);而且还从限牌、限号入手来限制在用车辆数量,从节能减排入手来提高燃油质量,并极力推广绿色代用燃料及电动汽车应用等,从而全面控制在用车辆的废气排放。这与以降低汽车排放污染为主的国外汽车检查/维修制度 I/M 相比,不仅内容更加全面(既提高了汽车技术状况也降低了汽车有害排放);而且要求更加严格(我国通过年度审验来强制对在用汽车进行排放检测,并由此发放营运许可证等)。当然,随着进口品牌轿车的不断引入,为强化汽车检测及控制汽车废气排放,我国最终也可能会实施环保与检查/维护制度 I/M。

二、汽车修理

汽车在使用日久后,机械零件不断磨损、技术状况也不断恶化。当机械零件磨损到一定程度后,技术状况的恶化将不可逆转,此时即使再强调维护,汽车也因为丧失工作能力而不能再继续使用,此时就需要进行汽车修理。

所谓汽车修理,是指为恢复汽车完好技术状况或工作能力、延长汽车使用寿命,用修理或更换零部件的办法,根据国家相关规定及修理技术标准所进行的恢复性修理作业。

根据交通运输部令2016年第1号《汽车运输业车辆技术管理规定》:道路运输经营者应当遵循贯彻以预防为主、视情修理的原则,根据车辆实际车况及时地修复车辆。所谓视情修理,则是为了减少汽车停驶损失、提高汽车整体使用寿命,在加强车辆检测诊断的基础上,根据其检测诊断结果,按照不同的修理范围及修理深度,视情地对汽车某些已磨损总成所进行的恢复性修理。由此可知,视情修理的前提是加强检测诊断而非人为随意确定。视情修理的目的既要防止因拖延修理而造成车况恶化,又要防止因提前修理而造成浪费。

汽车修理可分正常性修理与非正常修理两类。

1. 正常性修理

正常性修理包括汽车大修/汽车翻新、总成大修/总成翻新、汽车小修与零部件修理。

1)车辆大修/汽车翻新

车辆大修或汽车翻新是当汽车行驶至大修间隔里程时,由于车辆的基础件已经严重磨损或损伤,技术状况已经全面恶化而无法继续技术维护时,通过检测诊断及技术鉴定,用修理其基础件或更换其主要总成及零部件的办法,对其进行恢复性修理或翻新。其工艺过程是:先整车解体(将汽车拆为总成、将总成拆为基础件及零部件),并进行分类检验(分为可用、可修、可换三类);然后清洁可用零件、修理可修零件、更换可换零件;最后将零部件总装为总成,将总成总装为汽车,以恢复汽车的技术状况和使用寿命。

2)总成大修/总成翻新

汽车总成大修或总成翻新则是仅当车辆的某些重要总成(如发动机、车架、车身、变速器及前后桥等)行驶至大修间隔里程时,由于其基础件或主要零部件已经严重磨损或损伤,技术状况已经全面恶化而无法再继续技术维护时,通过检测诊断及技术鉴定,用修理基础件或更换主要零部件的办法,对其进行恢复性修理或翻新。其工艺过程为:先解体该总成(拆为基础件及零部件)并进行分类检验(分为可用、可修、可换三类);再清洁可用零件、修理可修零件、更换可换零件,最后由基础件及零部件总装为总成,以恢复总成的技术状况和使用寿命。

3)车辆小修与零部件修理

其中,车辆小修是在汽车正常使用过程中,为消除因为机械零件磨耗或失调而引起的故障或隐患,通过局部的运行性修理(技术调整或零部件修理)来恢复车辆的技术状况。零部件修理则纯粹是为了消除某个零部件因为磨耗失效而进行的恢复性修理。车辆小修和零部件修理都必须遵循"技术上可行、经济上合理"的原则,尽可能地修旧利废,以节约原材料并降低维修费用。除特殊情况外,车辆小修或零部件修理都应当作为汽车各级技术维护的附加修理,结合各级技术维护作业来完成。

2. 非正常修理

非正常修理包括事故检修和质量返修两类。

1)事故检修

事故检修是指由于驾驶员操作不当、违章肇事,造成汽车局部机件损坏而需要的恢复性修理。

2)质量返修

质量返修是指在汽车维修的质量保证期及质量保证范围内,因汽车维修不当或检验不严,造成车辆异常故障或损坏而需要的恢复性修理。

由于事故检修及质量返修都属于人为责任的恢复性修理,因而必须严格控制。一旦发生,应先经过技术鉴定，分清责任，并拟定修复方案后再安排修复。

3.交通事故车辆的司法鉴定

随着道路运输车辆的不断增多，特别是随着道路运输车辆的普遍私有化，因道路交通事故所引发的经济纠纷也日益增多，例如毒驾、酒驾、路怒、顶包、碰瓷、骗保等。其中有不少的交通事故为了追索事故原因与事故责任，需要由具有交通事故车辆司法鉴定资质的专业技术鉴定机构，根据事故方、保险公司或人民法院委托，在交通警察事故现场处理的基础上，对事故现场及事故车辆进行技术鉴定（包括驾驶员鉴别，事故现场痕迹鉴定、事故车辆损伤鉴定及车速鉴定等），以还原事件真相，为人民法院的民事判决提供第三方专业鉴定依据。

交通事故车辆司法鉴定所提供《事故车辆司法鉴定意见书》的内容应包括：

(1)基本情况。如委托人、受理日期、委托事项及原因、送检材料、鉴定日期与鉴定地点。

(2)案情摘要。概述事故车辆的事故经过。

(3)检验过程。确定事故人、事故车辆及事故现场的真伪，勘验事故车辆及事故现场的痕迹，鉴定车速，确定事件损失等。

(4)分析说明。根据事故车辆的事故经过，对事故车辆及事故现场进行实物勘验和车速计算，最后确定事故原因及事故损失。

(5)鉴定意见。根据所委托的鉴定事项，给出相应鉴定意见，最后由鉴定人签字认可。

在撰写《事故车辆司法鉴定意见书》时，不仅要尽可能多地收集实物证据及音像资料，而且要实事求是地仔细比对，最后针对所委托事项，客观公正、就事论事、简明扼要地得出技术鉴定结论。

三、汽车的送修条件与送修规定

1.车辆或总成的送修条件或送修标志

根据各类车辆的车况变化规律，汽车大修间隔里程定额通常为：普通客货汽车 25 万 ~30 万 km；普通轿车 50 万 ~60 万 km（品牌轿车的大修间隔里程由品牌轿车制造厂规定）。后一次大修间隔里程定额应为前一次大修间隔里程定额的 75% ~85%，发动机大修间隔里程定额通常为汽车大修间隔里程定额的一半。

各型汽车由于结构类型、设计制造质量、实际使用条件、使用工况及使用强度等的差异，以及由于日常维修、使用年限及新旧程度等的差异，终使实际车辆或总成技术状况的差别很大，也使各型车辆或总成的大修间隔里程定额差别很大。因此，当实际车辆或总成达到大修间隔里程定额时是否真的立即送修，还要根据车辆或总成在送修前车况技术鉴定是否符合送修技术条件，根据以预防为主、视情修理的原则来确定。具体做法是：当待修车辆或待修总成达到大修间隔里程定额时，在送修前的最后一次汽车二级维护时，由道路运输经营者对待修车辆或待修总成进行技术鉴定，以确定其是否继续使用或是否立即送修。倘若尚可继续使用，则确定其续驶里程，以便到达该续驶里程时再进行车况技术鉴定；倘若已符合大修送修技术条件的则应立即送修；对于虽未达到大修间隔里程定额，但因事故损伤、不能继续行驶而必须提前送修的，在送修前也必须经过技术鉴定，以防止盲目提前修理或延后修理。

车辆或总成的送修条件或送修标志如下。

(1)汽车大修送修标志。汽车大修的送修标志为：

①客车以车身为主，并结合发动机总成都应符合大修技术条件。

②货车以发动机总成为主、并结合车架总成或其他两个总成都应符合大修技术条件。

③挂车以挂车车架、转盘及货厢为主都应符合大修技术条件。

④牵引半挂车和铰接式大客车应同时按牵引车与挂车都符合大修技术条件。

(2)各总成大修送修标志。各总成大修的送修标志为：

①发动机总成。如汽缸破裂，汽缸磨损已超过使用极限(以其中磨损最大汽缸为准，其最大柱度超过0.175～0.250mm、最大圆度超过0.05～0.063mm、最大磨损超过0.35～0.50mm)，从而使发动机最大功率及汽缸压力低于标准25%以上，使燃料和润滑油耗量显著增加而需要彻底修复的。

②车架总成。如车架锈蚀或断裂、弯扭变形超限，大多铆钉松动且必须拆卸其他总成才能彻底校正、修理或重铆的。

③变速器及分动器总成。如壳体变形或破裂，轴承承孔磨损超限，变速齿轮及轴恶性磨损或轮齿损坏而需要彻底修复的。

④车桥总成。如驱动桥壳破裂或变形，半轴套管承孔磨损超限，减速器齿轮恶性磨损而需要彻底校正或修复的；非驱动桥裂纹或变形，主销承孔磨损超限而需要彻底校正或修复的。

⑤车身总成。如客车车厢底骨架锈蚀断裂或严重变形，蒙皮大面积锈蚀或破损而需要彻底修复的；货车驾驶室锈蚀破裂或严重变形，货厢纵横梁腐蚀，底板栏板破损而需要彻底修复的。

须注意的是：根据交通运输部令2015年第17号《机动车维修管理规定》：凡改变机动车车身颜色，更换发动机、车身和车架的，应当按照有关法律法规的规定办理相关手续，汽车维修企业在查看相关手续后方可承修。机动车维修经营者不得承修已报废机动车，更不得擅自改装或拼装机动车。

2. 车辆和总成的送修规定

(1)送修车辆必须在行驶状态下送修(发动机总成必须在装合状态下送修)，且必须附件装备齐全(如备胎及随车工具等)，不得随意拆换和短缺(必要时承修厂有权拆检确认)。倘若因发生事故而严重损坏或者因零部件短缺、长期停驶等原因而不能在行驶状态下送修的车辆或装合状态下送修的总成，在签订汽车维修合同时应有相应的说明，并以非常规送修来处理。根据交通运输部令2016年第1号《道路运输车辆技术管理规定》：运输剧毒化学品、爆炸品的专用车辆及罐式专用车辆(含罐式挂车)应当到具有道路危险货物运输车辆维修资质的企业进行维修。倘若只能送至一般车辆维修资质的企业维修时，应当在送修前预先清除其危险货物危害。

(2)车辆或总成在送修时，承托修双方不仅应当面清点所有随车物件，共同鉴定车况并共同商定送修项、送修要求、停修车日、质量保证、费用结算等，签订汽车维修合同；并填写交接清单、办理车辆交接手续等。维修合同一旦签订后合同双方都必须严格执行。

(3)车辆或总成在送修时必须随车送交车辆大修送修前的车况技术鉴定及相关技术资料。

四、汽车的检测与诊断

根据交通运输部令2016年第1号《道路运输车辆技术管理规定》：运输车辆的技术管理，要实行“择优选配、正确使用、周期维护、视情修理、定期检测和适时更新”的原则。无论是视情修理还是适时更新，其前提都必须加强定期检测。否则，视情修理和适时更新都是空话。所谓定期检测，就是根据汽车类型、新旧程度、使用条件和使用强度等，运用现代检测诊断技术，定期检测诊断车辆的实际技术状况。

1.汽车的检测与诊断概述

汽车的检测诊断技术是提高汽车维修效率,监督汽车维修质量和确保汽车行车安全的重要手段,也是促进汽车维修技术发展,实现视情修理和适时更新的重要保证。

所谓汽车的检测诊断,就是在车辆不解体(或仅拆卸个别外围零件)的情况下,使用检测设备或诊断仪器,确定车辆的工作能力和技术状况(车况检测)或者查明汽车的技术故障(故障诊断)。

1)汽车检测的分类

可分安全环保检测、综合性能检测、故障诊断三类。

(1)安全环保检测。是指在不解体(或仅拆卸个别外围零件)的情况下,对车辆的安全性和环保性进行技术检测。常用于车管监理部门。通过技术检测,做好车况技术鉴定,可以监控车辆的安全环保性能,确保车辆使用的安全、高效和低污染。

(2)综合性能检测。在不解体(或仅拆卸个别外围零件)情况下,对车辆的综合性能和工作能力进行技术检测。常用于汽车设计制造部门对新车的性能检测,也常用于汽车运输技术管理部门对在用车辆的车况鉴定(包括汽车大修送修前的车况鉴定),以确定车况有技术等级,保证汽车运输的完好车率,并为车辆定期维护及视情修理提供必要的技术依据。

(3)故障诊断。在不解体(或仅拆卸个别外围零件)的情况下,以检测为手段、诊断为目的,对车辆所存在的故障进行检测诊断,以查清故障的部位及原因,常用于汽车维修企业。

2)故障诊断的时机

汽车故障诊断的时机若与汽车维修周期相配合,通常可分汽车维修前故障诊断、汽车维修中故障诊断及汽车维修后故障诊断三类。其中,汽车维修前故障诊断的目的,是为了诊断汽车维修前存在的故障,以便确定该汽车是否需要修理及如何修理,由此视情确定汽车维修的附加修理项目;汽车维修中故障诊断的目的,是为了查清汽车故障的部位及原因,以便提高汽车维修的质量及效率;汽车维修后的故障诊断,其目的是为了鉴定汽车的维修质量,即该故障是否已经排除。

3)故障诊断的方法

汽车故障检测诊断的方法包括人工经验诊断法、仪器设备诊断法、电控系统自诊断法三种。

(1)人工经验诊断法。这是凭借检测诊断人员的丰富实践经验和扎实理论基础,在不解体(或仅拆卸个别外围零件)情况下,根据汽车的故障现象(故障具体表现,如烟色、振动、异响、异热等),通过眼看、手摸、耳听等手段,或利用简单仪具(如听诊器、万用表等),边检查、边试验、边定性分析,最后主观地判断汽车故障的部位和原因。由于此方法类似于中医的“望、闻、问、切”,故也称为“中医疗法”。其优点是:它不需要专用的仪器设备,可以随时随地应用,因而是现代汽车维修企业中常用诊断方法。但缺点是:它需要检测诊断人员必须具有较高的技术水平和丰富的实践经验,且诊断速度慢、诊断准确性差、只能定性判断而不能定量分析等,因而多用于中小型汽车维修企业或汽车运输企业。

(2)仪器设备诊断法。这是利用各种专用的检测设备或诊断仪器,在汽车不解体(或仅拆卸个别外围零件)的情况下,对汽车进行性能检测,并根据检测结果进行分析判断,从而确定汽车技术状况,查明故障部位和故障原因等。由于此法需要借助于各种专用的检测设备或诊断仪器,类似于西医检查,故也称为“西医疗法”。其优点是:不仅诊断速度快、检测精度高,而且还能定量分析,因而是现代汽车检测诊断技术发展的必然趋势,故广泛应用于汽车检测站和大型汽车维修企业;但其缺点是:设备投资大,检测项目少(只能检测具有传感器传感的项目），且故障诊断的准确度不高。有的虽然具有专家诊断系统，但由于只是查表或提示，要最后确定故障部位及故障原因，还须由技术诊断人员根据其检测诊断结果，结合人工经验诊断法，进行综合的分析与判断。

（3）电控系统自诊断法。对于电控汽车的电控系统，由于电控单元（ECU）中已经附有故障自诊断系统 OBD，因此倘若电控系统故障，不仅由故障警示灯给出警示，而且还可通过特定的操作方法来调取电控单元（ECU）中所存储的电控系统故障码，通过故障码查阅该车《故障码表》，再结合人工经验诊断法进行分析判断，或借助于万用表进行深入的线路检查，最后确定该电控系统故障的部位及原因。其优点是：由于该故障自诊断系统 OBD 是电控汽车本身附带的，因而对诊断该型汽车的电控系统故障更加专业、快捷和有效。但缺点是：它只能诊断电控系统故障而不能诊断机械或液压故障，因而只是一种辅助性诊断方法。

须注意的是：上述三种检测诊断方法，虽然仪器设备诊断及电控系统自诊断都为汽车故障的检测诊断提供了有效的帮助，因而都应充分利用，但利用时只能相信而不能迷信。因为仪器设备诊断及电控系统自诊断不仅有时也会出错，而且对于故障检测诊断而言，目前还不能完全替代人工经验诊断，因此人工经验诊断仍然是汽车故障检测诊断中的重要方法。

汽车的故障诊断还可分主观与客观、直接与间接、静态与动态、顺向与逆向四类。

（1）主观与客观的故障检测诊断。其中前者是指由检测诊断者根据故障现象及特征，从视觉、听觉、触觉、嗅觉诸方面，凭其经验与知识而进行定性、主观地诊断故障；后者是指利用仪器设备先进行检测、分析与诊断，再由检测诊断者进行定量、客观地诊断故障。

（2）直接与间接的检测诊断。其中前者是指由检测参数直接诊断故障；而后者是指通过检测参数间接诊断故障。

（3）静态与动态的检测诊断。其中前者是指在发动机停转或汽车停驶状态下进行的故障诊断；后者是指在发动机运转或汽车移动过程中进行的故障诊断。

（4）顺向与逆向的检测诊断。其中前者是指从系统源头向系统源尾进行的故障诊断；而后者是指从系统源尾向系统源头进行的故障诊断。

2. 汽车检测诊断技术的发展概况

自 20 世纪 70 年代后，由于国外汽车的电子化程度日益普及（硬件设备日益增多，软件系统日益复杂），从而使汽车故障的检测诊断难度也日益增大。为了客观评价汽车的产品质量，并帮助和指导汽车维修，迫切需要自动化的检测诊断技术，为此各国都纷纷采用了现代化的汽车故障检测诊断设备，从而刺激着国外汽车检测诊断技术的迅速发展。

我国的汽车检测诊断技术起步较晚。但自改革开放之后，随着国民经济的迅猛发展和国外汽车的不断引进，车辆保有量也迅速增加，为加强我国在用车辆的技术管理，保证车况良好和运输安全，交通部 1990 年发布了第 13 号令《汽车运输业车辆技术管理规定》，1991 年发布了《道路运输业车辆综合性能检测站管理办法》，1992 年发布了《汽车综合性能检测中心站认定规则（试行）》等，以此来明确汽车综合性能检测站的职责、分级和认定的基本条件，要求各地各级汽车综合性能检测站（服务性经营企业）要在交通主管部门行业管理的统一归口下，建立车辆检测制度并监督实施汽车的综合性能检测（包括车辆技术等级评定、汽车二级维护及汽车大修竣工质量检测、汽车维修质量仲裁等）。1999 年又修订发布了《汽车综合性能检测站通用技术条件》（GB/T 17993—1999），并以国家标准的形式［如《汽车修理质量检查评定标准》（GB/T 15746—1995）《汽车技术等级评定检测方法》(JT/T 199—1995)《汽车维护、检测、诊断技术规范》(GB/T 18344—2001)《营运车辆综合性能要求和检验方法》(GB 18565—2001)等]对汽车综合性能检测站的检测项目、检测设备、人员、厂房与场地、管理制度等进行了具体而详尽的规范,从而促进了我国汽车检测诊断技术的快速发展。之后,国家各级车管部门、大专院校、汽车研究所和汽车制造厂都相继引进了大量汽车检测设备,标志着我国汽车检测诊断技术的逐步普及。

但如今看来,我国汽车的安全环保检测与综合性能检测发展很快,而故障诊断却发展缓慢、差距很大。例如:①我国新建的汽车检测站大多属于安全环保检测,而非汽车综合性能检测及汽车故障检测诊断。②我国汽车维修企业中通常除了解码器外,尚未配备更多更实用的故障检测诊断设备及技术;③目前我国大多重视设备引进而忽略诊断软件的开发,结果摆设的多,实用的少。因此只能说,我国汽车的检测诊断技术目前还处于发展过程中。

为适应现代汽车技术的高速发展,交通运输部在 2016 年第 1 号交通运输部令《道路运输车辆技术管理规定》中再次强调了汽车的综合性能检测及故障检测,并明确今后的汽车检测诊断技术应当向智能化和网络化方向发展。为此要求:

(1)必须加强汽车检测诊断技术的基础性研究,规范汽车检测诊断的技术标准。

(2)必须提高汽车检测诊断设备的使用性能,从实用性出发不断扩大检测诊断范围,提高检测诊断的可靠性。

(3)必须实现汽车检测诊断技术的网络化、电子化和智能化,通过网络进行全国联网,以便利用远程故障诊断专家系统的专家指导,使众多汽车维修企业及汽车用户获得更多的汽车故障诊断技术信息。

3. 道路运输车辆的检测管理

根据交通运输部令 2016 年第 1 号《道路运输车辆技术管理规定》:道路运输经营者、汽车综合性能检测机构及道路运输管理机构的基本职责分别如下。

(1)道路运输经营者。道路运输经营者应当定期到机动车综合性能检测机构对道路运输车辆进行综合性能检测和技术等级评定。其中,客车及危货运输车可委托车籍所在地的汽车综合性能检测机构进行综合性能检测;普通货车可委托运输驻在地的汽车综合性能检测机构进行综合性能检测。委托汽车综合性能检测机构进行综合性能检测和技术等级评定的周期与频次为:客车及危货运输车自首次注册登记并取得《道路运输证》的当月起算,不满 5 年的每年进行 1 次;超过 5 年的每半年进行 1 次。其他运输车辆自首次注册登记并取得《道路运输证》的当月起算,每年进行 1 次。

(2)汽车综合性能检测机构。承担客车类型等级评定的汽车综合性能检测机构,受道路运输管理机构的委托,应按照《营运客车类型划分及等级评定》(JT/T 325—2013)对营运客车进行类型等级的评定或复核,并出具全国统一式样的客车类型等级评定报告。对新进入道路运输市场的车辆,还要与道路运输车辆燃料消耗量的达标车型表进行比对,对其中达标车辆按照《道路运输车辆综合性能要求和检验方法》(GB18565—2016)、《道路运输车辆技术等级划分和评定要求》(JT/T 198—2016)实施客观、公正、准确的检测和评定。最后出具全国统一式样的道路运输车辆综合性能检测报告,并在《道路运输许可证》上标明其车籍及车辆技术等级。承担机动车维修竣工质量检验的一类机动车维修企业或者机动车综合性能检测机构,应当按照相关的技术标准,使用符合标准且检定有效的设备进行检测与检验,如实提供客观公正和准确的检测结果，并对所出具的检测和评定结果承担相应的法律责任。

为此，汽车综合性能检测机构不仅应当通过质量技术监督部门的计量认证，以取得计量认证证书，从而符合《汽车综合性能检测站能力的通用要求》（GB 17993—2005）等国家相关标准；而且还应当建立机动车辆检测技术档案，其内容包括车辆综合性能检测报告（含车辆基本信息及车辆技术等级）、客车类型等级评定记录等。车辆检测档案的保存期应不少于2年。

4.道路运输车辆的检测项目与工艺布局

（1）道路运输车辆的检测项目。

①汽车安全性（如制动、侧滑、转向、前照灯等）。

②汽车可靠性（如异响、磨损、变形、裂纹等）。

③汽车动力性（如最大车速、加速能力、发动机输出功率及输出转矩、底盘输出功率等）。

④汽车经济性（燃油消耗率）。

⑤汽车环保性（噪声和废气排放）等。

其中，发动机检测项目有发动机功率、汽缸密封性、汽缸磨损量、实际压缩比与实际配气相位、汽油机供油系统及点火系统、柴油机供油系、发动机电控系统故障、润滑油品质、冷却系统密封性、汽车废气排放及油耗、发动机异响及噪声等。底盘检测项目有底盘输出功率及传动系传动效率；传动系统、行驶系统、转向系统及制动系统的操控性能及异响等。车身检测项目有车身损伤及变形程度、安全气囊故障、汽车空调故障等；汽车电气检测项目有电源系统、启动系统、仪表照明系统等。

（2）汽车综合性能检测线的工艺布置。汽车综合性能检测线上的设备配备，应根据道路运输车辆的主导车型来确定。以轿车综合性能检测为例，宜选择≤3t的小型综合性能检测线。其主要检测设备包括：

①侧滑、轴重、悬架、制动性能检测线。

②前照灯检测仪。

③尾气分析仪和烟度计。

④声级计。

⑤制动试验台。

⑥发动机综合分析仪。

⑦底盘测功试验台。

⑧车轮定位仪。

⑨悬架性能检测仪。

⑩车轮动平衡机等。

其他检测设备还包括：汽车底盘间隙检测仪、传动轴游动角度检测仪、探伤仪、汽车侧倾角检验仪、汽缸压力表、曲轴箱窜气量检测仪、测温计、轮胎气压表、轮胎花纹深度尺、漆膜光泽测量仪等。为了能将检测结果直接联网，要求所有的检测诊断设备都配有与微机联机的接口。

道路运输车辆的综合性能检测线在布局时主要应考虑其工艺流程。对于常见的双检测线（图3-3）而言，其中一条有4个检测工位：①尾气与烟度、轴重与车速检测；②制动力、制动踏板力检测；③灯光、侧滑、声级检测；④底盘检查。另一条也有4个检测工位：①底盘测功及油耗检测；②发动机综合性能检测；③转向参数测量、油质分析、车轮动平衡与车轮定位检测；④底盘传动系游动间隙及汽车悬架性能检测等。

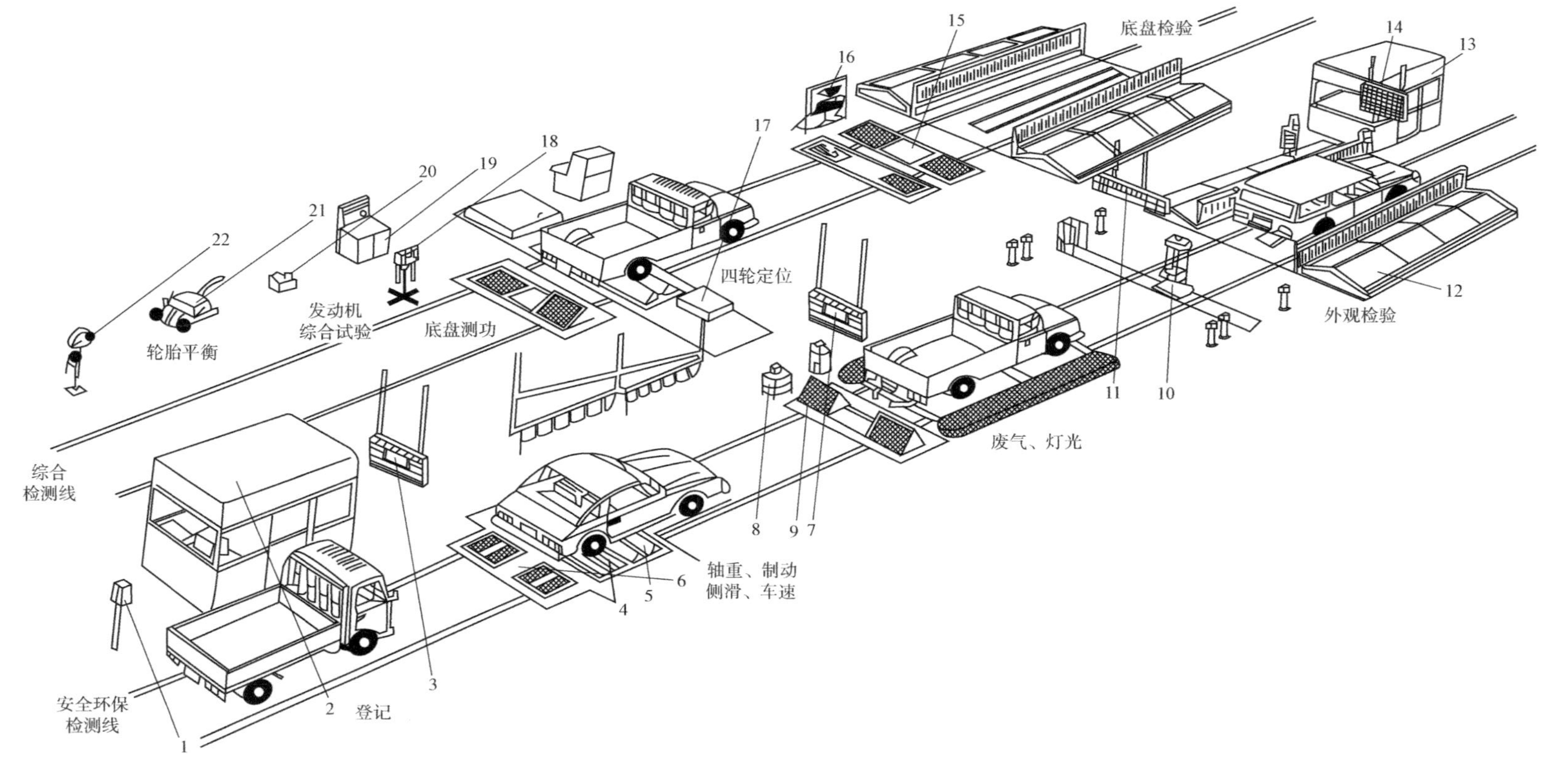

图 3-3　双线综合检测站

1-进线指示灯;2-进线控制室;3-L 工位检验程序指示器;4、15-侧滑试验台;5-制动试验台;6-车速表试验台;7-烟度计;8-排气分析仪;9-ABS 工位检验程序指示器;10-HX 工位检验程序指示器;11-前照灯检测仪;12-地沟;13-主控制室;14-P 工位检验程序指示器;16-前轮定位检测仪;17-底盘测功试验台;18、19-发动机综合试验仪;20-机油清净性分析仪;21-就车式车轮平衡机;22-轮胎自动充气机

复习思考题

1. 什么是机件磨损规律？此规律说明哪些问题？

2. 试述我国计划预防维修制度的演变过程。

3. 试述我国汽车预防维修新制度的主要内容。它与旧制度有何区别？

4. 如何具体实施我国的汽车预防维修新制度？

5. 什么是汽车维护？试述其作业目的、作业类别。

6. 什么是汽车修理？试述各级修理的作业类别、作业范围及作业要求。

7. 什么是交通事故车辆司法鉴定？如何撰写《事故车辆司法鉴定意见书》？

8. 试述车辆和总成送修前技术鉴定与送修规定、送修标志和修竣出厂的车辆装备规定。

9. 什么是车辆改装与车辆技术改造？车辆更新及车辆报废的原则有哪些？

10. 什么是汽车的检测与诊断？

11. 试述汽车检测与分类;试述汽车故障检测的目的与方法。

12. 为什么仪器设备诊断法并不能替代人工经验诊断法？

13. 汽车维修中常见的检测项目有哪些？其综合性能检测线如何布局？

14. 试述我国汽车检测诊断技术的发展概况。

15. 试述交通运输部令 2016 年第 1 号《道路运输车辆技术管理规定》关于道路运输车辆检测管理的主要内容。

第四章　生产技术管理

汽车用户对于汽车维修企业的期望通常是:①希望汽车维修企业不仅服务态度好,而且能兑现承诺;②希望汽车维修企业不仅维修质量高、维修速度快、维修费用低,而且能彻底排除故障,避免返工返修。由此可知,汽车维修企业的核心服务是为汽车用户维修好车辆。

汽车维修企业的生产经营过程包括汽车销售与汽车维修两个部分。汽车维修企业的生产技术管理则包括生产管理与技术管理。

第一节　汽车维修企业的生产管理

汽车维修企业生产管理的基本要求是:

(1)生产过程的连续性。是指汽车维修企业在生产全过程中,各阶段、各工序都能紧密衔接、并连续流动。为此,既要充分考虑汽车维修工艺流程的基本特点,合理配置维修车间和维修工序,也要合理配置维修技术和劳动组织,才能强化汽车维修过程中的连续性,从而使车辆在整个维修过程中始终处于紧张而有序的流动状态,由此提高企业生产效率。

(2)生产过程的协调性。是指汽车维修企业在生产全过程中,各工序或各工种的生产能力能否始终保持比例协调(如工种、劳动力数、技术等级、维修设备等),消除其中的生产薄弱环节,从而使生产流程能有序地不断持续下去。

(3)生产过程的均衡性或节奏性。是指汽车维修企业在生产全过程中各生产环节的安排与调度、产品的投入与产出能否保持均衡而有节奏。这就要求各工序必须在相等的时间内完成相等的工作量,从而使各工序工作负荷基本均衡,避免出现忙闲不均。

汽车维修企业的生产管理过程包括:生产计划、生产调度、生产进度与生产统计、生产资料管理、生产安全及劳动管理等(图4-1)。

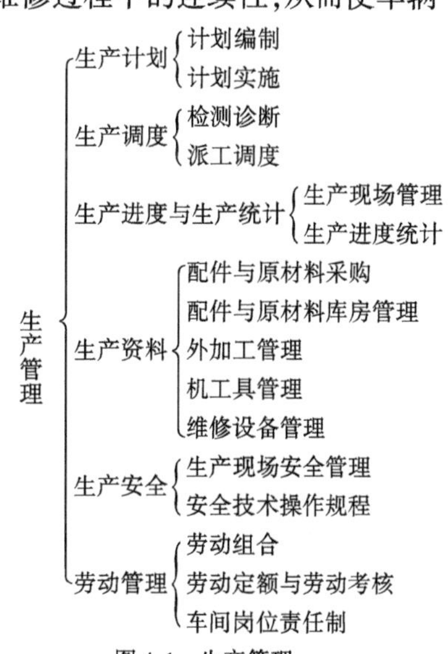

图4-1　生产管理

一、生产计划

汽车维修企业的生产计划是汽车维修企业各项生产经营管理活动的行动计划。倘若按计划种类分类,有汽车销售计划及汽车维修计划。倘若按完成期限分类,有长期计划、中期计划、年度计划、月度计划、周计划、日计划等。倘若按生产指标分类,有产量计划、产值计划、质量计划、成本与利润计划等。

1. 生产计划的分类与编制

汽车维修企业的生产计划通常由前台业务人员根据已经预约的或已经到位的汽车销售/维修合同，按照月份或周次进行编制。内容包括：所销售或所维修的车型与台数、维修等级与生产进度要求等。计划编制的要求是尽可能地具体和细化，以便能分解落实到每个车间、每个班组和每个生产工人。计划编制的方式通常采用“滚动方式”。即不仅包括本统计期（本年或本月）需要下达的新生产计划，也包括上统计期（上年或上月）尚未完成而需要继续完成的原生产计划。

2. 生产计划的实施与检查

汽车维修企业的生产计划在编制后，先由生产计划部门邀请与产、供、销等各相关部门及各相关车间召开“计划联席会议”，商讨初拟的生产计划是否可行，并根据所商定编制的生产计划提前做好各项准备，以保证在实施生产计划的全过程中，各环节都能相互配合与协调，保证生产有节奏、均衡而有序。

为了能更好地实施生产计划，不仅应当加强预约维修来加强汽车维修的计划性；而且还应当加强生产过程中的派工调度、生产统计、生产进度检查等，以便能及时纠正生产计划的编制偏差，强化对汽车维修生产计划的控制。然而，不少汽车维修企业由于没有预约维修而只能守株待兔、等米下锅，既无法编制生产计划，即使编制出生产计划也常常与实际情况严重不符，从而出现怠工待料或临时性突击加班而忙闲不均，生产均衡性极差，也使企业的生产经营管理十分混乱。

二、生产调度

生产调度是汽车维修企业中生产作业计划的具体实施者。

1. 生产调度的基本任务与基本职责

汽车维修企业生产调度的基本任务是：根据生产作业计划，交接并调度待修车辆的进厂报修；并根据客户《报修单》的报修项目，通过实际的检测诊断，共同确定实际的维修项目，再向维修车间及维修班组下达车辆维修指令。其基本职责是：为能使承修车辆在整个维修过程中都获得最好的维修质量、最短的维修过程、最低的耗时和耗费，必须合理处理好汽车维修过程中各生产环节的相互关系，既要均衡各承修班组的维修作业量（以避免忙闲不均）；也要保证承修班组的技术水平与承修项目相适应（以避免维修质量下降）。

2. 生产调度方式—丰田生产方式

传统生产流水线的作业方式大多采用“由前工序推动后工序”的办法。即先由前工序作业，完成后将在制品交给后工序继续作业。由于前工序并不顾及后工序所实际需要的数量和时机，常常会造成后工序在制品量的积压或短缺，结果降低了生产流水线的实际效率。“丰田生产方式”则采用“由后工序拉动前工序”的办法，由后工序向前工序领取所必需的工件数量，前工序也只生产被后工序所领走的那部分工件数量。前后工序之间用“工作传票”来衔接。其好处是：既不会造成在制品在生产流水线上的积压或短缺，也不需要中转库房，既加强了生产作业计划的相互衔接，也减少了流动资金积压与库房管理浪费。

目前国内汽车维修企业所采用的生产调度方式常有以下两种：

(1)派工单制度。它由生产调度人员直接使用《派工单》的形式，将维修车辆的车型及车号、维修类别、承修车间/班组、调度单号、主要作业项目、作业要求、定额工时、要求完工时间等,随同维修车辆向承修车间/班组或主修人下达生产指令。各承修车间/班组、主修人及专职检验人员都根据《派工单》所规定的作业内容与作业要求实施维修和检验。直至当车辆维修竣工后,由主修人及检验员填报《派工单》及签字,随竣工车辆向生产调度人员回复具体的维修情况。这种直接的生产调度方式不仅可简化企业的生产现场管理,而且管理效果也较好,但要求生产调度人员应具有较高的企业管理素质及技术素质。

(2)传票制度。它是由生产调度人员使用《传票》的形式,将维修车辆的车型及车号、主要作业项目及作业要求、定额工时、要求完工时间等张贴于待修车辆的风窗玻璃、随车在维修车间内移动,间接地向相关的承修车间/班组、承修人及专职检验人员下达生产指令。承修车间/班组、承修人及专职检验人员则根据传票要求,各自实施相应的维修。这种间接的生产调度方式特别要求各承修车间/班组、承修人及检验人员,不仅要随时注意车间内的各车辆维修传票,而且还要主动地根据维修传票要求实施各车辆维修。

无论是实施直接的《派工单》制度或间接的《传票》制度,各承修车间/班组内部通常还要以《公示牌》的形式在本车间或本班组内将本车间或本班组的维修任务进行公示,以便随时掌握本车间或本班组当前的维修任务及维修进度。《公示牌》的内容包括承修车辆的车型、车号、维修类别、调度单号、主要作业项目及附加作业项目、要求完工日期、承修人及目前存在问题等。当然,各承修车间或各承修班组在具体接受生产调度指令时,不仅要求各维修工序及各维修工位要保证按时完成维修任务,保证其生产秩序和生产节奏,而且还要自觉地做好自检和互检,以确保其维修质量。与此同时,生产调度人员也要深入生产作业现场,随时掌握生产进度。倘若有脱节或误差应及时调整。

3. 生产现场调度会

生产调度人员除了在生产现场执行日常性的派工调度外,还要根据生产作业计划要求,以"现场办公"的方式,定期召开"生产现场调度会",以现场指挥和现场控制各项生产经营管理活动,现场部署和现场协调各部门工作,以保证正常的生产秩序,保证生产过程的连续性、协调性和均衡性等,从而避免经常性的或突击性的加班加点。生产现场调度会的内容包括:

(1)按照生产作业计划的进度要求,逐项检查原计划执行情况,特别是检查上次生产现场调度会决议执行情况;着重掌握偏离计划的程度和原因,解决计划执行过程中的各种困难和问题。

(2)下达新的生产计划,并检查督促和帮助各相关部门做好各项生产技术准备,包括劳动力的组织与调整、生产技术工艺的调整、物资供应以及维修设备的配备等。

生产现场调度会一般可分厂部和车间两级。其中,厂部生产现场调度会应由主管生产的厂长主持、生产科长召集,并由与产、供、销相关的各职能科室(如厂办公室、经营销售部门、生产技术部门、质量检验部门、材料供应部门、劳动管理部门、财务核算部门等)及车间负责人参加。车间生产现场调度会则常由车间主任主持,由车间调度人员及相关的班组长参加,必要时可邀请厂部相关职能人员参加。

三、生产进度与生产统计

1. 生产进度检查

生产进度检查是生产现场管理过程中的重要环节。它要求生产管理人员经常巡视生产现场,督促和检查在修车辆的维修进度,并及时发现和解决问题(包括现场调度承修班组及承修人员,现场调度承修车辆、配件供应及外加工等)。在生产现场检查生产进度时,应侧重于:

(1)按照生产作业计划,抓好维修竣工车辆的收尾。

(2)抓住生产工艺流程中明显影响生产计划的薄弱环节与关键环节(如生产效率较低或质量不稳定环节)。

(3)抓好原材料配件的供应及外购件外协件的供应。

(4)不断完善生产计划与生产进度的检查与管理。

2. 生产进度统计

生产进度统计用于统计劳动成果,并掌握生产情况及存在问题。其基本要求是:准确、及时、全面、系统。

生产进度统计中的"工时统计"包括"定额工时"与"实作工时"两种。其中,由派工调度员下达的定额工时常用于车辆维修竣工时的费用结算和成本核算(如单车核算、班组核算等),并常用于承修班组或承修人的劳动分配(以实现多劳多得);而承修班组实际消耗并填报的实作工时则常用于日后对定额工时的修订调整以及对劳动生产率的考核。

当承修班组或承修人修竣车辆并通过质量检验合格后,由主修人签字填报本次维修所实际消耗的实作工时数,并将《派工单》汇交给生产进度统计人员实施统计。统计时,或者以车辆为户头,统计该车辆在维修过程中所消耗的定额工时数和实际工时数,实施单车核算;或者以承修班组或承修人为户头,统计各主修班组或各主修人在本月所完成的定额工时数和实际工时数,实施班组核算及按劳分配。

四、生产安全管理

"安全为了生产,生产必须安全"。企业员工既有依法获得安全生产的保障权利,也有依法履行安全生产的职责义务,也是企业中每个职工的职业责任和职业道德。

安全生产是所有生产企业及劳动者的重要原则,遵章守纪则是企业中每个职工的职业纪律。所谓安全生产,就是为保证企业生产过程正常进行,必须在日常的生产经营管理活动中保障职工人身安全及机器设备安全,防止出现人身事故或设备事故,避免财产损失。

根据交通运输部令2015年第17号《机动车维修管理规定》:机动车维修经营者应当加强对从业人员的安全教育和职业道德教育,确保安全生产。机动车维修从业人员应当执行机动车维修安全生产操作规程,不得违章作业。为此,所有企业的生产经营管理者都必须遵守《中华人民共和国安全生产法》及安全生产的法律法规。不仅应建立健全企业的安全生产责任制度及安全监督制度,实施全面、全员、全过程的安全生产管理,确保企业安全生产;而且还应加强安全生产的宣传、教育和培训,并完善安全生产技术条件,提高企业职工的安全操作技能等。

1. 安全教育与安全责任制

1)安全教育

企业发生安全事故的原因有很多:既有企业管理、生产技术、设备设施等方面的原因;也有人员素质、安全意识和精神状态等方面的原因。倘若生产人员的安全观念薄弱、纪律松弛、麻痹大意,或者安全规章制度执行不力,不能文明生产及安全生产,就极易发生安全事故。为此,现代企业必须坚持"以预防为主、安全第一"的方针。其中,所谓"以预防为主",就是要将安全生产管理从过去的事故处理型转变为现在的事故预防型,从而积极主动地采取各种防范措施,防止事故发生,而不是等到出了事故才去处理。所谓“安全第一”,就是要求企业的生产经营管理者必须始终把生产安全放在首位,抓生产的必须首先抓安全,生产服从于安全。为此企业生产经营管理者不仅要在安排生产时必须同时开展安全教育(安全的思想教育与技术教育),以教育职工遵章守纪和文明生产,保证生产安全;而且在安排生产时必须同时检查安全设施。当领导的一定要有强调安全的“婆婆嘴”,讲不讲是你的事,听不听是他的事,安全教育绝对不能松懈。

2)安全生产责任制度

为了做好企业内部安全生产的监督与管理,不仅要建立安全生产责任制度及安全检查责任制度,以使企业的各部门和各车间都能检查监督与管理各自职权范围内和各自工作区域内的安全工作;而且还应配备专职或兼职的安全管理人员,检查监督与管理各生产作业区内的日常生产作业过程,及时报告及处理可能存在的安全隐患。逐层负责、逐级管理,以此组建企业内部的安全教育网及安全检查网,确保企业内部的生产现场安全和设备使用安全。在建立企业内部安全生产责任制度时还应明确:各生产岗位的安全例检及安全责任应当由该岗位的主要责任人负责(如主车驾驶员、主修人或主操作人等);企业的生产安全(如安全教育、安全设施、安全检查、安全事故处理等)应由主管生产的各级行政领导负责,生产责任人同时也是安全责任人。

2.严格遵守安全技术操作规程

汽车维修企业要制订和实施各工种、各工序、各机具设备的安全技术操作规程(包括安全规程、技术规程、操作规程)。其中,安全规程是指保证生产安全的管理规程;技术规程是指保证生产安全的工艺规范;操作规程是指保证生产安全,在实际操作机具设备时的规定程序。对于某些特殊工种(如电气、起重、锅炉、压力容器、电焊、汽车驾驶和汽车修理等)还要经过专门训练、在严格考核合格后方能上岗操作。

根据国家生产安全规定:所有机具设备都应加装安全防护装置。例如:

(1)电力线路、受压容器、驱动设备都应加装过荷保险装置。

(2)电气设备都应加装触电防护装置,并经常检查其绝缘状况。

(3)机器外露传动部位(如传动带、传动轮、传动轴、砂轮等)都应加装防护罩。

(4)冲压设备的操作区域都应加装连锁保护装置。

(5)危险地段和事故多发地段都应加装信号警告装置。

(6)起重运输设备要规定其活动区域,锅炉及受压设备要设置防爆安全隔离带等。

另外,还要保证机具设备的正确安装,保持安全间距,设置安全通道,并加强机具设备的使用维修管理;抓好生产车间的防火防爆。厂房设计应符合相关防火标准,并严格规定其防火等级,并配置相应的消防器材与必要的防爆设施等。

五、生产劳动管理

现代企业的生产劳动管理,包括由生产管理部门负责的劳动纪律与劳动组合;由人力资源管理部门负责的劳动工资与劳动定额、职工培训与劳动考核、劳动保护与劳动保险等。

1.加强车间劳动纪律

企业的车间管理处于企业中层,汽车维修企业的车间管理应遵循以下三大原则:

(1)以产品质量为导向；

(2)以客户满意度为导向；

(3)以企业效益为导向。

汽车维修车间的劳动纪律包括：

(1)所有人员在上班到岗后，应立即穿戴劳保用品，并做好开工前的技术准备。在下班时应主动清洁现场，按指定位置堆放杂物，恢复设备原状并关闭电源等，以保持车间整洁。

(2)所有人员在上班过程中必须遵守企业作息制度和劳动纪律，严格遵守岗位责任制及安全技术操作规程，严禁野蛮违章操作。不得擅离岗位或串岗会客；也不得私自洽谈业务或索贿受贿。

(3)所有人员应妥善保管作业工单、零配件及客户物品，不得私自动用客户车辆，也不得在场内试车，更不得无证驾车。

2. 生产作业现场的5S管理

为了实施文明维修，杜绝地摊式作业，现在很多4S汽车维修企业都在推广实施日本生产现场的5S管理。5S管理包括：

(1)整理Seiri。将现场的东西分出有用与无用两类，留下有用的，清除无用的。

(2)整顿Seiton。将有用的物品保持于随时可用状态。

(3)清扫Seiso。清扫作业现场。

(4)清洁Seiketsu。维持作业现场整洁。

(5)自律Shitsuke。自我约束，保持整洁的良好习惯。

要实施上述5S管理，自律Shitsuke是其关键，因为“人的因素第一”。只有加强职工的素养教育和自我约束，才能形成良好的作风与习惯，才能遵章守纪，自觉主动地坚持文明生产。对汽车维修车间及停车场管理的基本要求是：

1)车辆停放

要搞好汽车维修企业的生产现场管理，首先要管好企业内的车辆停放及杂物堆放。例如维修车间内只能停放在修车辆与待修车辆。封存停驶车辆、修竣车辆及外单位临时停放车辆等则应移出维修车间而分别摆放于停车场内。在维修车间及停车场内都应当按照规定划分维修区及安全通道等，并要求地面坚实平整。要求所有车辆都必须靠边整齐停放(车头朝外、向着通道)并留出必要车距与安全通道，不得阻塞，以保证每辆汽车必要时都能顺利驶出。其中，凡能行驶的车辆都应保持在随时可起动行驶状态。在维修车间及停车场内严禁试车或无照驾车，且车速都不得大于5km/h。除外单位临时停放车辆外，其他所有在修、待修、封存停驶车辆及修竣待出厂车辆的钥匙都必须交由生产调度人员统一保管。

2)防火防爆

为了维修车间及停车场内的防火及防爆，不仅应配备消防器材(如灭火器、沙箱沙袋、消防水龙等)，而且还应设置停车“P”、限速5km/h、严禁喇叭和严禁烟火等禁令标志及安全停放等指示标志。维修车间及停车场内都不得堆放易燃易爆物品，不得鸣放鞭炮、吸烟及加注燃油。凡装有易燃易爆物品的车辆应单独停放并有专人看管。维修车间及停车场内应照明良好。

3)门卫值班

企业门口应设立门杆，并建立门卫值班制度，监管所有进出厂车辆，并对场内停放车辆负安全保管职责。所有维修竣工车辆出厂时均须凭《财务结算单》《维修竣工质量检验单》才能放行。

4）废弃物处置

根据交通运输部令2015年第17号《机动车维修管理规定》："机动车维修所产生的废弃物应当按照国家相关规定处理"。其中包括废油、废水、废气及废旧零件等。为此，维修车间内应从保护环境出发、按当地环保要求，专门设置零部拆检区及清洗区，专门设置"杂物堆放区"，要求分类摆放、集中回收，并妥善做好废弃物的净化处理。

3.车间主管及班组长的岗位职责

1）车间主管的岗位职责

车间主管在厂部的直接领导下，遵守企业的各项规章制度，负责本车间的日常管理。

（1）抓好本车间派工调度，合理安排劳力，做到均衡生产；并协调各方面关系，努力完成厂部下达的各项生产任务。

（2）抓好本车间生产进度和工期管理。

（3）抓好车间安全生产和文明生产，抓好劳动纪律和安全技术操作规程；并抓好车间用电管理，抓好车间灭火器材的使用维护及易燃物品防火防爆等。

（4）抓好本车间质量管理。倘若发生返工返修，要及时鉴定分析并上报处理。

（5）抓好本车间生产统计，并及时上报各种报表，建立健全本车间生产技术档案，抓好车间核算。

（6）抓好本车间职工培训和技术考核，以提高职工的思想素质、业务素质和技术素质。

（7）抓好本车间机具设备管理及维修材料管理。

（8）有权对本车间职工进行表扬、批评、奖励和处分等。

2）班组长的岗位职责

班组长应在车间主管的直接领导下，遵守企业各项规章制度，负责本班组日常管理。

（1）组织实施并完成本班组各项生产任务（包括派工调度、劳动安全、生产进度、质量管理、机具设备管理及承修车辆管理等）。

（2）规范汽车维修的工艺及技术，开展安全及质量竞赛，并做好本班组各项原始记录（如工时统计），实施班组核算。

（3）搞好本班组环境卫生及生产文明，完善班组民主管理。

（4）有权对本班组职工进行表扬、批评、奖励和处分等。

第二节　汽车维修企业的工艺管理

汽车维修企业之间的竞争在于维修质量与服务质量的竞争。其中，维修质量是基础，服务质量是根本。之所以说"维修质量是基础"，是因为客户车辆进厂维修，目的就是车辆的维修质量。倘若车辆维修质量不好，再好的服务也不能使用户满意。之所以说"服务质量是根本"，是因为倘若服务质量不好，用户不满意，车辆维修质量再好也等于零。当然，汽车维修企业的维修质量与服务质量都是汽车维修企业各项生产经营管理活动的点滴积累。要搞好汽车维修企业的维修质量与服务质量，还须讲究汽车维修过程及维修工艺，并要求企业中每个员工都能严格要求，从小事做起、从今天做起、从我做起。

一、汽车维修工艺

汽车维修工艺是在既定的人员素质和工艺装备条件下，在汽车维修过程中所必须遵守的工艺纪律、工艺规程、工艺规范与技术标准的总称。由于汽车维修工艺取决于人员素质、配件供应、维修设备、操作方法及操作环境等，因此各个汽车维修企业的维修工艺都会不同。

(1)工艺纪律：是指为达到某规定质量标准所必须遵守的操作纪律及劳动纪律。

(2)工艺规程：是指为达到某规定质量标准所必须遵守的操作程序或工艺流程。

(3)工艺规范：是指为达到某规定质量标准所必须遵循的操作方法及操作要求。

(4)技术标准：是指车辆修复后必须达到所规定的技术标准及质量标准。

二、汽车维修工艺流程

汽车维修工艺流程包括汽车维护工艺流程、汽车快修工艺流程、汽车修理工艺流程。

1. 汽车维护工艺流程

较大规模的一、二类汽车维修企业，在车辆进厂实施一级维护或二级维护时，通常先由客户进厂报修，填写《报修单》，并与前台业务人员共同做好汽车进厂检验，检测诊断存在故障，确定维护类别及附加修理项目，并清点物件、完成车辆交接。再由生产调度人员向承修车间或承修班组下达《派工单》，以明确该车辆在本次维修过程中具体的作业项目及定额工时等；由承修车间安排承修班组及主修人实施维修、调校或排除故障。在汽车维修过程中，承修班组及主修人不仅要负责车辆维修，而且还要在修竣后负责自检与互检。倘若自检与互检合格；最后交专职检验员完成竣工出厂检验。倘若竣工出厂检验合格，则交回前台业务人员并向客户交车，由前台业务人汇总该车维修的工时消耗和材料消耗，结算该车的维修费用。

2. 汽车快修工艺流程

由于目前私家轿车的成色都普遍较新，一般只需做日常性维护或小修，因此在4S汽车连锁经营的轿车快修店中，出现了一种以前台业务人员为中心的工艺流程——汽车快修。其工艺流程为：先由客户进厂报修，填写《报修单》，并与前台业务人员共同做好车辆进厂检验，检测诊断存在故障，确定维护类别及附加修理项目，并清点物件、完成车辆交接。再由前台业务人员直接派工调度。车辆经承修班组或主修人完成维修并自检互检合格后，直接交回前台业务人员做竣工验收，并根据维修合同进行费用结算及向客户交车。显然，这种快修管理模式明显增大了前台业务人员的管理权力（几乎替代了汽车维修企业中所有的生产经营管理职能），既精减了人员，简化了工艺流程及企业管理，提高了企业的生产效率；也突出了快修的服务特色，节约了用户等待时间，从而提高用户的满意度和竞争力。但须说明的是：这种模式仅适合于日常性维护及汽车小修，并不适合于维修项目较为复杂的中大型汽车维修企业。这是因为：这种模式的前提是要求前台业务人员具有很强的业务能力（特别是故障诊断能力和质量检验能力）、能统管汽车维修生产全过程。因此，要推广和实施这种模式，还首先要切实提高前台业务人员的业务素质才行。

3. 汽车修理工艺流程

在较大规模的一、二类汽车维修企业中，特别是在车辆大修时，在客户进厂报修并完成车辆交接后，由前台业务人员向承修车间/班组或主修人下达《派工单》。承修车间/班组或主修人则根据《派工单》安排承修班组及主修人，《派工单》应明确该车辆在本次修理中具体的作业范围、定额工时、技术要求及注意事项等。在汽车修理过程中，由承修班组及主修人先将汽车拆卸为总成、由总成拆卸为零部件；再将已经拆卸的零部件进行“分类检验”（分出可用、可修、可换三类）；然后清理可用零件、修复可修零件、更换可换零件；最后进行组装（由零件组装为总成、由总成组装为整车）。承修班组或主修人不仅要负责车辆修理，而且还要负责自检与互检；并在车辆修竣后交专职检验员实施竣工出厂检验。倘若竣工出厂检验合格，则交回前台业务人员并向客户交车，同时汇总修理该车的工时消耗和材料消耗，结算该车修理费用等。

4. 汽车修理工艺方法

包括就车修理法和总成互换修理法。

（1）就车修理法（图 4-2）。该法是在汽车修理过程中除因无法修复而必须更换的外，其余总成和零部件都必须修复并装回原车使用。但由于原车总成和零部件的损伤程度及修复工艺并不相同，修理周期也不一样，因此只有等到修理时间最长的总成修竣合格后才能进行最后的总装。这不仅影响了车辆修理过程的连续性，而且也使车辆的停厂周期较长。因而，这种就车修理法只适用于车型复杂、规模较小的汽车维修企业或快修店。

（2）总成互换修理法（图 4-3）。该法是在汽车修理过程中，除车架和车身仍然采用就车修理法外，其余旧总成都采用与旧件库中经修竣合格备用的旧总成互换的办法。在采用总成互换修理法的汽车修理企业中，仅由只管拆装的综合性拆装组及只管旧总成修复的专业修理组两部分构成。其中综合性拆装组只管车辆的总拆与总装：将拆下的旧总成送往专业修理组修复，并从旧件库中领出经修复并检验合格的旧总成进行总装（当旧件库中旧总成周转不足时才从配件库领取新总成补充）。专业修理组则只管修复由拆装组拆下的旧总成，修复并经检验合格后存入旧件库。

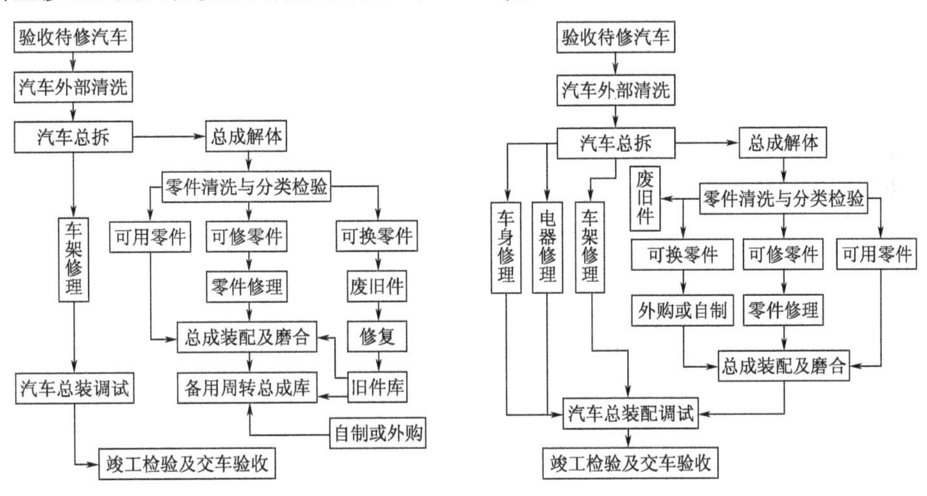

图 4-2　就车修理工艺　　　　图 4-3　总成互换修理工艺

总成互换修理法的优点是：不仅可简化汽车修理的过程管理，从而将车辆修理过程简化为简单的拆装过程，既保证了汽车修理过程的及时性和连续性，也缩短了汽车的修理周期（不影响车辆出勤率）；而且还可推广使用专业修理工具和专业修理设备，从而提高汽车修理的劳动效率和专业水平，并提高职工队伍稳定性，保证汽车修理质量，降低汽车修理成本。

总成互换修理法的缺点是：①它要求专业修理组的专业化程度较高、分工较细，因而容易忙闲不均；②它要求所有拆下的旧总成都能互换。为此不仅要求旧件库中备有足够数量的旧总成(且质量及成色也与待修车辆匹配),从而将使旧件库管理复杂化;而且还需要有机械化设备来运送这些旧总成。正因为此,总成互换修理法只适用于车型单一、互换性很强的大型汽车运输企业(如城市公共交通企业),不适用于车型繁杂、互换性较差的中小型汽车运输企业。

三、汽车维修的工艺特点

在汽车维修工艺过程中,特别是在汽车维修的附加修理作业中,汽车零部件的修复应当遵循以最低消耗、尽可能恢复其使用性能和使用寿命为原则;而在装配汽车或总成时,不仅应根据原厂规定的装配要求(如清洁度、松紧度等),而且还要顾及汽车零部件的已有磨损,由此制定出本汽车维修企业的最佳工艺流程及最佳工艺规范,保证汽车或总成的维修质量。

须注意的是,汽车制造中的装配过程使用标准的新件来组装标准的新机器;而汽车维修中的装配过程则是用经过修复而并不标准的旧件去组装并不标准的旧机器。显然,汽车维修装配工艺与汽车制造装配工艺会有很大的不同。在汽车维修的装配过程中,由于各配合副在使用过程中已经磨损且磨损程度不一,为了均衡及匹配各配合副的松紧度,必须考虑各配合副在本次维修中实际的适用间隙,而且汽车维护中的适用间隙及汽车修理中的适用间隙并非等于新机出厂时的标准间隙。正因为此,尽管各汽车维修企业所采用的维修工艺规范及维修技术标准看似相同,但在实际操作过程中却差别很大,从而也使各汽车维修企业的实际维修质量差别很大。各汽车维修企业实际的维修工艺规范及技术标准不仅是对外保密的,而且还会随着工艺装备与工艺技术的进步而不断更新的。因此,汽车维修企业不仅要善于总结本企业的维修工艺规范及维修技术标准,也要不断提高本企业职工的维修工艺技术水平。

四、汽车维修作业的劳动组合

汽车维修作业的劳动组合,是指汽车维修企业的维修技工在一定作业方式(如定位作业或流水作业)和一定工艺条件(如就车修理或总成互换修理)下的劳动组合方式。它通常由生产管理者根据企业规模、企业特点、维修车型和人员素质等综合考虑。

汽车维修作业的劳动组合,有全能作业和专业分工两种。

1. 全能作业的劳动组合

这种劳动组合除了车身及车架维修(如钣金、油漆、锻焊、轮胎、电器等)仍由专业工种完成专业修理外,其余机修作业(如发动机与底盘等)均由 8 ~ 10 人组成的全能维修班组包干完成。在全能维修班组内,通常按照“分桥定位、专业分工”的原则,将维修技工按需分配到车辆的各个维修部位(例如发动机 3 人,传动 2 人,前后桥分别 2 人),并在规定维修时间内,平行交叉地完成各自的维修任务。

这种劳动组合的优点是,企业管理与生产调度较为简单(只需派工到各班组,由各班组包干完成)、机动灵活、占地面积小,所需设备简单。但其缺点是,各机修班组内需要配备全能的机修技工。由于技术水平要求较高、知识面较宽,既不利于迅速提高机修技工的技术熟练程度,也不易保证汽车维修质量;而且劳动强度大、维修周期长、修理成本高,因而只适用于承修车型复杂、生产规模较小的中小型汽车维修企业。

2. 专业分工的劳动组合

这种劳动组合是将所有机修技工,根据“分桥定位、专业分工”的原则,按需分配到车辆的各机修部位,且每次汽车维修的每个机修技工只承担某项特定的拆装任务,不包括总成修理(采用总成互换法),也不实行相互轮换,其专业分工的细化程度取决于汽车维修企业的生产规模。在某些特大型的汽车修理企业中,还采用流水作业法。所谓流水作业法,是按照汽车修理工艺流程,将所有拆装工位及机具设备都布置在流水线两侧;待修车辆则在流水线上有节奏地连续或间歇向前移动。

这种劳动组合的优点是:专业分工较细、专业化程度较高,因而不仅可迅速提高机修技工某项作业的技术水平和操作技能,而且还能积极推广应用各种专用工具和工装设备,从而可压缩停厂车日、提高劳动生产效率,保证维修质量、降低维修成本。但其缺点是:企业管理及工艺组织较为复杂。为了平衡各维修工种之间的交叉作业,要求企业协调好各工序维修进度,做好生产现场的计划调度及零配件供应等,以确保生产节奏。因而只适用于维修规模较大、承修车型单一的4S品牌特约汽车维修企业及城市公共交通企业;不适用于车型繁杂、互换性较差的中小型汽车维修企业。

五、汽车维修工艺过程的统筹与优化

汽车维修工艺过程通常由许多小工序构成。以发动机大修为例,在发动机解体清洗并零件分类检验后,通常要分三路:一路为基础件汽缸体的修理(如铣平基准面、镗磨汽缸等);一路为基础件曲轴与凸轮轴的修理(如修磨曲轴轴颈与凸轮轴轴颈);另一路为发动机附件修理。最后进行发动机总装(如装配活塞连杆组、曲轴飞轮组、配气机构等);并进行发动机冷磨、热试及总成质量验收等。显然,要确保生产节奏和维修效率,并获得最佳维修质量和最低维修成本,就要合理组织汽车维修的工艺过程。

汽车维修工艺过程的统筹安排或合理规划,通常用统筹法或网络分析法。其基本做法是:先将整个汽车维修的工艺过程视为一个系统,然后分解为若干工序,再分析和确定各工序之间的相互关系和先后顺序,汇编成表格、并画成统筹图或网络图(图4-4)。由于统筹图或网络图能反映整个汽车维修的工艺全过程,因此可在图中抓住其关键路线及主要矛盾,有利于汽车维修工艺过程最佳方案的优化。

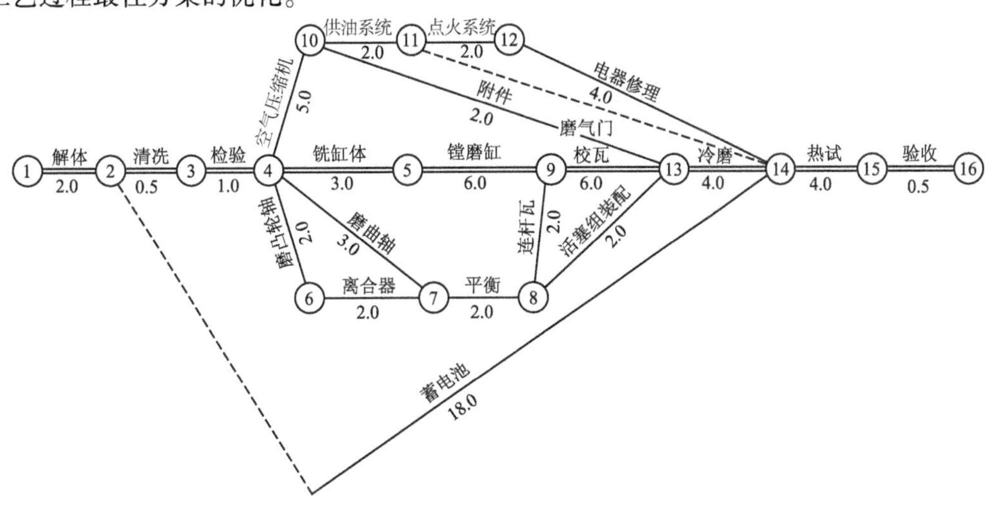

图4-4　发动机大修工艺过程的统筹与优化

统筹图或网络图由任务、结点和路线三部分构成。其中，用圆圈来表示各个工序，用箭线“→”来连接各个圆圈，以表达前后两工序之间的流程或路线；箭线上下分别附有要做的作业项目及完成该项目所需消耗的持续时间，由于其中耗时最长的路线决定着整个维修工艺过程的完工期，因而称为关键路线。找出这些关键路线并通过对图形不断地组合与调整，找出其中最优的工艺方案和最短的工艺路线，最后付诸实施。

绘制统筹图或网络图应遵循的基本原则有：

(1)图中相邻两圆圈结点之间只允许有一条箭线相连，每根箭线的首尾只能有一个始点或一个终点，即只能从一圆圈结点开始、到另一圆圈结点结束；既不允许出现无结点箭线，也不允许出现可循环路线。

(2)圆圈结点的编号应沿着箭线方向顺序标出，不允许重复。

(3)倘若在两相邻圆圈结点之间有几项作业需要同时进行时，由于所需时间不同，除了需用时间最少的作业可直接相连外，其余作业还须增加圆圈结点。倘若各工序所需工时不能直接确定时，可用 $t_e = (t_a + 4t_c + t_b)/6$ 进行估算。式中 t_a、t_b、t_c 分别表示完成该作业最快、最慢和最大可能的时间。

第三节　汽车维修企业的物资管理

汽车维修过程并非是单纯的劳动或服务过程，它还需要有各种维修物资供应，例如汽车配件及维修辅助材料，维修设备、维修机工具及检测量具等。这些物资不仅品种、规格和数量众多，而且都属于汽车维修企业的生产资料，属于占企业流动资金70%的流动资产。

一、搞好汽车维修物资管理的意义与任务

汽车维修企业的物资供应部门是汽车维修企业中专门从事物资供应的业务部门，主要负责物资采购、库房管理及外加工等。

汽车维修企业对汽车维修物资的管理，包括对内维修服务和对外销售服务两类。汽车维修物资的库房管理人员及采购人员，在对内维修服务时其业务归属于生产部门管理，以有利于生产部门根据生产进度需要而直接调度物资供应，充分体现物资供应为生产服务原则；但在对外销售服务时其业务应归属于经营部门。其中对于维修设备及维修机工具的管理，使用维修归生产管理；选型购置、更新改造、折旧报废归技术管理；而台账归属于财务管理。

1. 搞好汽车维修物资管理的意义

(1)汽车维修需要有足够的物资供应保证，这是保证汽车维修业务正常开展的前提。倘若在汽车维修过程中需要物资供应而库房又无准备时，就会造成停工待料。

(2)汽车维修物资的购置需要动用企业的流动资金，因此要搞好汽车维修物资管理，就要控制汽车维修物资的库存量和采购量，并严格管理和发放等，减少维修物资的储备与浪费，降低企业的生产成本，并减少资金占用，加快资金周转，提高企业经济效益。

(3)由于现代汽车所用维修物资大多属于优质材料(有的还是贵重紧缺的战略物资)，而国家的资源储备总是有限的。虽然钱币可以印刷，但资源并不能再生。因此要搞好汽车维修物资管理，就要尽可能修旧利废，以提高现有物资的利用程度，减少国家的资源消耗，提高国家

的宏观社会效益。

2. 汽车维修物资管理的主要任务

(1)保证汽车维修物资的正常供应(并保证汽车维修质量)。

(2)减少汽车维修物资的消耗与积压。

①要搞好汽车维修物资的市场调查和统计分析,掌握本企业汽车维修物资消耗的品种、数量、质量、价格及供应渠道;根据本企业汽车维修物资消耗规律编制好采购供应计划并积极合理地采购和储备。

②配合生产技术部门制订或修订汽车维修物资消耗定额。

③要做好汽车维修物资的入库验收、储存保管、审核发放,以确保汽车维修顺利进行。

④要做好库存物资的清仓盘点和回收利用,管好用好汽车维修物资。既要减少物资流通时间,加速资金周转;也要做好修旧利废,尽可能地减少企业资金占用。

二、汽车维修物资的分类、定额、发放及管理

汽车维修企业维修物资的品种繁多,为此首先要做好汽车维修物资的分类管理。

1. 汽车维修物资的分类

生产企业所用的物资,若按用途可分生产物资与基本建设物资等;若按材质可分金属材料(如黑色金属与有色金属)、非金属材料(如化工品、橡胶品、木材等),工作液及油品等。汽车维修物资则通常可分:汽车配件、汽车维修辅助材料、汽车维修用原材料及其他(图4-5)。

1)汽车配件

是指能直接装于汽车的零部件成品。它通常按价值分类。

(1)低值易耗配件。是指在汽车运行或汽车维修中常使用的低值易损配件。如汽车灯泡、密封垫、火花塞、高压线等。

(2)一般配件。是指在汽车维修作业中属于费用定额包干且必须更换的常用配件。例如发动机大修时必须更换的活塞、活塞销、活塞环、曲轴轴承等。

(3)重要基础件及贵重总成。其中前者包括:汽缸体、曲轴、凸轮轴、连杆副、飞轮壳、变速器壳、前桥及后桥壳、车身、车架等。后者包括:发动机总成、喷油泵总成、喷油器总成、分电器总成、散热器总成、变速器总成、差速器总成、主传动器总成、前后桥总成、车架总成、驾驶室总成、仪表板总成、转向机总成、制动泵总成、轮胎总成、发电机总成、起动机总成、蓄电池总成、电控单元总成,以及汽车专用特殊轴承等。

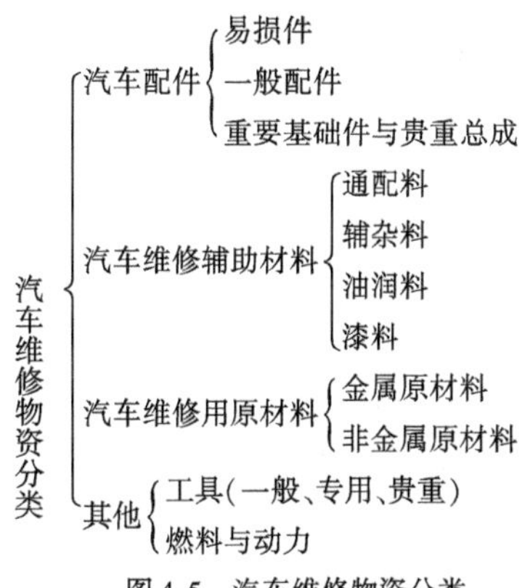

图4-5　汽车维修物资分类

2)汽车维修用辅助材料

是指在汽车维修过程中经常使用的辅助性材料,它通常按品种分类。

(1)通配料。通用的机械零件或标准件,如轴承、油封、螺栓螺母垫圈、开口销等。

(2)辅杂料。包括辅料或杂料,例如铜皮、纸板、石棉线等。

(3)燃润料。如燃油、润滑油等。

(4)漆料。如底漆或面漆的填料、溶剂、涂料等。

3）汽车维修用原材料

包括各种金属型材（如角钢、槽钢等）、非金属型材及原木等。

4）其他

包括汽车维修的机工具及电力供应等。其中汽车维修机工具通常按其价值或用途分类，如一般机工具、专用机工具和贵重机工具等。之所以要将维修机工具与电力供应等都归入汽车维修物资，是因为它们也是由汽车维修企业用流动资金支付的。

2.汽车维修物资的消耗定额

汽车维修物资的消耗定额，是指汽车维修企业在一定生产技术组织条件下，为维修每辆次汽车所必须消耗的各类物资数量标准，它综合反映着汽车维修企业的生产经营管理水平。

1）编制汽车维修物资消耗定额的作用

编制每辆次汽车维修物资消耗定额，不仅是编制汽车维修物资供应计划（乘以本期汽车维修辆次数）的基础；而且也是确定汽车维修企业流动资金，进行经济核算，提高企业生产经营管理水平的有力工具。在实际汽车维修中，汽车维修物资消耗定额编制得越详尽、越合理，由此制订的企业维修物资供应计划也就越精确。只要将汽车维修物资的实际消耗量与定额消耗量相比较，就能判断出实际汽车维修究竟是超耗还是节约，物资消耗定额究竟是先进还是落后。倘若由此开展企业的经济核算和劳动竞赛，就能不断地提高企业的生产经营管理水平。

2）汽车维修物资消耗定额的编制方法

在编制消耗定额时，一定要贯彻“平均先进”的原则。即在汽车维修企业现有的生产工艺条件下，在完成某项维修作业时，除了必须更换的维修物资外，其他维修物资的消耗量，要保证企业中大多数人都能完成，少数人可能优于，只有少数人不能完成而尚须努力。当然，此平均先进定额也是要随着企业生产工艺条件的不断改善而不断调整的。为此在编制并实施汽车维修物资消耗定额过程中，不仅应保持在一定时期内相对稳定（不能朝令夕改）；而且还应根据企业的具体实施情况定期修改，以不断降低消耗定额、降低维修成本。

编制或修订汽车维修物资消耗定额的方法有：

（1）技术计算法或统计分析法。它根据汽车维修技术资料进行技术计算，或者根据本企业完整而准确的历年统计资料进行综合分析，然后编制或修订物资消耗定额。由于上述两方法的工作量大且准确性差，因而只适用于编制或修订重要基础件和贵重总成的物资消耗定额。

（2）经验估计法和实际测定法。根据现有生产工艺条件，由定额管理人员根据汽车维修实践经验进行经验估算；或者由定额管理人员深入实际维修过程进行实际测定，来编制或修订物资消耗定额。显然，此两方法的准确程度既取决于定额管理人员的测试态度，也取决于操作人员的技术熟练程度，其准确性较差。

（3）对比参照法。根据类似汽车维修企业的物资消耗定额，并根据本企业与参照企业的生产工艺条件差异，进行适当调整，从而编制或修订本企业物资消耗定额，这也是汽车维修企业的常用方法。

3）汽车维修物资消耗定额的种类

可分汽车配件及非汽车配件两类。

（1）汽车配件消耗定额。除了汽车事故性检修、汽车小修，以及各级汽车维护附加修理作业中所消耗的外购汽车配件可按实际消耗结算外，汽车大修及各级汽车技术维护正常作业中所消耗的外购汽车配件，通常按照所维修车型类别及作业类别，按消耗定额进行结算。为此，应按照车型类别及作业类别分别制订汽车大修及各级汽车技术维护外购汽车配件的消耗定额，以实行“维修费用定额包干”。倘若是企业自制零配件，也要根据自制零配件的批量制订材料消耗定额，以限制自制过程中过多地消耗原材料。

(2)非汽车配件消耗定额。由于非汽车配件种类繁杂且用量不多，故很难逐项制定。因此，除个别品种外，一般都根据车辆类别及维修类别，每月定期根据汽车维修企业所完成的各类汽车维修消耗材料总费用，按维修每辆次平均摊派，作为当月各类汽车维修中非汽车配件费用的消耗定额。

3. 汽车维修物资的需要量和储备量

1)汽车维修物资的需要量

随着汽车车型、维修类别及作业深度的不同，每辆次汽车维修所需要的物资，不仅品种繁多，而且数量也差异很大。为能得到每月或每年汽车维修物资的需要总量及费用总额，以及汽车配件与辅助材料的消耗比例等，只有对每辆次汽车维修的物资消耗分别统计并分类汇总，以摸索其中的规律。

2)汽车维修物资的合理储备量

从开展维修业务而言，为保障维修过程顺利进行，承修班组或主修人总是希望能随时领到所需要的维修物资，即要求库房中维修物资的库存量越多越好；从材料供应而言，为减少物资采购频次并希望获得较低的采购价格，也希望每次的采购量越大越好；但从企业管理而言，为了减少企业流动资金占用，却总希望在满足汽车维修业务的前提下尽可能降低库存量。要解决此矛盾，就要做好维修物资的库存量与采购量之间的平衡。即根据汽车维修业务的日常需要，制定维修物资的合理储备定额，既要够用、又不积压。显然，汽车维修物资的合理储备定额不仅是组织物资供应、编制物资采购计划的重要依据，也是合理调节库存量、节约采购费用，并减少流动资金积压的有力工具。

汽车维修物资的合理储备定额通常分经常性储备定额与保险性储备定额。其中，经常性储备定额是指某维修物资在两次采购之间，为保证维修业务正常进行而必须经常储备的最高定额，它等于该维修物资的最大库存量及最小库存量的平均数；保险性储备定额则是指某维修物资为了不影响汽车维修业务正常开展而需要应急储备的最低定额，它等于该类物资的日平均消耗量乘以保险天数。保险天数由该类维修物资供应的准时性以及对汽车维修业务的影响程度来综合确定。对于随时可以就地采购的维修物资，其保险天数可以为零。

三、汽车维修物资的采购及仓储

汽车维修物资的采购与仓储是汽车维修企业生产经营管理的重要环节。实施汽车维修物资的合理储备，既可保证汽车维修业务的正常进行，也可加速企业流动资金的不断周转。

根据交通运输部令 2015 年第 17 号《机动车维修管理规定》：托修方与承修方在维修过程中，都应当使用质量标准及装车性能等于或高于原厂装车的同质性配件来维修机动车，不得使用假冒伪劣配件。机动车维修经营者不仅应当建立配件采购的登记制度，以记录配件采购与使用信息(如购买日期、供应商名称、地址、产品名称及规格型号等)，并留存配件来源凭证，查验产品合格证，实行机动车维修配件的追溯制度；而且还应当将原厂配件、副厂配件和修复配件分别标识，明码标价地供用户选择。对于换下的配件、总成则应当交还托修方自行处理。

1. 汽车维修物资的采购与入库验收

为了不影响汽车维修业务的正常进行，且避免库房积压或库房缺料，汽车维修企业必须抓好维修物资的采购和仓储（图4-6）。其中包括汽车维修物资的采购管理、入库验收及清仓查库等。

1）汽车维修物资的采购管理

包括采购计划、采购方式和采购点管理等。其采购原则是：除了库房缺料而由生产管理部门经配件库房直接通知采购人员实施临时紧急采购外，通常情况则必须由配件库房经过清仓查库后，编报采购计划，实施计划性的采购，且每次不得多买或错买。凡采购回库房的维修配件最好能立即由本次汽车维修所消耗，在库房积压期或周转期原则上应不超过半年。

在市场经济条件下，对于采购人员的管理不仅是为了保证汽车维修业务的正常进行（保质保量地采购本次汽车维修业务所急需的配件及物资），而且也是为了堵塞漏洞、降低维修成本的重要措施。为防止不法商家贿赂采购人员，从而购入假冒伪劣配件或无用物资，不仅要选派较高素质人员负责采购，以自觉杜绝回扣；而且要加强汽车维修物资的入库验收，防止假冒伪劣配件入库。

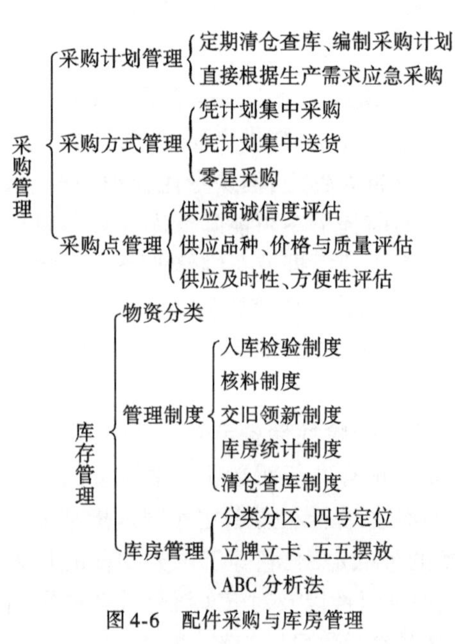

图4-6　配件采购与库房管理

为了控制汽车维修物资的采购环节，许多汽车维修企业在建厂选址时，或者在选择供应商实施定点供应时，不仅要选择距离最近、交通最便利、供货最快、质量最正宗的供应商，并与之建立良好长久的合作关系；而且还要随时掌握汽车配件的市场行情，搞好市场预测与市场调查，不断地比较与选择，在“货比三家”中选择最好的供应商，以实施最佳的供货方式。对于汽车维修企业需用量较大的汽车配件，或者占用资金量较多的重要基础件及贵重总成，还可以选择期货供应，或者利用电子商务由汽车配件厂商直接供货。当然，无论是定点供应、期货供应或直接送货，所采购回来的汽车维修物资都必须是质量正宗、价格最低的。

2）入库验收

所有采购回来的汽车配件及维修物资，在入库之前都必须经过库房的检查和验收（即入库验收），它是库房管理的重要基础，也是管好汽车维修物资供应的先决条件。入库验收的内容包括：根据购货发票或认购合同，既要根据采购合同或采购清单核查其采购数量、品种规格，外包装及合格证等，以防止三无产品（无厂名、无厂址、无联系电话）、假冒伪劣商品或走私商品的流入；也要根据技术标准核验其外在质量（如包装、说明书、检验合格证等）及内在质量（如使用材料、尺寸精度、制造工艺及表面质量等）。其中，一般性原材料或辅杂料可由库房直接检验验收；汽车配件，特别是重要基础件和贵重总成，以及特殊维修辅助材料，可委托技术检验部门协助检验。配件库房在实施采购物资的入库验收时，既要把好三关（数量、质量、单据），也要坚持四不收制度（凭证不全不收，手续不齐不收，数量不符不收，质量不合格不收）。

2. 汽车维修物资的库房管理

1）库房管理人员的岗位职责

（1）负责汽车维修物资的入库验收、保管及发放。

（2）通过清仓查库，编报汽车维修物资消耗情况及库存报表；编制采购计划（特别是零星或急需材料）。

（3）为每辆次车辆维修分出定额内及定额外的物资消耗量，并按"车头"做好单车统计。

2）汽车维修物资的库房管理

汽车维修物资由库房管理人员验收入库后，还要根据其理化性能、体积大小及包装情况进行分类保管。其基本要求是：摆放科学，数量准确，保证质量，消灭差错。其中，对于有毒、易燃等危险物资应严格按照国家保管条例进行仓储。

汽车维修物资的库房管理要做好十防（防锈、防尘、防潮、防霉、防腐、防磨、防水、防燃、防变质、防漏电等）；同时还要做到常用的规格型号不短缺、不损耗、不变质、不混号，且账卡物三符。为此要学习和推广大庆的"分类分区、四号定位、立牌立卡、五五摆放"等一整套的科学管理办法。

（1）分类分区。就是根据维修物资的分类，合理规划其固定存放区域。

（2）四号定位。就是按照库号、架号、层号、位号进行统一编号存放（并标记于账卡）。例如2A23 表示为 2 号库房、A 号货架、第 2 层、第 3 货位等。

（3）立牌立卡。就是对存放定位且编号的各种物质建立料牌或卡片，料牌或卡片上应写明其名称和编号，并记录其进出库量和库存量等，以便掌握进、出、存情况。

（4）五五摆放。就是按照各类维修物资的形状，以五为基数，五五成行、五五成方、五五成串或五五成层，以方便库存量的清点。

3）汽车维修物资的 ABC 管理法

汽车维修物资的库房管理，还通常实施 ABC 管理法（也称重点管理法或分类管理法）。汽车维修的库存物资按其单价、消耗量及重要程度进行分类。其中，必须严格控制 A 类（单价高而消耗少的重要基础件及贵重总成）的采购量及库存资金；适当控制 B 类（单价及消耗均中等的一般配件）的采购及库存资金；适当放宽 C 类（低值易耗品及维修辅助材料）的采购及库存资金。

3. 汽车维修物资的发放

1）汽车配件的发放

汽车零配件供应是汽车配件库房的管理重点。为此，汽车配件库房不仅要面向生产和面向基层，不断提高工作质量和服务质量；还要建立健全"核料、领料制度"及"交旧领新制度"。

（1）核料、领料制度。在汽车维修企业内，所有汽车零配件的发放，都必须实行"核料、领料制度"。即：进厂维修的车辆或总成在清洗及解体后，先由主修人对所有已拆卸的总成及零配件做好"零件分类检验"（核料），从中分出可用、可修、可换三类。然后清理可用的、修复可修的，同时将其中可换的汽车零配件名录及数量报送给配件库房，由配件库房根据《核料单》，或者由主修人领料，或者由库房送货至承修车间。当库房缺料时，由生产管理部门指示配件库房编制采购计划，并立即交采购人员临时紧急采购。其中，凡属于本次维修费用定额包干的、应换或者可换的一般性零配件，以及属于低值易耗的零配件或维修辅助材料，可由主修人凭汽车维修《核料单》直接报领。配件库房则按其消耗定额直接发放。凡不属于本次维修费用定额包干的重要基础件或贵重总成，或者属于超范围维修的零配件消耗，都须经技术检验部门鉴定及审批、经客户同意后由主修人报领，库房限额发放；并另列为本次汽车维修的附加材料消耗。凡未经规定程序核料及审批的，库房有权拒绝发放。汽车配件库房在发料时，不仅应对所发出的汽车配件实行质量三包；而且应按照“先进先出”的原则，尽量先发放先入库的配件，以免先入库的配件因库存太久而变质损坏。除此之外，汽车配件库房还应根据《核料单》，按照“车头”或“人头”审核其实际领料记录。倘若发现有多领或错领的，应及时追查并予纠正。倘若所发出配件并未实际消耗的，应及时退回库房，并充抵本次维修的实际材料消耗。在车辆维修结束时，汽车配件库房还应将该车全部的领料记录交承修班组、主修人或专职核料人员进行核对，并将所发出配件分为本次维修费用定额“包干的”或“不包干”的两类，最后送交财务结账及成本核算。

（2）交旧领新制度。在主修人领料时，对其中凡具有回收利用价值的金属类汽车配件，应一律实行“交旧领新”制度。为此，汽车配件库房还应专门设置“废旧配件库”，以便能将废旧零配件分类、集中管理，并做好废旧物资的回收利用。

2）汽车维修辅助材料的发放

汽车维修辅助材料包括油润料（燃油、润滑油/脂、制动液、防冻液等）、通配料（通用标准件）、辅杂料（纸板棉纱等）、漆料（底漆、面漆等）。

汽车维修辅助材料的消耗一般多采用“摊销”的办法进行处理。即由相应的承修车间或承修班组按每月车辆维修量及每车消耗定额预领一批，至每月底成本核算时，按当月实际的车辆维修量进行汇总和核销。但为了避免浪费和便于考核，也应在汇总和核销各类维修辅助材料消耗的基础上相应制定其材料消耗费用定额，以便能对车间班组实施成本考核。

汽车维修企业需用的燃油（汽油和柴油）包括办公用油、采购用油、试车用油、清洗用油等。其中，办公用油及采购用油应分别凭厂部办公室或供应部门的《派车单》签发，《派车单》上应注明行驶里程及发油定额，以限定其行驶里程及用车计划，以防止公车私用。试车用油及清洗用油应根据各汽车维修类别规定的发油定额由生产管理部门签发，并执行内部油票制度，以限定其试车里程及试车次数。严格限制清洗用油（尽量用碱水或清洗剂清洗代替）。各种金属及非金属型材可按实际耗量由使用人报领。其中，凡用于车辆维修的，应落实到车头，以便列入该车维修成本（竣工后由专职核料员核销）；凡用于车辆维修外其他项目（如技术革新）的，应列入其他项目的材料成本，竣工后由生产技术部门核定报销。

3）机具、工具与量具的发放

汽车维修作业中的常用机具、工具及量具可由维修车间根据维修人员的配备定额进行报领和配备，工具库房应按领用人或使用人建账立卡；但当领用人或使用人再次重复申领时，属于自然消耗的可“以旧换新”，并计入企业生产成本，属于异常损坏或遗失的应视情赔偿。易损、易耗性工具或刃具（如钻头、板牙、锯条、锉刀、砂布、砂纸等）可凭历年消耗量制定暂行消耗定额，由使用人报领。属于检测专用的精密量具或检测设备，应由技术检验部门签领并交专人保管和使用。属于公用机具、贵重工具或稀缺工具，则应由工具房统一保管，由使用者凭票借用、并限期归还。

4.汽车维修物资的清仓盘点、回收利用与信息反馈

1)清仓盘点

汽车维修企业必须定期做好库房的清仓查库(日清、月结、年盘点)。其内容有:检查账卡物三者是否相符;检查物资收发是否差错;检查各类物资是否超储积压、变质或损坏;检查库房安全设施有无损坏等。在清仓查库中,倘若发现库存物资盘亏或盘盈、超储积压或变质损坏的,不仅应查明原因并采取补救措施。其中,倘若需要核销或处理的,应按规定申报并经企业主管审查批准。

2)回收利用

汽车维修企业在为客户维修车辆的过程中更换下来的废旧零配件原则上都应退还给客户。但当客户放弃时也可作为企业所有,由生产技术部门统一处理,处理后的残值上交企业财务。回收利用废旧物资是降低企业成本的重要措施。为此要明确废旧物资的回收范围及实施办法,以便分门别类地收集各类废旧物资;并建立健全物资的交旧领新制度和奖惩制度,有计划地开展群众性修旧利废。其中:有些废旧物资可通过修复或者拆卸零配件而再次用于汽车维修;有些废旧材料及边角料可通过拼修、改制或再加工而得到再次利用。实在无法再利用的废旧材料则可出售给国家或其他单位。

在汽车维修过程中,凡属于可修范围的都应当原车修复,且属于正常修理范围的修复不得另行收费。凡属于应修复而未修复却领用新件的,在结算时应从新件价格中扣除旧件修复费用20%;凡更换下来的废旧总成在经过修复并检验合格后,应统一交旧件库保管,使用于以后汽车维修,或用于出售(按修复难度与新度、按新件价格30%~70%计价)。所有修旧件均应由修旧人负责质量三包(按修旧价值的10%奖励给修旧人)。

3)信息反馈

汽车维修物资的仓储管理信息,既是企业编制物资采购计划的重要依据,也是了解企业物资流动情况的重要方法。根据库房的信息反馈,及时补充、调整或控制库存,既杜绝停工待料,也杜绝超储积压,从而保证汽车维修企业经营目标的实现。为此,汽车维修企业应建立库房管理信息反馈的岗位责任制,并将此纳入企业信息网。

第四节　汽车维修企业的技术管理

汽车维修企业虽然规模较小,但由于维修车型和维修技术的日益复杂,各工种及各工序在维修过程中又彼此交叉;况且各工种及各工序都有着各自不同的操作规程、工艺规范和技术验收标准,因此各工种或各工序的工作质量都会直接影响到汽车的维修质量。这就需要加强道路运输经营者及汽车维修企业的技术管理。

一、技术管理的基本任务与岗位职责

1.车辆技术管理的一般要求

根据交通运输部令2016年第1号《道路运输车辆技术管理规定》,对道路运输经营者车辆技术管理的一般要求是:

(1)道路运输经营者应当设置相应部门负责车辆技术管理工作;并根据车辆数量和经营类别配备相应车辆技术管理人员,对营运车辆实施有效的技术管理。

(2)道路运输经营者应当加强车辆使用与维护、安全与节能等业务培训,提升从业人员业务素质和技能,确保车辆的良好技术状况。

(3)道路运输经营者应当遵守相关的法律法规、标准和规范,并认真履行车辆技术管理的主体责任,建立健全技术管理制度,加强车辆的技术管理。

(4)鼓励道路运输经营者根据道路运输企业车辆技术管理标准,结合车辆的技术状况和运行条件,制定车辆使用的技术管理规范,正确使用车辆;并设置车辆技术经济定额指标,定期考核,以提升车辆技术管理水平。

(5)道路运输经营者应当运用信息化技术,建立道路运输车辆的技术档案管理制度,并做好道路运输车辆技术档案管理,管好道路运输车辆的技术档案(实行一车一档)。车辆技术档案的内容包括:车辆基本信息、车辆技术等级评定(包括客车类型等级评定或年度类型等级评定复核)、车辆维护修理记录(含车辆变更记录、车辆主要零部件更换记录、行驶里程记录、因交通事故造成的车辆损伤记录、《机动车维修竣工出厂合格证》)等。档案内容应当准确和详实,且应当随着车辆所有权的转移或转籍而随车移交。

2. 车辆技术管理的基本任务

为了确保车辆维修质量从而实现汽车维修企业的经济效益与社会效益,要求企业经营者在建立厂长/经理负责制的同时,本着精兵简政原则建立以总工程师(大型汽车维修企业)、主任工程师(中型汽车维修企业)、技术负责人(小型汽车维修企业)为首的技术管理机构;并为之配备精明能干的技术队伍,明确其岗位职责,组建企业的技术管理体系。总工程师、主任工程师或技术负责人应在厂长/经理的直接领导下具体负责本企业的技术管理工作,对厂长/经理负责;各车间技术负责人、主修人及专职检验人员则在技术业务上受总工程师、主任工程师或技术负责人直接领导。

汽车维修企业车辆技术管理的基本任务如下。

1)建立技术管理制度及技术责任制度

即执行上级颁布的技术管理制度,并建立本企业技术管理制度及技术责任制度。包括车辆维修制度、机具设备管理制度、材料配件管理制度、全面质量管理制度及质量检验制度、技术教育培训制度、技术档案管理制度、技术经济定额管理制度、技术责任事故处理制度等。

2)坚持技术为生产服务的原则

企业技术管理,要坚持技术为生产服务的基本原则。其中包括:

(1)配合企业中的生产经营管理,抓好企业技术管理。

(2)解决企业生产过程中所出现的疑难生产技术问题,为生产服务。

(3)开展本企业 QC 全面质量管理活动,改进汽车维修工艺,提高本企业产品质量,并降低企业生产成本。

3)搞好企业的机具设备管理

汽车维修企业机具设备(如车辆、维修机具设备及检测诊断设备等)的管理,也要遵循"择优选配、正确使用、定期维护、视情修理、定期检测与适时更新"的原则。包括:

(1)要根据企业实际需要,选购"生产上适用、技术上先进、经济上合理、可靠性好、信誉度高”的机具设备。

(2)要对企业中已有机具设备执行全过程综合性的技术管理。

(3)要正确使用机具设备的更新改造资金和大修理基金,提高企业机具设备的实际技术状况。

4)搞好修旧利废与技术革新

开展修旧利废与技术革新,并搞好企业的技术改造与技术革新,不断推广新技术、新工艺、新材料和新设备,以促进企业技术进步,降低企业生产维修成本。

5)搞好技术教育和技术培训

配合人力资源部门做好本企业职工的技术教育(如上岗培训、技术培训等),并做好本企业职工的技术等级培训及技术职务评聘等。

6)做好技术管理基础工作

(1)建立健全各级技术责任制度。

(2)建立健全本企业生产技术管理过程中的各种原始记录和技术文件(如图样资料、安全技术操作规程,汽车维修工艺规范及技术标准等)。

(3)参制订与实施本企业各项技术经济定额。

(4)搞好本企业技术资料与技术档案管理。

(5)参与本企业技术责任事故处理等。

3.维修技术人员及质量检验人员的配备、考核与管理

根据交通运输部令 2015 年第 17 号《机动车维修管理规定》:各级交通运输管理机构必须加强对机动车维修技术人员及质量检验人员的管理,并严格执行维修技术人员及质量检验人员的培训考核和资格认定,并建立档案加强管理。其中,一、二类汽车维修企业不仅应至少配备 1 名技术负责人及质量检验人员(其通过全国统一考试合格的比例应不低于 60%);而且还应至少配备 1 名能直接从事机修、电器、钣金、涂漆的技术人员及质量检验人员(其通过全国统一考试合格的比例应不低于 40%)。要求质量检验员能熟悉各类汽车维修的质量检验技术和质量检验规范,并掌握汽车的故障诊断技术。三类专项维修企业应当按照其经营项目配备相应的技术负责人及质量检验员,以及能直接从事机修、电器、钣喷专业维修的人员(其通过全国统一考试合格的比例应不低于 40%)。要求技术负责人能熟悉本企业的汽车维修业务及收费标准,并掌握相关的技术规范和政策法规;而从事机修、电器、钣金、涂漆的技术人员和专业维修人员要求能熟悉所从事工种的维修技术及操作规范。

二、车辆技术管理中的车况等级及技术经济定额

1.车况技术等级

1)道路运输车辆的车况技术等级

(1)一级/完好车。从新车行驶到第一次大修间隔里程定额 2/3 和第二次大修间隔里程定额 2/3 以前,汽车各主要总成基础件和主要零部件坚固可靠,技术性能良好;发动机运转稳定,无异响,动力性能良好,燃润料不超过定额指标,废气排放与噪声符合国家标准;各项装备齐全完好;在运行中无任何保留条件的车辆。

(2)二级/基本完好车。车辆主要技术性能和状况或行驶里程低于完好车要求但符合

GB 7258规定,能随时参加运输的车辆。

(3)三级/需修车。送大修前最后一次二级维护后的车辆和正在大修或待更新尚在行驶的车辆。

(4)四级/停驶车——预计短期内不能修复或无修复价值的车辆。

2)道路运输车辆的车况基本技术条件

根据交通运输部令2016年第1号《道路运输车辆技术管理规定》,凡从事道路运输经营的车辆应当符合下列基本技术条件:

(1)车辆的外廓尺寸、轴荷和最大允许总质量应当符合《道路车辆外廓尺寸、轴荷及质量限值》(GB 1589)的要求。

(2)车辆的技术性能应当符合《道路运输车辆综合性能要求和检验方法》(GB 18565)的要求。

(3)车型的燃料消耗量限值应当符合《营运客车燃料消耗量限值及测量方法》(JT 711)、《营运货车燃料消耗量限值及测量方法》(JT 719)的要求。

(4)危货运输车应当符合《汽车运输危险货物规则》(JT 617)的要求。

3)道路运输车辆的类型等级划分和技术等级评定

应当符合国家有关道路运输车辆的类型划分及技术等级评定要求。其中,从事一般道路运输经营的车辆,其技术等级应当达到二级以上;而从事危货运输、国际道路运输、从事高速公路客运以及营运线路长度在800km以上旅客运输的车辆,其技术等级应当达到一级。凡从事高速公路客运、包车客运、国际道路旅客运输,以及营运线路长度在800km以上客车,其类型等级应当达到中级以上。

道路运输管理机构应当加强从事道路运输经营车辆的管理,对不符合本规定的车辆不得配发道路运输证。在对挂车配发道路运输证和年度审验时,应当查验挂车是否具有有效行驶证件。禁止使用报废、擅自改装、拼装、检测不合格以及其他不符合国家规定的车辆从事道路运输经营活动。

2.技术经济定额

道路运输车辆的技术经济定额包括:

(1)行车燃料消耗定额。指汽车每行驶百车公里或每百吨公里所消耗的燃料限额,应根据车型、使用条件、载质量/载客量、燃料种类、试验规程等分别制定。

(2)轮胎行驶里程定额。指新胎从开始装用,经翻新直至报废的总行驶里程限额,应根据车型、使用条件以及轮胎的性能等分别制定。

(3)车辆维护与小修费用定额。指车辆每行驶一定里程,因维护与小修所耗工时及材料费用限额,应按车型和使用条件等分别制定。

(4)车辆大修间隔里程定额与发动机大修间隔里程定额。前者是指新车到大修,或者两次大修之间所行驶的里程限额,按车型和使用条件等分别制定;后者是指新机到大修,或者两次大修之间所需使用的里程限额,按机型及使用燃料等分别制定。

(5)车辆大修费用定额。指车辆大修所耗的工时及材料总费用的限额,按车辆类别和形式等分别制定。

(6)完好车率。指完好车日占总车日的百比。

(7)车辆平均技术等级。指所有运输车辆技术状况的平均等级,车辆平均技术等级 × 车辆总数 = (1 × 一级车数) + (2 × 二级车数) + (3 × 三级车数) + (4 × 四级车数)。

(8)车辆新度系数及车辆固定资产原值。其中,新度系数是评价车辆新旧程度的指标。年末单位全部运输车辆固定资产原值 = 年末单位全部运输车辆固定资产净值 × 车辆新度系数。

(9)小修频率。指每千车千米所发生小修次数(不包括各级维护作业中的附加修理)。

(10)轮胎翻新率。指统计期内经过翻新的报废轮胎数占全部报废轮胎数的百分比。

三、汽车维修企业的科技管理

1. 科技活动的内容

1)科技发展规划

科技发展规划属于汽车维修企业技术管理系统开展科技活动的发展规划。包括:

(1)科技活动的发展方向、奋斗目标及技术措施。

(2)生产工人及生产技术人员的业务培训计划。

(3)机具设备更新添置计划。

(4)技术改进及技术改造计划。

(5)科技经费计划。

2)科技小组与科技活动

汽车维修企业中的科技小组应当参加当地汽车工程学会的科技活动。其任务是:

(1)了解当前汽车维修行业的科技发展动态,交流科技情报和科技资料,确定科技活动的具体项目和措施。

(2)研究企业当前生产经营管理活动(特别是质量管理)中的问题和改进措施(合理化建议)。

(3)企业机具设备的技术改造。

(4)企业职工的技术教育和技术培训等。

2. 技术改进与合理化建议

技术改进包括技术革新、技术推广、技术改造和技术改装。其中,技术革新是指改革汽车维修机具与维修工艺;技术推广是指推广新技术、新工艺、新材料、新设备;技术改造是指改变现有机具设备的性能与结构;技术改装是指改变现有机具设备的用途;合理化建议是指为实现汽车维修技术改进而提出的合理建议。

技术改进与合理化建议都应当围绕着企业生产经营管理活动的实际项目开展活动。例如:

(1)改善企业生产经营管理。

(2)改进生产工艺、改进产品服务、提高产品质量、工作效率及经济效益。

(3)改革工具与机具,实施设备改造,改进检测手段与检测方法。

(4)改善生产劳动条件,实现文明生产及安全生产。

(5)实现节能、消除公害,实现环境保护。

按技术改进与合理化建议的形式,首先是提出项目名称、实施方案、实施依据及预期效果等,由生产技术管理部门汇总审议。对于其中效果较好并可立即实施的应报厂部审批。被批准实施的科技项目由项目负责人牵头并成立项目攻关小组。在项目完成后由项目负责人写出总结报告,经生产技术管理部门验收(项目资料应统一归档,项目经费在企业科技经费中列支);并经过3~6个月的实际运用试验被证明确实可行并确有成效的,企业应对突出贡献者给予奖励(精神奖励及物质奖励)。

3.科技资料与技术档案

科技资料与技术档案都是企业生产经营管理的日常工作中使用的重要资料。其中,科技资料是指并非本单位产生的技术资料,如外购的各类科技图书和技术资料手册、订阅的各类科技杂志、交流的各类科技情报等。科技档案则是指本单位生产经营管理活动中产生、并经过整理归档的技术资料。

1)技术档案

根据交通运输部令2015年第17号《机动车维修管理规定》:机动车维修经营者对机动车进行二级维护、总成修理、整车修理的,应当建立机动车维修档案。机动车维修档案主要内容包括:维修合同、维修项目、具体维修人员及质量检验人员、检验单、竣工出厂合格证副本及结算清单等。机动车维修档案保存期为二年,机动车托修方有权查阅机动车维修档案。

企业技术档案包括:

(1)生产类。如企业的营业执照及批文;企业的生产经营管理制度;企业的生产经营合同(汽车经销合同或汽车维修合同);汽车维修原始技术资料(包括汽车大修前技术鉴定,汽车维修进出厂检验记录及过程检验记录,换料记录及返修记录,技术责任事故处理记录等);企业的技术经济定额及各类报表等。

(2)技术类。如科技发展规划、技术管理制度、技术规程、技术规范、技术标准等。

(3)科技类。如技术教育培训及技术考核;科技活动记载;技术改进及合理化建议等。

(4)设备类。如车辆及设备管理、使用、维修、改造等全过程记录。

(5)基建类。如基建工程项目、房地产文件及其他等。

对技术档案的基本要求是:

(1)完整。档案中记载的各种资料应全面完整(全过程记载)。

(2)准确。档案中记载的各种资料应真实可靠和准确。

(3)系统。各类文件资料在归档时都应当分类编号,建立索引目录并明确系统和归属。

(4)方便。除原始文件外,所归档的原始资料应由专人按规定格式重新复制和整理,以保证归档材料的字迹工整、图样清晰、查找方便。

(5)安全。对于机密的科技档案应有相应的保密措施;对重要的档案应使用复制件并保存原件。

为保证归档材料安全,应建立归档制度并明确阅档纪律:

(1)归档的原始材料均应来自于企业日常的生产经营管理活动。因此要求把档案材料的形成、积累、整理和归档均应纳入企业各职能部门的日常工作程序中,作为各级职能部门的职责范围和考核内容。

(2)在项目竣工验收前,必须保证待归档材料完成归档手续,否则不予验收。

(3)借阅技术档案时应履行档案借阅手续并限期归还。

(4)获准借出的档案材料不得涂改和变动。当需要对其中内容更改或补充时,应作为附页(由附加人及批准人签字)附在档案中。

2)技术资料

随着现代汽车的电子化和智能化,汽车维修技术日益复杂,从而使汽车维修日益依赖于技术资料。目前市场上汽车类的技术书籍和技术资料很多但质量不高,因此在选择时要注意比较和鉴别,尽量多找一些出版社信誉较好且作者水平较高的新图书。汽车维修企业收集技术资料的方法很多。其中网上查询是最便捷、最省时的途径,因此利用计算机管理和建立信息网络是现代汽车维修企业管理的重要组成。

对技术资料的基本要求是:

(1)应由技术管理部门指定专人按门类统一管理(尤其是企业内部的重要技术资料);并应制定企业技术资料相应的借阅与查阅办法。

(2)应尽可能采用计算机保管技术资料。

(3)印刷品的收藏应注意防火、防盗、防水、防霉、防虫等;电子品的收藏应多留备份,以防止存储器损坏。

四、技术责任事故及处理

1.技术责任事故的定义

技术责任事故是指由于技术状况不良或岗位责任失职所造成的事故。包括:

(1)行车交通事故。

(2)机电设备事故。

(3)维修质量事故。

(4)经营商务事故。

(5)工伤事故等。

常见技术责任事故的表现有:

(1)由于管理不善(如不符合安全规程,未采取必要防范措施)、指挥失误或滥用职权、擅自处理而造成的事故。

(2)由于未经培训合格或检验合格,违章操作或操作失误、无照开车或无证操作、超载超速或冒险运行而造成的事故。

(3)由于失保失修、漏报漏修,或维修不良、偷工减料、粗制滥造,岗位失职或混岗作业而造成的事故。

(4)在应检或可检范围内,由于检验不严或错检漏检而造成的事故。

(5)在销售、生产、供应和财务的业务往来中发生订货错误、合同错误、收支错误以及服务差劣等所造成的事故等。

事故损失费用包括直接经济损失及间接经济损失。

1)直接经济损失。包括:

(1)修复设备或修复车辆事故损伤部位所发生的修理费用。

(2)损坏其他车辆、设备及建筑设施的赔偿费用。

(3)引起人员伤亡所发生的补偿费用。

(4)处理事故现场所发生的人工机具费用。

(5)由于商务事故而造成生产经营损失的费用，以及直接造成浪费或亏损的费用等。

2)间接费用。包括：

(1)在修复设备或事故车辆的损伤部位时，涉及其他未损伤部位的拆装费和维修费。

(2)伤亡者及其他有关人员的交通费、住宿费、工资奖金及杂费支出等。

(3)由事故造成的停工停产和生产经营损失费用等。

在确定事故等级时，应以事故直接损失(如伤亡人数及直接经济损失等)为主要依据；但在统计时，应以事故总损失为主要依据。倘若在统计事故经济损失时存在争议，可由该事故的处理人负责裁决。

2.技术责任事故处理

1)技术责任事故的责任划分

事故责任分为全部责任、主要责任、次要责任及一定责任四类。

(1)凡管理不善、指挥失误或岗位失职所造成的事故，由管理者、指挥者或岗位失职者负主要责任。

(2)凡操作者无视安全操作规程，违章操作或操作失误，或无视工艺纪律及质量标准，偷工减料、粗制滥造而造成的事故，由主操作人负主要责任。

(3)凡在应检及可检范围内因检验不严或错检漏检而发生的质量事故，由检验员负主要责任；凡未经检验合格或检验人员无法检验、无法保证的部位所发生的事故，由主操作工负主要责任。

(4)凡在汽车维修过程中若发现问题而有可能危及安全或质量时，或者在生产经营管理中或商务活动中若发现问题而有可能危及企业利益时，经请示而获批准继续使用或继续执行的，由批准人负主要责任；应请示而不请示或者虽经过请示但未获批准，擅自决定继续使用或继续执行的，由擅自决定者负主要责任。

2)技术责任事故的处理原则

凡发生技术责任事故，无论事故大小、责任主次或情节轻重，事故者都应首先保护现场、救死扶伤，并及时如实报告，采取有效应急措施，做好善后工作、听候处理。

处理事故的责任部门为：

(1)道路交通事故由技安人员配合交通警察负责处理。

(2)设备事故由设备管理部门负责处理，厂长监督。

(3)质量事故由质量管理部门负责处理，厂长监督。

(4)商务事故由经营管理部门负责处理，厂长监督。

(5)工伤事故由人力资源管理部门负责处理，工会监督。

其中除行车交通事故应由交通警察按国家的法律法规进行处罚外，企业内部的事故处理可按下列程序处理：先由事故责任人申报事故经过及事故原因，并由证人作证，填写《事故登记表》，上报事故处理部门；再由事故处理部门负责现场勘察，并召集事故相关部门及事故责任人召开“事故分析会”。在经过事故责任分析后，即可做出《事故处理裁定书》并报主管厂长批准；涉及有人员伤残的还应由人力资源部门对工伤者做出《劳动鉴定书》。《事故登记表》《事故分析会议纪要》《事故处理裁定书》及《劳动鉴定书》都应归档存查。

事故处理必须坚持“四不放过”原则：即事故原因不清不放过；事故责任者未处理不放过；

事故整改措施不落实不放过、事故教训未吸取不放过。

3)技术责任事故的处罚办法

除发生有人员伤亡的重大事故或重大恶性事故应按国家《厂矿企业劳动安全条例》进行处罚外,企业内部的技术责任事故,可按下列程序处罚:

(1)未造成人员伤残,以及未造成经济损失的不立案事故,由事故所在单位适当处罚,重在教育。

(2)已经造成人员伤残或者已经造成经济损失的立案事故,由全部责任者赔偿损失75%~100%;主要责任者赔偿损失50%;次要责任者赔偿损失25%;一定责任者赔偿损失10%。

以上赔偿额均按事故总费用损失(直接经济损失及间接经济损失)进行计算。倘若企业或部门也负有责任的,事故单位的各级领导和相关业务管理人员也应给予相应处罚。

第五节　汽车维修企业的设备管理

汽车维修企业要进行汽车维修,不仅要凭借维修技工的技术与手艺、维修技术资料,而且还要依靠维修机具及设备等。这些机具设备大多属于企业固定资产,是汽车维修作业中不可缺少的基本手段,是汽车维修企业的重要生产力。

一、汽车维修设备分类

汽车维修设备可分通用设备和专用设备两类(图4-7)。

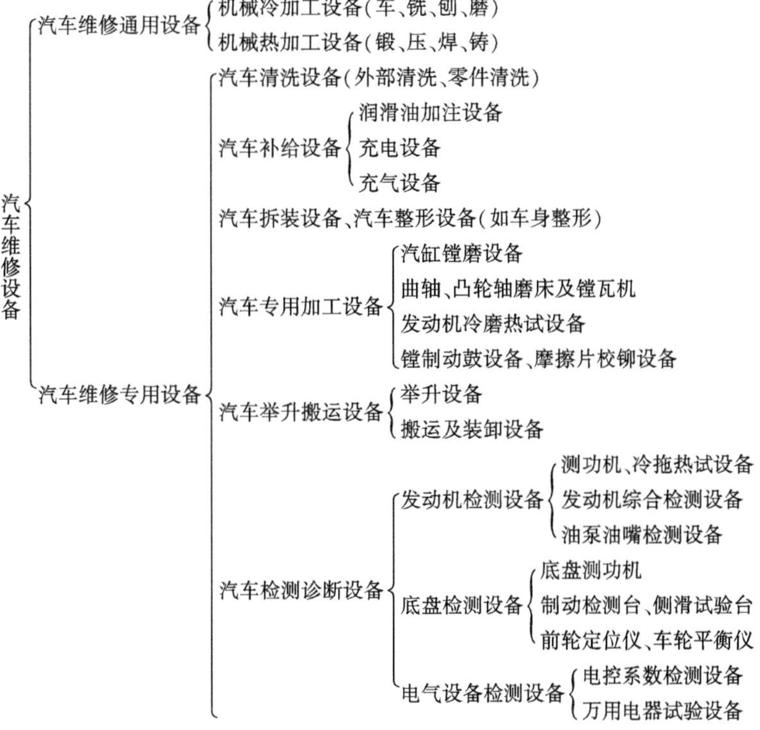

图4-7　汽车维修设备分类

1. 通用设备

汽车维修的通用设备是指除汽车维修行业使用外，其他行业也通用的设备。包括冷加工设备和热加工设备两类。其中，通用冷加工设备可分12类：车床C、铣床X、刨床B、磨床M、钻床Z、镗床T、齿轮加工机床Y、螺纹加工机床S、拉床L、电加工机床D、切断机床G和其他机床Q。其型号由用以表示机床分类的汉语拼音首字母，及用以表示型号、特性代号的阿拉伯数字组成。汽车维修企业常用的通用冷加工设备，应按照《汽车维修企业开业条件》（GB/T 16739—2014）进行配置。

2. 专用设备

汽车维修的专用设备，是指只能专用于汽车维修的设备。它也分通用型与专用型两类。其中，通用型是指可以适用于多种品牌型号汽车维修的专用设备，而专用型则是指仅能适用于某品牌型号汽车维修的专用设备。虽然汽车维修专用设备大多属于非标准设备，但其型号规格仍参照国家通用设备的编号规则由生产厂商统一编制，即用汉语拼音字母代表制造厂名，阿拉伯数字表示机器的型号规格等。

我国的汽车维修专用设备按其功能通常可分为汽车清洗设备、汽车补给设备、汽车拆装整形设备、汽车维修专用加工设备、汽车举升或搬运设备和汽车检测诊断设备五类。

1）汽车清洗设备

汽车清洗设备可分汽车车身外部清洗设备、汽车内饰清洗设备和汽车零件清洗设备三类。

（1）汽车外部车身清洗设备。适用于清洗客车和轿车的车身外表，有喷射式和滚刷式两种。前者依靠高压水冲洗污垢；后者则依靠滚刷清洗污垢。为了节约用水，目前也有无水洗车机出现。

（2）汽车内饰清洗设备。主要有吸尘器、蒸汽清洗机等。它们利用真空抽吸车内的尘土或积水，清洁并消毒地毯、座椅及内饰板等。

（3）汽车零件清洗设备。可在清洗剂（如热碱水）的配合下喷洗，以清除汽车零件表面的油污和脏物。目前国内的汽车零件清洗机按其清洗室结构可分通道式（多用于大型汽车维修企业）和转盘式（多用于中小型汽车维修企业）两种。

2）汽车补给设备

汽车补给设备用以汽车维修中的补给。例如：

（1）加油设备。按加注油品可分柴油加油泵、润滑脂或润滑油加注器等；按动力方式可分手动、电动、气动等。

（2）充电设备。可分普通充电器、快速充电器和多用途充电器等。其中普通充电器只适用于蓄电池的常规充电；快速充电器适用于常规充电及快速充电；多用途充电器则具有多种用途，如汽车起动、充电、电焊等。

（3）充气设备。如汽车轮胎充气机等。

3）汽车拆装及整形设备

汽车拆装及整形设备包括：

（1）汽车拆装设备。主要用于拆装汽车总成或零部件。如电动或气动扳手、半轴套管拉压器及拆装机、轮胎螺母拆装机、骑马夹拆装机、轮胎拆装机、门式油压机、齿轮及轴承液压拉器等。

(2)汽车车身整形设备。主要用于校正车身或车架变形。如液压机、车身矫正器及修复机、车身测量系统及整形系统等。

4)汽车维修专用加工设备

汽车维修专用加工设备主要用于汽车维修过程中对汽车重要基础件进行机械加工。其种类按照加工部位可分：

(1)汽缸体镗磨设备。如卧式镗磨机、立式精镗床、汽缸研磨机、发动机缸孔或缸套激光加工系统等。

(2)曲轴、连杆及轴瓦的加工设备。如曲轴磨床或曲轴修磨机、汽缸体轴瓦镗床或拉瓦机、连杆衬套绞压机、连杆轴瓦镗床、曲轴激光加工系统等。

(3)配气机构加工设备。如气门修磨机、气门座镗床、气门挺杆球面磨床等。

(4)制动系统加工设备。如制动鼓立式镗床、制动蹄片镗削机或修磨机等。

(5)汽车喷烤漆设备。如无尘干磨机、喷枪与红外线烤灯以及汽车喷烤漆房等。

5)汽车举升或搬运设备

为了能在汽车底盘下检查和维修,过去常采用维修地沟;现在则常采用汽车举升器。根据传动方式主要有机械举升与液压举升两类(液压举升最常用)。根据举升特点可分固定式(如双柱固定式、剪式、埋入式等)和移动式(如四柱移动式),另外还有液压千斤顶、单臂手动液压吊,发动机翻转磨合架、变速器拆装车、前桥或后桥作业车等。汽车搬运设备则常用叉车、随车吊以及各种自制的运输小车等。

6)汽车检测诊断设备

汽车检测诊断设备主要用于维修前性能检测及故障诊断、维修过程中零部件检验,以及修竣后性能检测及汽车使用过程中车况鉴定等。汽车检测设备按检测部位可分:发动机检测设备、底盘检测设备、汽车电器检测设备、零部件检测设备等。其中:

(1)发动机检测设备。主要用于发动机综合性能检测、单项性能检测及故障检测等。包括发动机整机性能检测,发动机转速及转矩检测,有负荷或无负荷功率检测(总机功率或单缸功率检测),汽缸漏气量检测,汽缸压力检测,配气相位检测,点火提前角及供油提前角检测,废气分析,异响分析,润滑油质分析,起动性能检测,以及柴油车专用的烟度计、油压计、涡轮增压压力检测、喷油泵及喷油嘴试验等。

(2)底盘检测设备。主要用于汽车底盘性能检测,如底盘测功,四轮定位,汽车制动检测,汽车侧滑检测,汽车速度表检测,轮胎动平衡,悬架减振性能检测,自动变速器性能检测等。

(3)汽车电器检测设备。主要用于汽车电器性能检测及故障检测,如汽车电器性能测试,前照灯检测,充电性能检测,电控系统故障检测、汽车电脑数据读取等。

随着汽车保有量的大量增加,为确保汽车行驶安全、节约能源和保护环境,必须实施“择优选配、正确使用、周期维护、视情修理、定期检测和适时更新”的汽车新维修制度。为此汽车制造业、汽车运输业和汽车维修业都必须配备性能更好、更经济实用的汽车检测诊断设备。由此,近年来汽车检测诊断设备获得了极大的发展和应用。现代的汽车检测诊断设备不仅大多由信号传感器检测、微处理器实时处理的智能型检测设备,而且明显向全自动化(例如自动校准、自动显示、自动输出等)与全智能化(在线分析与在线控制等)的方向发展,从而也为今后汽车维修检测诊断设备的系统化、全参数检测、双向检测和全过程检测的在线分析和在线控制奠定了良好的基础。

二、汽车维修设备管理

设备属于企业的固定资产。为此，汽车维修企业应对各类机具设备实行专门的技术管理与经济管理。其中：设备的技术管理是对设备技术状况的管理，由技术部门负责。包括对设备选型购置、安装调试、使用维护、修理改造直至更新报废的全过程管理，以及对使用说明书、技术资料、维修配件的管理，对使用操作人员技术培训和技术指导等；设备的经济管理是指对设备经济价值的管理，由财务部门负责。包括建立设备账册，负责设备购置费用、维修费用、大修理基金、折旧费用提取，以及更新改造资金筹措等。设备的日常使用维修，其中维修设备由生产部门负责；检测诊断设备由质量检验部门负责。

1.设备管理的意义和任务

1）设备管理的意义

企业加强设备管理的意义在于：

（1）只有加强设备管理，并合理使用、精心维护，始终保持设备的机况良好，才能确保企业的生产与经营正常进行。

（2）只有加强设备管理，才能由汽车维修作业机械化实现汽车维修企业的现代化，从而减轻工人劳动强度，加快维修进度并提高劳动效率。

（3）只有加强设备管理，提高企业装备素质，才能确保汽车维修质量，减少维修事故和返工返修，从而提高企业的经济效益和社会效益。

2）设备管理的任务

根据《全民所有制工业交通企业设备管理条例》，在企业的生产技术管理部门内部，应当配备必要的专职或兼职的设备管理人员。其主要任务是：以促进企业技术进步、促进企业生产发展、提高企业经济效益为目标，坚持以预防为主、技术与经济相结合、专业管理与群众管理相结合的原则，不仅要对企业中所有设备进行全过程综合性管理（择优选购、合理使用、精心维修、合理改造、适时报废更新），而且要对企业中所有设备实施“专人管理、合理使用、定期维护、视情修理”，以不断改善和提高企业的装备素质，确保机况，发挥效能，从而获得企业良好的投资效益。

设备管理人员的岗位职责是：

（1）建立健全设备管理制度，做好设备的日常管理。包括宣贯设备安全技术操作规程，建立设备三定（定机、定人、定岗）管理制度等。

（2）监督设备的日常使用。包括合理使用设备，实施设备操作证制度，并积极开展设备的技术培训、技术考核、红旗设备及爱机能手竞赛等，提高设备使用的完好率和利用率。

（3）建立健全设备技术档案、台账卡片及基础管理工作。

（4）搞好设备机况评定，并实施设备年度检修计划，及时恢复机况，尽可能延长设备使用寿命。

（5）做好设备的技术改造、报废及更新等。

（6）负责机具设备的技术责任事故处理等。

2.设备的合理选择与购置

汽车维修企业应根据维修业务的实际需要，配备相应的维修设备。由于现代汽车的电子化进程,汽车维修设备的技术含量也在不断提高。为防止盲目采购,合理选购设备是汽车维修企业设备管理的重要环节。为此,在选购前一定要做好设备购置的技术经济可行性论证。

1)选购设备的原则

(1)生产上适用。即要求所选购设备应符合汽车维修企业开业条件;并与企业维修的主流车型、维修能力、动力及备件供应等相适应。

(2)技术上先进。即要求所选购设备不仅能获得较高的产品质量,而且具有较高的生产效率和较高的设备利用率。

(3)经济上合理。即要求售价低、维修费用少、性价比高。

(4)使用上安全可靠,维修性、环保性和耐用性要好。例如具有自动断电、自动停车、自动锁止、自动报警等功能;无故障或少故障,且便于维修;并要求符合环保要求、具有较长使用寿命等。

(5)尽可能就近购置。即优先选购国产设备或本地设备,并要求供应商具有良好售后服务等。

2)购置设备的基本程序

其基本程序可分为预选、细选、决策三步。首先是根据所选设备的生产适用性、技术先进性、经济合理性等由设备管理部门综合评价和粗选;其次是经过生产技术部门对该设备的投资和效益进行综合性评议和细选;最后由企业主管评定和决策,交由设备管理部门统一采购。其中,通用设备由设备管理部门选型申报;专用设备由生产技术部门选型申报;检测诊断设备由质量检验部门选型申报。

在购置设备时,不仅要公开招标,从中选择信誉好、实力强,在同等质量及同等服务的前提下,选择最低售价的供应商;而且还要签署必要的售后服务合同,并采用分期付款或预留质量保证金的办法,切忌一次性全款付清。

3)设备的安装调试和交付使用

在外购设备选型并购置后,由设备管理部门统一管理(包括运输、保管、开箱检查和鉴定验收等),并统一建立台账卡片(如登记编号,立卷归档等),编制设备安全技术操作规程,规定设备使用年限和折旧费率等。在设备安装调试交付使用部门验收及使用后,要明确使用该设备的使用纪律及维修制度。在设备的使用维修过程中,所需的附件与备件由设备管理部门编制、供应部门采购,使用部门验收和保管;所需用的工具、刃具、夹具、模具、计量器具和配套机具等由使用单位申请,生产部门编制计划,经企业主管审批后交供应部门采购,最后交工具室或计量室管理。

4)设备技术状况的分类标准

经鉴定的设备技术状况可分四类:

(1)一类/完好设备。是指技术性能及经济状况优良,能确保产品质量;各部机件、附件、仪表及工装夹具等齐全有效,可随时投入使用的设备。

(2)二类/尚好设备。是指主要机件或主要基准虽已磨损、技术性能及经济状况也可能达不到原厂标准,但尚能安全可靠运行、尚能保证加工精度,机件附件及工装夹具也基本齐全,尚可投入正常使用的设备。

(3)三类/待修或在修设备。是指技术性能及经济状况已经显著恶化、超耗严重,不能正常使用、不能保证安全运行或加工精度的待修或在修设备。

(4)四类/待报废设备。是指损伤严重、无法修复使用或者无修复价值的设备。

3.设备的合理使用

汽车维修设备的合理使用是保持设备良好技术状况、发挥设备工作效率,保证汽车维修质量、降低汽车维修成本,并延长设备使用寿命的重要环节和管理基础。为此,汽车维修企业必须根据设备的使用特点,建立设备的合理使用制度。

1)开展爱护设备的宣传教育

为改善汽车维修设备的管理和使用,充分发挥设备的技术性能,避免误操作,迫切要求提高设备操作人员的爱护意识和操作技能。为此,不仅要配备与此设备相应的(即具有相当专业知识和操作技能的)设备操作人员;而且还要求其养成爱护设备、维护设备的良好习惯。合理使用设备的四项基本要求是:整齐、清洁、润滑、安全。设备管理部门应积极开展爱护设备的宣传教育;在管好和用好设备的基础上,定期开展以机况鉴定及日常使用维护为主的红旗设备、爱机能手的竞赛活动。

2)遵守设备的合理使用规定

所有机具设备在经过长期使用后都会因机械摩擦而逐渐磨损。为保持其工作能力与工作精度,不仅要合理使用,而且还要加强日常的使用管理。例如:

(1)实行三定(定机、定人、定岗)岗位责任管理制度,以贯彻“谁使用、谁保管、谁维护”的原则,保证设备的机况良好和附件齐全有效。其中,对于已经实施三定制度的专用设备,应由主操作人负责日常管理及使用维护,其他人员若未经该设备主操作人同意都不得擅自操作;倘若主操作人更换岗位则应提前做好岗位交接(交代设备机况及使用维护记录,清点附件、工装夹具及技术资料等);对于未实施三定制度的公用设备,其日常使用维护应由负责该设备管理的班组长负责。

(2)在设备交付使用时,合理配备操作人员并进行岗前培训。首先应由主管部门根据该设备的操作要求配备相应的主操作人员,并实施操作证制度实行持证上岗(特殊工种或特殊设备的操作证应由国家劳动安全技术部门考核发放),并严肃操作纪律,严禁无证操作及混岗操作。为此,设备管理部门应对该设备的主操作人进行上岗前应知应会的技术教育、技术培训及技术考核,在技术培训及技术考核尚未通过前,主操作人不得操作该设备,该设备也不得投入使用。

(3)严格执行设备的使用纪律。对主操作人使用设备的基本要求是,要做到三好(管好、用好、维护好)、四会(会使用、会维护、会检查、会排除故障)、四懂(懂原理、懂构造、懂性能、懂用途),以掌握该设备的结构特点、技术性能和操作要领,并严格按照设备的使用说明及安全技术操作规程进行规范操作和定期维护。此外,还应在设备管理部门的指导下建立并完善该设备的使用维修过程记录等。

在设备的日常使用过程中,不仅应根据设备的技术性能和结构特点适当安排生产任务,严禁精机粗用和违章操作,严禁超速、超荷及带病使用;而且还应实施设备的安全技术操作规程(包括设备的管理规程、安全规程、技术规程及操作规程,以及设备的润滑规定、使用维护注意事项及严禁事项、设备事故处理的紧急步骤等)。设备的安全技术操作规程由设备管理部门与工艺管理部门共同拟定。设备使用单位不仅应在每周安全学习中宣贯该设备的使用纪律及安全技术操作规程(并悬挂在设备旁);而且每年度还要定期进行安全技术操作规程应知应会的技术考核。未通过考核的不得继续上岗操作和转正定级。

在设备的日常使用过程中,要严格执行设备使用的五条纪律:凭操作证使用设备、经常保持设备清洁、遵守设备交接班制度、管理好设备的工具和附件。倘若设备异常应立即停机检查;倘若发生设备技术责任事故,应立即救死扶伤、保护现场、听候处理。

3)搞好设备使用环境的整洁与文明

为设备提供良好的使用环境,延长设备的使用寿命、保证设备的安全使用。为此,应根据不同设备的技术要求提供适宜的使用环境,例如厂房要整洁、宽敞和明亮;精密的检测仪器或检测设备应根据使用说明书要求配备必要的工作间,并有防尘、防潮、防腐、保温和通风装置等。

4.设备的维护修理

汽车维修设备的维修也同车辆维修一样,须实施“择优选配、正确使用、周期维护、视情修理、定期检测和适时更新”的原则,确保汽车维修设备的完好率。

1)设备的定期维护

设备的定期维护可分为日常维护、一级维护(季度维护)和二级维护(年度维护)三级。其维护周期可根据设备分类及使用频率而定。其中:

(1)日常维护。包括每班的例行维护及每周的例行维护两级,由主操作人负责。其作业项目包括:使用前应认真检查机况,清洁、润滑和试运转,以确保设备机况良好;使用中应严格按照安全技术操作规程操作该设备,倘若发现异常应及时停机排除。使用后应认真清洁、润滑、紧固、调整、检查及排除故障,并认真做好日常运行记录和交接班记录等。由于设备的日常维护是设备使用维修的基础,为此要做到经常化和制度化。

(2)一级维护或季度维护。当设备累计运行450~500h(单班运行3个月)时,应以主操作人为主、机修工为辅,对设备进行一级维护作业(定额时间1~4h)。其内容应在完成日常维护的基础上,清洁及润滑各部机件,疏通油道,紧固各部连接螺栓,调整各部间隙,并按设备维修计划进行局部性检修(如拆检及检修传动系统及故障部位)等。

(3)二级维护或年度维护。当设备累计运行2400~2500h(或单班运行一年)时,应以机修工为主,主操作人配合,并结合年度性机况鉴定及年度性检修,对设备进行二级维护作业(定额时间2~6h)。其内容应在完成一级维护的基础上,以检修润滑系统、传动系统及电气系统为重点,局部地拆卸和检修,更换易损件、修复磨损件,调整各部间隙,以恢复设备的性能和精度。

2)设备的视情修理

为了恢复设备的使用性能和精度,设备的视情修理可分为小修、项修、大修及事故性检修四类。设备的视情修理记录由主修人填报并归档存查。其中:

(1)小修。是指设备在日常使用过程中由于自然损坏而进行的故障排除及零星修配。设备小修原则上应由主操作人负责;但若主操作人实施困难,也可由机修工协助完成。

(2)项修。对于精密设备及重要关键设备在经过一定期限的使用后,因自然磨损而造成使用精度及使用安全性下降,此时应由机修工对其进行精度恢复性专项修理(如刮研导轨,校正坐标等),或进行安全性重点检修(如压力容器的耐压试验、供电设备的绝缘试验、起重设备的满负荷试验、化工设备的安全试验、指示仪表的计量精度试验等)。

(3)大修。设备大修是以修复基础件(如修整床身及导轨等基准面,调整基准坐标及配合间隙等)、检修电气线路及驱动电动机等为主的彻底恢复性修理。在大修解体后,应先进行零部件分类检验,然后清理可用件、修复可修件,更换可换件,并配齐必要的附件和安全防护装置,修饰外表及防锈处理后进行总装、磨合及试运转等,从而使设备能达到原厂规定的形位公差配合要求及技术验收标准,以彻底恢复设备的技术状况(如精度、性能和效率等)。为了尽可能延长设备大修间隔,应事先做好机况鉴定,做好实施方案及费用预算。设备大修计划编报及配件材料准备都由设备管理部门负责,经主管领导审核批准后,由专业机修班组实施(或送外大修);设备大修后应由设备管理部门与使用单位共同鉴定验收。

(4)事故性检修。是指机具设备因使用或操作的技术责任原因而发生异常损坏所需要的修复。必须严加控制事故性检修,倘若发生,不仅应按《技术责任事故及处理》追查原因、分清责任;而且不得随意扩大修理范围。

3)设备的年度性机况鉴定与年度性检修

设备管理部门应在每年年底由机电修理组负责对企业所有设备进行一次年度性的机况鉴定及机况检修。以清查和评定在用设备的机况等级,并有计划地安排年度性检修(其中需要大修的设备,由设备管理部门编制设备计划、预算费用,并准备大修用的附件及零配件等)。年度性检修的作业项目有:拆检机况不良的零部件,视需要修复或更换;调整各部配合间隙,以保证设备工作精度;检修传动系统,如维护驱动电动机,检修润滑系统及液压系统等,以消除渗漏,保证设备使用可靠等。

5.设备的台账、卡片和技术档案

为了便于清点、保管、统计和核对设备,企业还应建立设备台账、卡片和技术档案。

1)设备台账

设备台账用以记录企业的设备资产及其增减情况。其记录形式为:按设备类别(如车床、钻床、镗床等)逐一登记;或者按车间班组逐台登记,以便掌握全厂、各车间、各班组的设备装备状况和分布状况。

2)设备卡片

设备卡片是用以登记设备资产的活页卡片,相当于设备的简要档案(也称固定资产卡片),可用其材质(硬纸板、铁皮、铝皮)来表示设备类别、用其颜色来表示设备状况(如红色表示完好、黄色表示带病、蓝色表示正修理、黑色表示待报废等)。一台一卡,或按设备分类和编号统一顺序、装夹成册或悬挂于各台设备。

3)设备技术档案

设备技术档案用以反映设备技术性能和基本状况的重要资料。其内容包括:设备名称、规格、型号、厂牌、出厂时间、原出厂编号和本企业编号;设备主要技术参数和性能;设备原有附件、配件、随机工具、量具、刃具、模具的名称和数量;设备使用单位及使用人、保管人等;各次设备维修情况及换件记录;各次设备检查鉴定结论;所发生过的技术责任事故或重大故障的次数、原因、责任人和处理结果等记录。为使设备技术档案所存储资料具有全面性和系统性,汽车维修企业不仅要指定有关部门或专人管理设备技术档案,而且还要相应建立设备技术档案的管理制度。

三、固定资产的折旧

设备在使用后期,由于设备逐渐老化,不仅性能及精度严重恶化,使用安全性和使用可靠性明显下降;而且使用维修费用也会大幅增加。为此,须合理确定设备的使用寿命,适时进行报废更新,既确保其良好的技术性能,又提高其使用的经济效益。

1. 车辆与设备的合理寿命

车辆与设备从投入使用到报废更新的整个期限统称为使用寿命,包括技术寿命、经济寿命、合理寿命。其中:

(1)技术寿命。是指车辆与设备从投入使用直至主要结构严重损伤或严重磨损,使主要性能参数不能再通过修理来恢复的使用期限。

(2)经济寿命。是指车辆与设备从投入使用直至其使用费与维修费消耗严重超标,从而再继续使用已不经济的使用期限。

(3)合理寿命。是指以经济寿命为基础,虽然车辆与设备已经严重超耗,但由于尚可继续使用,因此根据其实际机况和更新资金来源等而合理制定的使用期限。

显然,技术寿命较长,经济寿命较短,而合理寿命处于两者之间,长于经济寿命、短于技术寿命。

车辆与设备的合理寿命通常由设备的低劣化程度进行评定。所谓低劣化是指随着车辆与设备使用年限的延长,由于有形磨损和无形磨损加剧,不仅将使车辆与设备的使用价值不断折旧,而且将使用费用(如燃料动力费等)和维修费用不断增加。假设,车辆与设备的原始价值为K_0,经过规定使用年限(合理寿命n)后的残值为K,规定使用年限所消耗的净值$L=K_0-K$。则其每年低劣化程度$\lambda=L/n$,或其合理寿命$n=L/\lambda$。

2. 固定资产的折旧

近年来,随着汽车制造与维修技术的迅猛发展,各种更先进的新型车辆及维修设备不断涌现,这就加快了老旧车辆与老旧设备的淘汰,从而也使其使用寿命日益缩短、更新换代速度加快。其中尤其是车辆,决定其合理寿命的不再是机械损伤或机械磨损,而是能耗与排放。

所谓固定资产折旧,是指固定资产在使用过程中的价值损耗(有形损耗和无形损耗)。为了弥补这种价值损耗,就要根据其使用年限和损耗,在其日常使用过程中,相应提取一定比例的大修理基金和折旧基金转移到产品成本中(折旧额计入当期生产成本),以便在该固定资产合理使用寿命终了时,能积累成为大修理基金而进行大修,或积累成为折旧基金而进行报废更新。固定资产折旧基金可以与大修理基金结合使用,但必须专款专用,不能挪为他用。其使用范围是:

(1)机器设备更新和房屋建筑重建。

(2)机器设备技术改造。

(3)试制新产品。

(4)综合利用与治理三废。

(5)劳动安全保护。

(6)零星固定资产购置等。

提取固定资产折旧的主要依据是固定资产的原值。需要提取固定资产折旧的范围包括:

(1)房屋和建筑物。

(2)在用机具设备、仪器仪表、运输车辆。

(3)季节性停用或大修理停用的设备。

(4)经营租赁出去的固定资产和融资租赁进入的固定资本等。

不提取折旧的范围有：

(1)土地。

(2)通过局部轮番大修实现整体更新的固定资产。

(3)未使用和不需用的固定资产。

(4)经营租赁进入的固定资产或者已经提足折旧而仍在继续使用的固定资产。

其中，房屋的折旧年限一般为30年，机器设备的折旧年限一般为10年，残值率为3%。

固定资产的折旧方法有直线法(恒量递减)、净值法(余额等比递减)、等差法(等差递减)。

1)直线折旧法

直线折旧法是根据其使用年限，按平均恒量递减的计提折旧办法(其折旧费率呈直线状)。其计算公式为：

$$\text{第}\,n\,\text{年折旧额}=\text{应计提固定资产净值}\times\text{年折旧率}(1-\sqrt[n]{\text{残值率}})$$

直线折旧法主要适用于以手工操作为主且资金构成较低的企业。其优点是计算简便，只需要用购进固定资产的原值减去残值，再除以规定的使用年限即可；但其缺点是由于折旧额固定不变，没有顾及货币贬值等无形损耗，结果当折旧基金提完时，由于同类型设备已经淘汰而新型设备又涨价时，难于进行设备更新。

2)净值折旧法

净值折旧法是以固定资产原值减去已提取折旧费额后，以余额净值等比递减的固定比率计提法。即固定资产余额净值随着使用年限增加而不断折旧，折旧费额由此而逐年等比递减(其折旧费率呈指数曲线状)。若 n 为使用年限，则

$$\text{余额净值}=(1-\text{年折旧率})^{n}=\frac{\text{第}\,n\,\text{年净值}-\text{残值}}{\text{原值}}$$

由于此法在固定资产使用初期其提取折旧较多而成本较高，在固定资产使用后期其提取折旧较少而成本较低，因而较适用于由较高资金构成的高新技术产业或新兴工业企业，以及要求集中大量建设资金、加快设备更新的企业。

3)等差折旧法

等差折旧法是依据上年度折旧额为基础，减去定额级差而进行等差递减的折旧计提办法(其折旧费率呈先高后低的直线下降)。其计算公式为：

$$\text{设备折旧额}=\text{上年折旧额}-\text{级差}$$

$$\text{首次折旧额}=\frac{\text{设备原值}\times 2}{\text{使用年限}+1}-\text{残值}$$

$$\text{定额级差}=\frac{\text{首次折旧额}-\text{残值}}{\text{使用年限}}$$

由于该法是按每年度折旧数额等差递减的，只要计算出第一年应计提首次折旧数额，以后各年度都只需减去定额级差即可(为方便有时也将设备原值直接折算为首次折旧率和级差率)。不仅计提方便，计提效果介于直线折旧与净值折旧之间，因而特别适用于中等资金构成

的行业;而且由于使用年限较短的固定资产其递减率较高而级差较大,使用年限较长的固定资产其递减率较低而级差较小,既可加速企业固定资产折旧和更新改造资金积累,也可使企业固定资产更新周期更接近于固定资产的使用年限(即可自动提前或延后固定资产的更新期),从而对于不同使用年限的固定资产折旧提取,具有自动补充或调节的作用。

虽然我国的汽车维修企业目前大多采用着“直线折旧法”,但在科技迅猛发展而汽车维修企业承受能力又有限的情况下,为加快固定资产更新改造、减小固定资产折旧对企业成本的影响,“等差折旧法”更值得推广。

四、固定资产的维修

企业中的车辆、设备及房屋等都属于固定资产。各种固定资产在使用过程中都会发生有形损耗及无形损耗。所谓有形损耗,是指因自然磨损而引起的机械损耗;所谓无形损耗,是指因技术进步或货币贬值而引起的原值损耗。尽管有形损耗可通过局部修复、无形损耗可通过技术改造从而得到局部的补偿,但倘若要完全补偿,最后只有报废更新。

为了保证固定资产的正常使用,日常还必须适时地对其维修,以维持或恢复其使用性能,延长其使用寿命。维修范围越宽、维修时间越长,维修次数越多,其维修费用越高。倘若将维修费用直接计入当期生产成本,倘若维修费用不大,还影响较小,但倘若维修费用较大,将会引起当期成本的大幅波动。为此与固定资产折旧一样,常将固定资产维修费用按设备使用期平均分担处理。即使平时没有维修,仍按照一定提存率来提存大修理基金、并平均摊入企业当期生产成本中,直至当固定资产需要大修时,就可以直接用已经提存的大修理基金来支付,既减轻了固定资产大修当期的企业费用负担,也均衡了企业的生产成本。

大修理基金的计提常采用待摊法或预提法。其中,前者是将实际发生的维修费用按使用期限平均摊派;后者则是将实际发生的维修费用按使用期限平均预提,当实际维修费用发生时,直接冲减待摊费用或预提费用,超出部分再计入当月生产成本。其计算公式为:

$$大修理基金年提存率 = \frac{预计使用年限内大修理费用总额}{固定资产预计使用年限 \times 固定资产原值} \times 100\%$$

固定资产大修理基金月提存额 = 固定资产原值 × 大修理基金月提存率

设备大修理基金的使用范围有:

(1)设备大修理费用,以及结合大修理所进行的小型技术改造费用(较大技术改造费用在更新改造基金中开支)。

(2)翻修房屋建筑物和改善地面工程所需费用(但倘若推倒重建的属于全部更新,应在更新改造基金中开支;若是增加楼层或扩大面积的应在基本建设投资中解决)。

为了管好大修理基金,除应明确其使用范围外,还应加强固定资产大修计划的编制和管理(合理安排项目,严格执行计划),并提高固定资产大修质量、缩短大修时间,减少大修费用等。

五、固定资产的技术改装与技术改造、更新与报废

1.固定资产的技术改装与技术改造

1)固定资产的技术改装

固定资产的技术改装,是为了改变用途。例如为了适应新的运输需要而将货车改装为客

车或其他专用车辆等。

2)固定资产的技术改造

固定资产的技术改造,并不是为了改变用途,而是为了提高产品质量,改进产品结构,完成产品升级换代,从而改善使用性能,降低使用成本,保证使用安全及环境保护,延长使用寿命。例如,车辆的技术改造,就是通过改变其局部结构,提高发动机动力输出或增大底盘承载能力,从而提高车辆运输效率,实现车辆节能减排等。

固定资产的技术改装或技术改造都属于企业科技项目管理范畴。其实施步骤是:首先要以"技术可行、经济合理"为原则,从先进性、经济性、实用性、维修性、安全性、节能减排等方面对其综合性评价和技术经济可行性论证;然后向主管部门申报立项(实施项目、实施依据、实施方案、费用预算等)。倘若获得批准,即以最经济有效的手段实施技术改装或技术改造。须注意的是:凡属于固定资产的设备及车辆在未经申报批准之前不得擅自改装或改造。其中车辆的改装或改造还须报请交通运输管理部门及车辆主管部门的审查批准。

2. 固定资产的更新与报废

为促进企业技术进步,对于已经超过规定使用年限的老旧固定资产,因为型号陈旧、性能低劣、超耗严重、效率低下;或者因为自然灾害或意外事故而使主体结构已经严重损伤的固定资产,不仅使用性能已经不能满足使用要求,还严重污染环境、甚至严重危害人身安全健康;再次维修已得不偿失,继续使用又极不经济或极不安全,既无使用价值也无维修改造价值时,应予报废与更新,从而尽量使用高效低耗、性能先进的新型固定资产。

固定资产的报废与更新都应以"技术可行、经济合理"为原则。

1)固定资产的报废

固定资产的报废必须严格掌握和谨慎处理。例如,要报废设备与车辆,在报废前必须先经设备管理部门技术鉴定并报请主管部门审核批准(其中车辆报废还须申报交通运输管理部门并注销行驶证等)。对于确实需要报废而尚未获得批准的设备或车辆应先予封存,并保持其完整性,不得随意拆卸其零部件,更禁止拆卸报废零件或总成来拼装设备或车辆。所有已经报废的老旧设备或老旧车辆都应按照国家规定进行处理,处理后的残值(或变价收入)都应归于设备或车辆的更新改造基金,不得挪为他用。

另外,有些机器设备尽管在本企业由于技术进步或业务改变而不再使用,但对于其他企业还尚可使用的,应予转让而不是直接报废。

2)固定资产的更新

既可以原型更新,即用同型号新型固定资产来替代旧型固定资产,以实现固定资产的实物再现;也可以新型更新,即用更先进、更高效率的新型固定资产来替代旧型固定资产,从而不断提高企业固定资产成新率,实现企业的扩大再生产。

六、动力设备与能源管理

动力设备(指企业中的能源转换设备,如变电站、配电房、空压站、水泵房、锅炉房等)及能源供应(如电力、石油、煤炭等)都是企业进行生产经营管理活动的重要物质基础。为了管好动力设备,并节约能源、降低能耗,保证企业可持续发展,需要特别制定企业的动力设备及能源管理制度。

1. 动力能源设备的管理

(1)企业中的动力设备及其能源应由设备管理部门统一管理;而其日常运行和使用维修则由生产部门或生产车间统一管理。

(2)企业中的各动力能源站必须执行三定(定机、定人、定岗)的操作证制度,并严格执行安全技术操作规程。其操作工人由人力资源部会同设备管理部门、生产技术部门进行应知应会的岗位考核合格后确定。

(3)企业中的各动力能源站应实施值班作业制度。在值班期间,不仅应保证日常生产所需,填报运行值班记录及能源消耗记录,而且还应负责所管辖范围内各种能源转换设备的日常维护,确保动力能源站设备的完好率和出勤率。

(4)当动力能源站设备故障或损坏、而当班操作工人又无法检修时,应及时报请设备管理部门安排检修。倘若发生技术责任性事故,则应按事故处理规定进行处理,保护现场,救死扶伤,及时上报,听候处理。

2. 动力能源管理的组织机构和工作职责

为了搞好企业的动力能源管理,企业应成立节能领导小组(由主管厂长任组长,设备管理部门及各车间主任任副组长,专职节能员参加)以负责动力能源的日常管理。此外,企业还应建立由专职节能员及各部门各车间兼职节能员组成的节能管理网(业务上归属设备管理部门)。其岗位职责是:

(1)宣传贯彻国家的能源政策和能源法规,制定本企业能源管理制度及实施细则。

(2)编制和审定企业能耗计划及能耗定额,执行能耗统计,推行能源计量,并通过企业能量平衡分析,提出节能整改措施。

(3)负责能源的日常管理,并研究和推广节能新技术和能源计量新技术。制定并检查企业节能技术措施。

3. 汽车维修企业中的能源管理

1)用电管理

用电管理由设备管理部门负责用电管理的专职节能员直接负责,包括用电计划申请,电耗计量与考核,节电措施实施等。生产用电和生活用电要严格分别计量和考核。其中生产用电由生产科管理,按车间分别计量和考核(≥50kW 的用电设备要单独计量和考核);生活用电由后勤科管理。大功率用电设备的投入或供电线路的改造都要经过设备管理部门负责用电管理的专职节能员审核及主管领导批准,并根据供电局限电情况和本企业用电情况合理地调整本企业生产用电。

2)燃油管理

(1)运输车辆的燃油消耗,可按国家相关油耗标准定额发放与考核。其中,公务车辆用油由厂办公室管理;生产或采购车辆用油由生产科或供应科管理,车辆实际行驶里程由车辆调度核定。

(2)修竣待交车辆用油及新购待交车辆用油由业务经营部门管理,凡本地车辆定额发放10L,外地车辆定额发放20L。

(3)车辆维修用油(如清洗用油及试车用油)由生产管理部门管理,可按厂定油耗标准实行定额发油和考核。超耗部分可议价计费,节约部分可按厂定节油奖励办法实施奖励。

3)其他能源(如水、蒸汽、煤、焦炭、乙炔及压缩气体等)

生产能耗与生活能耗应由专职节能员负责,并严格分别计量和考核;能源计量器具的配备和检定由计量室负责。其中生产能耗由生产科管理，按车间严格分别计量和考核（对耗能大的或耗能集中的设备或区域进行单独计量和考核），生活能耗由后勤科管理。

复习思考题

1. 汽车维修企业生产过程管理的基本要求有哪些？
2. 如何编制汽车维修企业的生产作业计划？
3. 试述生产调度的基本要求与基本方式。
4. 汽车维修企业为什么要强调生产安全？怎样才能安全生产？
5. 试述汽车维修企业的生产流程。如何搞好汽车维修企业的生产现场管理？
6. 什么是汽车维修的作业方式与劳动组合？其分类与特点怎样？
7. 根据交通运输部2016年第1号令《道路运输车辆技术管理规定》，从事道路运输经营的车辆类型等级及车况技术等级的基本要求有哪些？
8. 什么是汽车维修工艺？什么是工艺纪律、工艺规程、工艺规范、技术标准？
9. 试述汽车维修企业的汽车维护工艺流程及快修工艺流程。
10. 试述汽车维修企业的就车修理工艺与总成互换修理工艺。
11. 试述汽车维修企业的工艺流程。其中汽车快修店应该建立怎样的工艺流程？
12. 怎样进行汽车维修工艺过程的统筹与优化？
13. 试述汽车维修物资管理的意义和任务。
14. 汽车维修物资通常如何分类？为什么？这些物资在领料时有何区别？
15. 为什么要制订汽车维修材料消耗定额？怎样制订？
16. 怎样计算汽车维修物资的需要量与储备量？
17. 为什么加强汽车维修配件和维修辅助材料的采购管理与入库管理？
18. 如何实现物资供应为生产服务？
19. 为什么要实施交旧领新制度，怎样开展修旧利废工作？
20. 根据交通运输部2016年第1号令《道路运输车辆技术管理规定》，道路运输经营者车辆技术管理的一般要求有哪些？
21. 汽车维修企业技术管理的基本任务与岗位职责有哪些？
22. 车辆技术管理中有哪些主要技术经济定额？
23. 汽车维修企业的科技活动有哪些内容？
24. 什么是科技档案？怎样建立科技档案？
25. 什么是技术责任事故？处理技术责任事故的基本原则是什么？
26. 汽车维修设备怎样分类？
27. 试述搞好汽车维修企业设备管理的意义和任务。
28. 如何实施汽车维修企业设备管理？
29. 怎样合理选择、购置、使用、维修汽车维修设备？
30. 怎样进行设备的改造、报废和更新？
31. 怎样计算固定资产的原值与折旧？怎样提取折旧基金与大修理基金？
32. 如何搞好汽车维修企业的重要能源管理（电力、燃油、其他能源）？

第五章　质量管理与质量检验

第一节　质量管理概述

质量是企业的生命。汽车的维修质量与服务质量不仅关系到修竣车辆的安全性和经济性,也关系到汽车维修企业的信誉和效益,决定着汽车维修企业的生存和发展。

一、质量与质量管理

1. 产品质量与服务质量

质量是人们评价产品或服务的优劣程度。根据 ISO 9000 国际标准,质量是"产品、过程或服务满足规定或潜在需要的特征和特性的总和"。

由于产品质量和服务质量都是在产品或服务的形成过程中逐步形成的,因此产品质量及服务质量不仅包括最终质量,也包括过程质量。只有提高过程质量才能提高最终质量。为叙述方便,这里将"过程"分解为产品过程及服务过程,并将其中的产品过程归属于产品、服务过程归属于服务。于是上述的"质量"包括产品质量与服务质量。倘若再将"满足规定或潜在需要的特征和特性"统称为满足"用户需要",则上述的质量定义可简化为:"质量是产品或服务满足用户需要的总和",产品质量与服务质量都以能否满足用户需要来衡量。

1)产品质量

狭义的产品质量仅指产品使用价值的质量特性;广义的产品质量除了上述狭义的产品质量外,通常还包括产品的服务质量。即不仅要求产品价廉物美,而且还要求厂商能提供良好的技术服务等。

要使产品质量能最大程度地满足用户需求,首先要使产品具有一定的外在和内在的质量特征。其中外在质量特征是指产品的外观质量特性,而内在质量特征是指:

(1)使用性能(产品性能是否适合于使用要求)。

(2)使用寿命(产品能否正常使用到规定期限)。

(3)使用可靠性(在规定使用期限及使用条件下能否保证该产品无故障)。

(4)使用安全性(该产品在使用过程中会否危害健康或污染环境)。

(5)使用经济性(该产品制造和使用过程中的性价比)等。

2)服务质量

服务质量是指为满足用户需要,由产品服务者在产品销售及使用过程中进行服务的质量特征或质量特性,属于产品服务者的主观努力。其中包括:①服务态度;②服务技能;③服务及时性等。

并非只有服务业才有服务质量。在市场经济条件下,生产企业所生产制造的产品最终能否通过市场销售而变为商品,最后满足用户需要,都有如何开展为用户服务的问题,服务质量对于所有企业都是普遍存在的。其中,狭义服务质量仅指企业在售前、售中及售后的对外销售服务过程中所开展的所有服务；而广义服务质量则除了上述狭义服务质量外，还包括企业内部生产经营管理过程中的所有服务（例如上下级之间的纵向服务质量与同级之间的横向服务质量等）。

2. 工作质量

所有的产品质量和服务质量都是由人做出来的，而不是检验出来的。因此所有的产品质量和服务质量归根结底都取决于企业中每个员工的工作质量。工作质量也有狭义和广义之分，前者仅指企业对外所做的全过程工作质量，而后者还包括企业对内所做的全过程工作质量。而这些都源自于企业员工的工作态度、工作技能、工作及时性等。为此，企业若要生产优质产品并提供优质服务以满足用户的需求，必须做好形成产品质量或服务质量全过程中所有相关的各项工作，全面提高企业各项业务的工作质量。尽管汽车维修企业属于技术密集型企业，但其维修质量与服务质量并不仅仅取决于企业的维修技术，更取决于企业的人员素质与工作态度。因而对于企业员工工作质量的管理，既是企业各项生产经营管理的综合反映，也是汽车维修企业生产经营管理的中心环节。

3. 质量管理

企业的中心任务就是为用户提供满意的产品及服务。为此必须加强企业的质量管理，从而把所有影响产品质量及服务质量的各种因素都全面系统地管理起来。

所谓质量管理，就是企业为使产品或服务达到规定质量要求而进行全部管理活动的总称。包括企业在各项生产经营管理职能中，围绕着企业质量方针，建立质量管理机构，制定质量管理制度；并根据技术标准和工艺规范，对影响产品质量及服务质量的各个环节进行全面预防和全过程控制；并用最经济和有效的手段，使产品或服务达到规定的质量要求。

以质量求生存、以品种求发展。提高产品质量及服务质量不仅是企业参与市场竞争的需要，也是企业提高企业效益、降低消耗的基本途径。没有质量也就没有数量。倘若要谈及企业产品或服务的数量，首先要谈及企业产品或服务的质量。倘若不能保证产品或服务的质量，粗制滥造，服务低劣，再大的数量也只是浪费。例如，倘若汽车维修企业不能保证车辆的维修质量及服务质量，接连不断地发生质量返修，不仅浪费也影响声誉，到头来还不如不修。

4. 质量职能与质量责任

企业管理的质量职能和质量责任是指在实现产品质量及服务质量全过程中企业各部门所应发挥的岗位职能与所应承担的岗位责任。由于产品质量与服务质量都有一个产生、形成和实现的过程，因此要提高企业的产品质量和服务质量，就必须明确企业中各岗位的质量职能和质量责任，搞好企业的全面质量管理。

企业全面质量管理的最高责任应该由企业最高领导人承担。为此，企业最高领导人应当制定和实施企业的质量计划与质量方针，开展企业工作质量（工作程序、工作规范、工作标准）的成果评价（质量评审和检验），建立一整套以用户为中心的工作质量标准（包括服务项目、服务程序、服务行为）及以用户信息反馈为中心的工作服务标准，以客户忠诚度来检验企业的工作质量（包括产品质量与服务质量）。

二、质量管理的发展情况

企业的质量管理与企业管理的发展阶段相对应，曾经历了质量检验、统计质量控制、全面质量管理三个发展阶段。

1. 质量检验阶段

质量检验阶段是质量管理发展的最初阶段(1920～1940年)。当时人们对质量管理的认识还仅局限于对产品外观或内在质量的检验上。于是雇用并依靠几个质量检验人员,在产品的生产过程中或产品出厂时,根据产品质量验收标准,用各种检测仪具从制成品中挑选出残次品,从而把好产品的出厂质量关。这种方法虽然可以保证产品的出厂质量,但由于是事后检验,并不能预防和控制不合格产品的产生,因而并不能解决生产过程中由于企业管理落后、技术工艺落后而导致的产品质量低劣和产品成本较高等问题。况且,对于大批量生产的企业而言,要对所有出厂产品都做100%的检验,不仅经济上不合理,技术上也不可能。

2. 统计质量控制阶段

随着工业生产的不断发展,产品批量越来越大。特别是第二次世界大战中,美国不少民品生产企业都转向军品生产。当时所面临的主要问题,就是产品单一、批量太大,根本无法逐件检验。而产品的高废次品率又直接影响着产品的交货及成本。为了预防废次品产生,减少企业经济损失,美国休哈特于1924年提出了统计质量控制方法及系统质量管理理念。它在加强生产过程中质量检验的基础上,抓住产品各生产环节的质量控制因素(如原材料供应、零部件制造工艺、半成品与产成品的竣工检验等),用数理统计图表来寻找质量的波动规律,并从中抓住产品薄弱环节,努力消除废次品产生原因,从而使整个企业的生产过程或生产系统都处于良好的质量控制状态下,保证企业最经济地生产符合用户要求的合格产品。由于此方法能充分体现"以预防为主"的思想,明显提高了产品质量并明显降低了产品成本,因而被广泛应用于大型企业。但在中小企业中,由于推广者过分理论化,过分强调数理统计,从而使产品质量控制变得神秘莫测,使中小企业管理者无法适从。最后只好仍然依靠技术检验部门实施最原始的质量检验。

3. 全面质量管理阶段

1950年后,随着现代工业生产规模与社会生产力的不断发展,也随着产量不断增大、品种频繁更新换代,市场竞争日趋激烈,从而对产品质量提出了更高要求。于是,产品的安全性和可靠性被引进产品质量的管理理念,新的质量管理理论便逐步形成。许多企业管理者都认为:企业不仅要从产品形成的全过程(从原材料供应,产品设计制造和产品销售,扩展到产品使用及产品更新换代)中全面提高产品质量,以努力制造出高质量的名牌产品;而且还要在企业生产经营管理的全过程中全面改进服务质量,以树立崭新企业形象,借以扩大产品销路,提高企业的市场竞争能力。

美国的费根堡和朱兰等人还提出了全面质量管理理念。即若要贯彻企业质量方针,用最经济方法为用户提供最满意的产品及服务,就必须采用生产经营管理、专业技术与政治思想相结合的系统管理,实施全面的、全员的、全过程的全面质量管理,从而将整个企业构成一个完整的质量保证体系,既强调质量控制,也强调质量检验,从而全面地控制和保证企业的产品质量和服务质量。

随着现代工业企业管理的不断改革和不断完善,1960年后,上述全面质量管理理念在全球得到了广泛的应用和推广,并成为所有工业企业提高产品质量、改善企业素质、增强企业竞争能力的最有效方法。例如,美国许多企业都认为"产品质量是事关公司销售额和利润、事关企业信誉和成败的大事";而"以质量求生存、以品种求发展"也成了欧洲各企业的经营指导思想。他们不仅努力地提高产品质量以保持品牌地位,还不断地训练员工,推广科学的质量管理方法。日本为了生产世界上质量第一的产品，不仅明确提出了产品质量是日本民族的生命线，而且还从美国引进全面质量管理方法，结合日本国情，更加突出人的因素（强调企业中开展的各类质量管理教育和质量管理小组活动），创造了一个既通俗易懂又发动群众的企业管理方法，充实了现代工业企业全面质量管理的内涵。他们认为，既然产品质量是人做出来的而不是检验出来的，倘若企业仅靠少数几个管理者来管理产品质量，不仅搞不好产品质量，甚至也管不好企业。他们强调：必须依靠企业全体员工（从公司总经理、技术管理人员到全部工人），全过程、全面地参与企业的质量管理活动。

回顾质量管理的发展历史可以看出，全面质量管理不仅是企业管理和质量管理发展的必然产物，而且也是现代企业管理的中心环节，是企业管理的重要组成部分。

第二节　全面质量管理与质量保证体系

一、全面质量管理

1.全面质量管理的基本概念

现代工业企业中的质量管理并非是狭义的质量检验，而是广义的全面质量管理。所谓全面质量管理，就是从系统控制论的概念出发，把企业作为整体，组织和依靠企业全体员工（全员参与）、参与到企业产品质量管理全过程中（从产品开发设计、生产制造、使用维修到售后服务），并全面地控制所有影响产品质量的因素（如经营管理、生产技术、政治思想教育等），通过各种质量保证，以最优的生产、最低的消耗、最佳的服务，从而为用户提供最满意的产品（质量管理目标）。

简言之，所谓全面质量管理，就是通过全面的、全员的、全过程的质量保证体系，最经济地为用户提供最满意质量的产品和服务的一整套质量管理的体系、手段和方法。

2.全面质量管理的基本特点

全面质量管理的基本特点就是“三全一多”，即全面的、全过程的、全员的，而管理方法可以是多种多样的。

1）全面的质量管理

全面质量包括产品质量和服务质量，全面质量管理的内容不仅涉及企业对外的产品质量和服务质量，而且也涉及企业内部的产品质量和服务质量，涉及企业生产经营管理活动的所有方面，包括生产技术、经营管理和政治思想教育等。这种全面的质量管理与事后的质量检验相比较，不仅要对产品质量进行全面管理，而且要对人的工作质量与服务质量进行全面管理。以4S品牌汽车维修企业为例，不仅要做好整车销售；而且还要做好车辆维修及技术服务等。

2）全过程的质量管理

要确保产品和服务的最终质量，必须严格控制所有可能影响产品质量和服务质量的各种因素。为此，全过程质量管理必须着眼于“过程”，从而对产品质量与服务质量形成的全过程（从市场调查、设计制造、使用维修、到销售及售后服务）进行具体而连续的全面质量管理。这种全过程的质量管理与事后的质量检验相比较，不仅要对产品竣工质量进行检验，而且还要对产品形成的全过程进行质量管理。以4S品牌汽车维修企业为例，不仅要抓好车辆进厂检验和修竣出厂质量检验;而且还要抓好汽车维修全过程中的过程检验,抓好各工位自检及各工序互检,并抓好汽车配件的采购入库、发放和装配使用等。

3)全员的质量管理

由于产品质量与服务质量都是由人做出来的,最后都归结为企业员工(上至厂长、下至工人)的工作质量。因此全员的质量管理不仅要强调以人为本,强调人的主观能动作用;而且还要强调全员参与。这种全员的质量管理与事后的质量检验相比,企业的质量管理不能只依靠少数几个检验人员,而必须要依靠企业中所有员工都参与质量管理,甚至还要对相互关联或相互作用的所有人员都进行全员管理。

4)全面质量管理方法的多样性

由于影响企业产品质量和服务质量的因素是多方面的,其中既有企业的内部因素与外部因素;也有物质因素与人为因素,以及技术因素与管理因素等。总之,虽然目的(提高企业产品质量与服务质量)只有一个,但手段和方法却是可以多种多样的,即要根据企业的具体情况采取相适应的质量管理方法。

3.全面质量管理的基本宗旨与指导思想

1)全面质量管理的基本宗旨

全面质量管理的基本宗旨与企业经营管理的指导思想一样:为用户服务、使用户满意。这是因为:只有为用户提供最满意的商品,让用户享受最好的服务,企业才能在市场经济竞争条件下获得生存和发展。据此,企业的生产经营管理者必须坚持质量第一的方针,把用户的需要和利益放在产品生产的首位;并在评价企业产品质量及服务质量时,也必须从用户立场去客观评价,用数据说话。以汽车维修企业为例,全面质量管理的基本宗旨,就是要在汽车维修的全过程中,全面贯彻技术标准,动员全体员工都要保证产品质量与服务质量,售好或修好车辆,并对用户负责,为用户提供优质的服务。为此要求:汽车维修企业的生产经营管理者一定要学会换位思考。即处理问题时不要老是自我辩护,而应该站在用户的立场上,去思考和评价本企业的各项生产经营管理活动。

2)全面质量管理的指导思想

全面质量管理的指导思想是:

(1)强调质量第一。现实的市场竞争是拼质量而不是拼数量。因此,现代企业必须以质量求生存、以质量求发展,强调质量第一。

(2)以用户满意为目的。现代企业的全面质量管理只有体现为用户服务、使用户满意的经营管理思想,用"用户满意度"来评价我们的产品质量和服务质量,才能真正地提高产品质量和服务质量。

(3)持续改进的理念。全面质量管理还必须根据用户需求,强调持续地改进质量。只有持续地改进质量,才能满足不断攀升的用户需求,才能使企业在严峻的市场竞争中不断发展壮大。

为此,现代企业的全面质量管理必须突出人的因素,不仅要求企业中的全体员工都要参与;而且还要求其明确分工,以明确各自的质量职能与质量责任,确保各自的工作质量,从而将全面质量管理演变为更加积极主动的企业管理。

4.全面质量管理的基本方法

全面质量管理既与单纯产品检验不同,也与单纯数理统计不同。它不仅要将过去的单纯产品检验或单纯数理统计转变为现在的全过程管理，而且还要把过去的管结果转变为现在的管因素。其常用方法如下。

1）PDCA 管理循环

全面质量管理通常采用PDCA（一个过程、四个阶段、五个步骤）的管理循环来进行质量控制和质量管理。其中，一个过程是指企业在不同时期具有不同的质量目标和质量管理任务，因此围绕着每个阶段的质量目标与质量管理任务，每个质量管理活动都有一个从计划、实施、检查到总结的全过程。四个阶段，是指上述过程都要按照 PDCA 循环的四个阶段进行管理。首先是计划阶段（Plan），即根据市场需求，结合企业自身条件，以经济效益为目的，制订出具体的质量奋斗目标和质量实施方案；其次是组织实施阶段（Do），即根据质量计划所制订的质量奋斗目标和质量实施方案去实施和执行；再次是检查效果阶段（Check），即根据质量计划的实施情况去检查实施的结果和效果，由此发现问题；最后是总结处理阶段（Action），即通过归纳，总结成功经验和失败教训，把成功经验纳入标准并予以推广，根据失败教训采取措施去持续改进；对于尚未解决的问题则留在下个循环继续完成。五个步骤是指 PDCA 管理循环的具体实施过程，即：

（1）查找所存在的质量问题并分析其原因。

（2）找出主要原因并制订质量改进计划。

（3）执行质量改进措施计划。

（4）检查改进效果并总结经验，巩固成绩，将工作结果标准化。

（5）找出尚未解决的问题并将其列入下个循环中。

上述的 PDCA 循环（图 5-1）不仅是全面质量管理的基本方法，也是现代企业管理的基本方法。它适用于现代企业生产经营管理活动的各个环节和各个方面。其特点是：它将整个企业质量保证体系构成为一个较大的 PDCA 管理循环，各级各部门又有各自的 PDCA 管理小循环；再具体落实到各个班组和各个个人，依次又有更小的管理循环。大循环套小循环，小循环保大循环，一环扣一环。上级的管理循环是下级管理循环的根据，下级的管理循环又是上级管理循环的组成和保证。通过各个小循环的不断循环，推动上一级循环乃至整个企业循环的不断前进，最后实现企业预定的质量总目标，形成一个综合的质量管理体系和质量保证体系。PDCA 每循环一次，企业的生产经营管理水平、产品质量和服务质量就会提高一步，如此不断的波浪式前进、螺旋式上升。当然，全面质量管理 PDCA 循环的四个阶段，其划分不仅是相对的，也是相互联系和交叉的。PDCA 管理循环不仅是综合性的质量管理循环，而且是一个无休止的质量提高过程，即使在实施过程中还会经常地发生边计划、边执行、边检查、边总结、接着又边计划的情况。

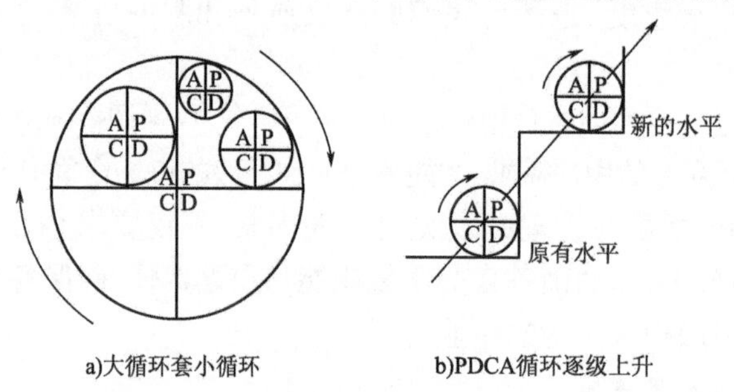

图 5-1 全面质量管理的 PDCA 循环

2)数理统计

有效的决策应该是在充分了解企业实际情况,并实事求是地用科学态度对数据和信息进行合乎逻辑的分析,最后得出科学的结论。

由于在全面质量管理中会涉及大量的数据资料,因此有时也需要进行必要的数理统计分析。最常用的数理统计方法有:排列图、因果分析图、直方图、分层图、相关图、控制图及统计分析表等。

(1)排列图。排列图(图5-2)是将影响质量的各种因素用直方高度条的形式,按其影响程度,自左至右地顺序横向排列于横坐标,左侧纵坐标为影响程度(如不合格数量、所耗金额、所耗工时等);右侧纵坐标标为各影响比率(%)及累计不合格率%(该因素加前因素的累计数)。通过排列图就可以找出影响产品质量的主要因素,并以此提出改进措施。其中不合格率最多、影响产品质量程度最大的为主要因素;不合格率其次、影响产品质量程度中等的为次要因素;不合格率最少、影响程度最小的为一般因素。通常,影响产品质量的主要因素只有1~2个,最多不超过3个,以便抓住主要矛盾,切实提高产品质量。

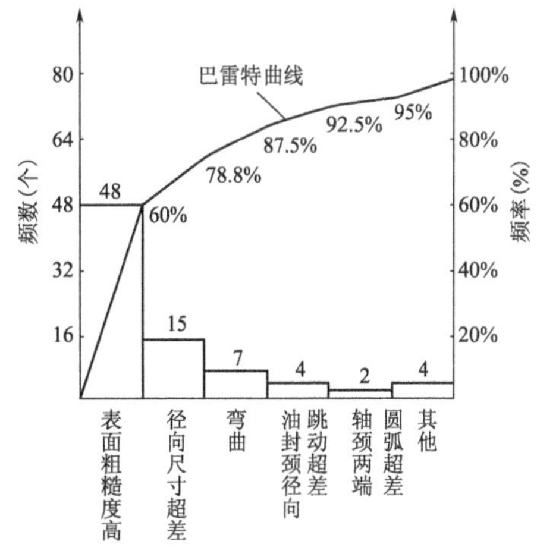

图5-2　某厂曲轴主轴颈加工的不合格品率数据统计图

(2)因果分析图。因果分析图是用于质量分析或故障诊断最简便而有效的方法,它从结果(故障现象)出发,逐层分析原因(故障部位及故障原因),再否定其中不可能的原因,找出最可能原因。有因必有果、有果必有因,如此不断地依次类推、步步深入,直到找到最终原因。图5-3所示即为连杆轴承烧毁的因果分析图。

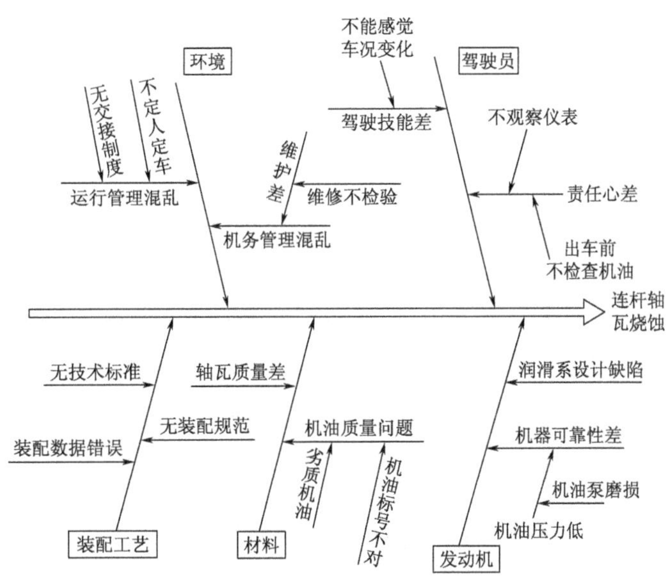

图5-3　全面质量管理的因果分析图—连杆轴承烧蚀分析

5.全面质量管理的基本要求

全面质量管理是企业生产经营管理的重要内容，为此必须采用全面质量管理的系统理念，持续地进行质量管理与企业管理。当然，为了使全面质量管理真正取得实效而不流于形式，就要根据企业实际情况，选择适当方法。其基本要求是：①要尊重客观事实，并用数据说话。②要以预防为主，遵循PDCA工作循环。③要应用先进的技术检测手段和质量管理方法。④要建立明确的质量验收办法与质量验收标准，并建立完善的质量测评制度与质量管理激励机制（如物质奖励和精神奖励等）。但无论采用何种方法，都应做到：

(1)关注用户。企业的生存和发展都将依存于企业用户。为此企业应理解各种用户当前和未来的需求，以充分满足其需求，并力争超越其期望。其中，企业外部用户包括直接用户及分销商，企业内部用户包括各生产经营管理部门和全体员工。

(2)领导表率。“村看村、户看户，群众看干部”。任何企业都必须强调领导的表率作用，其中特别是最高管理者。企业的最高管理者必须要用系统而透明的领导方式、积极务实与以身作则的领导态度，根据本企业服务宗旨和发展方向，策划未来，激励员工，协调运作，努力为企业的全面质量管理营造一个宽松、和谐而有序的内外部环境。

(3)抓好质量管理教育和技术业务教育。动员企业全体员工自觉地参与各项质量管理活动。不仅要有全面质量管理的思想意识，而且要学会全面质量管理的实施方法，才能保证企业的产品质量和服务质量。

(4)制定质量责任制度。制定企业内部各部门与各类人员的质量责任制度，并强调其质量保证，建立一套完整严密的、以质量责任制为核心的质量考核办法和质量管理制度，从而做到“事事有人管、人人有专职、办事有标准、工作有检查”。

(5)广泛开展群众性的QC质量管理小组活动。这是提高企业人员素质及工作质量的最有效方法。而要开展这种活动，必须充分发挥广大职工的聪明才智和主人翁精神；都必须有明确的针对性、严密的科学性、广泛的群众性和高度的民主性。

二、质量保证体系

尽管影响企业产品质量与服务质量的因素有很多，但企业员工的人员素质及工作质量是其中最主要的因素。它通常可以由员工的工作态度、工作效率和工作成果来衡量，并通过具体的产品质量和服务质量来体现。

1.质量保证

所谓质量保证，就是企业员工的人员素质及其工作质量对产品质量与服务质量的保证。“质量保证”起源于美国。20世纪50年代末，美国国防部为了约束军火承包商的质量控制，制定了军用质量保证规范MIL-Q9858/A-63《质量大纲要求》，并要求所有军火承包商为军方提供质量保证，并根据此文件建立一整套标准体系。1968年北大西洋公约组织NATO也对承包商的质量控制提出了明确要求，并制定了质量保证系列标准。于是质量保证的概念逐渐由军品扩展到民品、并得到了广泛应用，20世纪70年代后更成为一种潮流，各发达国家都纷纷制定本国的质量保证标准。在此质量保证标准中，一类是在产品质量形成过程中所使用的通用系列标准（一般性规定）；另一类是需方要求供方在不同质量阶段和不同质量等级的多级质量保证系列标准。由于各国立场和用途各自不同，其质量保证标准体系差异较大。

随着生产发展和技术进步，产品种类日益复杂，对产品质量要求也日益提高。为此，联合国在《关税及贸易总协定》的标准守则中规定：为消除各国之间的技术壁垒，在国际贸易中都必须采用国际标准。因为只有国际化的产品质量和产品标准才能实现国际化的质量管理，才能促进正常的国际贸易。为使产品质量具有统一的技术要求、技术规格、技术规范和技术标准；必须要求企业在质量管理方面（如质量管理人员的技术和能力等）也制定统一的技术标准。为了协调和解决各国之间质量保证标准的矛盾，并开展国际质量体系标准化工作，国际标准化组织 ISO（International Organization for Standardization）于 1979 年 9 月批准组建质量管理和质量保证技术委员会 ISO/TC176，专门研究国际质量保证体系中的标准化问题，并负责在各国国家标准的基础上制定相应的质量体系国际标准；分别发布 1987、1994 版 ISO 9000 系列国际标准。如 ISO 8402《质量术语》、ISO 9000《质量管理和质量保证标准选择和使用指南》、ISO 9001《质量体系设计开发、生产、安装和服务的质量保证模式》、ISO 9002《质量体系生产和安装的质量保证模式》、ISO 9003《质量体系最终检验和试验的质量保证模式》、ISO 9004-1《质量管理和质量体系要素指南》。

由于 ISO 9000 系列国际标准能为供需双方提供质量评价的通用标准，于是各国也相继以 ISO 9001 为基础，考虑到汽车行业的具体要求，以用户的身份，采用这套国际标准对供货方提出质量保证要求。国际标准化组织 ISO 也在总结 ISO 9000：1994 系列国际标准的基础上，提出以顾客为中心和领导带头，以及全员参加、全过程实施、全面实施等质量管理原则，分别发布了 2000、2004、2008 版的 ISO 9000 系列国际标准。

我国在加入世贸组织 WTO 后，随着我国经济的全面腾飞，出口贸易额迅猛发展。为能与国际标准接轨，于 1987 年 3 月也决定等效采用 ISO 9000 系列国际标准，并于 1988 年 12 月 10 日发布参照国际标准 ISO 9000 而制定的国家推荐系列标准 GB/T 10300.1 ~ GB/T 10300.5《质量管理和质量保证》。其中包括：

（1）等效采用 ISO 9000.0 的国家推荐系列标准 GB/T 10300.1《质量管理和质量保证标准的选择和使用指南》，用以说明企业质量管理的目的和基本术语。并通过企业内部及企业外部的质量保证，使供需双方都相信，供方通过质量控制来保证产品质量，所提供的产品能达到需方所预定的质量要求（必要时可将此要求订入合同中）。

（2）等效采用 ISO 9001 ~ ISO 9003 的三个国家推荐系列标准 GB/T 10300.2 ~ 10300.4，分别明确了三种质量保证模式。即等效采用 ISO 9001 的国家推荐系列标准 GB/T 10300.2《质量体系、开发设计、生产、安装和服务的质量保证模式》叙述了供方在开发设计、生产、安装和服务各阶段应保证符合规定的要求；等效采用 ISO 9002 的国家推荐系列标准 GB/T 10300.3《质量体系、生产和安装的质量保证模式》叙述了供方在生产和安装阶段应保证符合规定的要求；等效采用 ISO 9003 的国家推荐系列标准 GB/T 10300.4《质量体系、最终检验和试验的质量保证模式》叙述了供方保证最终检验和试验阶段应保证符合规定的要求。

（3）等效采用 ISO 9004 的国家推荐系列标准 GB/T 10300.5《质量管理和质量体系要素指南》则提出了质量管理体系的基本要素。即要求供方根据市场情况、产品类型、生产特点、用户需要等具体情况，选择相应的质量要素以及采用这些要素的程度。此标准适用于产品/过程的开发设计企业和生产安装企业（其他单位可参照使用）。

我国的制造业、对外服务业以及外贸业由于有出口外销需要，因而必须对其产品及服务通过ISO 9000系列标准的质量认证与质量保证。为此，我国还参照2000、2004与2008版的ISO 9000系列国际标准修订我国新的国家推荐系列标准：例如GB/T 19000/ISO 9000《质量管理体系基础和术语》、GB/T 19001/ISO 9001《质量管理体系 要求》、GB/T 19004/ISO 9004《质量管理体系 业绩改进指南》等，从而直接以ISO 9000系列国际标准，对我国制造业、对外服务业与外贸企业的产品及服务，并对企业的质量保证体系进行实质性的质量认证。

2. 质量保证与质量保证体系

所谓质量保证，是指完成该产品或服务的供方对需方所做的质量承诺；而质量保证体系，是指供方为确保某一产品、过程或服务能满足规定质量要求，而为需方必须实施质量管理的全部活动。质量保证体系所涉及的基本概念有：质量方针、质量目标、质量体系、质量计划、质量保证、质量控制、质量监督、质量审核与质量体系审核等。

1）质量方针、质量目标与质量计划

质量方针是指企业在质量管理活动中所必须遵守的行动指南和质量发展方向。质量目标是指企业根据质量方针所要达到的质量预期效果，例如企业质量标准等。质量计划是指为实现质量目标所做的具体计划、实施程序与措施等。企业的最高管理者应确保企业的质量方针与企业宗旨相对应（包括制定质量目标、承诺持续改进、满足用户要求等），并在企业内部，在沟通和理解的基础上进行持续评审。例如，某企业的质量方针为：诚信守法、满足顾客需求、增强顾客满意。此质量方针不仅明确了企业诚信为本、守法经营的经营宗旨，体现了企业为满足顾客需求、增强顾客满意而确立的质量改进方向；而且还建立了企业质量的目标框架，包括顾客满意率、合同履约率、服务跟踪率、顾客投诉有效处理率等。

2）质量管理体系、质量保证、质量控制、质量监督

质量管理体系包括为实施质量管理而必须建立的管理机构、岗位职责与管理程序等。质量保证是企业的产品与服务为满足某规定的质量要求而向用户的质量承诺。质量控制是企业为满足某规定质量要求所必须采取的全部质量活动。为了保证产品质量和服务质量，就要控制企业的工作质量，从而将形成产品质量和服务质量的全部活动都处于受控状态之下；质量监督是为了保证满足某规定质量要求，对企业所有的质量活动进行连续的监督，并按规定要求进行质量分析和验证。质量监督通常采用用户反馈或第三方认证的办法，以保证实现原签订的质量合同。

3）质量审核与质量体系审核

质量审核是指为确定企业质量计划是否得到有效贯彻并达到预期目标，对企业的质量要素、质量体系、产品与服务所做的质量审核。质量体系审核则是对企业质量体系所做的审核，包括：确定企业的各项规定及制度是否得到有效贯彻，企业质量体系是否符合企业标准并是否达到预期质量目标等。质量审核和质量体系审核都可分企业内部与企业外部两种，需方审核及认证机构审核两类。为体现公平，在质量审核与质量体系审核时，都应由与被审核企业的产品或服务无直接关联的人员负责。

3. 质量保证体系的基本活动

质量保证体系必须依靠企业的全体员工参与，实施全面质量管理组织体系。为能发现产品质量及服务质量所存在的问题，除了采用现场调查及现场处理外，还要利用用户信息反馈等。例如某汽车维修企业的质量保证体系（图5-4）为实现企业的质量目标，不仅要求各工位

自检来确保每工位的产品质量；还要求各工序互检来确保所有工序的产品质量。

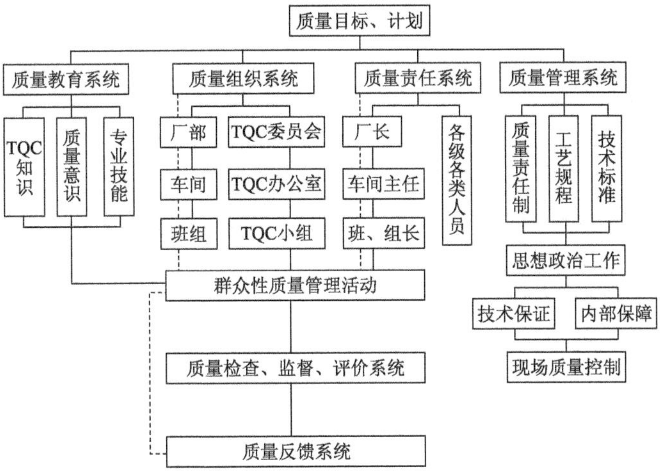

质量目标、计划
质量教育系统
质量组织系统
质量责任系统
质量管理系统
TQC知识
质量意识
专业技能
厂部
TQC委员会
车间
TQC办公室
班组
TQC小组
厂长
车间主任
班、组长
各级各类人员
质量责任制
工艺规程
技术标准
思想政治工作
技术保证
内部保障
现场质量控制
群众性质量管理活动
质量检查、监督、评价系统
质量反馈系统

图 5-4　某汽车维修企业的质量保证体系

企业的质量保证既不是抽象概念也不是广告宣传，它必须落实于企业每项具体的生产经营管理活动中。即必须有明确的计划、制度和措施。企业的整个质量管理情况可通过《质量手册》或质量图表等反映。当然，质量保证体系的形式也是可以多种多样的，例如有按企业或部门建立起来的质量保证体系，也有按产品种类、生产环节或某重要零部件建立起来的质量保证体系等。但无论何种质量保证体系，都是为了企业的产品质量和服务质量能满足用户要求而做的全面保证。

质量保证体系活动由产品质量的各形成阶段(如市场调查阶段、计划设计阶段、生产准备及生产过程阶段、销售阶段及售后服务阶段等)中的所有管理活动与技术活动所构成。以汽车销售及维修的质量保证为例，应包括汽车销售/维修的前后阶段及中间阶段等。其中特别是售前/修前的质量保证，所有售后或修后的质量保证都只是售前/修前质量保证的补充。

建立健全企业的质量保证体系是企业实施全面质量管理的重要手段。为此，必须在企业的组织机构、规章制度、方法程序和工作过程等方面，为确保质量目标和用户利益，必须建立健全企业内部产品质量与服务质量的保证体系，并明确企业内部各部门、各阶段和各环节的质量职能和质量责任，从而把企业的质量保证活动系统化、标准化和制度化，把企业的全面质量管理体系统一组织起来，保证企业产品质量与服务质量的稳定和提高。

三、质量管理体系文件的编写及实施

为了有效控制企业质量管理体系的实施过程，不仅需要通过 ISO 9000/QS 9000 质量保证体系的质量认证，而且需要编制企业的质量管理体系文件以文件的形式将企业质量管理过程固定下来。

1. 质量管理体系文件的编写

在 ISO 9000/QS 9000 质量保证体系中，实用的质量管理体系文件可按照文件的层次分为《质量手册》《产品与服务控制程序》《作业指导性文件》三类。其简繁程度由企业产品及服务在质量管理过程中的复杂性以及员工素质确定。其基本要求是简明扼要、切实可行。为此，在质量管理体系文件编写过程中，需要遵循5W1H的原则，即明确谁来做Who、何时做When、在哪里做Where、做什么What、为什么做Why、怎么做How。

1）质量手册

《质量手册》是企业质量管理体系在实施过程中，用以说明和阐述企业质量管理体系（如组织机构、岗位职责、质量保证、工作程序等）及质量管理标准的文件，属于企业全面质量管理的法规和准则。包括企业质量方针、质量目标、质量体系及质量实践等。《质量手册》包括《质量管理手册》及《质量保证手册》。前者用于建立与实施企业内部的质量管理体系（按GB/T 10300.5编写）；后者用于企业向外部用户的质量保证（按GB/T 10300 2～4质量保证模式和用户要求编写）。在编制企业《质量手册》后，还要分别编制各业务系统的《质量手册》。

《质量手册》的写法是：

（1）前言。介绍企业概况、企业的产品与服务、企业的经营规模和经营理念。

（2）发布令与任命书。其中前者用以由企业最高管理者明确本企业建立质量管理体系的目的，发布本质量手册并号召全体员工执行（签字及日期）；后者则根据企业质量管理的标准要求，建立、实施和持续改进企业的质量管理体系，特任命×××为管理者代表并明确其职责权限（签字及日期）。

（3）术语和定义。用以说明本质量管理体系中所使用的术语、定义及采用标准等。

（4）质量管理体系及组织机构图。先介绍企业质量管理体系的组织机构图，并在此基础上，详细阐述企业的质量管理体系。包括概述及正文。前者用以说明为什么要建立企业质量管理体系；后者用以阐述本企业对"为用户服务"的理解和手段；阐述企业的质量方针与质量目标，阐述企业质量管理体系的策划过程（如确定质量管理者代表、确定质量管理体系与组织机构等）；并阐述质量管理体系文件与记录的具体形式、具体内容（包括目的、适用范围、岗位职责、控制程序和评审程序等）及传递与沟通过程等。

（5）在质量管理体系及组织机构图的基础上，介绍企业质量管理体系中的质量管理程序及各级各岗位职责权限。

（6）企业现有资源。如企业环境及基础设施，以及企业现有人力资源等。

（7）企业产品与服务的实施过程。以汽车维修企业为例，包括企业产品与服务的策划过程，现行的法律与法规，外部用户对本企业产品及服务的质量要求和沟通方式（如广告宣传与热线电话、维修合同与前台接待，用户满意度调查与用户意见处理等），在整车销售过程中的车辆防护与服务质量控制；在汽车维修过程中的维修质量控制程序，以及车辆故障的检测诊断控制程序，外购件及外协件的采购与供应控制程序等。

（8）质量分析与质量改进。先阐述总则（如质量分析与质量改进的目的，顾客满意度调查的有关规定等）。再分别阐述如何建立企业内部的质量审核及控制程序（以查明企业内部质量管理体系是否符合规定要求与是否持续有效，包括企业内部质量管理体系中的所有的过程质量监控方法，以及设置关键工序或工位监检点情况等）；如何控制及处置不合格品（返工返修的控制与处理等）；如何持续改进企业的质量方针、质量目标、质量控制与质量审核等，并如何采取预防及纠正措施以达到规定条款要求；如何策划及实施、整改及跟踪质量控制等。

2）产品与服务控制程序

《产品与服务控制程序》属于《质量手册》的支持性文件，用以表述和规定企业在产品与服务实现过程中的具体活动及控制过程。

《产品与服务控制程序》的写法是：

(1)控制目的。控制企业产品与服务的全过程以满足用户要求。

(2)适用范围。适用于企业产品与服务的全过程(对各个过程加以概述)。

(3)职责权限。规定各级质量管理人员(如生产技术总监、各服务经理、索赔员及车间主管等)各自的岗位职责及权限。

(4)控制程序。详细阐述企业对产品与服务实现过程的控制程序。

(5)相关文件。包括企业对产品与服务控制程序所涉及的所有文件。

(6)相关记录,包括企业对产品与服务控制程序所涉及的所有记录。

以汽车维修企业为例,其控制程序包括：

(1)预约维修服务规定,包括建立用户档案,确定各类维修作业项目,确定用户需求,并签订汽车维修合同等。

(2)车辆维修前的技术准备,包括故障诊断,派工调度与维修项目控制,专用工具及专用设备使用规定,维修车辆停放规定以及维修车辆的交接与检查等。

(3)汽车维修质量的控制,包括零件分类检验的规定,维修过程中的工位自检、工序互验以及竣工检验的规定,车辆特殊维修的规定,以及车辆外派维修的服务规定等。

(4)客户投诉处理及维修车辆的返工返修控制。

(5)车辆结算和交付规定。

(6)维修后服务跟踪,包括对维修合同单位的定期回访,对维修车辆的跟踪回访,以及客户满意度调查表的编制、发放、回收与分析等。

3)作业指导文件

《作业指导文件》是对《质量手册》和《产品与服务控制程序》的具体实施做出更详细的规定。以在汽车维修企业为例,其内容包括:《汽车维修服务规范》《汽车维修服务前台人员的业务规范》《汽车维修检验规程》《汽车维修资料目录》《工具资料室管理规定》《检测仪具维护和操作规程》《焊接作业操作规程》《喷漆、烤漆作业操作规程》《危险品仓库管理制度》《用户意见反馈表使用规定》《安全卫生管理办法》《各类人员岗位资格标准》《质量目标统计计算方法》《计算机网络维护与操作规程》等。

2.质量管理体系文件的实施

1)质量管理体系文件的发放

质量管理体系文件的发放要严格按照《质量手册》中文件控制程序的有关规定执行,以确保相关文件能发放到每个相关人员手中,从而为企业质量管理体系的全面实施创造条件。但在发放之后及实施之前,还需要对企业全体员工进行培训,并采取必要措施以保证良好的培训效果。

2)质量管理体系的全员培训

为使全部企业员工都能树立"质量第一、为用户服务"的质量意识,持续地改进其质量管理体系,就需要对质量意识进行全员培训。质量意识全员培训的内容应根据企业中不同岗位职责而进行不同培训。其中特别是企业的各级领导、技术主管及质量管理人员与质量检验人员等,不仅要求他们能直接参与质量培训,而且还要求他们能直接参与企业质量管理体系的策划、保持和持续改进等，起到模范带头的作用。

3）质量管理体系的实施

企业质量管理体系的实施要加强以下工作：

（1）企业质量管理体系的建立需要企业全体员工的共同努力。为此，最高管理者不仅要有强烈的决心和信心；而且还要积极引导与培训、加强督促和检查。

（2）企业质量管理体系在质量培训、质量分析等实施过程中，不仅要建立相应的记录或录像，建立实施记录；而且还要按规定予以收集、整理和存档。

（3）在质量管理体系实施过程中，企业应进行内部质量审核与质量分析。

所谓企业内部质量审核，是由企业内部审核人员根据企业标准、质量手册、程序文件及指导文件，通过现场审核，以检查企业质量管理体系的运行效果是否达到规定要求。为保证企业质量管理体系的持续有效运行，企业最高管理者要根据企业的内外部环境变化，组织企业管理人员对企业的质量方针、质量目标和质量管理体系进行内部审核与评审，以便及时地调整经营方向。在组织内部审核与评审时，应对所发现的问题（特别是用户满意度、企业经营业绩与预期目标差距等）进行深入细致、全面的质量分析。内部审核评审每年至少进行一次。倘若企业机构发生重大调整，或企业出现重大质量投诉，或企业经营业绩停滞时，可增加评审次数。平时在质量管理体系的运行过程中，应根据手册规定定期地召开质量分析会，对质量管理体系运行中的返工返修、顾客投诉等进行汇总和分析，提出纠正措施和预防措施。

3.质量管理体系的审核与认证、保持与改进

在企业经过内部质量管理体系审核和评审后，倘若还需要获得国家的质量认证，可以向具有国家认证资质的国家质量认证机构提出申请，由国家质量认证机构进行审核和认证。其步骤是：

（1）由企业向国家质量认证咨询机构申报企业基本情况，并商定企业所需建立的质量管理体系标准。

（2）由国家质量认证咨询机构协助企业，通过质量管理体系培训，建立企业的质量管理体系文件（如质量手册、产品与服务控制程序文件、作业指导文件等）；并由企业发布和组织实施。

（3）质量管理体系的实施情况，由企业提交并申请，再由国家质量认证机构进行审核，并对其中的不合格项交由企业整改。

（4）整改后再由国家质量认证机构进行现场审核，待全部项目都合格后，由国家质量认证机构批准注册并颁发认证注册证书（有效期3年）。

（5）根据质量认证评定规则，每隔3年国家质量认证机构还要对企业的质量管理体系进行重新评定，以监督和审核企业质量管理体系是否符合质量管理体系的运行要求。

为了保持与持续改进企业的质量管理体系，须做好以下工作：

（1）领导带头、全员参与。企业领导对企业的质量管理体系是否完全理解及高度重视，是企业质量管理体系能否贯彻实施并能否取得成效的关键。只有领导带头才能全员参与，只有领导带头才能督促有力、检查到位，从而积极参与和推行质量方针和质量目标，并监督和检查各个部门质量管理体系的运行情况。

（2）坚持为用户服务的理念。由于企业的产品质量及服务质量最后都要由用户来评价，因此企业领导应当通过质量管理体系及质量内部评审，组织研究如何为用户服务以及如何提高用户的满意度，从中找出差距，提出纠正措施。

(3)全面提高企业管理水平。这就要实施全面质量管理，全员参与。不仅要建立和实施企业的质量方针，并将企业质量管理体系所有的业务规范化和程序化，保证所有业务有序进行，而且要营造一个激励持续改进的氛围和环境，以保证企业质量管理体系的持续改进，保证为用户提供高质量的服务。

须注意的是：汽车维修企业为不同于出口型产品制造企业，况且目前也尚未开展对外服务，因此目前还没有必要照搬 ISO 9000 系列标准而搞所谓的质量管理体系形式认证。当然，由于汽车维修企业同样面临着用户；况且 ISO 9000 系列标准的基本点就是要通过质量认证来强化企业的质量保证体系，从而对用户做出质量承诺及质量保证。这不仅是推行汽车维修企业全面质量管理的重要工作，而且也是保证汽车维修企业管理取得长期稳定效果，巩固和扩大企业管理成果，并提高企业产品及服务质量，提高企业信誉及效益的关键所在。因此我认为在汽车维修也有必要搞 ISO 9000 系列标准的企业内部质量认证。但这种企业内部质量认证，其关键是企业今后如何持续开展质量保证活动，并使质量保证活动能成为实现企业经营目标的有效手段；而不是像某些专家所忽悠的那样，只是搞国家 ISO 9000 系列标准的形式认证，虽然形式上通过了质量认证，可真实的产品质量却并未有丝毫的提高。

四、以全面质量管理来整合现代企业管理

虽然全面质量管理只是现代企业管理中的一个部分而从属于现代企业管理，但不仅两者的管理理念十分相似（都要树立质量第一、为用户服务的观念）；而且两者的管理内容、管理方法和管理手段可以相互覆盖，因而完全可以用全面质量管理来整合现代企业管理（这是整合的可能性）。倘若两者各自为政，就会相互脱节或相互干扰，这在我国是有历史教训的（这是整合的必要性）。要用全面质量管理来整合现代企业管理，关键是要强调企业内部的质量保证体系。即与产品要讲产品质量、服务要讲服务质量、工作要讲工作质量一样，企业管理也要讲管理质量。只有这样，才能将全面质量管理的理念融合于现代企业的日常生产经营管理中。其整合的通常做法如下。

1. 领导带头

这是建立质量保证体系的先决条件。由于全面质量管理涉及企业所有的生产经营管理活动，涉及企业中各个部门、各个岗位及每个员工，为此常将全面质量管理办公室合并于厂长/经理办公室，由此保证企业领导的积极参与和模范带头，实现全面质量管理与现代企业管理的全面整合。全面质量管理办公室的主要职责是：

(1)编制明确的质量方针、质量目标和质量计划。

(2)组织、协调、检查、督促企业质量计划的执行过程。

(3)协助厂长执行日常的全面质量管理。例如开展全面质量管理的宣传教育，组织全面质量管理小组活动，研究推广先进的质量控制方法，负责质量信息的反馈和控制等。

2. 建立严格和配套的责任制度与考核制度

这是建立质量保证体系的重要措施。只有这样，才能使企业的每项管理都做到“事事有人管、人人有专责、办事有标准、工作有检查”；并做到职责分明、功过分明，落到实处，从而在

企业内部形成严密的质量保证体系。

3. 用全面质量管理的理念实施现代企业管理

这是整合现代企业管理体系的着眼点。为此，必须实施现代企业的管理标准化和管理程序化。所谓管理标准化，是指将企业管理中经常重复出现的管理业务进行归纳和分类，制订相应的工作规范和工作标准，并纳入企业规章制度作为整个企业的行动准则。而所谓管理程序化，是指将日常的业务流程和办事程序，制订相应的工作规程，并不断条理化、合理化、程序化和规范化；以简化企业管理、理顺业务流程，提高企业管理工作效率。为此，不仅要对企业生产经营管理的每项事务都要相应制订管理职责、管理规程、管理规范和管理标准；而且还要对企业中每个员工落实各自的岗位职责，并实施必要的质量监控。

4. 开展群众性的质量管理小组活动

这是整合企业管理体系的有效方法。由于企业产品及企业服务的最终质量都通过企业生产经营管理中各个环节逐步形成的，因此倘若企业内全体员工都能相应建立自检、互检，并相应建立各自的质量保证，就能确保企业的最终质量。为考核全面质量管理成效，还要对质量保证体系进行有效性综合评审（例如管理流程是否合理，管理环节是否衔接，管理责任是否落实，管理信息是否通畅等），从而对企业管理实施最有效的监控和督促。

5. 建立高效灵敏的质量信息反馈系统

这是整合企业管理体系的重要手段。在整个企业生产经营管理活动中，产品的流动既是产品质量的形成过程，也是产品质量信息的形成过程，为此应及时收集，并通过信息的反馈和分析，有效地控制企业产品及服务的最终质量。

第三节　汽车维修企业的全面质量管理

搞好汽车维修企业的全面质量管理，不仅要保证维修质量；而且要保证服务质量。

一、质量目标与质量计划

1. 汽车维修企业的质量目标

汽车维修企业的质量管理人员必须深入汽车维修全过程中，根据企业质量目标，按照全面质量管理原则，明确各自的职责和要求。不仅要建立企业的产品质量目标（如维修竣工出厂检验一次合格率、返修率等），根据汽车维修过程中实际的维修工艺和维修技术，明确汽车维修质量检验规范和质量验收标准；而且还要建立以客户为中心的服务质量标准（如服务项目、服务程序、服务行为等），并开展企业工作质量的成果评价（如工作程序、工作规范、工作标准等），开展企业内部质量评审，不断地进行质量改进。

为了使企业质量目标制定得更加切实可行，不仅要以用户使用要求来确定企业质量目标，而且要以客户信息反馈和用客户忠诚度来检验企业的产品质量与服务质量。为此，要通过市场调查和用户访问，了解本企业所维修车辆的使用效果及客户期望，并考虑本企业的实际维修能力能否达到预定的维修质量，保证本企业质量目标的实现。当然，在具体选择汽车维修方案时，要遵循“技术上可行、经济上合理”原则，充分考虑企业产品与服务的性价比。既要保证产品质量和服务质量，也要努力降低维修费用和维修成本，从而使企业获得最好的经营效果。

2. 汽车维修企业的质量计划及实施

汽车维修企业不仅要制订生产计划，以作为企业生产经营管理的奋斗目标；而且还要制订相应的质量计划及实施措施，以落实企业的生产计划与质量目标。

(1)加强全员质量教育，提高质量意识，做到人人关心质量、个个保证质量。

(2)建立健全企业技术管理和质量管理的规章制度，落实岗位责任制和质量责任制，以做到检验有标准，操作有规范，优劣有奖惩，不断提高企业产品质量及服务质量的管理水平。

(3)积极推广和应用新技术、新工艺、新材料、新设备，不断提高维修质量和维修效率。

(4)积极推广全面质量管理经验。

(5)加强职工技术业务培训，不断提高职工技术业务水平和操作技能。

3. 汽车维修企业的质量控制

在汽车维修企业中，维修质量的评价指标有“一次检验合格率”“返工返修率”等，服务质量的评价指标有“外部用户满意度与投诉率”“内部员工忠诚度”等。评测的方法既可以由企业自己使用《用户满意度调查表》进行调查评测，也可以委托第三方机构使用《用户满意度调查表》进行调查评测。倘若企业的产品与服务越能使企业的外部用户满意，则外部用户的满意度便会越高；倘若企业的人际氛围及经济效益越好，则企业内部员工忠诚度也会越高。当然，企业内部员工的忠诚度与企业外部用户的满意度有时也会相互影响的。

汽车维修企业的质量控制，是指为保证和提高汽车维修质量所采取的一系列技术活动。其控制过程包括：

(1)确定汽车维修质量控制的对象、方法、依据和标准。

(2)根据汽车维修时的实际车况，实施具体的质量控制。

(3)找出实际维修质量与标准控制质量的差异原因；并采取纠正措施，衡量本次汽车维修的各项技术经济评价指标。

二、质量管理机构及质量管理制度

1. 汽车维修企业的质量管理机构

为保证汽车维修质量，根据交通部颁布的《汽车维修质量管理办法》，汽车维修企业应本着精简与效能相结合的原则(精兵简政、责任明确)，在生产技术部门中设置与企业生产规模及生产工艺相适应的质量管理机构；并在厂长直接领导下单独设立质量检验机构。

汽车维修企业质量管理机构的主要岗位职责是：

(1)贯彻执行国家关于汽车维修质量管理的法规制度、方针政策、汽车维修技术标准及质量验收标准等。

(2)制定本企业汽车维修的质量管理制度和质量责任制度，加强汽车维修质量管理基础工作(如开展质量教育、企业标准化、计量与检测、质量信息、质量责任制、QC 质量管理小组活动等)。

(3)加强汽车维修过程中的质量检验(如汽车进厂检验、零件分类检验、维修过程检验及总成验收、汽车竣工出厂检验及交接等)，明确各级质量检验人员的质量责任。

(4)建立健全企业内部的质量保证体系，掌握质量动态，进行质量分析和质量评审；并搞好维修后技术服务，推行企业全面质量管理。

2. 汽车维修企业的质量管理制度

汽车维修质量管理制度是企业实施质量管理，依据相关法律法规与技术标准而制定的规章制度，它是汽车维修质量管理活动的行为准则。其中包括：

1）质量保证制度与质量返修制度

汽车维修企业不仅要建立质量管理岗位责任制度及质量检验制度等，而且还要实施以工位自检、工序互检为基础的质量保证制度，以确保汽车维修质量。质量保证期的长短可根据维修类别及作业深度确定。在质量保证期内，若因维修质量而造成的机械事故及经济损失的，应由承修人或承修班组主动返工返修并承担全部返工返修费用。

2）专职质量检验制度

汽车维修企业的专职质量检验制度包括：汽车维修进厂检验与交接制度、零件分类检验制度及维修过程检验制度、汽车维修竣工检验制度及出厂合格证制度等。为了强化汽车维修过程中的质量检验，必须强化汽车维修过程中施工单据（如派工单）的质量签证，做好汽车维修过程及质量检验过程中的原始记录。当汽车维修竣工出厂时，还应由经行业考核认定的专职质量检验人员签发、由汽车维修行业管理部门统一印制的《汽车维修竣工出厂合格证》。为此，汽车维修行业管理部门也应做好各类汽车维修企业专职质量检验人员的培训考核和资格认定，并定期或不定期地抽查汽车维修企业的维修质量，加强汽车维修质量的日常监督与管理。

3）汽车维修配件材料的检验审核制度

汽车维修企业作为承修方，不仅应承担承修项目的质量责任，而且还应承担所更换配料的质量责任。为此汽车维修企业应加强外购配件材料及自制配件的采购和入库验收，加强汽车维修过程中的零件分类检验，并承担汽车维修中因为使用不合格配件或材料而引发的质量事故责任。

4）强化汽车维修过程中的计量检验

如搞好计量器具与检测仪器的管理与鉴定，加强汽车维修过程中的计量检验等。

三、质量管理方法

汽车维修企业的质量管理方法，是根据汽车维修的质量目标，针对汽车维修过程中的质量薄弱环节，从操作技术、维修工艺、操作者心理等方面分析原因，在汽车维修工艺组织管理上采取相应的改进措施，并有效控制所有影响汽车维修质量的各种因素，以最经济的方法为用户提供最满意的维修服务。当然，在解决了主要质量问题后，原来次要质量问题有可能上升为主要质量问题，为此应不断重复和不断解决问题，不断追求更高的质量目标。

由此可知，汽车维修质量的管理过程，要用全面质量管理的方法，对汽车维修过程中的质量问题进行计划、实施、检查和处理的过程（PDCA 循环）。

1. 汽车销售前或维修前的质量保证

为使用户对企业的产品质量和服务质量产生信任感，以满足用户需求，在确保产品质量与服务质量的基础上做好售前或修前的质量保证。例如：

（1）实施企业内部各级的质量职能及质量责任。

(2)宣传本企业对产品或服务的质量保证条件及质量保证形式。

(3)通过技术标准和工艺规范、质量验收规范和质量验收标准,《产品使用说明书》等,明确质量保证期限(或保证里程)及质量保证范围。

2. 汽车维修过程中的质量管理

这里所述的汽车维修过程,是指从汽车报修进厂直至汽车修竣出厂的过程。

1)组织文明生产

组织文明生产是加强汽车维修过程质量管理的重要条件,也是实现企业均衡生产、合理组织汽车维修的基础工作。为此,不仅要经常开展安全教育及质量教育,而且还要讲究文明生产。例如,要做到生产车间内各工位合理布局,各工序成线排列;车间内物品(如成品、半成品、在制品、毛坯和零部件等)堆放有序;工作场所整洁、装备完好等。以保持良好的工艺秩序和整洁的工作场所,保持良好的汽车维修工艺环境及工艺过程。

2)强化汽车维修过程的质量管理

质量是人做出来的,人是质量保证中的关键因素;而汽车维修过程又是一个多工种、多工序配合的复杂过程,汽车维修过程中的每个工种或每个工序都可能会影响汽车维修的最终质量。因此在整个汽车维修过程中,不仅要强化企业质量管理制度,做好企业员工的质量教育及技术培训;而且还要加强对承修人的质量管理。例如强化汽车维修的工艺管理(调整工艺组织、严肃工艺纪律、强化工艺规范及技术标准),严格执行安全技术操作规程;做好各工位自检与各工序互检等;严格控制汽车维修过程中的产品质量及服务质量,防止因操作失误而造成返工返修。

3)强化汽车维修辅助过程中的质量管理

在汽车维修过程中还要强化汽车维修辅助过程(如汽车配件及维修机具设备等)的质量管理。其中:

(1)加强汽车配件的质量管理。不仅要把汽车配件供应商的质量保证体系看成是本企业质量保证体系的重要组成部分,并要求他们对所提供汽车配件进行质量保证;而且要加强本企业汽车维修库房的入库检验,如加强库存汽车配件的仓储管理和收发制度等,以保证承修班组所领用的汽车配件质量都符合规定的技术标准。

(2)加强汽车维修设备与检测诊断设备的质量管理。不仅要加强汽车维修设备和检测诊断设备的选型购置、安装验收、维修改造和直至报废的全过程管理,而且要加强汽车维修设备和检测诊断设备的日常使用管理,以及加强机工具和计量器具的使用管理等。

3. 汽车维修过程中的质量检验

全面质量管理中质量保证的另一种手段,就是要发挥专职检验人员的质量检验职能,根据质量验收标准,加强汽车维修过程的质量检验,确保汽车维修最终的出厂质量。例如严格把关,保证不合格工件不加工,不合格零部件不组装,不合格产品不出厂;掌握质量动态,严格控制返工返修等。

汽车维修过程的质量检验包括:汽车进厂检验与交接;汽车维修过程中零件分类检验、工位自检与工序互检、专职检验与总成验收、外协外购件入库检验、汽车维修竣工出厂检验等。其中特别要强调“工位自检”“工序互检”及“汽车维修竣工出厂检验”,以强调汽车承修人及质量检验人员各自的质量保证来确保汽车维修企业的质量保证。

4. 汽车修竣出厂后使用过程中的质量管理

汽车修竣出厂后，汽车的使用情况（特别是走合期使用）考验并影响着车辆修竣出厂后的最终质量。为此，汽车维修企业不仅要为用户提供车辆修竣出厂后的质量保证（如质量保证期限/里程及质量保证范围等），保证在汽车修竣出厂后在使用过程中，倘若出现属于承修者责任的返工返修，汽车维修企业应负责包修、包换和包赔；而且还要为用户提供车辆修竣出厂后的后续技术服务。例如提供必要的技术资料和备品备件，设立技术服务站开展技术培训等，从而把汽车维修企业的质量管理延伸到车辆修竣出厂后的使用全过程中。另外，汽车维修企业通过用户调查，可以了解用户车辆的使用情况和使用要求，并获知汽车修竣出厂后的使用效果，可以对本企业维修质量及服务质量提供必要的信息反馈。

四、质量管理基础工作

汽车维修企业质量管理的基础工作包括：质量教育、企业标准化、计量检测、质量信息、质量责任制度、质量管理小组活动等。

1. 质量教育

汽车维修企业的产品质量和服务质量最后都将归结于人的工作质量。为此必须抓好企业员工的质量教育，例如质量管理的思想教育和技术教育等。

1）质量管理的思想教育

开展质量管理思想教育的目的，就是要教育企业员工增强质量意识，以树立“为用户服务、质量第一”的思想。质量管理思想教育应该分层次因人施教。例如对于企业领导者，要求他们能重视产品质量和服务质量，并熟练掌握质量管理的基本理论和组织方法。对于技术人员，要求他们能系统地掌握质量管理的原理和方法。对于工人，则主要要求他们加强质量意识和工作责任感等。

质量管理思想教育的方法通常是让企业员工进行“换位思考”，以此来教育员工增强质量责任感，严格实施质量保证。

（1）要使企业员工明白，假如我是用户，希望能得到何种服务和何种质量？怎样才能让用户满意等。

（2）要让企业员工了解汽车维修市场，了解其他维修同行的产品质量和服务质量，并从中找出差距。

（3）在企业中树立样板，即以什么样的产品质量和服务质量才能使顾客满意，由此培养企业员工的主人翁意识，培育企业员工的团队精神和敬业精神。

2）质量管理的技术教育

汽车维修质量除了加强质量意识教育，强化承修人的服务质量与工作责任感外，还要搞好企业员工的技术业务培训。以强化承修人的技术工艺，提高企业的产品质量。技术教育也应分层次因人施教。例如，对于企业领导者和技术人员，主要是更新技术迅速提高业务水平，并加强企业管理的基础工作；对于在岗老员工，主要开展新技术新工艺的业余教育及业务进修，如举办各类专题性技术讲座等；对于待岗新员工则主要进行岗位技术的基础训练，以使他们迅速掌握汽车维修的基本技能。

2. 企业标准化

1) 企业标准

随着社会发展和企业竞争，企业的管理内容、服务种类、产品品种和规格日益繁杂。为了简化产品种类，规范产品的设计制造及使用维修等，在规定的领域或范围内进行统一。由此制订并实施的规范化文件就称为标准。

标准的等级是根据发布者的等级及实施范围而划分的，有国家标准、行业标准或地方标准、企业标准三级。其中，国家标准由国家发布，在全国范围内实施，虽标准级别最高，但因适用面宽而技术要求最低；行业标准分部颁标准、行业标准和地方标准三种，分别由部级管理部门、行业协会及地方政府发布，在该部系统、该行业系统，或该政府管辖范围内实施；企业标准由企业发布，仅在本企业范围内实施，虽标准级别最低，但因要提高企业产品性能及产品质量、提高市场竞争力而技术要求最高。

根据《中华人民共和国标准化管理条例》《工业企业标准化管理办法》，所有企业不仅要全面贯彻国家标准、行业标准或地方标准，而且还要在这些标准的基础上积极制定不低于国家标准、行业标准或地方标准的，仅在本企业内部实施的企业标准。制定企业标准及实施企业标准化是企业技术管理和质量管理的重要基础工作。

所谓企业标准，是对企业内生产经营管理活动(如经营管理、生产技术、经济活动等)实施的规范化与标准化文件。企业标准通常包括管理标准和技术标准两类。其中，管理标准包括管理制度、管理程序、岗位职责及考核标准，服务标准及管理标准等；技术标准包括基础技术标准；操作规程、工艺规范、产品技术标准(产品质量标准与质量验收标准、品种规格系列与零部件通用标准等)。《产品使用说明书》《产品维修手册》等也是产品企业标准。当然，所有的标准有着极强的时间性，应随着时代发展和技术进步而不断完善。

2) 企业标准化

所谓企业标准化，就是制定并实施企业标准的全过程。其目的是为了提升企业的服务质量和产品质量。企业标准化工作应由负责企业全面质量管理的主管厂长/经理直接组织和领导。其内容包括：

(1) 宣贯和实施国家标准、行业标准或地方标准。

(2) 制定和实施企业标准(其中工作质量标准由厂长/经理办公室负责制定和实施；服务质量标准由生产经营部门负责制定和实施，产品质量标准由生产技术部门负责制定、质量检验部门负责实施)。

(3) 负责企业生产经营管理各项业务工作的标准化审查。

3) 企业标准的制定和实施

企业标准既是企业组织经营管理和生产技术，开展全面质量管理的基础、依据和业务准则；也是衡量企业产品质量与服务质量的既定尺度。

在制定企业标准时要求：

(1) 科学性。即要参照国家标准、部颁标准或行业标准，结合本企业实际和用户需要，科学合理地制定或修订出不低于国家标准、行业标准或地方标准的企业标准。

(2) 成套性。在各类企业标准中，各项标准应相互配套。其中特别是汽车维修的服务标准与质量验收标准(如外购件外协件验收标准、零部件分类检验标准、总成验收标准、整车竣工出厂质量验收标准等)。

(3)严肃性。企业标准在颁发后,企业各部门必须严格贯彻实施,任何部门或个人都不得擅自更改或降低,以保证企业标准的严肃性。倘若发现标准确实有误,或者发现与国家标准相冲突时,应及时修订或废除。但修订之前必须先经过审批(企业标准一般每隔3年修订一次),其修订程序与制定程序相同,即由企业标准化人员主持,会同相关专业的技术人员共同商定,并经专业会议讨论通过,经主管领导批准,并报地方政府标准化主管部门或行业主管部门备案。企业标准的编写形式应符合GB1.1规定,并要求文字简明扼要,含义完整确切。力图避免烦琐和含糊、空洞和不切实际。对于目前尚无国家标准、行业标准及地方标准可供参照时,也可在不影响企业产品质量及服务质量的前提下,制定企业的暂行标准。

4)企业标准化规划

企业标准化规划属于企业发展规划,也是企业开展标准化工作的总纲。应由企业主管部门起草、主管领导审核批准并组织实施,并报上级主管部门备案。

5)表彰和奖励

企业标准化工作贯穿于整个企业的生产经营管理活动,涉及面广、工作量大。因此,企业各业务部门要主动与企业标准化人员配合,共同搞好企业的标准化工作,并对开展企业标准化工作成绩显著的部门或个人给予表彰和奖励。

3.质量责任制

质量责任制是汽车维修企业质量管理中的重要基础工作。所谓质量责任制,就是在汽车维修企业中,在明确岗位责任制的基础上,明确质量管理中的具体任务、职责和权力,并做到职责明确和功过分明。其主要内容如下。

1)企业管理者的质量责任制

在企业管理中,企业高层应侧重于质量决策和各部门组织协调,以保证实现企业管理的总目标;企业中层应严格执行管理职能并完成具体的业务管理;企业基层应要求员工严格地遵照操作规程、工艺规范、技术标准和相关规章制度办事,以完成具体的工作任务。

在企业管理实践中,各级行政主管及质量管理人员都应当经常听取企业外部用户和内部员工对于本企业产品质量与服务质量的反馈意见,并定期分析,在职权范围内处理汽车产品质量与服务质量的重大问题和技术责任事故。其中,汽车维修质量与服务质量的评定由各级行政主管负责,而产品和服务的质量保证分别由技术主管与经营主管负责。

2)质量管理机构的质量责任制

要提高汽车维修的产品质量与服务质量,质量管理部门就要履行质量管理职能,担负起相应的质量责任。为此,各级职能机构(如生产技术、材料供应、人才资源、财务和教育等)都要建立相应的岗位责任制和质量责任制,并把工作质量考核列入质量责任制和经济责任制中,以强化本部门质量管理,提高本部门工作质量,互通情报,实施质量保证,把好工作质量关。

3)质量检验员的质量责任制

汽车维修企业质量检验人员的质量责任是:在应检和可检范围内,对承修部位并经检验合格出厂车辆的产品质量和安全使用,在质量保证期和质量保证范围负主要责任。为此,汽车维修企业的质量检验人员应经当地汽车维修行业管理部门的专业培训、考试合格并持证上岗。

4)承修车间、承修班组和承修人的质量责任制

汽车维修企业的承修车间主任、承修班组长和承修人的质量责任是:对其承修部位的产品

质量和安全使用，在质量保证期和质量保证范围负直接责任。为此要求其一定要熟悉本岗位的应知应会，严格执行安全技术操作规程、工艺规范及技术标准，做好承修部位的工位自检和工序互检；并虚心接受专职技术检验部门的指导和监督，做好车辆维修过程中的各种原始记录。

为了实施汽车维修的质量保证，在工位自检和工序互检合格后，应由承修车间、承修班组和承修人签字；并由专职技术检验部门在汽车维修的关键工位或关键工序设立质量控制点，解决质量薄弱环节，处理重大质量事故，并实施车辆的签字交接。

4. 计量与检测

搞好计量器具和检测诊断设备管理，保证量值准确，既是实施产品质量定量检测和定性分析，确保各类技术标准贯彻实施，提高企业产品质量与服务质量的重要手段；也是企业技术管理的重要基础工作。其基本要求是：配备齐全、维修及时、量值准确、性能稳定。

汽车维修企业的计量器具和检测诊断设备管理由质量管理部门负责，其岗位职责是：

(1)执行计量检测管理条例，建立企业计量器具和检测诊断设备管理的规章制度(包括制定管理目录、维护守则、周期检验规程及管理办法等)；并负责计量器具和检测诊断设备的技术管理(如申报、采购、鉴定与维修)及资产管理(如清理、登记和编号等)，管好本部门使用的计量器具和检测诊断设备。

(2)宣传贯彻计量检测的基础知识及技术标准，开展计量器具和检测诊断设备的技术教育和责任教育。并严格实施安全技术操作规程，努力提高操作者操作技能。

(3)严格执行计量器具与检测诊断设备的检定规程(包括入库鉴定、入室鉴定、周期鉴定、返还鉴定等)。凡在用的计量器具与检测诊断设备都必须经过计量鉴定合格，并具有合格证及合格标志；凡在用的仪表、仪器、文件、记录及报表都必须使用法定计量单位。

(4)及时修复或报废已经损坏的计量器具和检测诊断设备，严格管理、正确操作、合理使用、及时维修。该换的就换，该修的就修，该报废的就报废，及时解决。

(5)改革落后的计量器具与计量测试技术，逐步推广计量技术和检测手段的现代化。

5. 质量信息

质量信息反映着企业质量管理的目标和效果，包括质量管理体系信息与质量保证体系信息；工作质量信息(包括企业工作标准与服务标准，以及工作质量考核记录等)；产品质量信息(包括企业技术标准，以及质量检验记录、返修记录及用户信息反馈等)。

由于企业的产品质量信息是在产品质量形成过程中产生的，为此必须掌握产品质量的影响因素，提出相应的质量整改措施。要收集企业产品质量信息，必须完善汽车维修过程中所有的原始记录(如汽车维修进出厂检验记录、汽车维修过程中自检互检记录、总成验收记录及质量控制记录、汽车配件及维修辅助材料入库检验记录、计量器具与检测设备使用维修记录等)。在此基础上还须：

(1)做好企业内部人员(如维修人员、检验人员及生产技术人员等)的信息调查，了解汽车维修质量实际情况，从而为本企业质量管理提供最直接、最可靠的信息依据。

(2)做好企业外部用户的意见调查及满意度调查，由此反馈汽车维修企业最重要的质量信息。

(3)做好市场情况调查，了解国内外同行汽车维修的质量信息。

6. 业务例会

为保证企业的产品质量和服务质量，还应广泛开展群众性的质量管理活动(QC)。这既是群众性全面质量管理活动的有效形式，也是企业员工参与企业民主管理的新发展。

群众性质量管理活动的组织类型，有管理型、现场型、攻关型三种。其中，管理型与现场型质量管理小组通常由部门领导、技术人员及工人三结合组成，通过现场管理或现场调研，解决企业管理中的疑难问题，提高企业的工作质量；攻关型质量管理小组则通常由少量技术能手组成，其主要目标是攻克企业中某项关键技术，提高企业产品质量或降低企业成本消耗。其组织方式既可以采用班组或部门召开业务例会的方式，由各班组或各部门负责人召集，各班组或各部门全体人员参加；也可以采用由技术骨干自愿参加的方式，由组长召集，若干技术骨干参加。人数一般为3～10人。在采用由技术骨干自愿参加的方式时，关键是要选好组长，不仅要求其熟悉全面质量管理基本知识，具有较强的专业技术和组织能力，而且要有开展群众性质量管理小组活动的热心。

群众性质量管理小组活动的选题，应根据企业的质量方针与质量目标，围绕着典型事例、质量薄弱环节，或根据用户需要而进行。既要有典型性，有目标值；也要先易后难，能满足实际需要。选题范围包括：企业管理与班组建设、产品质量与安全技术、劳动效率与生产成本，节能环保、机具设备、销售服务等。例如：如何围绕着企业的质量方针和质量目标，抓好质量教育，提高质量意识？如何以全面质量管理的PDCA为手段，围绕着本岗位所存在的质量问题，开展质量预防和质量改进，不断巩固和提高质量管理成果？如何强化班组建设，抓好质量管理基础工作？由于开展群众性质量管理小组的目的是要取得成果，为此应由主管部门根据评分标准、活动成果以及现场检查等，对各质量管理小组的成果作出综合评价。其中优秀的应给予奖励；其中常年无活动或无成果的应予注销。

第四节　汽车维修企业的质量检验

所谓质量检验，是由质量检验人员根据质量检验规范及质量验收标准，借助于各种检验手段，对被检对象的质量特性进行检测和诊断；并将实际检测结果与质量验收标准比较，以判定被检对象的质量是否合格。倘若质量合格则予验收；倘若不合格则提出相应处理意见、组织返工返修，直至质量合格验收为止。

由于质量检验是保证企业产品质量，最终对用户负责的关键工序，因此汽车维修质量检验部门应当落实岗位责任制和质量责任制，在厂长/经理的直接领导下，代表厂长/经理行使质量检验职能，充分保证汽车维修的竣工出厂质量。

一、汽车维修质量检验的分类及内容

根据交通运输部令2016年第1号《道路运输车辆技术管理规定》：机动车维修经营者在进行机动车二级维护、总成修理及整车修理时，应当实行维修前诊断检验、维修过程检验和竣工质量检验制度。

汽车维修质量检验，倘若按检验项目分类，有汽车维修质量检验、自制件或改装件质量检验、汽车配件及原材料入库检验等。倘若按检验阶段分类，则有两个“三级检验”：

(1)工位自检、工序互检、专职检验。

(2)汽车进厂检验、汽车维修过程检验、汽车竣工出厂检验。

1.汽车进厂检验与进厂交接

送修车辆的进厂检验属于“维修前诊断检验”,是汽车维修过程中的首道检验工序,通常由专职检验员配合前台业务员完成。其职责是代表厂方验收进厂待修车辆。其目的是鉴定送修车辆的技术状况及装备残缺,从而为本次汽车维修提供详尽的纲目和清单,并确定本次汽车维修的规定作业项目及附加修理项目,确保本次汽车维修顺利进行。

汽车进厂检验的具体步骤是:

(1)由进厂检验员及前台业务员核查客户填报的《报修单》是否齐全准确(有无错报及漏报),并会同客户共同检测与诊断车辆实际车况(检验结果填于《汽车进厂检验单》)。

汽车进厂检验的内容有:

①检查整车外观。例如车身外观蒙皮是否碰撞变形或局部损伤,车身左右两侧是否等高。整车各部附件是否齐全有效无残缺,整车各部连接螺栓是否紧固可靠,整车各处是否有四漏(漏水、漏油、漏气、漏电)。

②检查发动机。例如检查发动机起动性能及运转性能是否良好(要求起动容易、怠速稳定、加减速正常,在热车下无异热、异响及异烟,且发动机废气排放符合国家规定)。

③检查驾驶操作机构。例如加速踏板、离合器踏板、变速器换挡杆、转向盘、制动踏板、灯光仪表及喇叭等是否操作轻便有效且不松旷。

④检查底盘。例如检查传动系是否起步平稳、换挡顺利、无异热异响等;行驶系车架、车桥、悬架及减振器,以及车轮等有无移位或损坏,轮胎磨损及胎压是否正常等。检查转向系转向盘是否转向轻便,转向机构及转向节主销等是否配合正常等。检查制动系是否制动一脚有效、驻车制动正常。

⑤检查全车电气设备。例如检查蓄电池起动电压及发电机充电电压,检查起动机的起动能力及有无异响;检查照明系各灯光(特别是前照灯远近光);检查仪表系各仪表指示;检查空调制冷是否正常;并检查电控系统 OBD 中有否故障码等。

(2)由进厂检验员会同客户共同检查并清点车辆进厂时的装备残缺、随车物件及存油等,并将清点后的明细填入《汽车进厂检验单》。

(3)根据《报修单》《汽车进厂检验单》,确定本次维修的规定维修项目及附加修理项目,并确定具体的维修方法,由双方签订《汽车维修合同》,交生产调度人员实施派工调度。

2.汽车维修过程检验

汽车维修过程检验包括:零件分类检验、关键工序监督及重要总成验收。其中,零件分类检验是汽车维修过程中最先做的重要工序,它直接影响到汽车的维修质量和维修成本。

1)零件分类检验(核料)

当汽车全部解体(从整车拆成总成、从总成拆成零件)并清洗后,由核料员(一般性汽车配件由承修班组或主修人审核;贵重总成和重要基础件由专职检验人员审核)根据零件损伤程度及零件分类检验规范,对所有零部件进行集中性的检验分类(分为可用、可修和可换三类)。分类的依据由汽车维修技术规范中的“大修允许”和“使用极限”确定。倘若零件损伤尚在使用极限范围内,则可视为可用件;倘若零件损伤超过使用极限范围、但仍可修复的,可视为可修件；倘若零件损伤严重、已无法修复或修复成本太高的，则视为可换件。然后清理可用件，修复可修件，更换可换件。

2）维修过程中关键工序监督及重要总成验收

在汽车维修的全过程中，某些关键性工序及某些重要总成，由于检验手段或检验技术复杂，仅靠工位自检与工序互检将难以保证维修质量的；或由于这些关键工序或重要总成在车辆维修竣工出厂后无法重复拆检、而其质量波动又将直接影响车辆竣工出厂质量的，须由维修现场的技术员或质量检验员进行现场质量把关。例如，对重要基础件的整形加工及对零部件探伤等关键工序进行工艺监督；对发动机、变速器及驱动桥、车身等重要总成的竣工质量进行预验收等。

3）工位自检、工序互检和专职检验

汽车维修过程中的质量检验大多采用工位自检、工序互检和专职检验的三级检验制度。其中：

（1）工位自检。是指承修人在维修过程中，严格按照工艺规程、工艺规范及技术标准进行维修，并对本工位所做项目进行实事求是的自我质量评定和自我质量保证。

（2）工序互检。是指在承修人在工序交接过程中，对关键部位的质量状况实施相互检验，以免在维修竣工后再出现返工返修。

（3）专职检验。是指为有效地控制汽车维修过程质量，由现场专职检验员负责对上述关键工序进行工艺监督及质量质量验收。

产品质量是靠人做出来的，而不是检验出来，汽车维修过程中的工位自检和工序互检是保证汽车维修质量的最重要环节。其中特别是工位自检，它不仅是工序互检及专职检验的基础，而且也是整个汽车维修过程中最直接、最全面、最重要的质量保证。只有抓好工位自检，才能保证各工序质量，并由此简化汽车维修竣工的出厂检验（甚至免检）。

要落实上述的“工位自检、工序互检和专职检验”三级检验制度，就要明确三级检验各自的职责范围。为此要建立各工位与各工序的岗位责任制和质量保证制度，明确各自的检验方法和检验标准，做好各自的检验记录和交接凭证；并提供必要的检测手段，严控质量关。只有始终贯彻各工位自检和各工序互检，再辅以现场技术员及专职检验员对关键工序的监督及对重要总成的验收，才能保证汽车维修企业维修车辆的最终质量。在采用《派工单》的汽车维修企业中，它用派工单作为汽车维修的生产指令，派工单上所有作业项目，不仅应有承修班组及承修人在自检互检的基础上“维修合格”的签字，而且还应有各级专职检验员“检验合格”的签字。

3. 汽车维修竣工出厂检验

汽车维修竣工出厂检验既是对维修竣工出厂车辆技术状况（如动力性、可靠性、安全性、经济性和环保性等）的综合检验，也是对汽车维修质量的综合考核。由于汽车维修竣工出厂检验是汽车维修过程中最后的成品检验，因此不仅应由专职检验员负责，而且还具有双重任务：先代表用户进行维修质量验收；后代表厂方向用户交车。

在维修竣工出厂检验时，不管该车辆在进厂时车况和残缺如何，也不管该车辆的维修过程如何进行，它只按照汽车维修类别所规定的作业项目及所应达到的技术规范和质量验收标准来验收车辆。例如：《汽车维护、检测、诊断技术规范》（GBT 18344—2016）、《机动车运行安全技术条件》(GB 7258—2017)等。

汽车维修竣工出厂检验可分为路试前初检、路试检验、路试后复检验收三个阶段。

1)路试前初检

路试前初检通常在承修班组或主修人自检及互检的基础上,由专职检验员负责实施。其检验内容不仅应逐项核查本次维修所确定的规定维护项目及附加修理项目(包括维修过程中本着漏报不漏修原则而增补的作业项目)是否都已完成,无缺项或漏项;而且还应核查这些维修项目是否都经检验合格并签字确认。在路试前初检中发现的问题通常都作为汽车维修过程中收尾工作进行处理,由车间检验员及生产调度员督促完成。

路试前初检的内容有:

(1)检查整车外观。要求整车各部附件齐全有效、无残缺,车身外观及内饰整洁、漆色一致,车身左右两侧等高;要求整车各部连接螺栓紧固可靠,各部润滑脂嘴齐全有效,发动机、变速器、转向器、减速器等总成的润滑油质及加添量符合规定;且要求整车密封良好、无四漏(漏水、漏油、漏气、漏电)。

(2)检查发动机起动性能及运转性能。要求起动容易、怠速稳定、加减速正常,热车下无异热、异响及异烟,发动机废气排放符合规定。

(3)检查驾驶操纵机构(如加速踏板、离合器踏板、变速器换挡杆、转向盘、制动踏板、灯光仪表及喇叭等)应操作轻便有效且不松旷。

(4)检查底盘各系统。例如要求传动系起步平稳、换挡顺利、无异热异响;行驶系中车架、车桥、悬架、减振器以及车轮等无移位或损坏,轮胎换位及装配正确,轮胎规格花纹及旋向合理,轮胎磨损及胎压正常。转向系中要求转向盘转向轻便,转向机构及转向节主销等配合正常。制动系中要求制动踏板—脚制动有效且驻车制动正常。

(5)检查电气设备。要求蓄电池存电充足,起动电压及发电机充电电压正常,起动机起动正常,各类灯光(特别是前照灯远近光)齐全有效;各类仪表指示正常;空调制冷正常;电控系统 OBD 中无故障码等。

2)路试检验

初检合格后由出厂检验员负责路试检验。在路试前,出厂检验员不仅要复查和验收路试前的初检结果,以证明该车辆确已修竣、可以路试;而且还应从驾驶员的角度认真做好行车三检制中的“出车前检查”。

路试检验的内容有:

(1)常规性检验。如检查发动机起动、车辆起步、加速、换挡、减速、滑行、转向、制动等技术性能是否符合规定。车辆行驶过程中是否跑偏、侧滑或甩尾;发动机、离合器、变速器、传动轴、主减速器、差速器、车轮及轮毂等有否异响异热;车辆各部在直行、转向及制动时有否机件干涉,轮胎气压及轮胎磨损有否异常等。

(2)特殊性检验。如在 30km/h 初速下做滑行距离试验及紧急制动距离试验等。

(3)综合性检验。即通过检测线做汽车维修竣工出厂的综合性能试验,包括轴荷试验、前轮侧滑试验、行车制动及驻车制动试验,前照灯试验等;必要时还可做底盘测功或爬坡试验等(若是新车或大修车,则必须在发动机磨合后)。但凡经过检测线做了汽车维修竣工出厂综合性能试验的,均应提供《汽车维修综合性能检测报告》。

3）路试后验收

在汽车路试检验后，出厂检验员应对整车车况进行复查和鉴定，并将复查结果连同路试中所发现的缺陷或不足，集中责令承修班组或主修人复修（按车辆维修的结尾处理）。在承修班组或主修人完成复修、并自检互检合格后，交出厂检验员重新检验，如此反复直至复检项目全部合格。最后由出厂检验员做出明确质量鉴定，填写《汽车维修竣工出厂检验单》及拍照上传维修数据等；并应汇总该车本次维修的工时记录及核料记录，交财务完成该车本次维修的费用结算。

出厂检验员在代表厂方向用户交车时，应与用户或用户指定方共同验收车辆，并办理车辆修竣出厂相关交接手续。包括签发由省级道路运输管理机构统一印制和编号的《汽车维修竣工检验合格证》（此证禁止伪造、倒卖、转借），签发维修车辆出门条等；还应主动向客户告知本次汽车维修的质量保证期及保证范围，以及车辆在维修竣工出厂后的使用须知等。

出厂检验员还应收集该车辆在本次维修中的所有原始资料，以建立本企业汽车维修技术档案。汽车维修技术档案包括：报修单、进厂检验单、派工调度单、核料单、过程检验单、竣工出厂检验单、竣工检验合格证、综合性能检测报告以及费用结算单等。

二、汽车维修质量检验的基本要求

1.质量检验工作的基本要求

1）质量检验的工作责任心

由于质量检验始终贯穿于整个生产经营管理的全过程中，不仅要求质量检验人员工作责任心强并敢于检验与善于检验；而且要让质量检验人员有责有权。当然，在有责有权的同时也要加强对质量检验人员的管理及考核。

2）质量检验的制度化、标准化和规范化

质量检验不仅是要检出不合格品，更重要的是要收集和积累质量信息，从而加强质量管理、控制产品质量。为此，汽车维修质量检验应当制度化、标准化和规范化。所谓制度化，是指质量检验人员必须履行岗位职责，严格执行汽车维修质量检验制度，并严格控制返工返修，强化技术责任事故分析和相应处罚等。所谓标准化和规范化，是指质量检验人员必须严格执行的质量验收标准和质量检验规范。为达此目的，汽车维修质量检验还必须配备必要的检测诊断设备和仪器仪表，以使检验手段仪器设备化、检验结果数据化。

3）质量检验的原始凭证

汽车维修质量检验的原始凭证包括《汽车进厂检验单》《汽车维修过程检验单》《汽车维修竣工检验单》《汽车维修竣工出厂合格证》（即三单一证）。其中，要求“三单”项目齐全完整、认真填写（使用规范名词术语）、记录准确清晰易懂（使用法定计量单位及符号等）、责任人签字有效；不得随意涂改与弄虚作假，并及时整理、妥善保管和最后归档。“一证”则由省级道路运输管理机构统一印制和编号，由县级道路运输管理机构发放和管理，并由维修质量检验人员在汽车维修竣工检验质量合格后签发。根据交通运输部2016年第1号令《道路运输车辆技术管理规定》：《汽车维修竣工出厂合格证》既是车辆维修质量合格的标志，也是承修方对托修方质量保证的标志，禁止伪造、倒卖、转借。未签发《汽车维修竣工出厂合格证》的机动车不得交付使用，客户可以拒绝交费或接车。

2. 质量检验人员的素质要求与质量职能

质量检验人员素质将会直接影响企业的质量和声誉，为此必须严格选拔，慎重任用。

1）质量检验员的任职资格

汽车维修质量检验人员应由办事认真、敢于检验并承于检验的技术人员担任。其任职资格是：

（1）具有大专以上文化程度；责任心强，办事公道，身体健康。

（2）熟悉企业管理及全面质量管理基本知识。

（3）熟悉汽车的结构原理，公差配合与技术测量等基本业务知识，熟悉汽车维修的工艺规范、技术标准、质量检验规范及质量验收标准。

（4）能熟练掌握汽车维修检测诊断技术，能正确使用检测诊断设备和仪器仪表。

（5）必须经过汽车维修行业主管部门的培训与考核，并取得汽车维修质量检验人员任职资格。

（6）路试检验员还必须具有与准驾车辆相符的正式驾驶执照。

2）质量检验员的质量职能

质量检验员的质量职能是：

（1）保证职能。即通过检验，既要保证出厂车辆质量合格，也要保证不合格总成或零部件不被装车使用，不合格竣工车辆不被出厂。

（2）预防职能。质量检验员除了要判定被检车辆是否合格外，还要及时发现合格车辆的质量隐患，以便及时找出原因并采取相应措施，提高汽车维修出厂质量。

（3）信息职能。质量检验员在履行质量检验的同时，还要及时反馈质量信息，从而为加强质量管理和质量监督提供必要的依据。

为此，质量检验员在质量检验过程中必须尽职尽责地根据《派工单》逐项核对、逐项检验，不得错检或漏检。对检验中发现的质量问题也要及时反馈和责令返修，不得拖延交车时间。

3）汽车维修企业总检验员的质量职能

汽车维修企业的质量总检验员除了应管理好企业内的质量检验队伍外，其质量职能还有：

（1）坚持汽车维修质量的验收规程、验收规范和验收标准，坚持原则，做好企业的质量检验（包括汽车维修竣工出厂车辆的最后鉴定检验，签发《汽车维修竣工出厂合格证》等）。

（2）抓好汽车维修过程中关键工序的质量监督及重要总成的装配验收；并深入、指导和监督汽车维修的全过程，严格执行安全技术操作规程、维修工艺规范和维修技术标准等，做好汽车维修全过程的技术参谋。

（3）鉴定和处理返修车辆及技术责任事故，分清事故责任、采取补救措施，认真填写《汽车返修记录》。

三、汽车维修质量的评价与考核

1. 汽车维修质量的评价

汽车维修企业的产品质量，包括汽车营销质量、汽车维修质量、零部件制造质量以及旧件修复质量等。以汽车大修为例，汽车维修质量通常以零件修复质量、总成装配质量及汽车装配质量来评价。

1）零件修复质量

零件修复质量（尤其是基础件）是汽车维修质量的重要基础。评价零件修复质量的主要指标有：

（1）修复层结合强度。倘若修复层结合强度不足，便会在使用中出现修复层脱离和滑圈等，从而引发新的故障。

（2）修复层耐磨性（通常以车辆单位行程的磨损量来评价，由修复方法而定）。倘若修复层耐磨性差，就会降低零部件的使用寿命。

（3）修复层耐疲劳强度。由于汽车零部件大多都工作在交变及冲击负荷下，因此在修复时必须考虑如何保证修复层的疲劳强度。

2）总成装配质量

评价总成装配质量的主要指标有：

（1）装配清洁度。通常以被检总成在装配后清洗下来的杂质（如金属屑、尘土及杂质等）总量进行衡量。

（2）装配精度。指各零部件在按规定的技术要求装配后，各配合副所能达到的装配精度。包括尺寸配合精度、形状位置精度、动平衡精度等。

（3）总成密封性，指总成装配后，其容器、接合面及管路与外界的密封程度。倘若密封不良，就会出现漏气、漏水或漏油等，从而影响总成的工况和性能。

（4）承载能力。指总成内各机件的承载能力，它取决于总成装配后的磨合程度。

（5）振动和噪声。指总成因装配间隙调整不当，或动平衡不良而在运转中出现振动和噪声。

（6）功率损耗。指总成在运转时因机械摩擦等所引起的功率损耗。它主要取决于总成内各配合副的装配状况和磨合状况，是评价总成装配与调试质量的综合性指标。

（7）发动机的排放浓度。指发动机有害排放物浓度，它与发动机的装配质量和调整质量相关。

3）汽车维修质量

汽车维修质量的主要性能指标包括：动力性、燃料经济性、滑行性能、安全性（如制动性能、转向性能与侧滑、前照灯与车速里程表等）、噪声与排放，以及车容及装备等。

2. 汽车维修质量的考核

1）汽车维修企业的质量考核

汽车维修企业的质量考核其常用指标有：产品或项次合格率、一次检验合格率、返工或返修率等。其中特别是一次检验合格率与返工返修率不仅可用以考核企业的产品质量，还可以考核企业的工作质量。

一次检验合格率是指在汽车维修过程中，经专职检验一次检验的合格辆次占总交付检验辆次的百分率。

$$\text{车辆维修一次检验合格率} = \frac{\text{一次检验合格辆次}}{\text{总交付检验辆次}} \times 100\%$$

返工、返修率是指汽车维修过程中，在质量保证期与质量保证范围内，因汽车维修质量不合格而所造成的返工或返修次数，所占汽车维修企业同期维修次数的百分率。

$$车辆返工返修率 = \frac{返工返修辆次}{当期维修总辆次} \times 100\%$$

尽管一次检验不合格的车辆在经过返工返修及复检后，最后也能合格出厂而不影响企业的整体产品质量，但由于返工返修及复检也造成了企业的工料浪费，因此车辆维修一次检验合格率及返工返修率也是汽车维修人员工作质量的综合性考核指标。

2）质量检验员工作质量的考核

对于质量检验员工作质量的考核，除了一次检验合格率与返工返修率外，还应侧重于：检验完整性（无漏检）、检验准确性（无错检）、检验及时性及检验记录完整性考核。例如，通常以因漏检错检而造成的工时损失来考核；或者用检验准确率 z 或漏检错检率 e 来考核。设某检验员初检时的检验产品总件数为 n；其中检出不合格产品数为 a，这些不合格产品经过返工返修及复检后达到合格的产品数 k、仍不合格的产品数为 b。则：

$$检验准确率\ z = \frac{(a-k)}{(a-k)+b} \times 100\%$$

$$漏检错检率\ e = (1-z) \times 100\%$$

在对质量检验员漏检错检率考核时，既要考核其工作量，也要考核其工作态度及业务能力等。不能只考核工作量，因为工作量越大的并不等于工作质量越好。

3. 汽车维修质量的分析

汽车维修企业要开展经常性的全面质量分析活动，既要分析企业内部因素；也要分析企业外部因素；既要分析造成汽车维修质量不合格而造成返工返修（或质量事故）的原因及责任人，以便有针对性地采取技术措施并使责任者接受教训；也要分析汽车维修质量合格的原因和责任人，通过鼓励先进及总结经验，全面改善和提高汽车维修企业的产品质量。

质量分析的方法不仅应该要对日常质量检验记录及资料进行分析，深入维修现场各工序各工位进行质量调研，或者召开质量事故现场分析会进行现场处理等；而且更应该重视用户的质量反馈信息。为此必须对竣工出厂车辆的维修满意度进行跟踪调查，经常走访用户，及时收集和反馈用户意见等。

第五节　汽车竣工出厂规定与质量保证

一、新购家用汽车的质量保证

为保护消费者为生活消费需要而购买家用汽车的合法权益，国家质量监督检验检疫总局于2013年发布了第150号令《家用汽车产品的三包责任规定》，要求家用汽车产品的经营者（生产者、销售者及修理者等）遵循诚实信用原则，对消费者承诺其质量义务、并承担其包退、包换、包修的三包责任。同样，销售者也有向负有责任的生产者或经营者追偿的权利。

1. 生产者、销售者、修理者的义务

1）生产者义务

生产者应当严格执行家用汽车产品的出厂检验制度，未经检验合格的不得出厂销售。生产者应当向国家申报与家用汽车产品质量三包相关的所有信息（如生产者信息、车型信息、销售和修理网点信息、产品使用说明书及维修手册、三包凭证及三包责任争议处理与退换信息等）。家用汽车产品的随车文件应当包括译成中文的产品合格证、产品使用说明书及维修手册、三包凭证及三包条款等。其中，产品使用说明书应当符合国家标准所规定的使用说明要求，并明示其使用性能、安全性能、工作条件及工作环境等；维修手册应当格式规范、内容实用；三包凭证应当包括品牌型号、类型规格、识别代码、生产日期，生产者及销售网点名称、地址、邮政编码、客服电话等；三包条款应该明示其三包范围、保修期及有效期等。家用汽车产品应当附有随车物品清单，并配备相应的随车工具及备品。

2）销售者义务

销售者在销售家用汽车产品时，不仅应当向消费者交付经检验合格的家用汽车产品及其发票（对于进口家用汽车产品，销售者还应明示并交付海关货物进口证明和进口机动车辆检验证明等）；而且还应当按照《随车物品清单》向消费者交付随车工具及其备品；应当与消费者一起当面查验家用汽车产品可以现场检验的外观及内饰等质量状况；应当明示并交付产品使用说明书及维修手册、三包凭证等；并明示家用汽车产品三包条款（三包范围、保修期及有效期等），并在三包凭证中填写有关销售信息；明示由生产者约定的修理网点名称、地址和联系电话等（但不得限制消费者在上述修理网点中自主选择其他修理者）；应当提醒消费者阅读安全使用注意事项，并要求消费者按照使用说明书使用和维护。

3）修理者义务

修理者应当建立并存档其修理记录。内容包括：送修时间及已行驶里程，送修项目及检验结果，实际修理项目及零部件更换记录，材料费、工时及工时费、拖运费、备用车信息或交通补偿费，交车时间等，并应当有修理者及消费者的签名盖章等。修理记录一式两份，一份存档，一份交于消费者，以便消费者查阅或复制。修理者应当保持能确保修理正常进行的零部件合理储备，避免待工待料。所更换的所有零部件应当是由生产者提供或认可的合格品，其质量应不低于家用汽车产品生产装配线所用产品质量标准。

在家用汽车产品的保修期及三包有效期内，倘若出现产品质量与法规标准及企业明示的质量状况不符，从而影响车辆正常使用或无法正常使用的；或者出现严重安全性能故障从而可能危及人身财产安全、致使消费者无法安全使用的，修理者应当提供电话咨询服务；倘若仍无法解决的，应当现场修理并承担合理的车辆拖运费。

2. 三包责任及其免除

1）三包责任

包括包退、包换、包修。

新购家用汽车的“包退有效期”应不低于60日或3000km（自销售者开具购车发票之日起算，以先到者为准）。在此期限内，倘若家用汽车产品出现转向系统或制动系统失效、车身开裂或燃油泄漏等；或者出现发动机及变速器主要零件损坏的，消费者可凭三包凭证、购车发票等，直接向销售者退货或更换。发动机及变速器、转向系统、制动系统、悬架系统、前/后桥、车身的主要零件的质量保证范围及质量保证期限，应当由生产者明示于三包凭证内，且应当符合国家相关标准或规定，具体要求由国家质检总局另行规定。

新购家用汽车的“包换有效期”应不低于2年或5万km（自销售者开具购车发票之日起算，以先到者为准）。有些国产家用汽车产品厂家所承诺的三包有效期已达3年或10万km；

非家用汽车产品的普通客货汽车其质量保证期大多为1年或2万km。在此期限内,倘若发生下列情况,消费者可凭三包凭证、购车发票,向销售者更换或退货:

(1)车辆出现严重安全性故障且累计2次修理仍未排除,或又出现新的严重安全性故障的。

(2)发动机及变速器、转向系统、制动系统、悬架系统、前/后桥、车身的同一主要零件,因质量问题而累计更换2次后仍不能正常使用的。

(3)车辆因产品质量问题的修理时间累计超过35日,或者因同一产品质量问题累计修理超过5次的。

但上述时间不包含外出救援时间,以及生产者已明示于三包凭证中因定制防盗系统或全车线束等特殊零部件所需的运输时间。在此期限内,凡消费者书面要求更换或退货的,销售者应自收到消费者书面要求之日起10个工作日内作出书面答复,否则将视为故意拖延或无正当理由拒绝。其中,凡符合更换或退货条件的,销售者应当自消费者要求之日起15个工作日内为消费者更换或退货。即应当及时为消费者更换新的合格的同品牌同型号的家用汽车产品,或不低于原车配置的其他家用汽车产品;否则应为消费者退货(按发票价格一次性退清货款,所发生税费按国家有关规定执行),并按相关法律法规办理车辆登记等手续。但在换货或退货时,除了可免费的外,消费者也应当对该产品使用时间和使用状况等支付相应的合理补偿。

新购家用汽车的"包修有效期"应不低于3年或6万km(自销售者开具购车发票之日起算,以先到者为准)。在此期限内,倘若新购家用汽车出现产品质量问题,消费者可凭三包凭证由销售者或修理者免费更换或免费修理(包括工时费和材料费);倘若修理时间(包括待修时间)超过5日的,销售者或修理者应当为消费者提供备用车,或给予合理的交通费用补偿。

新购货车或新购专用汽车的质量保证期应不低于1年或2万km。

须注意的是:倘若消费者遗失新购家用汽车三包凭证的,销售者或生产者应当在接到消费者申请后10个工作日内予以补办,其保修期及三包有效期自三包凭证补办日起重新计算。新购家用汽车倘若在三包有效期内发生所有权转移的,三包凭证也应随车转移,但三包责任不因汽车所有权转移而改变。倘若经退换的家用汽车被销售者再次销售时,应当经检验合格、明示该车曾属于三包退换车,并注明其更换或退货原因,三包责任则可按合同约定执行。倘若经营者破产、合并、分立或变更的,其三包责任按照有关法律法规规定执行。

2)三包责任的免除

经营者对以下情形可不承担三包责任:

(1)易损耗零部件损坏已超出生产者明示质量保证期的车辆。

(2)新购家用汽车虽在三包有效期内,但倘若消费者所购产品已被书面告知存在瑕疵而仍然购买的;或者无有效发票和三包凭证的;或者用于出租或其他营运目的的;或者在使用说明书中已明示不得改装、调整或拆卸,但消费者仍然自行改装、调整或拆卸而造成损坏的;或者发生产品质量问题后因消费者处置不当而造成损坏的;或者因消费者未按照使用说明书要求正确使用及维修而造成损坏的;或者因不可抗力造成损坏的。

(3)不包括企事业单位或政府机关公务用车;不包括三包规定实施前所购买的家用汽车。

3)三包责任争议的处理

在新购家用汽车发生三包责任争议时,消费者可与经营者协商,或依法向第三方社会中介机构(如各级消费者权益保护组织等)请求调解,或依法向质量技术监督等行政部门申诉。倘若争议双方不愿协商或调解,或协商调解无法达成一致的,可以根据协议申请仲裁,或依法向人民法院起诉。家用汽车产品的经营者应当妥善处理消费者对三包问题的咨询、查询和投诉;并与消费者一起,积极配合质量技术监督等相关部门或机构对三包责任争议的处理。省级以上质量技术监督部门可以组建技术咨询人员库,从而为家用汽车产品的三包责任争议处理提供相应的技术咨询;参与争议处理的技术咨询人员选择应经争议双方同意,咨询费用由双方协商解决。在处理过程中需要对相关产品进行检验或鉴定的,可按照产品质量仲裁检验和产品质量鉴定的有关规定执行。

二、汽车维修竣工的出厂规定及质量验收标准

1. 汽车维修竣工的出厂规定

车辆或总成在修竣出厂时,应当彻底完成车辆维修竣工时的收尾工作,以做到交车时不补修、不补装、不调试。车辆或总成在维修竣工后的出厂规定是:

(1)无论车辆在送修时其装备与附件是否残缺或状况如何,在维修竣工出厂时,其“常规性装备”均应按照原厂规定配齐且有效,不得任意更改。所谓常规性装备,是指原厂规定其基本型车辆所必需的装备。不包括其他非常规性装备,例如在特殊条件下需要运输超长、超宽、超高、危险、防碎、保温保鲜等特殊货物时所使用的临时性装备,以及在运输过程中车辆需要防滑、预热或被牵引时所使用的临时性设施等。

(2)凡经整车大修、总成大修、二级维护而竣工出厂的车辆或总成,在修竣出厂时,承修人必须按照汽车或总成修竣出厂的质量检验规范和质量验收标准进行检验、验收和交接,以使修竣出厂车辆能完全符合汽车维修技术标准中的修竣出厂技术要求,确保汽车维修质量。

(3)车辆在维修竣工并经质量检验合格后,汽车维修企业应向托修方交付相应的维修技术资料(即四单一证:进厂检验单、过程检验单、出厂检验单、结算单,机动车维修竣工出厂合格证),并向托修方交代车辆在维修竣工出厂后的走合期规定、质量保证期限及质量保证范围、返修处理规定及维修质量调查表等。

(4)用户在接收维修竣工车辆时,应根据《汽车维修合同》就车辆技术状况和车辆装备情况进行验收。倘若不符合国家规定的维修出厂验收标准及竣工验收技术要求的,用户有权查阅该车维修过程的检验记录及零部件更换记录,甚至有权要求重新检验,返修或拒收。

2. 汽车维修竣工出厂的基本要求

1)整体要求

凡维修竣工出厂的汽车,全车整洁,各摩擦部位润滑充分,无四漏(漏水、漏油、漏气、漏电)。各种常规性装备齐全有效,组装正确、连接可靠;各部机件运行温度正常,各外露螺栓螺母紧固可靠,开口销及锁止装置齐全有效。凡装于大修车辆的所有零部件、总成和附件都应符合汽车大修技术条件,车辆的结构参数应符合原厂设计规定。

2)发动机总成

凡维修竣工出厂的发动机各机件连接牢固,附件齐全良好;并能在正常环境温度下迅速顺利起动;走热后在各种转速下运转正常,怠速稳定、加速灵敏、过渡圆滑,急加速或急减速时无回火放炮、过热及异响;且油耗正常、排放合格、排气烟色正常。

凡经大修出厂的发动机，其装配工艺应符合原厂规定技术条件，组装后应按规定进行冷拖与热试、拆检与清洗；并要求其汽缸压力或进气管真空度、最大功率和最大转矩符合规定。在所有转速及负荷的稳定运转过程中，只允许有轻微而均匀的齿轮及气门脚等传动响声，不允许有明显的活塞、连杆轴承、曲轴轴承等敲击异响。但经汽车维护出厂的发动机，在冷车时或高速及变速时允许有轻微而均匀的活塞敲缸异响。

3）底盘各总成

凡维修竣工出厂的汽车底盘各总成工作正常、润滑充分，无异常磨损、异热及异响；各操纵机构应灵活可靠有效，自由行程符合原厂规定。其中：

（1）传动系统。离合器接合平稳、分离彻底，不打滑、不发抖、无异响。变速器换挡轻便灵活，不跳挡、不乱挡，无异响、异热及漏油等。传动轴无松旷甩动弹响；主传动器各齿轮无恶性磨蚀、无异响、异热及漏油等。

（2）行驶系统。车架、支承桥或驱动桥壳无变形或裂缝，车轮定位符合规定。悬架弹簧无断裂或错位，减振器良好，轮胎气压正常且搭配合理、换位适时。

（3）转向系统。转向操纵轻便灵活，不发卡、不松旷、不跑偏、不摆头；转向机构各连接锁卡可靠。转向盘自由行程、最大转向角及最小转弯直径等符合规定，行驶中无摆头、跑偏或蛇行，无恶性磨胎现象；车轮横向侧滑符合规定。

（4）制动系统。行车制动反应灵敏、均匀平顺，不单边、不跑偏、不发咬，制动鼓或制动盘厚度足够、无裂纹和变形且与制动蹄片接触正常；制动距离或制动减速度等符合规定；驻车制动器在制动后不能起步或滑溜等。

4）电气设备

凡维修竣工出厂的汽车电器各总成工作正常。其中：

（1）电源系统。蓄电池存电正常，电解液密度及液面高度适当；发电机发电正常。

（2）起动系统。能保证用起动机可靠起动发动机。

（3）照明系统、信号系统及仪表系统。各种照明及信号齐全有效；前照灯光度与光束符合规定；喇叭清脆洪亮无异声；仪表齐全、指示正确。

5）车身

凡维修竣工出厂的汽车其车身应正直并左右对称；客车内外蒙皮平整无凹陷，货车驾驶室与车架连接牢靠，油漆表面光泽均匀，颜色协调，无开裂、流痕及起泡；合缝处不漏雨或异响；货厢栏板坚固无腐朽破损，牵引钩及锁钩牢固；仪表台与内饰贴服整洁；车架所有铆接或焊接处无松动开裂；门窗玻璃清晰且启闭灵活锁止可靠；座椅靠背完整舒适且固定可靠；各操作机构操纵灵活有效；随车工具、牌照、刮水器、后视镜及附件等齐全良好。

3. 汽车维修竣工出厂的性能要求

汽车维修竣工出厂后的性能要求包括：动力性、安全性、经济性、排放性等。

（1）动力性。维修竣工出厂汽车的加速性能、爬坡性能与滑行性能应符合原厂设计要求。

（2）安全性。维修竣工出厂汽车的制动性能、转向性能、安全装置操纵性能等都应符合《机动车运行安全技术条件》（GB 7258—2017）。

（3）经济性。采用原厂测试工况，测试维修竣工出厂汽车的最低比油耗（或百公里平均燃油消耗）及发动机最大输出转矩，应符合原厂设计规定。

(4)排放与噪声。维修竣工出厂汽车排放应符合《点燃式发动机汽车排气污染物排放限值及测量方法(双急速法及简易工况法)》(GB 18285—2005)、《车用压燃式发动机和压燃式发动机汽车排气烟度排放限值及测量方法》(GB 3847—2005);汽车噪声应符合《汽车加速行驶车外噪声限值及测量方法》(GB 1495—2002)。

4.汽车维修竣工出厂的可靠性要求

以前的汽车维修大多强调汽车修竣出厂后的技术性能,却不重视修竣出厂后的使用可靠性,结果使修竣出厂的车辆故障频发,用户意见很大。为此还必须强调车辆修竣出厂的使用可靠性,强化车辆维修竣出厂后的质量保证。汽车修竣出厂后的使用可靠性,是指维修竣工车辆出厂后在正常使用过程中,在质量保证期及质量保证范围内,保证不发生影响其正常使用的各类故障。它通常以每千车千米所发生的故障率进行评价。

5.汽车维修竣工出厂的质量验收标准

凡经整车大修、总成大修、二级维护而竣工出厂的车辆或总成,在修竣出厂时都应当按照汽车维修技术标准进行检验和验收。其中:

(1)凡经过大修的汽车或总成,应符合《汽车大修竣工出厂技术条件》(GB 3798—2005)、《汽车发动机大修竣工出厂技术标准》(GB/T 3799—2005)、《客车结构安全要求》(GB 13094—2017)、《货运全挂车通用技术条件》(GB/T 17275—1998)等标准。

(2)凡未经过大修(二级维护)的汽车或总成,应符合《汽车维护、检测、诊断技术规范》(GB/T 18344—2016)等国家标准。

无论经过大修或未经过大修的汽车或总成,凡经汽车维修企业维修的车辆,都必须符合《机动车运行安全技术条件》(GB 7258—2017),以确保车辆参与道路交通的行车安全。

三、汽车维修竣工出厂的质量保证

根据交通运输部令2016年第1号《道路运输车辆技术管理规定》及2015年第17号《机动车维修管理规定》,机动车维修经营者在机动车维修竣工后应当实行出厂质量保证制度;应当公示承诺机动车维修的质量保证期,且所承诺的质量保证期不得低于国家规定的质量保证期。即机动车维修经营者应当公示承诺:在机动车维修竣工后,在用户车辆正常维护及合理使用(不违章操作、不超载超速)前提下,在质量保证期限及质量保证范围内,不发生因为维修质量不佳而造成车辆的故障或损坏。

汽车维修质量保证的内容,包括质量保证期限及质量保证范围。

1.质量保证期限

(1)汽车和危险货物运输车辆整车修理或总成修理的质量保证期为2万km或100日;汽车二级维护的质量保证期为5000km或30日;汽车一级维护、汽车小修及汽车专项修理的质量保证期为2000km或10日。其他机动车整车修理或总成修理的质量保证期为6000km或60日;其他机动车维护、小修及专项修理的质量保证期为机动车行驶700km或7日。

(2)摩托车整车修理或总成修理的质量保证期为摩托车行驶7000km或80日;摩托车维护、摩托车小修及专项修理质量的保证期为摩托车行驶800km或10日。

(3)新车或大修汽车(包括发动机大修)在竣工出厂后的使用过程中,不仅须执行走合期规定(减载、减速,勤检查、勤维护等);而且在客车5000~10000km、货车3000~6000km走合期满时，应由原销售点或承修厂做走合维护（包括拆除发动机限速装置，并做新车或大修车技术状况及出厂质量鉴定等）。

上述的质量保证期，均以行驶里程或使用期限两者中先达到者为准，且自机动车维修竣工出厂之日起计算。

2. 质量保证范围

承修厂应对各级维修类别所规定的作业范围，以及汽车在进厂时报修的承修范围及附加修理作业范围，在质量保证期限内履行质量保证，以保证维修竣工出厂车辆技术状况良好、运行正常。其中，所有经更换的汽车配件（特别是基础件及重要总成）应为原厂新件；所有经修复的旧件要求其技术状况及性能良好。

四、质量返修的处理

1. 质量返修及处理

凡车辆经过维修竣工且经过质量检验出厂后，在质量保证期及质量保证范围内，倘若又需要复修处理的，应列为质量返修。承修厂在处理质量返修车辆时，首先应出托修方与承修方共同技术鉴定，以分清返修责任、并填写返修记录。其处理原则是：

（1）责任属于承修厂的质量返修。根据交通运输部令 2015 年第 17 号《机动车维修管理规定》：凡经整车大修、总成大修、二级维护而竣工出厂的车辆或总成，在国家规定的或承修厂承诺的质量保证期内，倘若确因维修质量而造成车辆故障或损坏从而使机动车无法正常使用的，承修方在 3 日内也无法提供非维修原因相关证据的，机动车维修经营者都应当及时无偿的质量返修，不得故意拖延或者无理拒绝。倘若机动车在国家规定的或承修厂承诺的质量保证期内因为同一故障或同一维修项目经两次修理仍不能正常使用的，机动车维修经营者应当负责联系其他机动车维修经营者、并承担相应修理费用。

通过质量返修，承修方的承修班组、主修人、质量检验员及质量管理者等都应从中吸取经验教训，找出质量管理薄弱环节，提出质量改进措施。

（2）责任属于送修方的故障或损坏。倘若车辆因用户使用不当（如超载、超速）或维护不当（如未执行大修走合期规定、未执行日常性维护等）而造成的故障或损坏，应由送修方自行负责。其中凡委托原承修厂修复的，其修复的全部工料费用应由送修方承担。

（3）倘若责任涉及送修方与承修方双方的，则应根据责任认定结果由双方协商处理。

2. 质量纠纷与质量信誉考核

在机动车维修过程中，倘若承修方与托修方之间发生质量纠纷，可由双方先行协商。倘若协商无效的，可交由道路运输管理机构根据维修合同及相关规定出面调解处理或进行鉴定仲裁，或交人民法院判决处理，也可委托第三方“机动车司法鉴定机构”组织专家进行司法鉴定（鉴定费用由责任方承担）。但须注意的是，纠纷双方都应当保护当事车辆的原始状态。倘若需要拆检时，纠纷双方都应在场，拆检结果由纠纷双方共同认可。

交通运输管理机构（汽车维修行业管理部门）不仅应当建立机动车维修经营者的质量信誉考核制度（如经营者基本情况、经营业绩及奖励情况、不良记录等），而且还应当建立机动车维修企业的诚信档案，并依法公开（除涉及国家秘密及商业秘密外）供公众查阅。

复习思考题

1. 何为质量及质量管理？为什么说质量不是最终检验出来的？
2. 为什么说，产品质量与服务质量都取决于工作质量？
3. 何为质量职能与质量责任？
4. 试述质量管理发展三阶段的特点。
5. 何为全面质量管理？试述其基本特点、基本宗旨与指导思想，基本方法与基本要求。
6. 何为质量保证体系？如何开展质量保证体系的基本活动？
7. 何为质量方针、质量目标、质量体系、质量计划、质量保证、质量控制、质量监督、质量审核与质量体系审核？
8. 为什么要用全面质量管理来整合企业的生产经营管理？
9. 怎样编写、发放和实施质量管理体系文件？
10. 如何搞好质量管理体系的认证、培训、保持与改进？
11. 汽车维修企业的质量目标是什么？如何制订汽车维修企业的质量目标？
12. 汽车维修企业质量管理机构、质量管理方法与人员岗位职责是什么？
13. 汽车维修企业质量管理基础工作有哪些？
14. 如何搞好质量教育、企业标准化、计量与检测、质量信息与 QC 质量管理小组活动？
15. 何为质量检验？试述汽车维修质量检验的分类及内容。
16. 试述汽车维修质量检验的基本要求。
17. 汽车维修质量检验人员的基本素质与质量职能是什么？
18. 如何考核汽车维修质量检验人员的工作质量？
19. 如何评价与考核汽车维修质量？其考核指标有哪些？如何分析汽车维修质量？
20. 试述汽车维修竣工车辆和总成的出厂规定与汽车维修竣工出厂验收标准。
21. 为何国家要规定家用汽车产品三包责任，但不含政府机关企事业单位的公务用车？
22. 家用汽车产品包退、包换、包修的实施条件有哪些？
23. 阐述新购汽车及汽车维修出厂的质量保证期与质量保证范围。
24. 经营者可不承担三包责任的情形有哪些？
25. 什么是质量返修？如何处理质量返修？

第六章　企业财务管理

第一节　企业财务管理

企业财务管理是企业管理的重要组成。所谓财务管理，就是通过货币和价值的形式，对企业日常生产经营管理活动及资金流动进行管理（如资金筹集、使用分配、控制消耗、财务处理等），以反映企业生产资料的取得和占用（企业物化劳动和活劳动消耗）；实现销售和劳务的资金回收和分配。

一、企业财务管理的目标、原则与任务

企业财务管理包括财务决策、财务计划和财务控制等。其中，财务决策是根据财务报表对企业资金的筹集和使用进行决策。财务计划是指根据企业财务目标确定财务预算。财务控制则是指根据财务计划，对企业的财务过程执行控制。

1. 企业财务管理的目标与原则

1）管理目标

通过财务管理，完成企业资金的筹措和有效使用，并通过获利实现企业财富的最大化（利润最大化、盈余最大化、价值最大化），求得企业的生存与发展。

2）管理原则

以生产经营管理为中心，增产节约、增收节支，提高企业经济效益。

2. 企业财务管理的基本任务

企业财务管理的基本任务是：做好财务的日常性收支、控制与核算、分析与考核等，反映企业预期内的生产经营管理及其经营成果；并反映企业财务的基本状况（如资产、负债和所有者权益等），依法合理地筹集资金，有效地利用各项资金，提高企业经济效益。

1）建立机构，健全管理制度

设置必要的财务管理机构，配备合格的财务管理人员；建立健全企业财务管理制度及核算体系，做好企业财务管理基础工作。例如落实财务管理的岗位责任制与经济责任制，建立健全各项原始记录、财务报表、技术经济定额等。

2）筹集资金、保证生产

根据企业发展需要，合理有效地为企业筹集资金，以保证企业日常生产经营管理活动的正常开展；并深入企业实际的生产经营管理过程中，安排和监督资金合理使用，做好资金管理，提高资金使用效率，以保证投资者权益不受侵犯。

3）控制耗费、提高企业经济效益

编制各项财务计划（如资金分配、成本和收支等），以控制各项耗费，确保企业资金的有效

使用;并通过内部核算,如实反映企业财务状况,考核企业经营成果,为企业管理者提供经营决策,提高企业的经济效益。企业财务的各项经济指标都要实行归口分级管理,以实行企业的全面经济核算(如班组核算与单车核算等)。

4)依法缴纳税,合理分配利润

正确处理企业内外的各种经济关系。例如与往来客户完成资金结算,依法纳税;并按照国家财务制度合理分配企业利润,补偿生产资料消耗和支付职工劳动报酬等。

5)维护财政纪律,实行财务监督

维护财经纪律,实行财务监督,从而把搞活经济与维护财经纪律紧密结合起来。所谓财经纪律,是国家规定财会人员必须遵循的纪律和法律。所谓财务监督,就是对资金筹集及使用分配实施全过程监督,以制止违反国家财经纪律和财务制度的行为发生。

二、企业财务的管理机构及管理制度

1. 企业财务的管理机构

企业的财务管理机构及财会人员应根据企业的实际需要而配置。其中,财务人员的主要职责是控制企业的投资与分配,管理企业的资产和资金,负责财务计划、财务报告、企业经济核算等;会计人员的主要职责是负责企业的日常性收支,建账立卡,实行企业内部核算及内部分配等。其基本要求是:所有财会人员都必须持有《会计证》,坚持原则、忠于职守。其中,小型企业的财务管理可采取厂部一级核算,由厂长直接负责。大中型企业的财务管理应根据《中华人民共和国公司法》采取企业内部厂部和车间班组两级或三级核算,由财务总监在厂长/经理的直接领导下负责企业财务管理。

2. 企业财务的管理制度

(1)企业财务管理制度。包括以下两个层次。①由国家财政部颁布的《企业财务通则》《运输企业财务制度》《企业内部财务管理制度》及《关于工交企业制定内部财务管理办法的指导意见》。②由企业财务部门按照国家法律法规及会计制度建立的企业内部稽核制度。

(2)财会交收制度。为维护企业利益,在企业财务管理中,不仅要求记账管理与现金管理分开;而且要求所有的财会人员都必须严格执行财务交收制度。例如,凡属于费用支出的均须具有原始单据,实施定额管理;凡开出的收据和支票均需当天结清等。

3. 企业财务人员的岗位职责

廉洁奉公是财会人员的首要职业道德。为了保证企业的财产安全,财会人员不仅自己要做到账实相符、账账相符;并如实向国家财政、税务及审计机关提供相关会计资料;而且所有财会人员都有权监督企业的所有经济活动,有权对其他业务部门进行财务审计或检查。

1)财务总监岗位职责

财务总监应在厂长/经理的直接领导下组织企业财会工作,对企业负责,以确保企业资金及财产的安全和完整。其岗位职责是:

(1)制定企业内部财务管理制度。

(2)根据生产经营管理计划,编制并考核企业财务计划及执行情况。

(3)监督和审核费用开支标准及开支情况,发现问题及时处理和报告。

(4)编制各项技术经济定额,执行企业成本核算,评价企业经济效益,并根据会计报表进行财务分析。

(5)报告企业资金调拨、财产转移等重大事项。

(6)对外提供企业年检资料,负责交纳税金。

(7)负责财务章及企业法人章使用等。

2)会计核算人员岗位职责

会计核算人员的岗位职责是:

(1)根据企业内部财务管理制度执行会计核算与会计监督。

(2)按照国家会计制度编制会计记账凭证,登记会计账簿。

(3)及时编制财务报表,并妥善保管会计资料,保证其真实完整。

(4)办理其他会计事项。

3)出纳人员岗位职责

出纳人员的岗位职责是:

(1)根据企业内部财务管理制度,严格执行费用报销标准。

(2)负责登记现金日记账和银行存款日记账,并做到账款相符。

(3)日结月清现金收支,执行备用金限额,并严格控制现金开支和支票管理。

(4)正确使用和审核银行结算凭证,确保收支无差错。

(5)办理其他会计事项。

三、企业资本金及资本金制度

1.企业资本金

根据《企业财务通则》及《中华人民共和国公司法》,企业资本金是指企业在工商行政管理部门所登记的注册资金,也就是开办企业时的本钱。

企业资本金按照投资者的主体,可分为国家资本金、法人资本金、个人资本金、外商资本金等;按资本的性质可分为法定资本金、注册资本金、实收资本金、资本公积金、盈余公积金等。其中,①法定资本金是指开办企业时必须具备的最低限额资本(即开办企业所必须持有的最低限额资金)。②注册资本金是指企业登记注册时所申报的资本金。③实收资本金是指实际收到的投入资本金。

2.企业资本金制度

企业资本金制度是国家对于企业设立或存续期间,关于资本的筹集、运作、管理及所有者权益等的制度规定。建立企业资本金制度是我国资金管理体制的重大改革,也是我国财务制度改革的核心。其内容包括:

(1)凡要登记注册企业营业执照的,不仅要具备一定的注册资本,而且要实施实缴登记制度。即企业在登记注册及申领营业执照时,必须先由工商管理部门凭投资者《出资证明书》及中国注册会计师确认的验资报告,核查企业已实缴的注册资本金,防止企业破产时无法兑现职工酬劳。

(2)企业资本金的维持必须遵循三项原则:资本确定原则、资本保值原则、资本增值原则。

即要求企业资本运作结果必须是不断增值的。

(3)投资者资本必须是真实、能以价值量化的；在企业生产经营管理活动过程中不得随意抽走和冲减。

企业资本金制度是各国通用的资本管理办法。在我国建立企业资本金制度的意义在于：

(1)明确企业的产权关系，体现资本保全原则，从而保障了企业所有者权益。既有利于吸引更多的民间投资和外商投资，也有利于国内企业走向国际市场。

(2)在实施企业资本金制度后，资产的报废、盘亏和毁损等都不能冲减资本金，而只能作为企业管理费计入当期企业损益或企业营业外支出。这就明确了企业盈亏计算的基准点。这有利于真实反映企业的实际经营状况，抑制了过去那种虚盈实亏的经营行为。

(3)由于企业资本金决定着企业的经营规模和经营状况，也决定着企业的偿还能力。这对于非国有企业而言，资本金也是承担经营风险的最终保证。因此，资本金制度既是企业实现自主经营和自负盈亏的前提，也是企业实现自主经营、自负盈亏、自我发展和自我约束的重要经营机制。

但现阶段，国家为了简政放权和搞活民营企业，国务院已实施《注册资本登记制度改革方案》，除了金融业、保险业、证券期货及资产基金管理公司、直销企业及劳务派遣企业、典当行及小额贷款公司等 27 个特定行业仍需实施实缴登记制度外，其余企业都改为认缴登记制度，以放宽注册资本的登记条件。该方案还将企业营业执照的年检制度改为年报制度。为加强行业监督以避免出现皮包公司，政府还将建立统一的企业信用公示系统。

3. 企业资本金的筹集

企业资本金的筹集包括股权资金筹集和负债资金筹集。其中，负债资金筹集又包括长期负债资金筹集和短期负债资金筹集。

企业资本金的筹集管理，包括筹集方式，筹集时效与期限，规定货币及无形资产所占份额，资本金确认，投资者违约责任等。其中，企业在筹集资本金时，应在投资合同中规定投资者的出资数额及出资期限。倘若投资者未按投资合同或公司章程所规定的期限足额出资的，应视为违约，从而依法追究其违约责任。一般地说，资本金的一次性筹集期限应当在签发营业执照之日起 6 个月内；分期筹集的最长期限不超过 3 年(第一次筹集的投资者出资比例应不低于 15%，并在营业执照签发之日起 3 个月内筹足。有限责任公司所吸收的企业全部投资中的货币资金不得少于企业注册资金最低额的 50%，企业所吸收的工业产权投资或非专利技术投资不得超过企业注册资本的 20%)。投资者所投入的资本金在整个公司持续经营期间都不得以任何方式抽回(除依法转让外)。

企业资本金的筹集原则是：

(1)筹集资本金必须遵守国家有关法律法规，维护有关各方的合法权益。

(2)要综合考虑各种筹资渠道和筹资方式(根据投资方向确定筹集方式)，合理预测和确定资金需求量，合理安排和控制资金的投放和回收，以求得最优的筹资组合，减少资金占用，加速资金周转，降低综合资金成本。

(3)投资者必须按照投入资本金的比例或者按照合同章程来分享利润，并承担经营风险和分担亏损。

第二节　企业资产、负债、所有者权益

一、企业资产

企业的生产经营管理活动都需要使用一定的企业资产，管好和用好企业资产是关系企业生死存亡的大事。所谓企业资产，是指企业拥有或控制的、能为企业提供经济效益的，且能以货币计量的所有经济资源（包括资产存量和资产流量）。企业资产按其存在方式，可分为财产、债权和其他权利；按其变现时间或耗用时间，可分为固定资产、流动资金、长期投资、无形资产、递延资产和其他资产等（图 6-1）。

1. 固定资产

固定资产是指使用期限在 1 年以上，单位价值在国家规定标准（如 1000 元）以上，并且在使用过程中能保持其原有形态不变（但其价值状态却随着生产经营管理活动的不断延续而逐渐折旧、并通过企业生产经营管理而在收入中逐渐得到补偿）的资产。

固定资产包括：生产经营用固定资产，非生产经营用固定资产，租出固定资产，未使用固定资产，不需用固定资产，融资租入固定资产等。汽车维修企业的固定资产主要是指房屋及建筑物、土地、机器设备及车辆等。

由于固定资产占用投资多、回收期长而变现能力差，其实物形态与价值形态又常常分离，因而是企业资产的管理重点。为此必须做好企业固定资产的日常管理，以保护企业固定资产的安全及有效利用。其中包括：确定固定资产的需要量，做好固定资产管理各项基础工作，正确提取固定资产折旧，认真做好固定资产的日常使用维修，搞好企业物业管理等。

- 资产
  - 流动资产
    - 货币资产
      - 现金
      - 银行存款
      - 其他货币资产
    - 结算资金
      - 短期投资
      - 应收票据
      - 应收账款
      - 其他应收款
    - 存货
      - 材料
      - 配件、工具
  - 长期资产
    - 股票投资
    - 债券投资
    - 其他投资
  - 固定资产
    - 房屋及建筑物
    - 机器设备等
  - 无形资产
    - 专利权和非专利技术
    - 商标权和商誉
    - 土地使用权
  - 递延资产
    - 开办费
    - 摊派期在一年以上的待摊费用
    - 租入固定资产改良支出等
  - 其他资产
    - 待摊储备物资
    - 冻结资产
    - 房改基金存款

图 6-1　资产分布情况

为了管好企业固定资产，必须做好以下工作：

（1）必须实行归口分级的专人管理。在企业财务部门的统一协调下，按照固定资产分类、使用单位和使用地点不同，实行各职能部门的归口分级管理，由此建立固定资产管理的岗位责任制和经济责任制，层层落实。固定资产管理人员每季度都应清查企业现有的固定资产。若有毁损、丢失或盘亏、报废，均需查明原因与责任，对责任人或责任单位酌情处罚，在清查后经审批并做账务处理。

（2）必须建立固定资产的卡片和台账。为能详实地反映和监督企业内部固定资产的使用情况及增减情况，管好用好固定资产，应按照固定资产类别由使用部门分别设置其固定资产卡片和台账，并做到账、卡、物三符。其中，固定资产台账用以登记及清算其折旧、原值和现值等，固定资产卡片则按固定资产类别分别设置于固定资产旁。

2. *流动资产*

流动资产是指企业在营业周期（如1年）内可直接变现或者直接流通使用的资产。包括货币资金、短期投资、应收账款、预付款和存货等。

1）货币资金

货币资金，是指货币形态的资金。包括现金、支票和各种存款（如库存现金、银行存款、各种票据、有价证券等）。由于现金是企业中最灵活的流动资产，倘若企业缺乏足够的现金储备，将不能应付临时性的业务开支，从而可能丧失其购买机会，或造成信用危机而使企业蒙受损失。但企业也不能储存过多现金，这不仅会使这些货币资金不能参与周转而无法获利，而且也存在着被盗的危险。

企业现金管理的目标就是在现金流动性和盈利性之间做出选择，从而获得最大利润，为此要做好现金及存款的日常管理。例如：

（1）确定最佳的现金持有量，编制现金收支计划，并及时清理库存现金。根据国家现行制度规定：企业的库存现金以3～5天实际需要量为限；且不得以现金收入直接支付，不得签发空头支票，不得租借账户或套用银行信用，不得保存账外公款，不得以私人名义将公款存入银行，或存为账外现金等。为了提高现金使用效率，应做好现金的收支管理。即保持现金的当天流入或当天流出，尽可能保持库存现金量基本不变；尽可能缩短应收账款时间，加速收款；并尽可能推迟应付款支付。

（2）控制现金的日常收支。例如做好现金日记账，并做到日清日结、账款相符，努力实现企业的收支平衡。

（3）超过库存限额的现金必须存入银行，不准滞留或挪用。

（4）要实行会计与出纳的相互牵制的监督制度（即管钱的不管账、管账的不管钱）。

2）短期投资

短期投资是指企业购入能随时变现，持有时间不超过1年的有价证券及其他投资，如股票及债券等。短期投资可按成本价与市价相抵的方式计算其收益，并应以实际收益时间进行记账，在未兑现之前不能预计记账。

3）应收款及预付款

其中，应收款是指应收而未收的账款（如应收票据、应收账款、其他应收款、预付货款、待摊派费用等），它是企业预先支付的定金，或已经销售的产品或提供劳务而应收未收的款项。预付款则是指企业对外预付的货款或借出的货币，如企业因购买设备或材料配件已预付的款项。近年来，由于企业的应收账款明显增多，赊欠、坏账和死账时有发生，从而使应收账款成为流动资产管理的严重问题。为此，在签订汽车销售合同或汽车维修合同时，一定要事先做好客户的信用调查和信用评价，并加强应收账款的日常控制和清欠催收，以减少应收账款的呆账、死账和坏账损失。

4）存货

存货是指企业在生产经营管理活动中为了备用而库存的各种资产。例如，汽车维修企业常需要储备有较多的维修配件、原材料和工具等，占用额度大且流动性强。因此，库存管理一直是汽车维修企业管理的难点和重点。在确保汽车维修企业日常业务的前提下，为尽可能减少库存和资金占用，必须根据企业经营状况确定合理的库存，并加强库存物资的日常管理。例如建立健全库房管理制度(包括货物出入库、检验、盘点、处理、维护,及安全消防等);建立健全各种原始记录(包括采购计划,出入库单与销售单,日统计表及月统计表等);并做好日常核对(如每天复核出入库记录及销售单据等),发现问题及时上报处理;做好库存管理信息工作(包括供应信息,需求信息,库存缺货信息等)。

控制存货的常用办法是:在厂长/经理的直接领导下,实行流动资金归口分级管理,从而将流动资金的计划指标层层分解,落实到基层单位和个人;并按流动资金管理、物资管理与资金使用管理相结合的原则,由财务部门编制存货计划,核定存货资金;由物资供应部门严格控制库存量,并定期清查盘点;要求生产部门节约使用等。倘若出现盘盈、盘亏或损毁,应查明原因并及时处理。

3. 长期投资

长期投资,是指企业长期持有(超过 1 年)、近期不准备变现的投资(如股票、债券及其他投资等)。其中,股票是指股份制企业为了筹措资金而发行的有价证券,属于股权投资;债券是债务人为了筹措大额长期投资而向公众发行的债务凭证。公众购买债券仅是为了获得利息收入,属于权益投资。对于长期投资的管理:

(1)要正确估计投资方案,制定现金投入计划,严格按照财务计划来安排现金收支;并客观估计投资风险,估算投资风险报酬,为管理层提供决策依据。

(2)以付款或投资的时间作为投资入账时间,以投资实际支出金额或资产评估价值作为投资入账价值。

4. 无形资产

无形资产,是指并没有实物形态,但可以长期使用(有限期或无限期)而能为企业提供收益的资产,或有偿性特殊权利。如专利权和非专利技术、商标权和商业声誉、著作权、土地使用权等。

5. 递延资产

递延资产,是指企业发生的,虽不能全部记入当年收益,但可在今后年度分期摊销的各项费用,包括企业开办费、租入固定资产的改良费,摊销期 1 年以上的待摊费用等。

6. 其他资产

其他资产,是指除固定资产、流动资产、长期投资、无形资产、递延资产外,特殊物资储备,被冻结资产,以及其他特种用途的资产(如房改基金存款等)。

二、企业负债

企业负债,是指能以货币计量、由企业承担而需要用资产或劳务偿付的债务。例如企业借入或占用其他单位或个人的资金等。负债可分流动负债、长期负债及短期负债三类(图 6-2)。其特征是:

(1)负债虽然是过去的经济活动引起的,但需要将来用资金偿还的,因而也是现时存在的欠款。

(2)负债是能用货币衡量的,且有确切的债权人和明确的期限。为此,各项负债均应按实际发生额记账,并在财务报告中充分说明(对于未定数额的负债应合理预计记入,待确定实际数额后再予调整)。

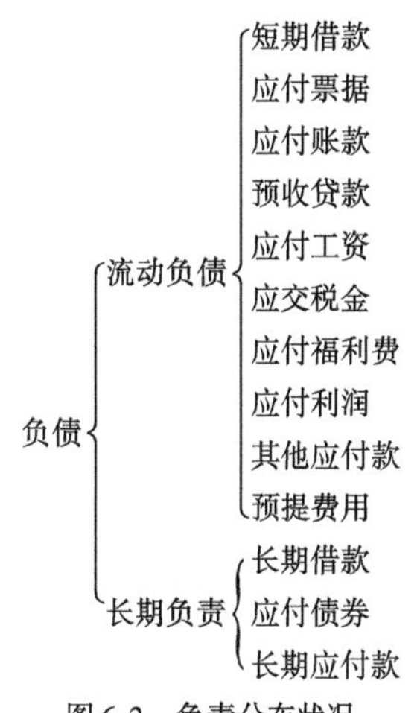

图 6-2　负责分布状况

(3)几种负债不能相互抵消,除非是负债偿还或用新的负债取代原有负债。

借债人的负债也是债权人的权益。

1. 流动负债

流动负债是指营业周期内需要偿付的债务。包括:

(1)短期借款。指企业借入期限在1年内的各种借款。

(2)应付票据。指企业对外开出的或承兑的汇票。

(3)应付账款。指企业因购买配件材料、委托外加工,或外借劳工而发生的债务。

(4)预收货款。指企业预收的加工费或修理费等。

(5)应付工资。指企业应付员工的工资总额,包括工资、奖金和津贴等。当月工资按平均职工数计提,并通过应付工资科目核算。

(6)应缴税金。指企业应缴所得税和流转税等。

(7)应付福利费。指应付员工的各种福利费,如福利费、工会经费、教育经费等,由企业统筹安排使用。

(8)应付利润。指企业应付而未付的利润和股利。

(9)其他应付款。指除税金及利润外的一切应付款,包括应缴的教育附加费、车辆购置附加费等。

(10)预提费用。指企业预提而实际尚未支付的费用,如保险费、借款利息与租金等。

2. 长期负债

长期负债是指企业为了购置固定资产或留作长期资金使用(如更新改造款,科技开发和新产品试制款等)而借入的偿还期超过1年的各种债务,包括长期借款、应付债券、长期应付款等。其中:

(1)长期借款。指企业借入期限1年以上的各种借款。

(2)应付债券。指企业通过发行债券、从社会上筹措长期资金而发生的债务。

(3)长期应付款。指企业除长期借款、应付债券以外的其他应付款,如融资、租赁的固定资产等。

3. 所有者权益

所有者权益,是指企业投资人占有企业净资产的所有权。所谓净资产,是企业全部资产减去全部负债后的净额,包括投资者投入企业的实收资本金,以及所形成的资本公积金、盈余公积金和未分配利润等(图6-3)。其中:

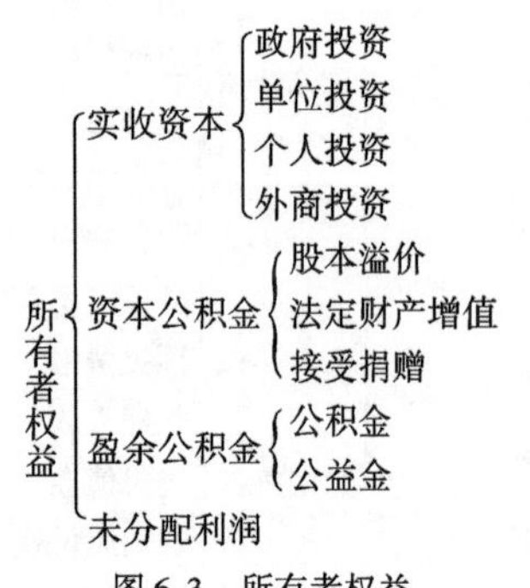

图6-3　所有者权益

(1)实收资本金。是指实际收入的各种投资,如政府投资、单位投资、个人投资、外商投资等。

(2)资本公积金。是指企业在资本筹集和运作过程中所取得收益形成的专用资本金,如股本涨价,法定资产重估增值,接受捐赠资产,资本汇率折算差额增值等。

(3)盈余公积金。是指按照国家规定从税后利润中提取的公积金及公益金。

(4)未分配利润。

第三节　汽车维修企业的营业收入

企业的营业收入是企业通过生产经营管理过程,由于对外提供产品或者劳务而取得经济收入的总和。它是企业取得现金和利润的主要方式,也是企业扩大再生产的必要条件。

其计算公式一般为:

$$产品价值 = 产品成本 + 税金 + 利润$$

现代企业大多采用多种经营,企业的总营业收入包括主营业(维修费用)收入和副营业(非维修费用收入)收入,即

$$企业的总营业收入 = 主营业收入 + 副营业收入$$

由于各类企业多种经营侧重点的不同,企业主业与副业的划分是相对的。例如,在以汽车维修为主的汽车维修企业里,通常以汽车维修为主业、汽车销售及配件销售等为副业。其主营业收入是汽车维修费收入,而副营业收入包括汽车及配件销售等收入。而在以汽车销售为主的4S品牌汽车销售企业里,通常以汽车销售及配件销售为主业、汽车维修为副业。因此其主营业收入是汽车及配件的销售收入,而副营业收入包括汽车维修费收入等。

一、汽车维修企业的主营业收入(维修费收入)

汽车维修费用的收取,可分定额收取与非定额收费两类。在维修费用的结算清单中,工时费与材料费应分项结算。机动车维修经营者应当使用由省级道路运输管理机构统一制定的结算票据,并向托修方交付维修结算清单,否则托修方有权拒绝支付费用。

1. 定额收费

汽车维护及汽车大修都属于计划性维修。都具有规定的作业范围及作业项目,因而具有固定的工时定额及材料消耗定额。所谓定额收费,就是指这些计划性汽车维修,在完成了规定的作业范围及作业项目,并达到规定质量标准后,按规定维修费用实施定额收费。为此,应事前规定汽车维护及汽车大修的规定作业项目、规定维修工时定额、材料消耗定额及费用定额等。倘若实际维修项目超出了原规定维修项目(如附加修理作业),或者实际更换材料超出了原规定消耗定额(如更换了基础件、贵重总成等),都将另行逐项收费。

2. 非定额收费

汽车小修及事故性检修都属于临时性的局部修复,事先并不能规定其作业范围及作业项目。因此在实际收费时,既可以根据实际的修理或检修项目,按实际消耗的工时费用及配件材料消耗费用加管理费用逐项收费(其中,事故检修有时比正常大修还麻烦,因此其工时费用还可以适当上浮)。当然,倘若其中某些维修项目是可以事先确定或可由双方商定时,也可按所确定的或双方商定的定额费用进行收费。

1)工时费收入

汽车维修的工时费收入,应按各级维修作业各工种的定额工时数乘以该工种的每工时单价来确定:

$$工时费收入 = \sum 各工种定额工时 \times 各工种工时单价$$

汽车维修企业的工时定额应区分维修工种、维修车型、维修类别及作业项目等。

由于所维修车型及技术复杂程度的不同，维修类别与作业项目的不同，再加上各汽车维修企业生产经营管理水平的差异，各车型、各工种、各维修类别与各作业项目的维修工时定额可能差别很大。因此，汽车维修企业的工时定额须由当地汽车维修行业管理部门根据汽车类型、维修等级及技术复杂程度等综合确定。确定时，通常先以某种常见车型为标本，以实施某维修类别、某作业项目时所需要的维修工时来确定其维修工时定额；再以此为基础，将其他车型与标本车型相比，按维修作业的复杂程度（即复杂系数）来确定其他车型的维修工时定额。由于已确定维修工时定额的车型有限，因此对于尚未确定维修工时定额的车型，汽车维修企业常参照相关的工时定额自行确定，或者根据实际工时消耗与客户商定。

根据交通运输部2015年第17号令《机动车维修管理规定》：机动车维修经营者应当对外公布机动车维修的工时定额和收费标准，合理地收取费用。其中，工时定额既可按照各省机动车维修协会等行业中介组织统一制定的标准执行，也可按照机动车维修经营者报所在地道路运输管理机构备案后的工时定额及工时单价标准执行，也可按机动车生产厂家公布的标准执行。当上述标准不一致时，优先适用机动车维修经营者上报备案的标准。机动车生产厂在新车型投放市场6个月内，也有义务向社会公布维修技术和工时定额。

各种工种的工时单价（即各工种每工时收费标准）也应由当地汽车维修行业管理部门和物价部门根据各级汽车维修作业、各工种的每工时平均消耗成本（根据当地物价指数通过加权平均法统计核算）及收费总额控制等综合核定。但当地汽车维修行业管理部门和物价部门核定的各工种的工时单价都属于最高限额，在实际费用结算时可以下浮。须注意的是，各工种的工时单价中已包括有该工种工人的平均工资、奖金和福利待遇费，也包括有该工种的维修设备、检测设备及维修工具量具使用费，厂房折旧费、辅助材料消耗费，以及其他生产性支出费（包括水、电、油）等。

2）维修材料费收入

汽车维修材料费是指在汽车维修过程中实际消耗的汽车配件费用、维修辅助材料费及企业管理费。其计算公式为：

$$配件材料费收入 = 配件材料成本 \times (1 + 企业管理费率\ x)$$

所消耗配件材料包括汽车配件费及维修辅助材料费等。

（1）汽车配件费。其中，倘若是外购配件，其单价应按实际采购价或实际购置价计算，凭增值税发票计账；倘若是自制汽车配件，其单价应按实际制造成本价计算（或按该当地同类配件零售价计算）；倘若是修旧配件（不含就车修旧配件），其单价可参照当地同类配件零售价格的40%～70%计价。

（2）维修辅助材料费。包括通配料、辅杂料、油润料、漆料及各类原材料等。其中，除汽车小修可按汽车维修辅助材料的实际消耗进行收费外，凡采用定额收费的汽车各级类别维修（如大修、二级维护等）所消耗的维修辅助材料，通常都按平均分摊于每辆次维修类别所规定的消耗量进行定额收费。具体收费办法或分摊比率由当地汽车维修行业管理部门确定。

（3）企业管理费包括采购费、运杂费、仓储费、损耗费、利润及税金等，其费率通常由当地汽车维修行业管理部门确定，例如本地 $x \leqslant 15\%$、国内 $x \leqslant 25\%$、国外 $x \leqslant 35\%$。

3）代垫厂外加工费收入

代垫厂外加工费，是指在汽车维修过程中，有些作业项目并不属于各级汽车维修所规定的作业项目，且这些作业项目仅靠本企业力量无法完成、而需要委托厂外加工的，因而其费用需要由承修方预先垫付的。在承修方向客户收取代垫厂外加工费时（计入其他营业收入），不仅要全额收取，而且还要加收4%的管理费。其计算公式为：

$$代垫厂外加工费 = 委托厂外加工实际支出金额 \times \frac{1 + 4\%}{1 - 税率}$$

但须注意的是，上述的代垫厂外加工费，仅指除各级汽车维修规定作业项目外，且仅靠本企业力量无法完成而需要委托厂外加工的作业。倘若是属于各级汽车维修规定作业项目内的，即使汽车维修企业再委托厂外加工，也不应按厂外加工费重复收费。例如，发动机大修时需要镗缸和磨曲轴。倘若汽车维修企业是按发动机大修收费标准定额收费的，由于大修定额收费标准中已经包括有镗缸磨曲轴等费用，因此即使汽车维修企业无镗磨设备而必须委托外单位加工时，其外加工费用也应由汽车维修企业支付，而不应由客户重复支付。

二、汽车维修企业的副营业收入（其他营业收入）

以汽车维修为主业的汽车维修企业，副营业收入是指除汽车维修收入外的其他营业收入（如汽车销售、配件销售，对外提供劳务、出租固定资产、出售废旧物资等），并以其他业务收入的名义据实记载，单独核算。

对于以汽车维修为主业的汽车维修企业而言，企业财务管理的工作重点，就是如何“开源及节流”，前者要求扩大营业收入，后者要求减少浪费，防止营业款流失。其中，要扩大营业款收入，就要掌握市场信息，充分了解市场需求，并实施多种经营，努力扩大市场。这就要加强企业内部管理，例如落实岗位责任制及经济责任制（例如实施绩效工资与业务挂钩考核等），以提高企业员工的经营积极性，并提高企业员工的服务意识及服务能力。而要防止营业款收入流失，也要加强企业内部管理，管好企业营业款收入，防止资产流失。为此：要做好营业款收入的管理与结算，专人负责，日清月结，既要复核营业款收入单据的完整，又要将营业款收入单据进行分类存档。并做好应收账款的管理，及时收账，减少坏账产生；同时也要做好营业款收入的折扣管理，建立内部有效防范机制等。

三、汽车维修的费用结算

1. 汽车维修企业营业收入的确认

只有在企业完成商品销售或提供劳务、并收取价款（或收取价款凭据）后，才能确认为是企业的营业款收入。其中包括：

（1）物质已经转移，劳务已经提供。

（2）价款或者收款凭据已经收讫。

汽车维修企业的营业收入应当采用先交款后提车的方式，避免赊账。

2. 汽车营业价款的折扣与折让

在市场经济的公平买卖中，无论是维修价款或是销售价款，讨价还价会经常发生，于是都有可能会发生折扣或折让。例如，企业为减少利息损失而鼓励客户在信用期限内及时付款；或者因为是老客户、老主顾而适当减少收费；或者因为所销售或维修的车辆尚还存在着某些问题，从而根据客户诉求而作出适当的费用折扣或价格折让。在折扣或折让中，费用折扣额通常取决于信用期限内该营业额的银行利率(营业总额百分率)计算;而价格折让额通常按营业额的净利润(营业额净收入)确定。为此,无论是费用折扣还是价格折让,都需要冲减当期的企业营业额收入。是否允许折扣或折让,以及所执行的折扣量或折让率,都应当由前台服务人员根据企业生产经营主管所确定的允许范围与客户协商。

3. 费用结算与收费凭证的监督管理

加强汽车维修费用的结算管理,不仅是汽车维修行业管理的需要;而且也是提高汽车维修企业经济效益的需要。根据《汽车维修行业管理暂行办法》:汽车维修企业在汽车维修竣工出厂时,必须按照《汽车维修合同》进行该车的费用结算。

在汽车维修费用结算时,不仅应根据汽车的维修类别,逐项列出收费作业项目及应收费用(包括计费工时数及工时单价、维修材料费及管理费、税费及总价款等),并且应附上各类维修单据(如维修工时清单)及领料清单(如维修配件及材料的领料清单),倘若更换有重要基础件及贵重总成的,则应单独列出并逐项收费。而且应根据当地汽车维修行业管理部门和物价部门联合制定的《汽车维修工时定额》与《汽车维修收费标准》,并统一使用由当地汽车维修行业管理部门统一印制的专用发票和专用结算凭证进行,不得随意额外加收和乱收(但可适当下浮)。

交通运输部令 2015 年第 17 号《机动车维修管理规定》:机动车维修经营者应当使用规定的结算票据,并向托修方交付维修结算清单。维修结算清单中,工时费与材料费应分项计算。维修结算清单格式和内容由省级道路运输管理机构制定。机动车维修经营者不出具规定的结算票据和结算清单的,托修方有权拒绝支付费用。

机动车维修经营者还应当按照规定向道路运输管理机构报送日常经营状况的统计资料。

第四节　汽车维修企业的成本与费用管理

费用是指企业生产经营活动中的各项货币消耗的统称。汽车维修企业在生产经营管理活动中的各项耗费,通常可分经营成本与期间费用,如图 6-4 所示。

一、汽车维修企业的经营成本与期间费用

1. 汽车维修企业的经营成本

汽车维修企业对外开展汽车销售或维修服务,不仅其经营业务的差异较大,而且其经营收入(销售收入或维修收入)的收取期也较长(通常在车辆售出时或维修竣工后才能收取),因此其经营成本不仅需要提前支付,而且常不能按期划分。

- 企业所有耗费
  - 期间费用
    - 经营费用
    - 管理费用
    - 财务费用
  - 经营成本
    - 直接成本
    - 间接成本

图 6-4　费用的构成

所谓经营成本,是指企业在生产经营管理活动中为取得营业收入而需要提前支付的经营费用(经营本钱)。根据经营收入与为获得该项经营收入而需要提前支付相关费用的原则,汽车维修企业的经营利润,应由该车的经营收入减去该车的经营成本及应缴税金后得到。

汽车维修企业的经营成本分直接成本和间接成本两种。

1)汽车维修企业的直接成本

汽车维修企业的直接成本是指在汽车维修过程中直接消耗的材料费用与人工费用。其中,直接材料费用是指在汽车维修过程中直接消耗的配件费、维修辅助材料费,燃料费、动力费、包装费、废品损失费等。直接人工费用是指汽车维修过程中直接从事汽车维修的工人工资、奖金、津贴和补贴、职工福利费(通常按直接生产人员工资的14%计提)等。

2)汽车维修企业的间接成本

汽车维修企业的间接成本是指汽车维修过程中,间接发生的材料费用、人工费用、车间经费与企业管理费等。其中包括:

(1)管理费用(如办公费、差旅费、工资、奖金、津贴及补贴、福利费、保险费、劳动保护费等)。

(2)生产厂房及设施费用(如厂房及设备等固定资产的租赁费、使用维修费、折旧费与大修理费;库存物资消耗费及低值易耗品费等;还包括取暖费、水电费、运输费、停工损失费等其他费用。倘若企业内还有机修车间,则还包括机修车间所消耗的各种费用)。

上述各项间接费用,应在会计期末根据产品(维修车辆)所占的消耗比例,而分配至各产品(维修车辆),由此计算出各产品(维修车辆)的单件(单车)间接成本。

2.汽车维修企业的期间费用

所谓期间费用,是指难于认定其产品归属、因而不能直接计入产品成本,而只能与发生的当期收入相配合,直接计入当期企业损益的费用。包括经营费用、管理费用和财务费用。

1)经营费用

经营费用是指汽车维修企业在生产经营管理过程中所发生的费用。例如车辆及配件采购、运输及销售的经营费用;储存费用和库房盘亏等;保险、展览及广告费用;营销人员的工资、福利费、业务费等。

2)企业管理费

企业管理费是指企业行政管理部门为管理和组织企业生产经营活动而发生的各项费用。例如公司经费、办公费、差旅费、招待费、工会经费、教育费、劳动保险费、绿化排污费、税金、土地费、技术转让费、无形资产摊销费、管理人员工资与福利费;以及其他管理费用。为控制企业管理费用,汽车维修企业内部通常制定有《费用报销管理条例》。

小型汽车维修企业常将上述经营费用与管理费用合并为企业管理费用。

3)财务费用

财务费用是指企业财务活动中发生的各项费用,如企业生产经营期间所发生的利息损益、汇兑损益、金融机构手续费,坏账损失费,以及企业筹集资金所发生的其他费用等。

二、汽车维修企业的成本管理与经济核算

汽车维修企业的成本管理与费用管理是企业财务管理中的核心内容。

1.汽车维修企业的成本管理

企业成本管理的目的是:

(1)在销售价格与维修价格不变的情况下,降低企业的生产经营管理成本,不仅可减少物化劳动和活劳动消耗(减少人力和物力消耗)从而增加企业利润;而且还可减少企业资金占

用，提高企业经济效益，从而增强企业竞争能力。

(2)控制生产经营管理成本，分析企业费用消耗的结构和水平，从而找出差距，不断改进企业管理。

汽车维修企业成本管理的内容包括：成本预测与成本计划、成本控制与成本核算、成本检查与分析等。其基本程序为：

(1)根据企业成本预测与企业成本计划，制定企业经营成本控制标准，并进行相应的成本控制与成本核算。

(2)根据企业成本的原因分析，检查分析与实际成本差异的主要原因。

(3)根据成本差异及时进行偏差纠正。

为此，汽车维修企业应重点抓好以下各项成本管理：

(1)加强企业成本管理的思想教育和组织领导。落实成本管理责任制，明确成本与费用的责任单位，明确各职能人员的岗位责任。不仅要实施各类成本与费用的分级归口管理（如管理科室负责其管理费用，配件部门负责其仓储费用，财务部门负责其财务费用等）；而且要严格控制各类费用的定额开支范围（不得超范围超额支出）。严格控制汽车的经营成本，关键是要做好存货与采购控制，防止销售或采购中的不正之风等。

(2)加强各项技术经济定额管理，并严格考核各职能部门技术经济定额执行情况。所谓技术经济定额，是企业在一定生产条件下进行生产经营管理活动所必须遵守或达到的限额，也是企业实行经济核算、分析经济效益和考核经营管理水平的基本依据。

汽车维修企业的技术经济定额指标有：

①各类车型及各级汽车维修作业的劳动工时定额。

②各类车型及各级汽车维修作业的物资消耗定额。

③各类车型及各级汽车维修作业的费用定额。

当然，在制订技术经济定额时，应考虑企业的实际环境与实际条件、所维修车型及人员素质等，并参照汽车维修行业的平均先进水平。

(3)合理编制企业成本的目标与计划，并建立相应的原始凭证和核算制度，确定企业成本控制的时间和程序，以要严格控制和监督成本与费用的执行情况。

成本和费用一般都应按实际耗量和账面单价进行核算。例如，汽车维修企业在生产经营活动中所发生的各项费用，应当按受益期内实际发生数直接计入或分摊计入。既不得将不属于成本开支范围的费用列为成本；不得将应列为成本的费用由其他费用开支；不得将由本期负担的费用计入它期成本，也不得以计划成本、定额成本或估计成本代替实际成本。例如，不得将下列开支列入生产成本：

①固定资产的购置或建造费用。

②无形资产的购入费用。

③归还固定资产投资借款的本金，及固定资产投入在使用前发生的借款利息及外币折合差额。

④应在职工福利基金中开支的费用。

⑤企业对外投资及分配投资者的利润。

⑥与生产经营管理无关的其他支出，如被没收财物，支付的各种滞纳金、罚金，企业赞助费和捐助费等。

(4)加强企业新老产品的管理。不仅要规划好企业的成本目标,而且要遵照技术与经济相结合的原则,定期开展企业技术经济活动分析,通过成本与费用的对比,分析各种费用的支付情况,并查找各项成本与费用的产生原因,及其相应控制措施等。

(5)加强企业内部成本核算的基础工作。例如做好生产经营管理过程中的各种原始记录(如材料消耗记录、工时记录等),做好计量验收和物资发放工作,并开展汽车维修企业内部的单车核算、车间核算或班组核算。

2.加强汽车维修企业的内部经济核算

所谓企业内部经济核算,是利用会计核算,对企业中的活化劳动和活劳动,用价值耗费的形式进行统计、比较和监督,从而对企业生产经营管理的最终成果进行考核和分析。

实行企业内部经济核算是实施现代企业管理、提高企业经济效益的重要原则。为此,在现代企业内部,也要像实施全面质量管理那样,实行全面经济核算,从而对企业内部的生产经营管理活动进行全面的、全员的、全过程核算。其核算内容包括:

(1)劳动耗费核算。它将劳动耗费(如活劳动耗费与物化劳动耗费,即企业的生产费用或生产成本)与劳动成果(产值和利润)进行比较。

(2)劳动占用核算。它将劳动占用(如活劳动占用与物化劳动占用,即企业投入资产及资金)与劳动成果(产值和利润)进行比较。

在企业内部经济核算中,为打破大锅饭,必须做好按车辆为户头的“单车核算”与按班组为户头的“班组核算”。前者是按车辆为户头而进行每辆维修车辆的收费、耗费与利润的核算;后者是按班组为户头而进行每个维修班组的收费、耗费与利润的核算。

为加强企业内部全面经济核算,以准确反映企业生产成本,并正确核算企业经济效益,就必须做好企业成本管理的基础工作。包括:

(1)加强计划管理。

(2)实行定额管理。

(3)加强计量验收。

(4)建立资产和物资盘存核查制度。

(5)健全工料消耗的考核记录等。

企业财务在考核企业经济效益的一般原则是:

(1)必须按照国家会计制度进行核算,正确确定企业的期间收益和成本费用,不得随意更改会计处理方法。

(2)严格区分收益性支出和资本性支出,如实反映企业的财务状况和经营成果。

(3)所用的会计记录和会计报表必须清晰、简明、易懂;所提供的会计信息必须真实、全面、准确和及时。

(4)凡影响企业经营决策的重要经济往来应重点列报。

第五节 汽车维修企业的利润和分配

汽车维修企业的利润,是企业在一定经营期内,通过汽车与配件营销及汽车维修服务等所取得的财务成果。它综合地反映着汽车维修企业各项技术经济指标的完成情况,以及生产经营管理效益等。所谓企业利润，是企业各项业务收入扣除各项生产成本和税金以后的差额。它通常采用结账算出：

产品税后利润＝产品价值－产品成本－税金

企业利润不仅要依靠企业营业收入的增长（开源和创收）；也要依靠企业营业支出的节约（节流和降耗），不断地降低生产成本。企业利润的增长与企业营业收入增长成正比，而与企业生产成本上升成反比。

一、企业利润的计算

1. 税后营业利润

汽车维修企业的利润计算公式为：

利润总额＝（营业利润＋投资净收益＋营业外收支净额）－营业外支出

营业利润分税前利润（毛利润）及税后利润（净利润）两种。其中，税后利润是指企业在完成经营业务后所取得营业收入，扣除企业经营费用及上缴应缴税收后的营业利润。

汽车维修企业的税后利润＝（汽车维修业务税后利润＋其他业务税后利润）－经营费用

其中：

汽车维修业务的税后利润＝汽车维修收入－（汽车维修成本＋汽车维修营业税及附加费）

其他业务税后利润＝其他业务收入－（其他业务成本＋营业税及附加费）

2. 投资净收益

投资净收益，是指汽车维修企业的投资收益扣除投资损失后的税后净值。即：

投资净收益＝企业投资收益－投资损失－税收

其中，企业投资收益是指企业在对外投资（入股或债券）中所分得的利润或利息，以及投资到期后，收回或中途转让所取得的净增值。投资损失是指企业对外投资（入股或债券）中及到期后所收回或中途转让所出现的损失，以及按照股权投资比例所应分担的亏损等。

3. 营业外收支净额

营业外收支净额是指与企业的主经营业务无直接关联的额外收入（即营业外收入减去营业外支出后的余额）。包括固定资产盘盈或出售的净收入、罚款收入、教育附加费返还等。其中，营业外支出，是指与企业主经营业务无直接关联的额外支出，例如固定资产盘亏和报损、非正常原因的停工损失费、救急和捐赠、赔款与违约金等。

二、企业利润的分配

1. 分配原则

汽车维修企业在一定经营期内所获得的利润，在分配时要正确处理国家、集体、个人三者间的利益关系。

（1）企业向国家缴税是企业生产经营管理活动所必须履行的义务。按照现行税法规定，应按企业所得利润额与所得税率（企业利润的33%）向国家缴纳所得税。

（2）在缴纳所得税后的税后利润中，应按照以下次序及原则实行利润分配：

①支付被没收财产损失，支付滞纳金和罚款。

②弥补企业以前亏损。

③提取法定公积金和法定公益金。

④向投资者分配利润。

2. 税后利润的分配及注意事项

在财务报告中应分项列示企业利润的构成及利润分配项目，并按税后利润在减去弥补亏损、并扣除相关费用后的余额，计提10%的法定盈余公积金，10%的任意盈余公积金，5%～10%的法定盈余公益金。该三项资金的使用权在总经理。

在计算税后利润分配时应注意的是：

(1)倘若企业以前年度亏损尚未弥补完的，不得提取盈余公积金和盈余公益金。

(2)所提取的盈余公积金主要用于弥补公司亏损、扩大生产，或转为公司资本的转增资本金。但转增资本金后，企业的法定盈余公积金一般不得低于注册资本的15%。所提取的盈余公积金可以用于职工集体福利设施。

(3)在提取法定盈余公积金及任意盈余公积金后，所剩的利润再按股权比例分配；但当所提取法定盈余公积金已达到注册资本50%时不再提取；当公司法定盈余公积金不足以弥补上年度亏损时，在提取法定盈余公积金及盈余公益金之前应先弥补当年的利润亏损，不得向投资者分配利润。

(4)企业以前所未分配的利润可以并入本年度利润分配。

(5)企业在向投资者分配利润之前，经董事会决定，可以提取任意盈余公积金。但若企业当年无利润时不得向投资者分配利润。

3. 影响财务收益分配的因素

(1)法律因素。为保护债权人权益，我国法律对财务收益分配做了如下规定：

①资本保全。即不得用资本发放股利。

②企业积累。规定企业必须提取法定盈余公积金用以企业积累。

③净利润。只有当企业盈利且弥补企业亏损后才能进行收益分配。

(2)股东因素。由于大多数股东为了获得较大而稳定的收益，总希望避税，或总希望发放更多的股份，但其结果却常因此而影响企业的控股权。

(3)企业因素。就企业经营需要而言：盈余稳定性越高，则企业的分配政策就越稳定、资产成本也越低(或债务越少)，收益分配的可能性及分配比例则可能越大。

4. 汽车维修企业的收益分配政策

汽车维修企业的收益分配政策主要有以下几种：

(1)剩余股利的分配政策。预先确定企业的资本结构。为满足企业的发展需要，在首先满足资本结构需要的前提下，倘若有剩余再进行收益分配。

(2)固定或持续增长的分配政策。将盈余按照一定比例或一定增长比例发放股利。这种分配政策有利于稳定人心并获得市场认可。但需要与收益脱钩，否则多盈多分，可能造成企业经营状况不稳定。

(3)低于正常股利加额外股利的分配政策。每年保持较低的正常股利，当盈余额较高时再额外加发部分股利。这种政策具有较大的灵活性,有利于吸收股东投资。

第六节　汽车维修企业的财务报告

我国会计的记账方式通常采用"复式记账法"。所谓复式记账法,是根据资金占用和资金来源相平衡的原理建立的。它在记账时,其每项经济业务往来的多个会计科目中,同时登记在左侧"借方"和右侧"贷方",以便能全面而有联系地反映资金占用与资金来源的增减变动。例如,在资金占用科目中,借方反映金额增加而贷方反映金额减少;而在资金来源科目中,借方反映金额减少而贷方反映金额增加。有借必有贷,有贷必有借,从而使资金占用与资金来源的总额始终保持相等。

一、企业财务报告的作用与分类

汽车维修企业的财务报告是反映企业财务状况和经营成果的书面报告,它将经过完整登记、并核对无误的账簿记录,以及其他相关资料,集中起来归类整理,使之更集中、更概括、更有条理地综合反映企业的经营状况与经营成果。

1. 汽车维修企业财务报告的作用与编制要求

汽车维修企业编制财务报表,其作用是:

(1)通过财务报表,报告企业的经营状况和财务状况,可以帮助企业管理者、投资者及债权人分析和考核企业财务的成本和费用,了解企业的资产负债及其经营成果,从而预测趋势,发现问题并采取措施,改进企业经营管理,提高企业的经济效益。

(2)通过财务报表,报告企业的经营状况和财务状况,有利于国家财政、税务、行政等部门了解企业的财政信贷、利润分配、税金上缴及执行财经纪律等情况,从而对企业实施有效的管理和监督;并由此测算综合国力,制订国民经济发展规划,调整和完善市场经济体制。

企业编制财务报告,首先要有登记完整、核对无误的会计账簿及会计资料。为此,编制财务报告所涉及的所有会计报表,不仅必须按照会计科目和财务属性进行填报;而且还必须准确完整地附有相应资料。其编制要求是:

(1)必须及时、客观地编制财务报告。

(2)编制时不仅要求会计计量和填表方法保持前后一致;而且要求数据真实、计算准确、内容完整、报送及时。

(3)对其中的重大问题还应有单项说明,以避免他人误解。

2. 汽车维修企业财务报告的分类

根据报送目的不同,企业财务报告可分为对外和对内两类。

1)对外财务报告

对外向企业债权人或所有者报送财务报告,其目的是为了让他们能更好地参与本企业管理。为使财务报告具有公正性,不仅要求格式正规、简明扼要(只要结果不要分析),而且应按照会计准则编制,编制后经公正的会计师事务所审计。通称为三表一报告,即《资产负债表》《损益表》《现金流量表》与《会计师事务所审计报告》。

2）对内财务报告

对内向本企业管理者报送财务报告，其目的是为了让他们更好地掌握并分析企业目前的经营环境和财务状况。为使财务报告通俗易懂，其编制应能方便阅读和使用，并应附有详尽的分析与说明。通称为三表一书，即《内部财务控制报表》《主要业务收支明细表》《利润分配表》与《财务状况说明书》。

二、财务报告的编制

企业的财务报告，包括三表（资产负债表、损益表、现金流量表）及一附注（报告说明）。

1.《资产负债表》

《资产负债表》也称《财务状况报表》，是用以列举企业某会计期末以及在该会计期内的财务状况，提供企业资产存量和资产权益存量的归属及其资金来源的静态报表。

根据现行财务制度规定，对外的《资产负债表》应采用复式账户结构（表6-1）。其左栏的企业资产栏目用以说明企业资产的项目组成（包括流动资产、长期投资、固定资产、无形资产及递延资产、其他资产六类）；其右栏的负债和所有者权益栏目用以说明企业资产在运作过程中是如何取得、如何运作和如何变动的，包括流动负债、长期负债、所有者权益。它不仅汇总了企业的营业收入、经营费用和期末营业利润；而且还反映了企业期末的资产、负债和所有者权益的平衡状况。其基本会计式是：

$$资产=负债+所有者权益$$

增加营业收入可以直接增加资产或减少负债；成本费用的增加会减少资产或增加负债。它与《损益表》的关系是：当销售收入增加时资产增加而负债减少；若成本费用提高时则资产减少而负债增加。

在对外的《资产负债表》中，还同时设置有年初数栏和期末数两栏，分别用以反映本企业两个财务年度的财务状况，通过比较便可找出变动的原因和趋势。倘若将表内的流动资产合计减去流动负债合计后的净值，可以说明企业的财力状况；将净利减去现金股利后的余值称为保留盈余，它是企业生产经营管理活动所增值的资金，与外来股东资本和负债都不同。

由此可知，对外《资产负债表》通过对各财务项目的分类和排列，不仅能用以说明企业财务状况的重要组成，而且还使其相互关系十分清晰。

专门对内为企业管理者编制的内部《资产负债表》如图6-5所示，它与对外的《资产负债表》其差别在于：为方便于企业管理者阅读和分析，它对《资产负债表》中的项目和程序，进行了导向性的重新安排。它在表中首先列出公司的营业资产，随后减去营业负债，得到净营业资产。以此说明，为了开展正常的生产经营活动，企业必须先拥有资产，即首先要筹措资本，结果使企业出现了债务。为了界定债务的款项，在新式的《资产负债表》中，企业负债中还包括了所有的有息负债，而不包括无息营业性负债。因为从财务管理的角度看，不同形态的负债需要采取不同的对策。由于大多数营业性负债是不需要支付利息的，因此可以利用其作为短期性投资以赚取利息；但企业借款或所有者入股资金等，则倘若超过了原定的信用期而未付应付账款的，都是要支付罚款和利息的。为此，企业管理者必须搞清楚企业营运中所必需的资产与负债，以及企业的营销规模和企业必须筹集的资金总额等。

某汽车维修厂的资产负债表(外部财务报告)　　表6-1

××××年××月　　(单位:元)

资　　产	行次	年初数	期末数	负债及所有者权益	行次	年初数	期末数
一、流动资产				一、流动负债			
货币资金	1	150600	378900	短期借款	46	300000	650000
短期投资	2			应付票据	47	320000	200000
应收票据	3	120000	148000	应付账款	48	42000	40000
应收账款	4	10000		其他应付款	50		
其他应收款	8	25000		应付工资	51		
存货	9	670000	819475	应付福利费	52	8000	21000
待摊费用	10	2400	5600	未缴税金	53	2400	59031
待处理流动资产净损失	11			未付利润	54	1100000	100000
流动资产合计	20	955500	1351975	预提费用	56	15000	21000
二、长期投资				流动负债合计	65	797400	1091033
长期投资	21	150000	120000	二、长期负债			
三、固定资产				长期借款	66		
固定定期资产原值	24	2300000	2000000	应付债券	67		
减:累计折旧	25	600000	562000	长期负债合计			
固定资产净值	26	1700000	1438000				
待处理固定资产净损失	29			三、所有者权益			
固定资产合计	35	1700000	1438000	实收资本	78	1800000	1600000
四、无形资产及递延资产				资本公积	79	65600	12000
无形资产	36	25000	9000	盈余公积	80	62500	111900
递延资产	37	10000	3000	未分配利润	81	115000	107044
无形资产及递延资产合计	40	35000	12000	所有者权益合计	85	2043100	1830944
资产总计	45	3840500	2921975	负债及所有者权益合计	90	2840500	2921975

	期末 今年	期末 去年	
营运资产			
现金	￥2053304	￥2503440	现金通常在一或多个支票存款户里(国内多半还包括活期存款户)售店的柜台里的。约当现金的观念，则是把高变现性、短期持有的有价证券也包括在现金余额里
应收账款	4630032	3858800	三种基本的短期营运资产，其周转率一般为1~3个月,某些企业甚至5~6个月
存货	7824752	662104	
预付费用	937408	742680	
土地、厂房、设备的原始成本	15891600	12776400	这些长期营运资产的耐用年限自3~5年，至建筑物的30年以上都有。其原始购入成本（土地例外）依所估计的耐用年限摊提折旧
减：累积折旧	(3617120)	(2714784)	这是自购买日开始，资产原始成本已提列折旧费用的累积余额
营运资产总计	￥27719976	￥23787440	
营运负债			
应付账款			这些是自二种营运来源产生的无息短期负债：① 以信用交易方式购买存货；② 先入账后付款的费用报销。简言之，这些是未付的账单
存货	￥2407616	￥2146400	
营运费用	703056	497728	
应付账款总计	￥3110672	￥2644128	
应计费用			这些非来自采购的费用都已登录，其目的在将当期所有的费用与销售收入比较，好评估当期的利润绩效。主要的例如应计员工假期、生病给付和年末尚未支付的福利津贴等
营运费用	1406112	1103200	
利息费用	102200	82848	
总应计费用	￥1508312	￥1186048	
应付所得税	￥107052	￥93392	不一定指那些年末已缴的所得税。这是一个未付款项，通常在2～3个月内要支付
营运负债总计	￥4726135	￥3923568	
净营运资产	￥22993840	￥19863872	
资金来源			来自于借款的计息负债。短期即一年或一年内；长期可从 2~20年，甚至更多。附注披露了长期票据或公司发行的债券的到期日
短期借款	￥3400000	￥3000000	
长期借款	4400000	3800000	
计息债务总计	￥7800000	￥6800000	
股本	5800000	5000000	股东权益来源二：①业主投资的资金，并获得配股；② 未发放的股利，继续保留在该企业里
保留盈余	9393840	8063872	
股东权益总计	￥14473840	￥13063872	
负债和股东权益总计	￥22993840	￥19863872	

图 6-5　某汽车维修厂的资产负债表(内部财务报告)

2.《损益表》

概述企业在本年度获利绩效的《损益表》也称《利润表》,它用以反映本期内企业的经营情况和获利状况(表 6-2),其最终结果是本期净利。其计算公式是：

企业利润 = 营业收入(或销售收入) - 成本及费用

某汽车维修厂损益表(外部财务报告)　　表6-2

编制单位：　　1994年3月　　(单位:元)

项　目	行　次	本　月　数	本年累计数
一、汽车维修收入	1	342,000	4,100,000
减:汽车维修成本	2	220,000	2,670,000
减:汽车维修经营费用	3	1,350	25,000
减:营业税及附加	4	34,200	410,000
二、汽车维修利润	7	86,450	995,000
加:其他业务利润	9	1,400	10,000
减:管理费用	10	18,950	237,000
减:财务费用	11	13,240	160,000
三、营业利润	14	55,660	608,000
加:投资收益	15	80,000	85,000
加:营业外收入	16	3,000	45,000
减:营业外支出	17	2,000	38,000
四、利润总额	20	64,660	700,000

对外的企业《损益表》大多采用上下加减的多表式结构。它是按照利润总额的形成过程,而逐步计算,并最后得到利润总额的。其计算步骤是:

(1)计算汽车维修利润。

汽车维修利润 = 汽车维修收入 - 汽车维修成本 - 汽车维修经营费用 - 营业税金及附加

(2)计算企业营业利润。

企业营业利润 = 汽车维修利润 + 其他业务利润 - 管理费用 - 财务费用

(3)计算企业利润总额。

企业利润总额 = 营业利润 + 投资收益 + 营业外收入 - 营业外支出

在该表中还有本月数与本年累计数两个栏目。其中,本月数反映本月所发生的实际数;月末数则是将各收支账户的发生额填入表内后,再按照利润计算公式计算本月与本年的利润总额。

对内的企业《损益表》则不仅要为企业管理者提供必需的各项基本费用数额及其解释,而且还要如实地反映企业的销售收入、成本费用和企业利润、资产与负债等,由此得出企业的营运资产和营运负债,得出企业利润。因而,内部《损益表》也是企业管理者用以分析企业经营情况、做出财务决策最重要的财务报告。企业内部《损益表》的分析过程如图6-6所示。将营业收入减去固定营业费用(即固定营业成本 + 固定折旧费用)和生产费用后,得到营业毛利(税前利润);将营业毛利减去利息和所得税后得到税后利润或净利润。其中,固定营业成本是指不随着营业收入变化的固定费用支出(如职工薪资、办公室租金、年度财产税,各种保险费和保证费,会计师签证费等)。固定折旧费用是指除土地外的长期或固定的营业资产在账面价值上采用年度平均法进行平均摊提的必须专款专用的费用。生产费用是指随营业额增大而变小的经营成本。需要摊销或摊提的还有存货损失(如处理存货,库存盘亏等)、坏账损失(成为死账或呆账的应收账款)。其中,存货损失应包括在销售成本里,而坏账损失应列入固定营运费用中。需要扣除的税费是指在目前税制中常用的企业固定所得税。利息则须在内部损益表中单独列出,并区分企业所有借款的短期和长期借款利息,以便分析借款的结构类型。

营运负债是指为了获得利润所必需的负债。

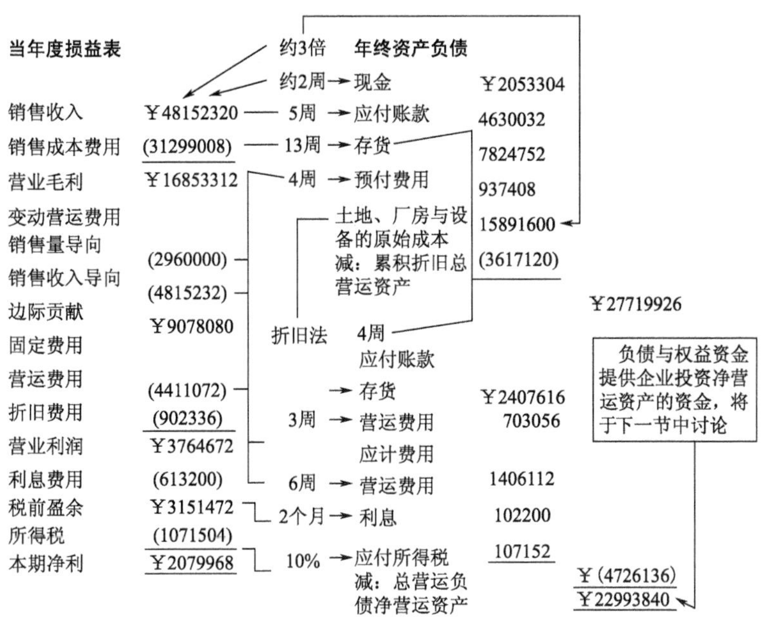

图 6-6　某汽车维修厂损益表(内部财务报告)

3.《现金流量表》

《现金流量表》也称《财务状况变动表》,用以反映当期现金流量的用途及动态,最终反映现金的净增减差额。对外的《现金流量表》见表 6-3,对内的《现金流量表》如图 6-7 所示。其计算公式是:

$$现金变动金额 = 现金收入 - 现金支出$$

其中,“现金收入”包括营销收入、企业内部现金收入、借款和股东投资等其他来源现金;“现金支出”包括分派给所有者的现金股利、偿还债务、投资资本支出等。

现金流量表(外部财务报告)　　表 6-3

××××年度

现 金 流 量	数　量	增　减
营业活动产生的现金流量		
本期净利	2079968	
营运资产及负债的变动	-771232	
应收账款	-1203834	
存货	-194728	
预付费用	466544	
应付账款	322264	
应计费用	13760	
应付所得税	902336	-464904
折旧费用		1615064
营业活动的净现金流入		

续上表

现 金 流 量	数　量	增　减
投资活动的现金流量		-3115200
购买土地、厂房及设备		
投资活动产生的现金流量	400000	
短期借款增加	60000	
长期借款	80000	
现金入股	-750000	1050000
发放现金股利		-450136
本期现金净减少		

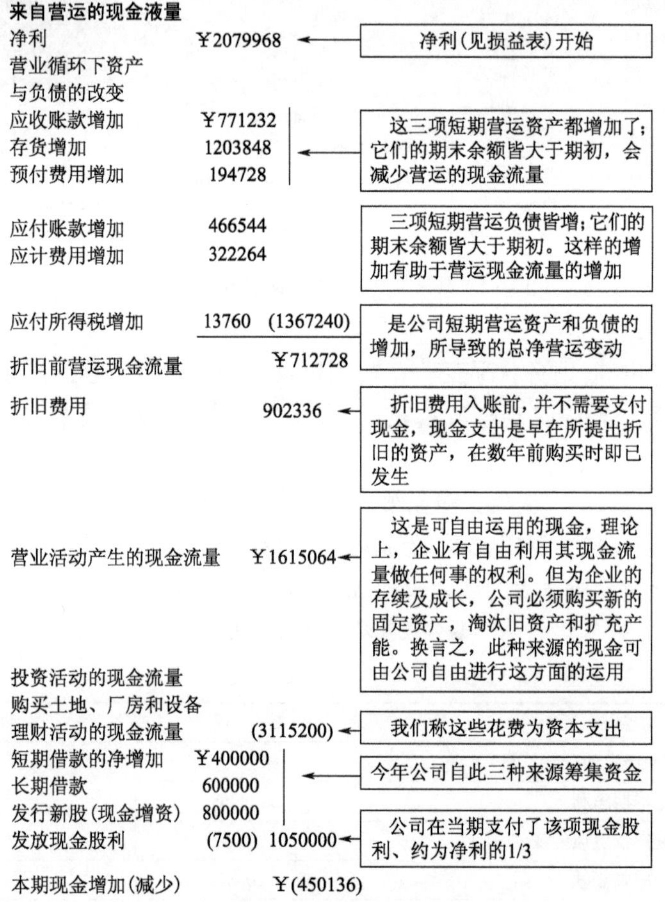

图6-7　某汽车维修厂的现金流量表(内部财务报告)

现金流量与营运资产的变动方向相反,而与营运负债的变动方向相同。即营运资产增加或营运负债减少时其现金流量减少;营运资产减少或营运负债增加时其现金流量增加。但现金余额并非就是净利。为此在财务分析时需要将应收账款、存货及预付费用的期初余额与期末余额进行比较,以分析现金流量对营运资产和营运负债的影响。

对内的《现金流量表》则用以指导企业管理者如何运用可动现金,帮助其投资和理财。但需要注意的是,尽管折旧费用的加回计算将使可动现金流量似乎增多,但决不能挪用,因为这是准备用于固定资产更新,或留作企业破产时营运现金的余额,或者用于偿还借款及/或股本等。为了预防舞弊发生,企业管理者应该特别对《现金流量表》中的应收账款、存货及应付账款保持警觉。

4.企业的《内部财务控制报表》

为了完成企业原定的计划目标,需要编制《内部财务控制报表》(图6-8),从而由企业生产经营管理者进行一系列的财务决策和财务控制,并掌握企业生产经营管理中所反馈的必要信息,例如销售额、售价折让、产品成本、费用预算、现金流量等。除此之外,《内部财务控制报表》还应有如何评价企业投资绩效,以及成败原因的解释。

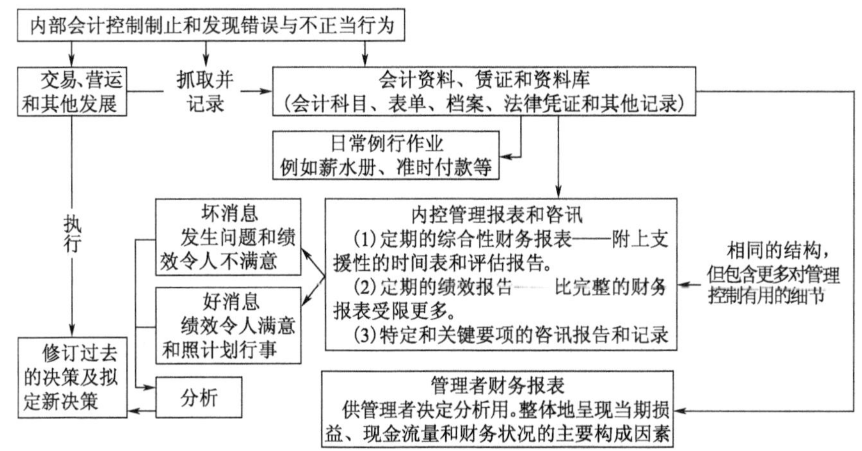

图6-8 某汽车维修企业的内部财务控制报表(内部财务报告)

要编制企业的《内部财务控制报表》,首先就要编制企业内部《损益表》,并分析企业利润变化,列举明显影响企业利润的主要因素;其次,在编制企业内部《资产负债表》《现金流量表》时还应密切注意资产和负债的变化情况(特别是营运资产和营运负债的比率变动)。一般而言,来自营运利润的现金流量应等于公司营运资产和负债的变动。

为了使企业管理者能够更好地应用《内部财务控制报表》从而实施有效的管理和控制,会计人员应根据企业管理者的职责分别编制。例如为采购经理编制存货和供应商控制报告,为业务经理编制应收账款和顾客控制报告,为销售经理编制给销售和销售人员控制报告等,并附加必要的摘要和附录,以提供更多的详情和细节,甚至还包括计算过程、解释及分析;包括过期的应收账款清单、过久的存货清单、顾客高退换率的产品清单,以及经常超预算的费用开支等。除此以外,不仅应当反映当期的情况,而且还要与上期相比较,以说明企业发展趋势。报告的编制间隔有的是每天编报,但常见的是按月编报或按季编报。

《内部财务控制报表》相当于企业内部审计报告。由于该报告中可能会披露企业生产经营管理者的决策失误及其主客观原因,包括查核物品、审查账目,侦测企业内部可能存在的非法行为等,因而属于企业内部的机密会计文件。

第七节 汽车维修企业的财务分析

汽车维修企业进行财务分析(也称企业经济活动分析),就是要以财务报表的数据和资料为依据,分析和揭示这些数据和资料内所包含的重要比例关系,借以评价企业的财务状况和经营效果,从而为企业经营决策和经营管理提供依据。

财务分析的基本步骤是:

(1)提出课题、明确要求。

(2)收集资料、掌握情况。

(3)对比分析、揭露矛盾。

(4)分析原因、抓住关键。

(5)提出措施、改进工作、提高企业经济效益。

一、财务分析的目的、依据、方法

1. 财务分析的目的

(1)评价企业经营成果。通过财务分析,可以客观地评价企业生产经营管理活动的最后效果(如收益、投资利润率、资金流量等),以考核绩效、总结经验,发现薄弱环节,改善企业生产经营管理。

(2)衡量企业经济能力。通过财务分析,可以了解企业的资产量、企业外部债务情况及负债率等,以运用现有的经济能力,抓住机遇、挖掘潜力,寻求企业发展新路。

(3)预测企业未来发展趋势。通过财务分析,在了解企业财务状况和经营成果后,可以预测企业未来财务状况和发展趋势,从而因势利导,做出正确的决策,引导企业良好发展。

对于企业管理者来说,通过财务分析,并以企业财务报告所反映的财务指标为依据,全面客观地总结和评价企业的财务状况和经营业绩,并剖析问题和预测未来,从而为企业经营决策提供依据;对于企业投资者和债权人来说,则需要了解企业财务状况和经营业绩、盈利能力和偿债能力,预测企业的投资发展前景和风险程度,从而为进一步投资决策提供依据;而对于行业管理部门来说,则是为了取得行业管理和宏观调控所需要的资料。

2. 财务分析的主要依据

汽车维修企业进行财务分析的主要依据是企业的财务报告,包括会计报表的主表、附表、附注和财务状况说明书等。其中,会计报表主表有《资产负债表》《利润表》《现金流量表》;会计报表的附表有《利润分配表》《主营业务收支明细表》等。会计报表的附注是对上述会计报表所做的解释,包括所采用的会计处理方法、对非经常项目及重要项目的说明等。财务状况说明书则是用以说明企业的生产经营状况、利润实现和分配情况、资金增减和周转情况、税金缴纳情况、各项财产或物资变动情况,以及在财务报告的编报前后所发生的重大财务事项及其他说明事项等,从而为正确评价企业的财务状况和经营成果提供必要的书面资料。

除了上述财务报告外,在财务分析时还需要提供财务会计相应的日常资料(如凭证、账簿等)、生产计划和生产技术资料、同行业其他企业所发布的财务报告,以及用以调查研究所收集资料等。

3. 财务分析的基本方法

财务分析的基本方法有:差额比较法、结构比较法、比率分析法、趋势分析法和因素分析法等。

1)差额比较法

差额比较法是将经营年度的数量与基准年度的数量进行绝对数比较,从而计算其差额量和差额率(差额量除以基准年度量)。再通过差额量与差额率的比较,分析变化趋势并找出变化规律。例如,根据目的和要求的不同,差额比较法常有:

(1)将实际指标与计划/定额指标比较,以了解指标的实际完成情况。

(2)将本期指标与上期指标或历史最好水平相比较,以确定不同时期的指标变动情况,了解企业发展趋势和状态。

(3)将本单位指标与国内外先进指标相比较,以找出本单位与先进单位之间的差距,用以指导本单位改善经营管理。

但须注意的是,在采用差额比较法时,特别要注意两指标的可比性,否则应预先将不可比指标转变为可比较指标。

2)比率分析法

比率分析法是通过计算某经济指标所占的比率来分析经济活动的变动程度。例如计算流动资产与流动负债的比率、资产总额与负债总额的比率、利润总额与资产的比率、利润总额与所有者权益的比率等,从而分析企业的经济偿债通力。常用方法有:

(1)结构比率。用该指标所占总项目的构成比率来反映各部分与总体的关系(如固定资产占总资产的比重,负债占总权益的比重等),以考察总体中各部分构成比率是否合理。

(2)效率比率。用某项经济活动中的耗费与所得比例来反映其投入与产出关系,以比较其得失。如成本费用与销售收入的比率、成本费用与利润比率等。

(3)相关比率。用某项指标与企业经济活动之间的相关比率来考察该项指标安排是否合理。如资产总额与负债总额的比率、流动资产与流动负债的比率等。

3)趋势分析法

趋势分析法是将财务报告中数期的相同指标或比率进行对比,以求出增减趋势和增减幅度,从而揭示其变化趋势、变化原因和性质,预测企业未来的发展。其常用方法有:

(1)将不同时期的重要指标纵向比较,以观察其发展趋势,预测其发展前景。

(2)将连续数期的会计报表金额并列横向比较,以观察其变动趋势。如对资产负债表、利润表及财务状况变动表等所做的比较。

(3)将会计报表中的指标构成比率进行比较,以判断财务活动的变化趋势。

4)因素分析法

因素分析法是分析某项指标相关因素的影响程度。其中最常用的是差额分析法,它通过某项指标的各构成因素中,当其中某因素发生变化时所引起的实际数与定额数的差额,以分析各相关因素的影响程度。例如分析缩减流动资金的周转天数对减少流动资金需量的影响;缩短应收账款的收款周期对减少坏账损失的影响等。

二、财务分析的常用指标

汽车维修企业的财务分析,包括企业的偿债能力、经营能力和盈利能力,以及企业财务状况的趋势分析和综合分析等。分析所需用的数据资料均取自于企业的《资产负债表》和《企业损益表》。在分析企业的财务状况和经营成果时,用以反映企业偿还能力、营运能力和获利能力的8个常用指标是:资产负债率、流动比率、速动比率、应收账款周转率、存货周转率、资本金利润率、收入利润率和成本费用利润率。

1．企业偿债能力分析

企业的偿债能力是表示企业能否准时偿付债务的变现能力。

1）短期偿债能力分析

短期偿债能力是指企业偿还短期流动资产负债的能力。在到期的短期流动负债中，包括短期借款、应付票据、应付账款、应付工资、应付利润、应缴税金、其他应付款、预提费用等。短期偿债能力不仅是企业债权人、投资者、材料供应单位等最关心的问题，也是企业流动负债的资产保障程度。决定企业短期偿债能力的基本要素是企业可流动的现金数量和企业资产变现速度。其指标有流动比率、速动比率及现金比率等。

（1）流动比率。流动比率是指企业流动资产（营运资金）与企业流动负债的比率。流动比率越大，其短期偿债能力也越强。但由于流动资产所反映的是绝对数，当企业规模不同时可比性较差，因此通常认为合理的流动比率应不低于2。

$$\text{流动比率}=\frac{\text{企业流动资产}}{\text{企业流动负债}}\times 100\%$$

由于流动负债的数额和结构都会影响流动资产的需求程度，因此在分析流动比率时，应对不同性质的流动负债分别进行考察和分析。为此在分析时应注意流动资产与流动负债的数额、结构组成及其周转情况。

（2）速动比率。由于还款来源主要是现金和应收账款，因此企业流动资产中能否立即变现偿付的负债主要看速动资产，包括货币资金、短期投资、应收票据、应收账款、其他应收款等；但不包括流动资产、存货、预付账款和待摊费用等。所谓速动比率，是企业速动资产（流动资产扣除存货后）与企业流动负债的比率。由于汽车维修企业中的存货在流动资产中所占比例较大，变现速度有限，因此在不希望变卖企业存货来低偿债务时，影响速动比率的最大因素是应收账款的变现能力。

$$\text{速动比率}=\frac{\text{企业速动资产}}{\text{企业流动负债}}\times 100\%$$

在汽车维修行业中，用速动比率更能反映企业的短期偿债能力。由于经营中现金交易较多，应收账款相对较少，速动比率相对较低，故一般认为速动比率应不低于1。可以增强企业变现能力的其他因素还有：可动用的银行贷款、准备变现的长期资产、企业信用等；而负债只会降低企业的变现能力。

（3）现金比率。现金比率是企业现金类资产与企业流动负债的比率。现金类资产包括货币资金和易变现的有价证券等，它等于速动资产扣除应收账款后的余额。

尽管在所有企业的存款账户中通常都保留有足够的现金，以保证职工工资的准时支付和维持少量的基本支出，但也应该避免存留过多，从而减少无利息资金积留和减少不必要花费，特别是防止现金失窃及公款侵吞等。

2）长期偿债能力分析

长期偿债能力是指企业偿还长期负债（如长期借款，应付长期债券等）的能力。企业的偿债资金应来源于企业经营的所得利润。

（1）资产负债比率。资产负债比率是企业负债总额对企业资产总额的比率，它既表明了企业资产总额中由债权人提供负债总额的所占比重及债权人拥有债权的安全程度；也表明了企业经营管理者利用债权人资金的利用程度和经营活动能力。

$$资产负债率=\frac{企业负债总额}{企业资产总额}\times 100\%$$

资产负债率越小,表明企业的长期偿债能力越强,债权人的权益越易得到保障;资产负债比率越大,虽然说明企业管理者正在利用较多的负债用以扩大经营规模,以企图获得更多的投资利润;但倘若过大,则表明企业的债务较重而资金实力不足,债权人权益就会有风险。一旦当企业资产负债率超过100%时,说明企业已经资不抵债达到了破产清算的边缘,可能会濒临倒闭。

(2)所有者权益比率。所有者权益比率是所有者权益对企业资产总额的比率。一般地说,所有者权益比率加上负债比率应等于100%。其中,所有者权益比率越大,则企业财务风险就越少。

(3)产权比率。产权比率是负债总额对所有者权益的比率,用以反映企业投资者对债权人权益的保障程度。此比率越低,表明企业长期偿债的能力越强,债权人权益的保障程度越高,风险越少。

2.营运能力分析(资产管理比率)

企业营运能力分析(或资产管理效率)是通过企业生产经营资金的周转速度来反映企业资产的利用效率或管理效率的。周转速度越快,企业的资金利用率越高,说明企业经营管理者的经营管理水平越高和运用资金能力越强。营运能力分析包括流动资产周转情况分析、固定资产周转情况分析和总资产周转情况分析。

1)流动资产周转情况分析

其指标有应收账款周转率和存货周转率。

(1)应收账款周转率。应收账款周转率是在一定时期内(如一年)赊销收入净额与平均应收账款余额的比率,用以反映应收账款的周转速度,也用以表明企业在一定时期内回收应收账款的能力。应收账款周转率可以用周转次数或周转天数(自产品自销售后至收回账款止所经历的天数)表示。

$$应收账款周转率=\frac{赊销收入净额}{平均应收账款余额}\times 100\%$$

由于应收账款的变现速度也反映了企业的短期偿债能力,因此应收账款的变现速度越快(周转次数越多或周转天数越少),企业资金被外单位占用的时间越短,企业经营能力和管理效率越高。在已收和未收的应收账款与销售收入的比率中,未收应收账款在何时才能收取,取决于客户赊账的信用程度。

(2)存货周转率和存货周转天数。这是反映汽车维修企业存货流动速度的指标。其中,所谓存货周转率(或存货周转次数)是平均存货(期初与期末存货的平均数)除以销售成本的比率。存货周转率越快,存货流动性越强而占用水平越低,存货变现能力越强,企业经营效率也就越高。所谓存货营业周期,是指企业从取得存货起、到销售后取得现金至的存货周转天数或应收账款周转天数。存货营业周期越短,资产流动速度越快。

$$存货周转率=\frac{汽车维修成本中的存货成本}{平均存货量}\times 100\%$$

由于存货（如汽车配件）不仅需要库存，而且在汽车维修企业的流动资产中所占比重较大。为避免资金积压，在不影响日常业务的前提下应当尽可能减少库存。由此可知，上述指标既反映了汽车维修企业的销售能力，也反映了汽车维修企业流动资产中的存货运营效率（即库存情况和库存周转速度）。当然，在与同行业存货周转率相比较分析时，不仅要注意可比性，而且要将存货周转率与存货周转天数结合考虑。

2）固定资产周转情况分析

固定资产周转率是企业年销售收入净额与企业固定资产平均净值的比率。它反映了企业固定资产的周转情况，用以说明企业中固定资产的利用效率。该比率越高，不仅说明固定资产的利用率越高，而且也说明企业的固定资产投资得当、结构合理，企业的经营管理能力较强。

3）总资产周转情况分析

总资产周转率是企业销售收入净额与企业净资产总额的比率，用以反映总资产的周转情况，借以分析企业全部资产的使用效率。企业经营管理者应尽力加快总资产周转，以提高总资产利用率。

3. 盈利能力分析

企业的盈利能力反映着企业的利润能力，用以表示企业生产经营管理者的经营业绩和管理效能。分析此能力时，应对企业正常经营数据进行分析，排除非正常项目对企业盈利能力的影响。反映企业盈利能力的常用指标有：销售收入利润率、成本费用利润率、资产总额利润率、资本金利润率及所有者权益利润率。

1）销售收入利润率

销售收入利润率是指企业利润总额对企业销售收入净额的比率，用以表明企业所开展业务的获利能力和获利水平。销售收入利润率越高，企业获利越多。汽车维修企业的销售收入包括汽车销售收入及汽车配件的销售收入，也包括汽车维修业务收入。

$$销售收入利润率 = \frac{汽车维修销售利润}{汽车维修销售收入} \times 100\%$$

当然也可以用销售收入毛利率（销售收入毛利和销售收入的百分比）、销售收入净利率（销售净利润与销售收入的百分比）、资产净利率（销售净利润与平均总资产的百分比）等反映，分别反映每元销售收入的收益水平；反映每元销售收入所取得的净利润额；或者反映企业的投入产出能力或获利能力。

2）成本费用利润率

成本费用利润率是指企业利润总额对企业成本费用总额的比率。该比率越高，表明企业耗费越少而取得的收益越高（即增收节支、增产节约）。

$$成本费用利润率 = \frac{营业利润总额}{成本费用总额} \times 100\%$$

3）资产总额利润率

资产总额利润率是企业利润总额对企业资产总额的比率，用以反映企业总资产的综合利用率。其值越高，表明该企业经营管理水平越高，资产利用率越好，盈利能力越强。有时也用净资产收益率、净值报酬率或权益报酬率（营业净利润总额和平均净资产的百分比）来反映企业净资产的盈利水平。所谓平均净资产，是年初净资产与年末净资产的平均数。

$$\text{资产总额利润率} = \frac{\text{营业利润总额}}{\text{企业资产总额}} \times 100\% \quad \text{净资产利润率} = \frac{\text{营业净利润总额}}{\text{企业平均净资产}} \times 100\%$$

4）资本金利润率

资本金利润率是企业利润总额（包括汽车维修利润、其他业务利润、投资收益和营业外收支净额等）对企业的投资资本金总额的比率，用以反映企业投资者所投入资本金的获利能力，也用于衡量企业负债的资金成本。

$$\text{资本金利润率} = \frac{\text{企业利润总额}}{\text{企业资本总额}} \times 100\%$$

资本金利润率越高（高于同期银行利息），说明企业资本金的利用效果越好，此时适度地负债经营是有利的，否则就有可能会损害投资者的利益。

5）所有者权益利润率

所有者权益利润率是企业利润总额对平均所有者权益的比率，它是用以反映所有者投资收益水平的指标。所谓企业利润总额是指年末企业的全部资产减去全部负债后的余额；而所谓平均所有者权益是指所有者在当年对企业净资产所拥有的平均权益。此指标越高，表明所有者投资的收益越多，获利能力越强。

4. 企业财务状况的趋势分析

财务状况的变化趋势分析是通过比较企业连续几期的财务指标、财务比率和财务报告，以了解财务状况的变动趋势（包括变动方向、数额和幅度等），从而预测企业财务活动的发展前景。例如：

（1）财务指标和财务比率的比较。选择和计算前后数年财务报告中主要的财务指标和财务比率并加以对比，以观察其金额或比率的变动数额和变动幅度，分析其变动趋势，并预测未来。

（2）会计报表金额的比较。通过并列相同会计报表中的连续数额，比较其增减的额度和幅度，以分析企业财务状况和经营成果的变动趋势。

（3）会计报表构成的比较。计算某指标中各构成指标所占比率，并比较和分析连续时期内指标构成的增减趋势以及对企业利润总额的影响程度。

5. 企业财务状况的综合分析

要全面客观地评价企业的财务状况和经营成果，就要采用适当的标准，通过编制如表6-4所示的综合分析表进行分析。其程序为：

（1）在反映企业偿债能力、营运能力和获利能力时，应选择能够说明和评价企业财务状况的最具代表性的重要比率指标。

（2）根据企业经营状况和管理要求，确定所选择指标的相对重要系数（各项指标的重要性系数之和应等于1）。

（3）确定各项比率指标的最佳标准值。

（4）计算某期内各项比率指标的实际值。

（5）计算各项指标实际值与标准值的比率。

（6）求出各项比率指标的综合指数及其合计数。

财务比率综合分析表　　表6-4

指　　标	重要性系数	标准值	实际值	关系比率（实际值÷标准值）	综合指数（重要性系数×关系比率）
流动比率	0.15	2.000	2.013	1.00	0.1510
速动比率	0.10	1.00	0.675	0.6750	0.675
负债比率	0.10	0.400	0.283	0.7075	0.0708
应收账款周转率	0.05	6.00次	4.80次	0.8000	0.0400
存货周转率	0.10	3.00次	3.00次	1.00	0.1020
总资产周转率	0.15	1.00次	0.93次	0.9300	0.1395
销售利润率	0.10	20.0%	21.0%	1.0500	0.1050
成本费用利润率	0.15	25.0%	27.3%	1.0920	0.1638
资本金利润率	0.10	35.0%	35.0%	1.00	0.1000
合计	1.00				0.9396

所谓综合指数是关系比率和重要性系数的乘积，而综合指数的合计数是指综合评价企业财务状况的最后结果。倘若综合指数合计数越接近于1，说明企业财务状况越好。例如在表中，各项比率指标综合指数的合计数为0.9396，说明该企业财务状况较好。其中，速动比率、负债比率、应收账款周转率和总资产周转率均小于1，说明企业在这些指标管理上还有问题。

采用指数法来综合评价企业的财务状况，关键在于能否准确确定其重要性系数和标准值。由于在确定重要性系数时主观性较大，因此通常根据实际经验和现时情况合理确定，才能获得较为正确的评价结果。

三、财务的预算与决算

财务预算属于事前的财务计划，是企业实现预定计划目标，控制费用计划支出最有效的办法；而财务决算则是最后的财务核算，以求取企业最后的经营效果。

1. 扩大市场、增加销售

在市场经济条件下，为了适应企业内外部因素的变化（如原材料涨价，职工加薪，同类产品降价等），通常不能采用提高产品或服务售价的办法。成功的企业管理者要在既定价格下争取更多利润，通常只能通过增加销量（开源）和降低成本（节流）来增加企业利润，这取决于企业经营管理者的创收和理财能力。倘若发现企业的产品销量正在减少，就应该立即进行“衰败管理”，以查明原因并迅速采取措施，尽可能增加企业销售。为此，现代企业的管理者必须狠抓市场营销，提高本企业产品和服务的市场占有率。当然，销量的增长有时也会使应收账款相应增加，现金流量相应减少，存货也会因此增加。为此还需要额外融资支持。

如图6-9列举了某汽车维修企业的内部《损益表》。此表说明了其营业收入、经营成本与经营利润之间的关系：经营利润与销售收入同向增长，而与经营成本相反增长。

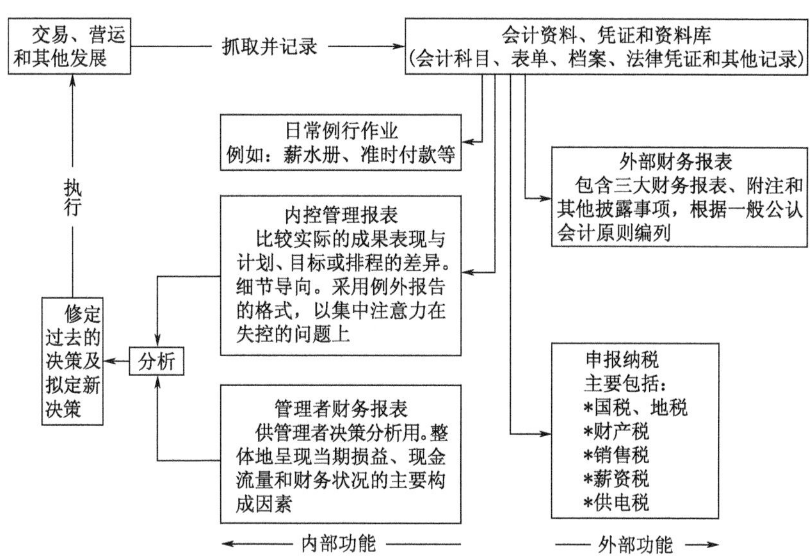

图 6-9　某汽车维修企业的内部损益表

2. 企业营业利润的估算方法

企业营业利润的估算有以下三种方法：

(1)根据营业量，扣除固定费用，从而计算企业营业利润。其计算公式为：

$$单位利润 \times 单位销售量 = 企业总利润$$

$$企业营业总收入 - 总固定费用 = 营业利润$$

(2)先扣除固定费用，计算损益平衡点(数量)，比较实际销量超出平衡点销量的程度，从而计算企业营业利润。其计算公式为：

$$营业利润 = 超过损益平衡点的销量 \times 单位利润$$

所谓企业的固定营业费用，是指企业生产经营管理活动中发生的、较固定的经常费用，并通常显示于营业费用和折旧费用两会计科目中。其中，无弹性的固定营业费用如租金、保险费和年度不动产税等；稍有弹性的固定营业费用如当年人事费用；有明显弹性的固定营业费用如加班费和水电费支出等。折旧费用则是企业固定资产原始成本的年度分摊费用。除此之外，还有私人企业高阶主管的薪资，企业当年度的利息费用等。

所谓损益平衡点是指等于总固定费用的最少销售额。其计算方法是：损益平衡数量等于固定费用除以单位利润额，其意义是销售数量能否超过其损益平衡数量。企业管理者的任务就是要使实际销售数量超过销售平衡点，因为倘若企业的销售数量只能达到损益平衡点时，企业所得的利润额恰好为零。

(3)将每个售出物都分为固定费用和利润两个部分，计算每个售出物的平均固定费用和平均利润；将每个售出物的平均利润乘以销售量，即可得到当年的企业总营业利润。

3. 财务预算与决算

企业发展需要资金支持。为此应该预算并筹集这些资金；并通过预算，预测与评估其预期效果，为企业管理者提供决策。企业越大就越需要财务预算。

完整的财务预算应当包括当期的《资产负债预算表》《现金流量预算表》《损益预算表》。而衡量企业生产经营管理者绩效的三大财务目标是：

(1)企业利润。

(2)可用现金流量。

(3)改善企业财务状况及提高企业偿债能力。

为此,企业需要建立财务会计系统(图6-10),不仅需要企业管理者能为财务人员提供必要的预测;企业财务也要以依据会计资料及业务记录,为企业管理者做好各种财务报表。

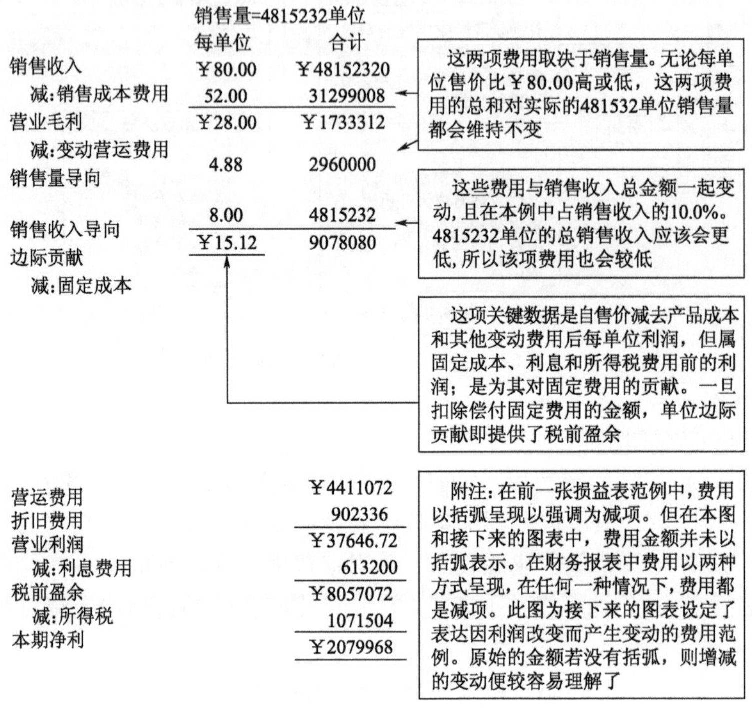

图6-10　某汽车维修企业会计系统概况

复习思考题

1. 为什么企业的生产经营管理者应学会企业财务管理?
2. 企业财务管理的原则、职能及基本任务是什么?
3. 如何设置企业财务管理机构?
4. 试述企业的财务管理制度。
5. 试述企业财务人员的岗位职责。为什么建立会计与出纳的相互监督制度?
6. 什么是资本金?什么是资本金制度?如何筹集企业资本金?
7. 什么是资产?它包括哪些方面?
8. 什么是固定资产?如何管理固定资产?
9. 什么是流动资产?它包括哪些方面?
10. 现金管理应掌握哪些原则?如何管理应收款与存货?
11. 什么是负债?什么是流动负债?它包括哪些方面?
12. 什么是所有者权益?它包括哪些方面?

13. 怎样计算和确认汽车维修企业的营业收入、汽车维修收入、工时费与材料费？
14. 什么是汽车维修企业的经营成本？
15. 汽车维修企业的直接成本与间接成本包括哪些项目？
16. 什么是汽车维修企业的期间费用？它包括哪些项目？如何控制期间费用？
17. 如何加强汽车维修企业的成本管理与企业内部经济核算(单车核算与班组核算)？
18. 如何计算企业利润？税后利润的分配原则及注意事项有哪些？
19. 汽车维修企业的收益分配政策主要有哪种？
20. 为什么要编制企业财务报告？企业财务报告主要包括哪些？
21. 企业财务报告为什么不能有两本账、但要有内外之分？内外财务报告各有何要求？
22. 什么是资产负债表？试述资产负债表的目的及报表结构。
23. 什么是企业损益表？试述企业损益表的目的及报表结构。
24. 什么是现金流量表？试述现金流量表的目的及报表结构。
25. 为什么要进行财务分析？
26. 财务分析的依据与方法有哪些？
27. 财务分析的常用指标有哪些？
28. 如何进行财务状况的综合分析？
29. 如何进行企业财务的预算与结算？
30. 如何评估企业经营绩效与投资绩效？

第七章　人力资源管理

企业是由人员组成的，人是企业生产资料中最关键的因素。现代工业企业之间的竞争，实质是人才竞争或人力资源竞争。人力资源管理是现代工业企业管理中最重要的管理。

第一节　劳动人事管理

传统企业的劳动人事管理包括人事管理（干部管理或组织管理）、劳动管理（劳动力管理）和劳动工资管理。由于劳动人事管理的涉及面宽，政策性强，涉及社会主义的劳动性质和劳动关系，涉及企业员工的切身利益，因而对现代工业企业的生存和发展都起着直接而重要的作用。倘若现代企业的劳动人事管理不力，将无法维持其正常的生产经营管理。

一、传统的劳动管理

传统的劳动管理包括：劳动管理、劳动定额与定员编制、劳动工资管理等。

1.劳动的性质

在社会主义条件下，自主劳动最根本的社会性质，是为了社会的共同利益及自身利益。所谓劳动，是劳动者利用劳动资料改造劳动对象，通过产品或服务，获得符合于人类需要和有用使用价值的过程。在社会主义制度下，无论是企业还是劳动者，其全部劳动和创造的全部价值都可以分为“必要劳动”与“剩余劳动”。其中必要劳动是指用以满足劳动者自身及其家庭生活所必需的劳动；剩余劳动是指全部劳动减去必要劳动后的剩余部分。

社会主义劳动是“按劳取酬”的劳动，多劳多得、少劳少得、不劳不得。

现代劳动者的劳动体现了劳动者与生产资料的结合，其社会性质决定了劳动者在劳动中特定的社会关系。在社会主义初级阶段，不仅商品交换和货币工资仍然存在，而且大多数劳动还属于劳动者的谋生手段，劳动的社会性还不完善。同样，具有法人资格的工业企业也与个体劳动者一样，尽管它可以占有、支配或使用着本企业范围内所有生产资料，但它只是一个在生产或流通等经济领域中实行自主经营、自负盈亏、相对独立的实体经济单位。不仅产品必须通过市场的商品交换才能实现其社会价值和经济价值，从而使企业或劳动者的直接社会性具有很大的局限；而且由于各企业的所有制形式不同，各自或局部的物质利益也会有很大差别。因此，虽然社会主义制度从根本上已经否定了人对人的剥削和奴役，但并未否认剩余劳动的存在。这种剩余劳动将由国家用以改善民生（包括用于改善劳动者自身物质和文化生活，用于社会管理和社会福利，用于促使社会进步、满足劳动者的公共需要——如发展文化、教育、卫生事业等），并用于国家或企业发展生产力以扩大再生产等。

将社会主义的全部劳动划分为必要劳动和剩余劳动，客观地反映了劳动者的整体利益、长远利益和当前利益三者之间关系。因此，无论是传统工业企业的劳动人事管理，还是现代工业企业的人力资源管理，都应当正确处理好这三者之间的关系。

2. 劳动管理

劳动管理是企业生产经营管理活动中的重要组成部分。所谓劳动管理，就是社会、企业及其他经济组织对于劳动者及其劳动进行计划、组织、调节、监督、培训、考核和服务等一系列的管理过程。包括定员编制、劳动组合、劳动定额、劳动工资及奖罚、员工培训与考核、劳动保护与保险等。

3. 劳动生产率

所谓劳动生产率是指劳动者的劳动效率，是单位劳动或单位劳动力所创造的价值。劳动生产率的指标常有全员劳动生产率（元/人）和生产工人的劳动生产率（元/人）两种。

$$\text{全员劳动生产} = \frac{\text{计算期内完成的总产值}}{\text{同期内全员职工平均数}}$$

$$\text{生产工人的劳动生产率} = \frac{\text{计算期内完成的总产值}}{\text{同期内生产工人平均数}}$$

要提高企业经济效益，其常用措施有：

（1）在劳动生产效率不变的情况下，通过增加劳动量或者延长劳动时间（例如加班）来增加产品数量，从而为企业提供更多产品。但由于这样做的结果不仅不能提高企业的劳动生产效率；反而与社会主义劳动所要求的逐步缩短劳动者劳动时间、并逐步减轻劳动强度相违背。

（2）在完成同样多的单位产品时，尽力提高劳动生产效率，以减少单位产品或者单位服务所消耗的劳动时间，来降低劳动成本并提高产品利润率；或者用同样的劳动时间，以生产更多产品或者提供更多服务。显然，这才是提高企业经济效益的根本办法。因此，要提高企业经济效益，就要提高企业的劳动生产率；而要提高企业的劳动生产率，就要搞好企业的劳动管理。劳动力是发展企业生产力中的第一要素。

在现代企业的生产经营管理活动中，影响企业劳动生产率的因素很多，如员工素质、生产装备、生产技术工艺、物资供应，以及企业生产经营管理水平等。汽车维修企业提高劳动生产率的主要途径是：

（1）提高企业的生产经营管理水平。要提高企业的经济效益，不仅需要开源（开发用户、增加商品），而且需要节流（降低成本和消耗）。由于汽车维修企业属于服务性工业企业，而汽车维修又是多环节、多工种的复杂集体劳动，因此要提高汽车维修企业的劳动生产效率，就要不断提高企业的生产经营管理水平，以利用现代企业的管理手段（如派工调度时实施工时定额，并推行看板管理等），明确维修进度和维修竣工时间，合理组织劳动力。

要提高汽车维修企业的生产经营管理水平，关键在于如何强化时间观念，实行以岗位责任制为基础的经济责任制度，并推行以工时定额为中心的业绩激励与考核制度，鼓励员工在确保汽车维修质量的前提下，努力提高维修效率、缩短维修时间，推动企业迅速发展。

（2）提高企业员工的劳动素质。企业的技术进步全靠企业员工的政治思想素质、文化素质与技术业务素质。现代汽车维修企业要通过各种教育培训的途径，加强企业员工职业道德教育、科技文化教育和技术业务培训，开展岗位技能竞赛，调动企业员工劳动积极性，并提高其技术水平与操作熟练程度，在提高产品和服务最终质量的同时提高企业劳动生产效率。

（3）采用先进而适用的技术及装备。现代汽车维修离不开先进的技术与装备，因此若要提高汽车维修企业的劳动生产率，加快汽车维修过程，减轻工人劳动强度并提高汽车维修质量，不仅要引进先进而适用的技术及装备，配备精良的专用维修设备及检测诊断设备，合理布置车间内的工艺流程和设备布局；而且还要强化汽车维修过程中的技术培训、质量检验和故障诊断，提高汽车维修作业的现代化水平。

二、劳动定额

汽车维修企业的技术经济定额包括：劳动定额、材料消耗定额、费用定额等。其中劳动定额是汽车维修企业中最重要的技术经济定额。

1. 劳动定额的概念

在既定的生产技术条件和技术操作水平前提下，劳动定额有工时定额及数量定额两种。其中前者是指为完成合格产品量或额定工作量而必需消耗的劳动时间标准(工人数乘工作时间数)；后者是指劳动者在额定单位作业时间内所能完成的合格产品数量或额定工作数量。

2. 劳动定额的作用

劳动定额是科学企业管理的核心内容，也是现代企业管理中的重要基础工作，它在现代企业管理中起着十分重要的作用。例如：

(1)劳动定额是企业编制定员的基本依据，也是编制企业生产计划、成本计划与劳动计划的重要依据。这是因为，根据满负荷工作制原则，当企业生产任务或工作量已经确定的情况下，只要确定每个劳动者每月所能完成的定额工作量，就能计算出企业本月所需要的劳动者数量，从而实施定岗定员；反之，在企业定员标准已经确定的情况下，只要确定每个劳动者每月所能完成的定额工作量，也能确定企业每月应当安排的生产任务量或工作量。

(2)劳动定额是企业实施按劳分配的基本手段。汽车维修企业的工时定额，既是汽车维修企业向客户客户收取劳务费的依据，也是汽车维修企业内部成本核算和业绩考核的依据。由此实施计时或计件劳动工资分配制度，来确定其劳动报酬与奖励，并落实企业经济责任制、开展劳动竞赛和经济核算等。这是因为，合理的劳动定额具有“平均先进性”。倘若以此开展劳动竞赛或实施按劳分配，就必然能刺激劳动者的劳动积极性，从而在确保质量的前提下，努力控制劳动消耗。降低企业生产成本，提高企业劳动生产率；并促进现代企业管理，提高企业的经济效益和社会效益。

3. 劳动定额的制定原则

在制定企业的劳动定额时一定要以“平均先进”指标为基准。

所谓平均先进指标，是指企业在现有的生产条件和技术操作水平下，按照某项作业所必需的平均先进的劳动消耗量来制定定额，就能保证从事该工作的大部分劳动者都能达到(从而保护大多数人利益，确保了劳动定额顺利实施)，个别劳动者还可能优于(有利于奖励少数优胜者)，但也有个别劳动者可能完不成(以鞭策少数落后者)。显然，上述的平均先进指标(劳动定额)也会随着企业生产劳动组织的不断改善、生产条件和技术操作水平的不断提高而不断落后的。为此在实施过程中，既要保持劳动定额的相对稳定，不宜朝令夕改；也要根据具体实施情况，定期修订和完善劳动定额。一般地说，普通劳动者的实际工时与定额工时之比应为0.95～1.05。倘若实际工时远低于定额工时，则可能存在着偷工减料或者原制定的定额工时已经偏高落后，因而需要根据实际情况及时修订；倘若实际工时远高于定额工时，则可能存在着劳动效率太低或者可能存在着消极怠工现象,也需要根据实际情况及时调整。

制定劳动定额的基本原则是:

(1)客观现实性和发展性。各种劳动定额既要符合于当前汽车维修企业的生产经营管理水平、维修人员技术操作水平及汽车维修机具设备配置水平等;也要有超前意识,考虑到近期内新技术、新工艺、新结构、新材料等的可能应用而留有充分的余地。

(2)合理性和特殊性。各种劳动定额不仅要体现汽车维修企业的平均先进水平;而且还要在不同车型和不同工种之间,特别是在不同作业条件及特殊作业条件下保持相对的平衡,以体现不同的劳动定额。但也要避免相差悬殊、忙闲不均、宽严不等。为此,在制定劳动定额时要广泛征求生产经营管理者和实际操作人员的意见,集思广益,共同制定。

4.劳动定额的制定方法

汽车维修企业常用"工时"作为劳动定额。所谓工时是工人数与工作时间的乘积。

制定汽车维修工时定额是汽车维修行业管理和维修企业生产经营管理的基础工作。它通常要按照车辆结构(车辆类别和型号)、车辆维修类别、维修企业和生产技术条件和工人技术等级等情况综合分别制定。其种类包括:汽车大修工时定额、总成大修工时定额、各级汽车维护作业工时定额、汽车小修工时定额等。

汽车维修企业工时定额的制定方法是:

(1)技术计算法或统计分析法。技术计算法是根据产品设计和工艺要求等技术资料进行计算而获得的劳动定额。计算时由于影响因素较多而计算繁杂,因此只适用于企业中主要的技术工种。统计分析法则是根据企业以往完成类似劳动或类似产品所消耗工时量的统计资料,综合各种影响因素而确定的平均先进定额。此法虽简单易行但需要有可靠的统计资料。

(2)经验估计法或实际测定法。经验估计法是根据定额管理人员的劳动经验,参考有关技术资料并综合考虑各种影响因素而确定的平均先进定额。此法虽简单易行但可靠性较差。实际测定法则是在标准的操作规程和劳动条件下,实地测定为完成该项产品或工作所必需的平均先进定额。此法虽准确程度较高,但由于取决于测试现场是否真的具有平均先进性(如测试人员及操作人员的劳动态度及劳动过程),因此需要周密组织才能保证其可靠性。

(3)类推比较法。它利用其他企业在完成类似产品或类似工作时所制定的劳动定额,再结合本单位具体情况,经适当修改而制定的定额。此法虽简单易行但也会受可比性的限制。倘若两企业可比性较差,所制定定额的准确性也会变差。

三、定员编制

劳动管理的基本任务就是在正常生产条件下实施"全员满负荷"工作制,以让每个员工都有充分的劳动量,进行紧张而有序的劳动。为此,企业应该根据国家相关的劳动政策,结合本企业实际情况,本着精简机构、节约用人,实施全员满负荷工作的原则,由企业既定的工作量合理地规定企业内部各类人员的数量和比例,实施企业的定员编制。

1.汽车维修企业的定员编制

企业定员编制的作用是:

(1)企业的定员编制既是企业劳动管理的重要组成。企业通过定员编制而合理地规定企业内部各类人员的数量和比例,并合理地安排使用或调配使用现有劳动力,既可满足企业生产经营管理的当前需要,也满足企业生产经营管理的发展需要。

(2)企业的定员编制也是企业管理的基础工作。实施企业定员编制与落实岗位责任制相辅相成。倘若只有编制定员而无岗位责任制,则定员编制难以坚持;倘若只有岗位责任制而无定员编制,则岗位责任制将无法落实。企业只有科学合理地定员编制,才能改善企业劳动组织,强化劳动纪律并落实岗位责任制。

(3)定员编制是企业编制生产经营计划、财务计划和劳动计划的基本依据。企业要根据市场需要而发展生产,并不断降低生产成本和提高企业经济效益,就要精确地编制企业生产经营计划、财务计划和劳动计划等。而编制上述各项计划的重要依据,就是要编制企业劳动定员计划。

(4)定员编制也是企业贯彻“各尽所能、按劳分配”原则,提高企业劳动生产率的重要手段。这是因为在一定生产业务量的前提下,只有通过编制定员,合理组织劳动力并尽可能减少浪费,才能提高企业的劳动生产率,从而实现企业的减员增效、提高员工的收入。

2.定员编制的方法

企业定员编制的常用方法:

(1)根据劳动生产率定员编制。根据企业工作总量/业务总量和每个生产工人的劳动效率(每人每月所能完成的定额业务量)来实施定员编制。

(2)根据设备定员编制。根据拥有设备数量和每个工人操作的设备量来实施定员编制。

(3)根据工种比例定员编制。由于汽车维修属于多工种作业,因此常以维修车辆数按比例来确定主修工人数,再以主修工人数按比例确定其他工种人数,由此来实施定员编制。

(4)按岗位职责定员编制。根据企业的组织机构设置、业务岗位分工以及职责范围来确定企业中的管理人员及非生产人员,从而实施企业的定员编制。但在编制过程中,要实施先定事而后定员、先定主修车间而后定管理部门、先定生产人员数而后定管理人员数的原则。不仅要注意人员数量,更要注意人员质量。防止定员过松或过紧从而造成忙闲不均。

在定员编制时,不仅要最大限度地减少非直接生产人员;而且还要考虑直接生产人员的今后发展。直观地说,倘若企业经常需要加班加点,就说明直接生产人员的定员编制不足而需要扩充;倘若企业中经常人员闲散,就说明定员编制过大而需要精简。

汽车维修企业中直接参与汽车维修的维修工人数,可以根据企业的年汽车维修任务量(每年维修车辆台次乘以每台次平均维修定额工时量)除以每修理工人的年工作时数确定。

$$直接维修工人数=\frac{年维修车辆台次\times每台次维修定额工时量}{每修理工的年有效工时数}$$

某汽车大修厂的定员编制标准见表7-1。

某汽车大修厂定员编制(根据企业年大修理车数确定) 表7-1

工　种	每车定员标准	工　种	每车定员标准
修理工(客车)	0.90~1.00	技术检验人员	0.03
修理工(货车)	0.50~0.60	库房管理及采购	0.03~0.05
修理工(货车)	0.15	后勤服务人员	0.05~0.07
生产经营管理人员	0.04~0.06		

只从事维护小修的汽车快修店,其直接维修工人数通常可根据企业每日维修车辆数乘以

0.7 估算;间接维修工人数(包括企业管理人员等)可根据直接维修工人数乘以 0.3 估算。

四、劳动工资管理

1. 劳动工资制度

汽车维修企业的劳动管理还包括劳动工资管理。它根据劳动者的劳动量及计酬标准,以货币工资的形式(如劳动工资、津贴与奖励等)付给劳动者劳动报酬。有时也包括股票期权及企业福利等。

社会主义市场经济条件下的劳动工资制度,要在保证产品质量及服务质量的前提下,贯彻实施"按劳分配、奖惩结合"的分配原则。所谓劳动工资制度,是用以计算并支付员工报酬的原则、标准或办法。目前我国的常见形式有:结构工资制、计件/计件工资及提成工资制、岗效薪级工资制、项目工资制等。

1)结构工资制

结构工资制是目前大多数国有企业通常采用的工资形式。它由固定工资(如基础工资或基本工资、职务工资、工龄工资等)与浮动工资两部分组成。在固定工资中,基础工资或基本工资是根据员工所在岗位的不同而用以保障其基本生活的标准工资;职务工资是根据其行政职务或技术职称所给予的标准工资;工龄工资是根据员工的工龄长短所确定的标准工资。这样,既保障了员工的最低生活水平(基础工资),又体现了员工的职务(职务工资)与工龄(工龄工资)的差别,还体现了社会主义多劳多得的按劳分配原则(浮动工资),从而较好地调动了员工的工作积极性。

在浮动工资中,还包括附加津贴和奖励等。其中:

(1)津贴。津贴是指对某些特殊岗位由于工作条件的特殊性及工作责任的不同而给予的相应补偿,从而尽可能做到同工同酬。包括对有毒有害工种(如油漆工、铅蓄电池工等)进行补偿的劳动保护津贴;对地区差别进行补偿的地区津贴;对野外或高温作业进行补偿的野外或高温津贴;对岗位责任不同或所要求专业技术不同而给予补偿的岗位津贴(如班组长津贴、部门主管津贴、技术职务津贴、工龄津贴等)。

(2)奖励。奖励是现代工业企业中用以刺激企业生产经营管理、实现效益再分配的重要制度。其形式有单项奖或综合奖两类。其中,单项奖是为完成某单一项目或单一指标而给予的奖励(如任务超额奖、质量奖、节约奖、安全奖、合理化建议奖、革新奖、全勤奖等)。综合奖则是以经过综合考核评定而给予的奖励(如因为企业取得了良好经济效益而给予的年终分配奖、月度奖);因为员工为企业生产经营管理做出重大贡献或突出业绩(包括提供超额劳动从而提高产量销量或提高质量、降低消耗)而给予的奖励;或者完成某项技术革新和创造发明,提出合理化建议从而促进企业生产经营管理而给予的奖励等。实施奖励的原则是:

①必须有利于促进企业生产经营管理,并提高企业经济效益(增加企业收入或减少企业消耗)。

②必须有利于增强企业内部员工团结,调动企业员工生产经营积极性。

③必须体现"多劳多得、奖惩结合"原则。

④奖金的增幅必须低于本企业经济效益和劳动生产率的增幅,以有利于增加企业积累,有利于企业可持续发展。为此,必须坚持以精神奖励为主,物质奖励为辅的原则。

随着市场经济体制和企业经营机制的不断改革，为强化按劳分配原则，企业的劳动工资制度也在不断改革。但改革的总趋势是：为使员工工资能随着企业效益而上下浮动，其固定工资部分（如岗位工资与结构工资）将越来越少，而浮动工资部分将越来越大。

2）计件/计时工资制及提成工资制

在保证产品质量及服务质量的前提下，对于员工业绩能完全量化的岗位，通常采用计件或计时工资制以及提成工资制等。其中，计时工资是按照员工所耗用时间量来确定劳动工资；计件工资则是按照员工所完成产品数量来确定劳动工资；而提成工资制则是在完成基本工作量的基础上，根据其超额业绩按比例提成的工资。

3）岗效薪级工资制

岗位工资制是按照所在岗位的劳动条件和劳动强度、岗位责任及技能等级的不同而制定的固定工资。这种工资制度虽然体现了岗位差别，但并未体现静态与动态的差别。为此常改用岗效薪级工资制，从而将整体效益和岗位贡献直接结合。它由岗位薪级工资（以体现岗位差别）、年工资（按实际连续工龄计算）和业绩工资（根据业绩考评确定）三部分组成。

4）项目工资制

项目工资制是根据完成某单项任务而进行分配的工资制度，包括基础工资与业绩工资等。例如，企业经营者通常实施基本年薪加年终效益的办法；高级管理人员或技术专家可在岗效薪级工资基础上实施与企业年度经营效果挂钩的办法；科研人员可在项目成果评估的基础上采用基薪加提成的办法；而购销人员可用基薪加佣金的工资制度。在股份制企业中，中高层管理人员及技术人员还大多采用持股的方式来进行激励。

2. 汽车维修企业的工资方案举例（仅供参考）

汽车维修企业对于销售人员和维修人员通常采取上不封顶、下不包底的计时计件及提成工资制；对于企业管理人员则通常采用岗位竞争和岗位考核的岗效薪级工资制。

例如某汽车维修企业为改进企业管理、促进企业的生产经营管理，其工资计酬办法如下。

1）生产工人实行技术等级的保底月工资制及多劳多得的计时提成工资制

生产工人的工资由基本保底工资、技术等级工资、计件提成工资和本企业工龄工资四部分构成。

（1）基本保底工资。除学徒及试工人员外，所有生产工人不管技术等级高低，在当生产任务不饱满或者无任务时，均参照当地最低工资标准发放基本保底工资。学徒工及试工人员工资可根据企业特点按师傅总工资收入的百分比提取（但须由企业掌握发放）。

（2）技术等级工资。生产工人的技术等级可分为初级技工、中级技工、高级技工、技师、高级技师五级，其基本工资 = 基本保底工资 + 技术等级工资 + 工时提成。其中低级技工只能在中高级技工的指导下完成一般作业；中级技工能独立完成各种常规作业；高级技工能独立完成各种复杂作业；而技师及高级技师还能指导其他技工完成各种复杂作业。工人的等级划分及工资等级由企业对其进行应知应会实际考核后确定；新来技工则一律须经三个月的试工，试工期间工资应不超过同等级技工的平均工资；试工期满后再根据试工情况转正定级。

（3）计件工资。凡实行工时考核的技术工人（如机修技工、电修技工等），应在保证质量的前提下，在包底月工资的基础上，按其每月所完成汽车维修的定额工时量累加计酬，实行多劳多得（每工时单价由企业根据效益确定）。其中，由多个技工共同完成的作业，其总工时可按参与该作业的技工的技术等级比例分配。在完成作业后，倘若出现质量返工返修的，应相应扣减其返工返修工时费及材料费损失；倘若出现工期延误的，也应相应扣减其误工损失（其误工损失由经营业务部门会同生产部门协商确定）。凡实行包工包料计酬、项目承包的技术工人（如钣金工、油漆工）按项目承包办法实行。

（4）本企业工龄工资。在本企业工作满两年以上的员工，每年增加一定的基本工资。

2）管理人员实行须岗位考核的岗位工资制

管理人员按所在岗位的职责等级实行岗位工资制，其岗位工资应以完成其岗位职责为前提。为此不仅要实行定岗、定人、定责；而且要明确各岗位的考核指标及考核办法。其中，技术人员既是管理人员也是生产人员，其技术等级也可分为技术员、助理工程师、工程师、高级工程师、教授级高级工程师五级；其基本工资 = 岗位工资 + 技术等级工资 + 工时提成。企业管理人员的岗位考核应逐级进行。例如各办事人员应由部门主管考核，各部门主管应由总经理考核。各管理部门的指标考核应按考核程序进行，例如产品质量、服务质量及各科室工作质量应由厂办考核；配件供应情况由生产部门考核；库存情况由财务部门考核；而厂办工作情况应由总经理考核。考核指标及考核办法由考核部门提出，再与被考核部门协商后确定。其中，日常性考核由总经理办公室管理和汇总。包括：

（1）能否完成本岗位所限定的岗位职责及基本业务。

（2）能否遵守考勤纪律。

（3）在考核中有否突出贡献或有否明显失误（可视贡献或损失实行单项性奖罚）。质量检验可视为特殊岗位，可享受所在部门的副职待遇。公司特殊聘用人员的待遇由总经理特殊确定。

但须注意的是，除技术人员与检验人员外，其他企业管理人员的实际收入应不高于生产人员的实际收入。

3）实行竞争上岗制度

生产工人的技术等级与管理人员的岗位等级均实行可上可下的竞争上岗制度，随时考核调整，并按调整后的技术等级或岗位等级实施分配。岗位等级变动后，原等级及原待遇不予保留。

4）奖励、年终分配及其他

包括：

（1）任何人员若能为公司实现创收（如联系业务等）可按创收收入或实现的利润实行比例提成或奖励。

（2）任何人员若能为公司实现节约的，可按节约额实行比例提成或单项奖励。

（3）对公司的发展和改革具有特殊贡献者，可由总经理特殊嘉奖。

（4）年终分红时企业所能实现的年盈利额由总经理确定。

须明确的是：上述的工资制度改革只是劳动管理中的一种方法而不是全部。尽管“按劳分配、奖惩结合”仍是现代工业企业工薪管理的基本法则，但倘若仅靠这一点来实施企业管理，可能会使企业员工产生明显的雇佣思想，从而使员工与企业不能同甘共苦。况且企业管理者若要成功，其关键就在于能否最大限度地调动员工的工作积极性，而不只是为了自己的高薪。否则，就不可能调动企业员工的工作积极性，企业也不可能有人气、不可能兴旺和获得发展。为此，企业管理者在人力资源管理中应该坚持精神挂帅（而不是金钱挂帅）。既要做好员工的政治思想工作，对员工进行正确的定位和引导，同时还要合理地计算他们的报酬，以精神文明与物质文明相结合的原则，充分调动他们当家做主的积极性。

第二节　劳动保护与劳动保险

一、劳动保护

所谓劳动保护，是为了保护劳动者在劳动过程中的人身安全、健康和劳动能力，在法律、技术、教育和组织上所采取措施的总称。从狭义上讲，劳动保护是对保护劳动者劳动过程的安全与健康，以保持劳动者的劳动能力，保证社会生产的顺利进行。从广义上讲，劳动保护还应包括对劳动者权益（劳动者政治权利、劳动权利和劳动报酬等）的保护。

除劳动现场的安全生产应由生产管理部门直接负责外，其余的劳动管理及劳动保护应由人力资源管理部门负责。但劳动保护与劳动安全是相辅相成的。劳动保护为了劳动安全，劳动安全才能实现劳动保护。为此，人力资源管理部门须与生产管理部门密切配合，生产管理部门在布置生产任务时不仅要布置生产安全；而且还要实施安全生产计划，做好安全生产的日常检查，以消除安全事故隐患，把改善劳动条件、实施劳动保护与发展生产紧密结合起来。

1. 劳动保护的任务

(1)保护劳动者的劳动安全。积极消除与控制生产过程中的危险因素，减少人员伤亡事故，以保证劳动者的劳动安全。

(2)积极改善劳动者的劳动条件与卫生环境。例如抓好三废治理和环境卫生，消除和控制生产过程中的有毒因素，以最大限度地预防职业病，保护劳动者劳动健康。

(3)为生产经营管理创造一个文明舒适的劳动环境。例如车间要有良好照明，保证空气对流，防止车间内排放污染与噪声污染等，以改善员工工作条件，提高员工工作效率。

(4)保证劳动者的娱乐和休息。例如合理安排工作时间，实现劳逸结合，以保障劳动者的休息权，并对女工及未成年工实施必要的劳动保护。

(5)处理工伤事故。做好劳动者的工伤救护和治疗。

2. 劳动保护的内容

劳动保护的内容主要包括安全技术与劳动保护制度两个部分。

(1)安全技术。汽车维修人员在车辆维修过程中，由于要操作各类维修设备，维修和试验故障车辆；并还经常会接触高压电源及危险的易燃、易爆、易蚀物品，因而极易发生事故。例如：

①由生产环境引起的事故。如因车辆碰撞、工具砸伤等引起的机械碰撞；因高温或弧光引起的烫伤或灼伤；因爆炸而引起的伤害；因电击与电伤而引起的触电等。

②因管理不善、教育不力或者生产现场安全措施不当而引起的事故伤害等。

为保证汽车维修企业的安全生产、文明生产和维修质量，安全技术就是消除生产经营管理活动中可能引起人员伤亡的潜在因素，保证员工人身安全，而在技术上采取措施的总称，包括管理规程、安全规程及技术操作规程等。例如：

①汽车驾驶操作规程。

②汽车维修过程中的安全技术操作规程及技术标准等。

③汽车维修辅助过程中的机具设备技术操作规程；拆装、起吊和运输通用安全规程；动力供电安全规程；工具、量具及检测诊断仪具使用规程等。

④其他。如维修车间管理规程、停车场管理规程、技术责任事故处理规程等。

为此，在汽车维修过程中，不仅要制定并在适当地点悬挂安全技术操作规程，而且还要求各车间、各工种和各岗位都必须贯彻执行安全技术操作规程。其中，对于汽车驾驶、汽车维修、机械加工、交流电工等特殊工种及特殊岗位还必须遵照国家规定，进行定期的安全技术操作规程考试。安全技术操作规程考试也是工人应知应会技术考核的基础，其考核成绩应该记入工人技术档案中。考试不合格的要责令其下岗补习，只有考试合格后才能上岗操作或转正定级。严禁无证操作及混岗操作，严禁超载超速及违章操作。

(2)劳动保护制度。劳动保护制度是为了保护劳动者在生产经营管理活动中的安全和健康而制定的制度。其中，一类是关于劳动安全的行政管理制度，如安全生产责任制度，安全监督检查制度，卫生防疫制度，劳保用品发放制度，伤亡事故的处理和劳动鉴定等；另一类是生产技术管理制度，如机具设备检查维修制度，安全技术操作规程等。

我国的《中华人民共和国劳动法》属于劳动保护制度。它不仅规定了劳动者在就业时必须要与用工单位签订劳动合同，由用工单位为其购买劳动保险等；而且还规定了劳动者的休假制度。包括：

①工作时间。我国企事业单位实行每天 8h，每周 5 天工作制。

②休息休假。每周休假日至少 1 天；法定休假日(如元旦、春节、国际劳动节、国庆节等)由当地人民政府规定。

③延长工作时间的限制。特殊情况下的加班，由用人单位与员工协商，可适当延长，但每日加班应不超过 1h；若特殊原因，在保障员工身体健康前提下实施的加班，每日加班应不超过 3h，每月加班不超过 36h。加班须付给相应的额外报酬。其中，若为法定休息日加班而又不能倒休的应支付 2 倍工资；若是法定休假日加班而又不能倒休的应支付不低于 3 倍的工资。

④对女员工和未满 18 周岁的未成年工进行特殊保护，禁止其从事矿山井下作业，或从事国家规定的四级体力强度劳动，以及从事其他禁忌的劳动。

为有效地实施劳动保护制度，汽车维修企业应在组织管理上做好以下工作：

(1)企业必须坚持“安全第一、以预防为主”的原则，以强化安全教育。即必须在安排生产之前进行全面、全员、全过程的安全教育(安全意识教育、安全知识教育与安全技能教育)，以提高企业全体员工的劳动安全意识和劳动保护责任感，自觉搞好安全生产，消除安全隐患。

(2)设置企业劳动保护机构，并配备必要专业人员，建立和实施安全生产检查制度(查事故隐患)及安全生产责任制度。包括严格遵守劳动保护法规和制度，做好生产现场安全情况和安全责任制度的日常检查和日常管理，加强汽车维修各岗位的安全技能培训和应知应会考核；还包括实施安全技术操作规程和操作资格证制度等。从而将安全责任与企业绩效联系起来，做好劳动安全及劳动保护，以逐级负责，预防事故发生。

(3)合理布局生产车间，搞好车间管理，并改造现有的维修工艺及机电设备，尽可能实现汽车维修过程的机械化和自动化，并提高机电设备的使用安全性，保证生产安全。

(4)编制并实施安全技术和劳动保护措施计划，把减轻工人劳动强度，改善劳动条件与发展生产结合起来。例如在维修车间及维修现场设置安全护栏、安全间隔与安全通道，所有车间及所有设备应配置安全保护装置(如自动断电、自动停车、自动锁止机构、自动报警、安全防护罩等)及安全警示标志等；并加强对易燃易爆、高温高压、强毒等作业场所管理。倘若发生技术责任事故(特别是人员伤亡事故)，应对事故“四不放过”，即事故原因不查清不放过，事故责任者得不到处理不放过，事故整改措施不落实不放过，事故教训不吸取不放过。

(5)加强劳保用品的日常管理与日常使用，不仅应按劳保用品的规定范围和原则标准严格发放；还应加强对个人劳保用品的日常配备、管理和使用，以确保企业员工的身心健康。

二、劳动保险

1. 劳动保险的定义

所谓劳动保险，是指因劳动者年老体弱，自然灾害或意外事故等而造成劳动力暂时或永久性丧失、意外伤残死亡或意外经济损失，由国家或社会提供相应的资助及经济补偿，以保障其基本生活的制度。劳动保险、员工福利及社会救济等都属于强制性的社会保障。国家规定每个企业都必须与劳动者签订劳动合同，并必须参加劳动保险。劳动保险的基金由社会、企业和劳动者三方面统筹(通过企业直接缴纳)，劳动保障部门统一征集、管理和调剂，并由社会保障监督机构监督。劳动保险的费用应专款专用、保值增值、合理安排。

目前，我国劳动保险的范围已扩大到非公有制企业的全体员工及农民工等。

2. 劳动保险的基本特征

(1)先储备扣除，后分配使用。劳动保险具有先储备、后使用的性质。它在劳动者的劳动价值中逐月扣除并储备，直至当劳动者丧失劳动力时再拿出来分配和使用，以维持劳动者的生活必需。

(2)补偿性返还。劳动保险具有补偿的性质。无论其保险金由企业缴纳、国家扣除，还是自己投保的，都属于劳动者劳动财富的部分扣除，发生意外特殊情况时应当返还。

(3)共储互济性。劳动保险具有共储互济的性质。由于每个劳动者的预扣额，及今后使用的不平衡性，有的使用少于预扣，有的使用超过预扣。因此劳动保险体现了社会主义劳动者之间“共储互济、互助合作”的关系。

3. 劳动保险的待遇

企业员工的劳保待遇包括劳动保险、养老保险和待业保险等，劳动保险制度所规定的项目及数量统称为劳动保险的待遇标准。包括员工因公或非因公伤残、疾病及死亡的保险待遇；离退休保险待遇；生育保险待遇；优异保险待遇；供养直系亲属待遇；合同制工人及临时工人保险待遇等。随着社会主义市场经济的不断深入，国家正在有计划地扩大劳动保险的实施范围，提高社会的保险程度。例如，当员工患病时，根据当地政府的《社会保险规定》，参照其工龄长短，在患病期间的工资发放标准：少于6个月的短期病假应按本人标准工资60%～100%发放；多于6个月的长期病假应按本人标准工资40%～60%发放。当员工因工致残时，在治疗期间的医疗费将全部由用人单位负担，工资照发。对于已经完全丧失劳动能力且饮食起居需要别人帮助的，其抚恤费应为本人工资的75%(付到死亡为止)；对于完全丧失劳动能力但饮食起居不需要别人帮助的，其抚恤费应为本人工资的60%(付到恢复体力或死亡为止)。对于部分丧失劳动能力而尚能工作的,用人单位应适当安排工作,并适当付给残疾补助费(收入总额应不超过残疾前的工资总额)。若因工死亡或因工致残退职后死亡的,其丧葬费应为用人单位平均工资的2~3倍,抚恤费为死者本人工资的25%~50%,救济费为死者本人的6~12个月工资(并供养其受供养者,直至失去受供养条件为止)。我国新实施的《工伤保险条例》还规定企业员工在上下班途中,倘若受到机动车伤害,或者在履行工作职责及完成工作任务过程中受到意外伤害,都将被认定为工伤。对于五级以上的因工致残,政府还将通过统筹,由用人单位一次性支付工伤医疗补助金和伤残就业补助金等。

4. 公共福利与社会福利

(1)社会福利。为了保障公民权益,除工资及国家法定的公共福利外,企业还应为员工提供各种企业自定的物质待遇。社会福利费可按员工基本工资加职务津贴的比例计算并与工资一起发放(如员工娱乐设施费、集体生活费等),或者按员工的实际消耗发放(如交通费、困难补助费、误餐费、通信费、旅游费等)。

(2)公共福利。公共福利由国家财政负担,包括公共福利设施(如疗养院、托儿所、幼儿园,以及为残疾人提供的社会福利费)、津贴补助费和社会服务费等。

第三节　人力资源管理

在工业企业的发展过程中,原始或传统企业管理的主要内容,实际上就是劳动管理。但到19世纪末20世纪初,随着企业规模的日益庞大、技术的日益复杂,为进一步提高企业的生产效率,并解决企业管理中的劳资矛盾,出现了以美国泰罗为代表的科学管理制度。该制度强调企业管理中的劳动定额和规章制度(如企业组织结构、岗位职责、劳动定额、工作纪律与经济奖酬等),从而开创了企业管理的科学管理阶段。

科学管理阶段的劳动管理,虽然开创了按劳取酬的劳动竞争,从而明显提高了企业的劳动生产效率。但由于当时企业管理者的管理理念过于传统,始终认为是花钱雇人,因此习惯于把劳动者看成是机器或工具,过分强调了劳动定额和规章制度,压抑了人的主观能动作用。例如,所实施的大规模流水作业生产线虽然明显提高了企业的劳动生产效率,但也明显增大了劳动者的劳动强度和劳动单调性,劳动者的单纯雇用思想日益表露,不仅阻碍了企业生产力的进一步提高,而且还加剧了劳资矛盾。在这种情况下,人际关系学派和行为学派开始主张人权平等,要求现代企业管理者能搞好企业中的人际关系,并强化劳动者的心理管理,从而形成现代企业新型的人力资源管理思想。

自20世纪80年代后,随着科学技术(特别是微电子技术)的迅速发展和信息时代的到来,现代人力资源管理思想得到了全新的发展。其管理理念是:为提高现代企业的生产劳动效率,提高企业产品与服务的最终质量,必须把劳动者看成是具有主观能动作用的人力资源,让劳动者当家做主,而不再是单纯的机器或工具。

一、人力资源管理的基本概念

在现代企业内部,人力资源包括企业的全体员工。现代企业管理学家都认为:处于劳动年龄、具有劳动能力的人都属于生产资源,而且是具有能动作用的生产资源。

人力资源可以从人员素质(如体质、智力、学识、技能、思想品质等)与人员数量两个方面进行评价。其基本特点是:

(1)不可剥夺性。作为人力资源的劳动者并非是犯人,因此他的劳动只能通过他自觉的愿意来实现,而不能用行政或经济等手段来强迫,劳动资源是不可剥夺的。

(2)生物性。人的劳动必须遵循人生命的自然规律。例如人在青壮年时期尽管精力充沛,但也必须要有必要的休息时间。

(3)潜能性。人力资源与机器不同,具有很大的创造潜能,且这种创造潜能不仅取决于社会的发达程度;更取决于人员的潜在素质(如职业道德素质、业务技术素质等)。现代企业要挖掘这种巨大的创造潜能、创造更多的财富,必须要提高企业员工的职业道德素质,才能充分地调动其主观能动性,充分地发挥其业务技术素质。然而,企业员工的职业道德素质及业务技术素质都是需要通过不断地教育培训而持续开发的。为此,既要通过教育培训来强化其职业道德素质;也要根据其特长和特点进行双向选择和积极培养,才能提高其业务技术素质,发挥其创造潜能。

现代企业的人力资源管理,就是从系统的观点出发,通过组织体系,应用科学管理方法,既要对企业中的人力资源进行有效开发和合理使用的综合性管理过程(如招聘、选拔、培训、组织、调配、激励与考核等),从而使企业中的人力与物力保持最佳的比例配合;也要恰当引导、控制和协调人的理想、心理和行为,以充分发挥人的主观能动性,做到"人尽其才、人尽其用、人事相宜",从而实现企业的最终目标。

1.人力资源管理与传统劳动人事管理的比较

现代工业企业的人力资源管理,是企业中专门研究人力资源、调整人际关系、做好人事配置的企业管理。它虽然起源于劳动人事管理、但又不同于传统工业企业的劳动人事管理。这是因为,传统的劳动人事管理仅仅是劳动力管理和劳动工资管理,而现代企业的人力资源管理却包括了人力管理与人力开发,且侧重于人力开发的资源管理。其中,所谓人力管理,是指通过对人力资源的计划、激励及绩效评估等,从而使人力资源得到最有效的利用;所谓人力开发,是指通过人力资源的投资、培训、招聘、保护和选择等环节,使人力资源得到充分的开发和挖掘。因此,现代企业管理中的人力资源管理,应该属于"以人为本"的全面人事管理。包括:树立企业文化,发扬团队意识,并通过人力资源的管理和开发,挖掘企业人力资源的潜能,解放和发展企业的劳动生产力。由此可知,现代企业的人力资源管理部门与传统劳动人事管理部门相比,两者并不是一个简单的名词置换。虽然其管理对象同样都是人,但其管理思想、管理理论和管理方法却有着根本的区别。

1)管理认识的差别

传统的劳动人事管理只是把人看成是劳动力,认为人干活就是为了挣钱,因而是企业养活了员工。为此,他在对人的管理上大多采用控制与奖惩。而现代的人力资源管理则首先要把人看成是企业生存和发展中最基本的活资源和活资本。由于人都具有很大潜能,因而是员工创造了企业。为此,现代人力资源管理要实施"以人为本"。当然,要以人为本,人除了基本的物质需求之外,还会有复杂而高层次的社会和感情的多种需求(如友谊、尊重和信任等)。因此,为了提高士气而使其能自觉自愿地为企业服务,企业管理者不仅应该平等对待下属,并充分尊重员工,处理好管理者与员工之间的人际关系;而且还要安排好企业员工的生活与工作条件，时刻体现为员工服务。

2）管理对象和管理方法的差别

传统的劳动人事管理虽然表面上是在管人，但实际却都是在管事。其日常工作只是按照领导的指示，执行员工的招收与调迁、定岗定编和发放劳动工资等。只有现代人力资源管理才是真正地管人。它用以人为本的思想，不仅要为企业的今天，去开发和利用现有人力资源（如根据员工特长、兴趣、特点和能力，灵活地量才使用；并尽可能地提高素质，开发潜能，激发活力，调动积极性等），从而有利于现有人才的使用及有利于现有企业的发展；而且还要为企业的明天，积极主动地做好人的政治思想工作，并根据企业的发展规划，去善于识别和善于使用人才，搞好人力储备。正因为此，现代企业的人力资源管理人员不仅要有人事管理知识，而且还要有相当的专业技术和领导艺术，学会如何地爱惜人、善待人、尊重人和理解人。

3）所处管理地位的不同

由于传统劳动人事管理仅仅是被动管事型的及静态战术型的管理，因而其管理人员仅仅属于非生产，或非效益的中间执行层。而现代的人力资源管理才是主动领导型的及动态战略型的管理，因而其管理人员在现代企业中将处于上层的、生产性和效益性的领导层（副厂级或副经理级）。

2. 人力资源管理的基本功能

在现代企业的生产经营管理决策中，人力资源不仅是所有资源中的第一资源，而且人力资源决策将是企业经营管理中最重要的决策。其基本功能是：

（1）选择人。包括以下几点：

①招聘人。通过各种信息渠道，把可能成为或希望成为本企业员工的人选择并吸引到企业来应聘。

②选拔人。根据企业的用人标准和用人条件，运用适当的选聘方法和手段，对应聘者进行审查、选择和聘用。

③委派人。把所招聘和选拔的员工安排到既定岗位上，并担任一定的职务。

（2）培育人。包括以下几点：

①上岗教育。对新招聘入企业的员工进行上岗教育（如企业传统文化教育、企业的发展现状和远景教育等），以宣讲本企业的基本宗旨及价值观等，从而使新员工能尽快熟悉企业环境，尽快建立和加强对企业的认同感和责任感。

②业务培训。对在岗员工进行业务培训，以不断地提高其业务素质和业务技能。

③规划未来。在做好人力资源规划的基础上，指导员工规划未来，明确其发展方向和道路，让员工感到前途光明、有奔头。

（3）使用人。现代汽车维修企业使用人才的原则是：

①量才适用，以扬长避短、人尽其才。

②疑人不用、用人不疑，以充分发挥其人才优势。

③监督检查，奖惩分明。

（4）激励人。所谓激励，就是为充分调动员工的积极性和创造性，始终保持员工工作热情所采取的各种手段。根据马斯洛的需要层次理论，人奋发努力的动机不仅出于需要，而且人的需要是逐层上升的。通常，人只有解决了温饱等低层级生理需要之后，才会去注重高层次的心理需要(如权力、金钱、事业、归属等)。正是由于各种人所处地位不同,其生理或心理需要也会不同,因此其激励方式也应该不同。例如,为了充分发挥薪酬和奖励的激励功能,就要坚持员工的素质评估和绩效考评,从人的生理和心理需要去进行激励,奖励其中素质较高而绩效显著的员工;降格使用、惩罚或者解雇那些素质较低、绩效较差的员工,从而客观公正地评价员工的德、智、能、技;并提供与其事业成功度相匹配的工资与薪酬,奖励与升迁等。企业激励的最终目标是,既要奖惩分明,也要提高员工对企业的满意度。

3. 人力资源管理的机构与任务

中大型的汽车维修企业通常都设置有人力资源管理部门;即使较小的汽车维修企业也通常设置有专职或兼职的人力资源管理人员。企业中的人力资源管理大多归由企业的最高领导直接负责,而机构通常设置于厂长/经理办公室内。其实,人力资源管理在企业中的称谓并不重要,关键是人力资源管理部门在企业管理中所起的作用与价值。为了充分体现人的价值,由此增强企业的竞争实力,必须确保人力资源管理在实现企业管理中的重要作用。

人力资源管理的任务,是根据企业发展要求,合理配置企业人力资源计划,搞好企业人力资源开发(教育培训、岗位考核等),并激发企业员工的劳动积极性。以做到人尽其才、人尽其用。进而推进企业各项任务的顺利开展,实现企业总体目标,提高企业经济效益和社会效益。

二、人才资源管理的基本方法

无数成功的企业管理者都认为:人是企业中的最大活资产。只有调动企业全体员工的主观能动性,企业才能有人气和活力,才能获得真正的发展。然而,对于人的管理却又是十分复杂和艰巨的。人力资源管理不同于其他企业管理。因此,企业管理者要将企业中原有的劳动人事管理(劳动力管理)转变为现代的人力资源管理(人力管理 + 人力开发),就要求企业管理者必须更新观念,破除过去那种因循守旧、论资排辈、唯我独尊、平衡照顾的落后观念,建立一套能让优秀人才脱颖而出的机制,最大限度地发现和用好人才。

人力资源管理的内容包括:

(1)建立必要的组织机构,协调企业的团队建设。

(2)负责企业员工的招聘与培训;并从中发现人才、培养人才、使用人才、考核人才及激励人才等。

(3)负责企业的劳动保护、劳动保险、福利与报酬。

(4)负责企业人力资源的经济核算等。

所有这些,都需要在日常生产经营管理实践中进行,要在使用中知人善任、量才而用,且用人不疑、疑人不用;既要善于使用和善于委任;也要善于培养和善于激励。

1. 人才的聘用

人才是企业最重要的资源,不仅要有符合企业需要的人员素质,而且还要有金字塔形的合理配置。因为只有这样,才能强化人才竞争机制,使企业永远处于良好的发展状态。

1)人员聘用条件

现代汽车维修企业需要根据员工的人才结构与比例,采用公平的竞争原则,公开招聘维修技工及管理人员。招聘条件包括:职业道德、文化专业、身体和年龄等。在招聘时,不仅要看其是否懂道理,说话做事是否有条理;而且更要看其是否有良好心态(例如是否言过其实、争权夺利等)。这是因为,倘若人的心态不正,不管其本事多大,都只能利用、而不能重用。试想,倘若一个人的本事很大,但别人都向前拉车,他却向后拉车,本事越大,破坏力也越大。

维修技工包括初级技工、中级技工、高级技工、技师与高级技师。其技术等级由政府劳动部门考核核定。聘用的基本条件是:

(1)年龄适当(一般技工为18~45周岁,技师应不超过50周岁),身体健康。

(2)具有良好的政治思想素质(如职业道德和勤奋精神等),愿意与企业同舟共济。

(3)持有相应的汽车维修技工等级证书或其实际维修能力已经达到相应的技术等级。其中,高级技工、技师及高级技师都应具有5年以上的汽车维修经验,并熟悉中高档轿车的结构原理和维修工艺,能查阅汽车维修的技术资料,具有汽车专业英语的识读能力;能单独使用新型汽车的检测仪器和专用工具,能解决汽车维修中的疑难技术问题等。

企业管理人员分一般管理人员及高级管理人员两类。其聘用条件是:

(1)年龄适当、身体健康。

(2)具有良好的政治思想素质(如职业道德和勤奋精神等),愿与本企业共荣辱。

(3)持有相应的职称证书,并具有相应的实际岗位经历的。

(4)具有良好的人际关系和较强的工作能力。并具有较高的个人素质和较强的组织管理能力。包括较强的组织纪律性,下级对上级负责,严格遵守企业规章制度等。

2)人员聘用程序

人员聘用程序为:

(1)根据岗位任职资格与要求,列出空缺岗位的基本要求(如知识范围、技术等级和实际操作技能等)。为此,必须制订企业人力资源发展计划及实施细则,根据企业人力资源的供需状况,通过预测和分析,进行企业员工聘用及培训等。

(2)发布招聘信息,选择招聘人员(如接待、初选和审查)并确定招聘预算。

(3)凡应聘人员需要填写《求职申请表》,并通知面试择优录取。

(4)录取者应有三个月的实习期和试用期(享受试用期工资待遇)。试用期也可适当延长,但在试用或实习结束后应予考核认定(包括劳动纪律、基础能力、业务量、责任感、协调性和职业规划等)。倘若试用期内需要提前解约的,应提前通知对方。倘若试用期内需要技术培训的,须签订培训合同并注明培训的时间、内容和费用等。许多企业在招聘时通常先多招聘一些,然后通过试工、实践和考察进行逐步淘汰,以选拔并形成企业的精英队伍。

(5)通过试用合格后,正式签订劳动合同,并享受正式员工待遇。

3)人员聘用原则

在企业选聘各类管理人员时应掌握的原则有:

(1)在招聘之前,首先要根据精兵简政和满负荷工作制原则,明确企业需要设置的管理岗位及管理目标,细化岗位责任制和经济责任制。做到因事设职、因职授权、权责相当。

(2)在相同条件下,采用逐级选拔和岗位竞聘的原则,优先选拔企业内部员工,以形成企业内部的激励机制,并为企业内部员工展示奋斗目标。但逐级选拔和岗位竞聘都必须公开、公平与公正,必须尽可能保持职工队伍的相对稳定,以创造相对宽松的企业内部竞争环境,这不仅有利于人才的使用和提高,而且也有利于企业的稳定和发展。

(3)下列人员一般不宜聘用:综合素质较低或综合能力较差的;有犯罪前科或不良习癖,

且不能痛改前非的;私心较重而无团队精神的;经常跳槽或多处兼职的。

4)所聘人员的文凭、水平与忠诚度

汽车维修企业所聘人才的档次,既不能太低而小材大用,结果有碍于企业的发展;也不能太高而大材小用,结果造成人才的浪费。

现代汽车维修企业所聘用人才,最好应根据企业自身需要而自行培养,并把握所聘各类人才的数量和质量,注意各类人才结构的优化组合。既不能沿用过去那种单纯招收学徒工的做法,也不能沿用过去那种专门挖别人墙脚的做法。因为你挖人家墙脚,别人也同样挖你墙脚;况且通过挖墙脚来的人不仅要价高,而且流动大而极不稳定。

随着现代汽车高新技术含量的日益提高,要求汽车维修企业的管理人才及技术人才的文凭与水平也要随之提高。其中,小型汽车维修企业由于企业管理较为简单,主要侧重于培养一专多能型技术骨干;大中型汽车维修企业则不仅需要有一支具有较高专业程度及较高专业素质的汽车维修技术队伍;而且更需要有一支具有企业管理丰富经验的汽车维修管理专家来支撑。需要注意的是,在选拔过程中文凭固然重要,但文凭决不等于水平。况且无论是文凭还是水平,若与员工对企业的忠诚度相比,忠诚度是第一位的。只要员工对企业忠诚,爱岗敬业,团结奋斗,文凭较低或水平较低的都可以培养;但倘若忠诚度不足,再高的文凭或再高的水平,不仅无用武之地,而且本事越大其破坏力也越大。

倘若要为汽车维修企业造就一支相对稳定、既受过良好教育又富有实践经验的高素质精英队伍,从而为企业发展做出最大贡献,就需要企业的人力资源管理部门能相应建立一套合理优化的人才结构管理机制和激励体制,从而为企业配备对企业忠诚的常用各类人才。当前,汽车维修企业招聘人才的最好办法,就是不断地从大专院校汽车维修专业的毕业生中物色和培养对本企业有用的管理人才或技术人才。尽管这些学生因为刚刚毕业而实践能力较差,还需要较长时间的实践锻炼;但由于其文化素质和心理素质较高,再加上企业自身的选拔和培养,不仅极易成才,而且还不易流失。

2.人才的管理

尊重知识、尊重人才。首先应弄清究竟什么是人才?所谓人才,应该是用人单位需要的有用之才。为此,在选拔人才时,既要有识才的慧眼,也要有用才的气魄、爱才的情感、聚才的办法。选拔人才不能光看文凭(因为文凭不等于水平)。选拔人才的基本原则是:讲台阶而不拘泥于台阶,讲学历而不唯于学历。

当然,要搞好现代企业的人力资源管理,还要了解中国的国情、人情和人际沟通技巧。

(1)国情。中国企业的人力资源管理决不能照搬外国模式,而应该从中国的文化背景和中国特色着手,根据中国人的所思、所想、所感和所为去善于发现人才、培养人才和使用人才,采用适合于中国人易于接受的、能够激发中国人创造精神和奋斗热情的方法和技巧来管理人才。

(2)人情。中国是传统的礼仪之邦,人情在中国社会的人际关系中尤为突出。因此倘若现代企业管理者要最大限度地激发企业员工的工作热情和团队精神,就要在日常生产经营管理中实施以人为本,充分地利用人之常情,处理好企业内外的人际关系。

(3)人际沟通。人际沟通,就是指人与人之间,通过相互交流而达到相互了解的过程。为此,要求现代企业管理者能够实施民主管理,经常把企业的现状和发展如实地告诉员工,征求员工意见(浅层次沟通);并与员工交心谈心,同甘共苦,广交朋友(深层次沟通),企业才能因此而兴旺。由此可知,人际沟通是人才资源管理中的重要方法。尽管人际沟通并不属于企业管理范畴,但却是现代企业管理者成功管理企业的有效秘诀,很有必要和重要。

3.人才的使用、激励与考核

近年来,国有企业的体制改革,也包括国有企业干部制度的改革。其要点有:

(1)为改变原国有企业领导干部的智能结构,有意地减少行政干部而增加专业干部,并废除企业领导干部职务终身制,实施企业领导干部的四化原则,加快企业新老干部的交替。

(2)建立健全国有企业领导干部的监督约束机制和民主评议制度,以便使其在党委集体领导下和职代会的监督下尽职尽责地管理国有企业。

(3)在国有企业内部全面实施人才流动与岗位竞聘。

在企业领导干部革命化、年轻化、知识化、专业化的四化原则中,革命化是其中最重要的原则。因为只有革命化,才能使企业把握正确的发展方向。当然,为了适应当今现代企业的发展要求,年轻化、知识化与专业化也很重要。但倘若仅仅是知识化与专业化,虽然书读得不少,有的还号称为专家,但就是不切合实际;或者倘若仅仅是年轻化,敢说敢为而变成胆大妄为,企业领导干部综合素质上不去,就会把企业引向歪路。

1)人才流动

企业的竞争归根结底是人才竞争,如何留住人才便成为现代企业管理者最头疼的问题。不培养不行,但培养了又会流失。其实,在市场经济条件下人才也是商品,企业不仅无力阻止正常的人才流动,而且这种人才流动对企业而言也并非都是坏事。少量的人才流动不仅是合理的(有助于合理配置人才),而且也是必要的(由此营造竞争氛围,组建企业精英队伍)。但由于人才的造就既有个人的努力也有企业的培养,而不正常的人才流失将会使企业蒙受损失。那么,企业究竟怎样才能留住有用人才?在这里,关键是要弄清什么是人才以及为什么会有人才流失。造成人才流失的原因错综复杂,既有企业原因(例如企业不能容人或企业前景不佳等),也有人才本身原因(另有高就或无法适应等)。倘若流失的确实是人才,那么留住人才的关键在于如何正确地使用人才。为此,企业领导应当注重营造良好的企业文化氛围,以强化企业凝聚力并改善人际关系,知人善任、尊重人才,重在使用。因为实践证明:“人吃饭是为了活着,但人活着并非都是为了吃饭(雷锋日记)”。尽管人才就业也需要有相应报酬,但更多人才就业并非都为了报酬。其中不少是为了个人事业。倘若企业为了避免关键部门或重要岗位的人才流失,就要根据企业的发展方向及早地做好人才的后继储备。这种后继储备既可以送出去(与大专院校或人才培训机构长期合作,进行人才定向培训),也可以请进来(如聘请专家举办专题培训班等)。当然最有效的还是要提拔企业内部经过实践锻炼及考验的成熟人才,让企业内部人才有升迁做大的机会。

在颂扬企业文化时应注意的是,多倡导企业群体的共性,少提倡企业员工的个性。这是因为:只有多提倡企业群体的共性,才能产生企业的凝聚力,从而团结全体员工去克服万难;而倘若过多地提倡员工的个性,就会产生人际矛盾,从而产生企业的离心力。

2)人才激励

人总是需要激励的,而激励形式可以多种多样。例如,表彰企业中突出的贡献者或典型的模范人物,以树立榜样、弘扬正气、激励先进、鞭策后进、鼓励勤奋和爱岗敬业。但这种激励不仅要恰到好处，而且还要实施有效的激励，否则会适得其反。

现代企业对员工的激励，应该以精神激励为主（如表彰先进、树立模范等）、物质激励为辅（如增加工资、发放奖金，或持以企业股票等）。当然，倘若只有精神激励而无物质激励，就会因为滥发荣誉而使激励贬值；但倘若只用物质激励而无精神激励，将会把员工引向唯利是图。激励方式的选择应该因人而异、因时而异。例如，对于尚未解决温饱等生理需要的人来说，物质激励尤为重要；而对于已经解决温饱的人说，他们更需要精神激励，以满足其权力、事业和归属等心理需要。因此，人力资源管理部门应该落实人才培养与使用计划，表彰先进、树立模范，激励其工作潜能。多鼓励他们参与企业管理，以体现他们的存在价值和发展前途，提高其满意度。否则他们就会不满意而消极怠工，甚至最后离开企业。

企业领导在企业的生产经营管理活动中，应该多用政治思想动员的方法来激励员工，而减少不必要的发号施令。因为政治思想动员更能唤起员工的主人翁精神及工作热情，并换取他们的最好合作。在精神激励中，语言激励尤为重要。这是因为中国人不仅爱面子，而且还非常重视荣誉，其中特别是那些有成就欲望感、有知识的年轻员工，他们特别希望能得到领导的赏识和重用。

3）岗位竞争与业绩考核

随着市场竞争的日益激烈，企业内部的岗位竞争也日趋激烈。

（1）所谓“岗位竞争”，就是根据“谁有本事谁上、谁无本事谁下”的用人原则，在企业内部开展为争取某岗位的友好竞争，从而使企业不断吐故纳新，保持旺盛生命活力，增强市场竞争能力。当然，要开展岗位竞争，首先是要严格落实企业内部的岗位责任制，加强企业内部的岗位业绩考核，并根据业绩考核给予奖惩。其次是要坚持公正、公平和公开的人才竞争机制，不拘一格地选拔人才。提拔那些确有管理能力、确有培养前途的人员参与企业的生产经营管理，替换那些不称职或业绩不突出的管理人员。

（2）所谓“业绩考核”，就是指根据其业绩考核标准，考核员工在规定时间内所完成岗位职责的岗位表现和业绩成果。不仅要通过业绩考核来实施按劳分配，以增大岗位压力，拉大上岗与下岗的待遇差别；而且要由此确定人员升迁，奖勤罚懒、体现竞争公平。业绩考核通常采用自上而下地逐层进行，这就需要人力资源管理部门层层分解企业的经营目标，并将日常管理与业绩考核实施制度化、规范化和民主化。

根据考评对象的不同，企业员工的业绩考核形式有两种：

（1）员工的业绩考核，通常用“德、能、勤、绩”四字来表达。其中，所谓“德”是指其德行（政治素养和个人修养等）；所谓“能”是指其工作能力；所谓“勤”是指其努力程度；所谓“绩”是指其工作业绩，包括工作量、工作质量、合作意识和客户评价等。由于员工的业绩考评不仅难度较大，而且倘若偏差还会引发新的矛盾。因此对于不同岗位要选择不同的考核指标与考核方法。例如，生产岗位主要考核其结果——生产业绩，如维修数量及质量等；而管理岗位主要考核其行为——德、能、勤，如管理能力、团队精神及完成工作指标等。

（2）团队的业绩考核。团队业绩考核的目的是为了总结成绩和寻找差距。团队业绩考核的内容，职能科室主要考核其办事效率及服务质量，如完成的工作指标及顾客满意度等；维修车间及维修班组主要考核其维修的数量、质量及其服务等。团队业绩考核的基本方法是：首先将考核指标尽可能量化与细化，再根据各部门、各员工各自的岗位职责进行分解，以岗位责任书的形式明确其岗位职责及考核办法,最后进行岗位考核。由于管理者个人业绩中也包含有团队业绩(但并不等于团队业绩),因此在考核管理者个人业绩时,只能将团队业绩乘以相应系数计入个人业绩。

三、人力资源管理的员工培训

人力资源是现代工业企业中的主要资源,劳动者的劳动包括智力劳动和体力劳动,也包括现实劳动和潜在劳动。所谓现实劳动,是指人直接为社会做出贡献的劳动;而潜在劳动则是指通过培训和开发从而为社会做出贡献的劳动。《中华人民共和国劳动法》规定:用人单位不仅应当建立内部员工培训制度,而且还应实行上岗培训与职业资格证书制度。

1. 员工培训的意义

现代企业管理者想要管好企业,提高企业的产品质量与服务质量,并实现企业的安全生产,从而取得企业最好的经济效益,不仅要强化企业的人力资源投资,招聘高素质人才;而且要加强企业内部的员工培训,重视人才的管理和开发,以全面提高企业内部员工素质。

尽管员工培训并不能解决现代企业中所有的问题,但至少能提高企业中人的工作质量,继而提高企业的产品质量与服务质量。为此,现代企业管理者一定要有长远眼光,把员工培训纳入到日常生产经营管理计划中,就像开展全面质量管理那样,全面、全员、全过程地培训企业内部员工。

1)员工培训是适应汽车维修技术发展的客观需要

随着现代汽车技术的突飞猛进,新技术不断出现。若要让现代汽车维修人员都能熟练地掌握这些新技术,就必须要提高他们的文化素质和技术素质。但由于种种原因,已经就业的企业员工大多已经不可能再重新返校学习,因此,现代汽车维修企业开展企业内部员工技术培训,乃是为了适应现代汽车维修技术发展的客观需要。

2)员工培训是提高汽车维修企业经济效益的客观需要

企业是人的企业,人是现代企业生产力中最活跃和最重要的要素。倘若企业要想获得最佳的经济效益并扩大再生产,就必须提高企业内部员工的技术素质和服务素质。为此,就得加强企业内部员工的业务培训。现代汽车维修企业开展企业内部员工培训,既是提高企业劳动生产率和竞争力的重要措施,也是提高汽车维修企业经济效益的客观需要。

2. 员工培训的内容

现代汽车维修企业员工的基本素质包括:政治思想素质、文化素质、技术业务素质等。现代企业的人力资源管理不仅要搞好企业内部员工的政治思想品德教育与文化基础教育;而且还要搞好企业员工的技术业务培训与技术业务考核,因为这些都是现代企业发展生产力的重要手段。

1)政治思想素质教育

政治思想素质是企业员工最重要的基本素质。由于政治思想素质反映着人的思想和品行,由此开展企业员工的政治思想素质教育,其目的就是为了提高企业员工的思想道德品质,增强企业员工的事业心及责任感,从而爱岗敬业、遵纪守法、弘扬正气;并发扬企业团队精神、树立优秀企业文化等。

政治思想素质教育的内容包括:政策法规教育、职业道德和职业纪律教育等。其方法是:

树立企业文化，用企业文化来教育员工，并用员工教育来培育企业文化。当然，开展政治思想素质教育决不能用说教的方法，而应该辅之以精神激励。例如表彰先进、树立典型，用优秀模范人物的先进事迹教育员工等。

为什么在学校就入党入团、在学校就当上学生干部的人，到企业后往往表现突出？究其原因，就是因为这些人的政治思想素质较高并积极上进的缘故。通常，政治思想素质越高的人其业务能力素质也往往越强，但业务能力素质越强的人却并不一定其政治思想素质越高。对于政治思想素质较高而业务素质较低的员工，尚还可以加以培养和提高；但对于政治思想素质较差，即使业务素质再好，也是本事越大破坏力越大。因此，通过衡量员工政治思想素质的高低，就可衡量该员工能否成才。

2）文化素质教育

文化素质反映着人的修养。具有较高文化素质的员工不仅可较快地接受新事物和掌握新技术，而且职业道德素质也较高。因此，招收大专院校毕业生似乎已成为现代汽车维修企业管理者的共识。不少汽车维修企业为了选聘较高文化素质的人员而逐步淘汰较低文化素质的人员，明确规定了企业招聘员工的文化素质条件。例如汽车维修技工必须具有中专以上文化程度，企业管理人员必须具有大专以上文化程度等。但实际上，由于目前大学的扩招及急功近利以及社会普遍存在的道德危机与信仰危机，使学校毕业生的实际水平与其所持文凭差距很大，不仅文凭不等于水平，而且仅凭学校教授的一点文化基础知识，并不能应付当前高速发展的汽车维修技术。因此要想切实地提高汽车维修企业员工的政治思想素质和技术业务素质，首先就要提高员工的文化素质，实施最基础的文化素质教育。包括：《语文》《数学》《物理与化学》《计算机》《基础英语》等基础文化的课程教育。

3）技术业务素质教育

在汽车维修企业中，汽车维修技工是汽车维修业务的直接操作者，其操作能力反映着他的实际业务能力。由于现代汽车及检测诊断设备已经是机电一体化的高科技产品，因此要想维修机电一体化的现代汽车，必须要求汽车维修人员尽快掌握机电一体化的现代汽车最新技术，实现自身的机电一体化，即既要懂机械技术、也要懂电子技术。然而目前汽车维修人员的技术业务素质普遍偏低，胆子是大，敢拆敢装，拆坏了就换新件，但由于新件并不等于好件，结果把本来尚好的汽车也修坏了。既然现在的汽车维修人员不仅都是在“边干边学”，甚至还是拿着你的工资操练他的手艺，还不如你先通过技术业务素质培训，好好地培训他，让他好好干。

面对着目前汽车维修企业普遍缺乏高素质维修人才的现状，最好的办法是直接招收来自汽车检测与维修专业毕业的大学生。当然，这些大学生就业时也需要有一个较长的实习期或适应期，也需要对其进行政治思想素质教育及技术业务素质教育，以尽快提高其综合素质，通过维修实践，从而将他们培养成为既懂技术也懂管理、既懂汽车也懂电子的多面性人才。

技术业务素质教育包括：

（1）对汽车维修技工的在岗业务培训。培训时应坚持干啥学啥、缺啥补啥，实用够用、学以致用的原则。根据其实际需要来确定培训内容，并开设与其相关的技术基础课程。其中对于刚入厂的新员工，为使他们能够掌握上岗所必需的“应知应会”，主要进行上岗前基础培训（如企业文化与职业道德、文明礼貌与组织纪律、安全操作规程教育及基本操作技能训练等）。对于在岗或待岗的汽车维修技工，主要根据其技术等级（如初级技工、中级技工、高级技工）进行“应知应会”的技能培训及技术考核,以迅速提高其操作技能。而对于技师及高级技师等的业务培训,则主要侧重于新技术应用的专题培训,以更新知识和提高业务能力。当然,在进行各等级技能培训时,还应根据不同的年龄结构、文化层次、技术等级和实际工作,采用不同的培训方法。

(2)对直接从事汽车维修生产技术人员的在岗业务培训。培训时不仅要进行最新技术的业务进修,以解决在汽车维修中存在的疑难故障及疑难技术,要求他们能精通汽车维修的最新技术,提高实际业务处理能力;还要进行企业生产经营管理的业务培训,并要求他们积极参与企业生产经营管理,并系统地掌握现代企业的管理知识,提高人际关系和组织能力等。其中,对于非汽车维修专业毕业的汽车维修技术人员,应侧重于技术补课(补修汽车维修技术专业课);而对于汽车维修专业毕业的汽车维修技术人员,应侧重于汽车维修技术的业务进修,要求他们更深入地掌握现代汽车维修技术,掌握现代汽车维修技术的最新发展动态;并相应熟悉现代企业的经营管理和市场营销等。

(3)对各级生产经营管理者(如各职能科室、前台业务人员、车间主任及班组长等)的在岗业务培训。由于这些人员都属于现代企业的生产经营管理者,应侧重于企业管理知识的培训。不仅要求他们懂得政策法规和生产技术,熟悉企业内外情况(市场动态及企业情况等);而且还要学会如何做人的政治思想工作,从而不断提高其生产经营管理技能和组织能力。

(4)对企业领导者(厂长/经理)的在岗业务培训。应侧重于政策法规、职业道德、现代企业经营管理的培训。这是因为:现代企业的领导者不仅应具有良好的个人素质,而且应具有丰富的社会知识,包括善于做人的政治思想工作,善于调动人的积极性,并知人善任、善于决策等,知识广博、经验丰富,对内懂得企业管理,对外懂得市场营销。其培训目的是如何提高企业的生产经营管理水平,如何提高企业员工的工作责任心和事业心。其培训方法包括:送出去(委托大专院校集中培训);请进来(请专家授课);或者考察访问、参观学习与经验交流等。

在企业员工的政治思想素质教育培训中,企业的厂长/经理应带头授课,在教育员工的同时也教育自己。

3. 员工培训的组织管理

在汽车维修企业中,由于员工较多,分工又细,且文化程度与技术业务水平也参差不齐。因此,人力资源管理部门在开展汽车维修企业员工培训时,若要确保培训的实际效果,就要做好以下几个方面:

(1)领导重视。汽车维修企业的员工培训,首先是领导重视,并由人力资源管理部门专人负责。以在企业厂长/经理的直接领导下,结合本企业实际,提出切实可行的员工培训计划,并认真组织实施。

(2)全面规划并落实培训条件。在编制年度培训计划时,不仅应全面规划(包括培训人数、培训形式、培训内容、培训规模及培训要求等);而且应落实培训条件(包括培训教师、培训教材、培训教具、培训教室、培训经费等),要讲究实效。至于培训对象,既要照顾全面(全面、全员、全过程),也要突出重点(应以关键工种和关键岗位的维修技工、班组长、各车间管理人员、各职能科室为重点)。其培训内容应本着缺什么补什么的原则,重点解决各岗位的应知应会,不要一刀切。

在汽车维修企业中,员工培训的经费可按国家《关于加强员工教育工作的决定》,按企业工资总额的1.5%提取(列入企业成本);扩大自主权的企业还可以从企业利润中适当安排。但此培训经费应主要用于培训人员工资、保险福利费、校舍修缮费、生产实习费、图书资料费等。当然,企业开展员工培训一定要因地制宜、因陋就简、逐步完善、逐步发展。通常是培训教师靠“兼”、培训教材靠“编”、培训教室靠“挤”、培训时间和培训经费靠“保”。

(3)建立企业培训制度。企业培训计划的落实还要靠培训制度来保证。为此,汽车维修企业应根据具体实际情况,制定企业员工培训制度,从而对员工培训组织、培训形式、培训内容、培训待遇等做出明确规定,并建立员工培训档案等。

(4)通过业务例会进行培训。通过班组或科室的业务例会,不仅可通报本班组或本科室的业务情况及业务进度,而且还可以进行本班组或本科室的业务培训。具体做法是:它以班组或科室为单位,由班组或科室的负责人召集,定期召开(每日、每周或每月)本班组或本科室的业务例会,通报本班组或本科室在本期内所发生的典型事例及其处理过程,从而群策群力,取长补短;在相互学习中总结经验教训,在相互学习中共同提高业务能力。

4.工人技能等级考核

根据《中华人民共和国劳动法》规定,劳动者职业技能的考核和鉴定应由经过政府批准的工人技能等级考核鉴定机构,根据现行《工人技术等级标准》进行。目前在汽车维修企业中适用的职业资格证书有:《汽车维修中级工职业资格证书》《汽车维修高级工职业资格证书》《汽车维修技师职业资格证书》《电工职业资格证书》《焊工职业资格证书》等。但须注意的是,文凭并不等于水平,证书并不代表其实际技能。

由于工人技能等级考核是工人上岗任职的基本凭证,也是确定工人技能工资的基本依据。因此在汽车维修企业内部,不仅要实行技能等级的持证上岗;而且也要实施技能等级的实际考核。为此,汽车维修企业应根据《工人技术考核暂行条例》,建立工人技能等级考核评定委员会,指派专人负责汽车维修企业内部的工人技能等级考核,从而将工人技能等级考核与其利益相结合(包括转正定级、晋级晋升、调换岗位、改变工种等)。实际考核不合格的应予降级使用,或者换岗,或者辞退,而决不流于形式。

汽车维修企业内部的工人技能等级考核应由人力资源管理部门负责(包括工种核定、考场纪律和监考等);并由生产技术部门负责出题、改卷和评分。技能等级考核的对象包括:学工转正定级,技术工人上岗操作证考核,在岗技术工人技能等级晋级考核,待岗员工再培训就业考核等。技能等级考核的主要内容应包括技术业务知识与实际操作技能。例如技术安全操作规程,以及所定岗位与等级的应知应会等。工人技能等级考核的基本要求是:

(1)考核前必须公开考核标准与考核方式;并坚持原定考核标准,既不能提高也不能降低。

(2)考核时必须明确考场纪律,不得营私舞弊。

(3)考核后考卷应统一归档,并有良好的考核反馈(如记分、奖励和鉴定表等)。

第四节　职业道德

企业竞争在于人员素质的竞争,而人员素质的差别在于基础教育,其中特别是政治思想素质教育。为此,就业者不仅要提高自身的文化素质和技能素质;更要提高政治思想素质和道德修养。即:既要学会做事,更要学会做人。

一、道德与职业道德

1.什么是道德及职业道德

道德是用以处理人际关系所必须遵循的行为规范。例如:为人诚实,凡事讲良心、爱心和责任心等。简单地说,道德就是讲人的言行“应该”或“不应该”的问题;道德既是我们做人的根本,也是我们成功做事的重要保证。

道德包括公民道德、家庭道德、社会公德和职业道德。

所谓公民道德,是公民所应该具备的社会道德或行为准则。我国20字公民道德的基本规范是:爱国守法、明礼诚信、团结友善、勤俭自强、敬业奉献。不同的社会发展阶段和不同的应用场合也都有着不同的内容与标准。

所谓职业,是就业者从事的并作为主要生活来源的某种专业业务或某种特定职责。随着职业的产生,需要职业人在职业的过程中与人相处,就不可避免地需要正确处理职业中的人际关系。所谓职业道德,就是职业人在特定的职业过程中用以处理各种人际关系所必须遵循的道德原则和行为规范。职业道德包括:思想素质、道德规范,职业行为和职业习惯等。

不同的职业有着不同的职业道德。例如领导干部要讲政德,商人要讲商德,医生要讲医德,文人要讲文德,艺人要讲艺德,教师要讲师德,学生要讲学德等。倘若做人缺乏道德,办事缺乏职业道德,那便是缺德。虽然道德与法律都属于做人所必须遵守的行为规范;但前者是由社会舆论、传统习惯、公共信念和道德教育所规范的;后者则是国家制定并由国家行政执法机关强制执行的。

2.为什么要提倡职业道德

职业劳动者在人际交往和事务处理的过程中,不仅要讲究职业道德,而且要努力提高政治思想觉悟,正确处理人际关系。即:不仅要学会做事(掌握从业所必需的应知应会);更要学会做人,从而成为有理想、有道德、有文化、有纪律的新型劳动者。

企业生产经营管理者及职业劳动者良好的职业道德,取决于他们良好的职业行为和职业习惯,更取决于他们良好的思想品德与心理素质。这是因为:

(1)良好的职业道德不仅可以树立良好的个人印象,改善人际关系,从而缓解各种人为矛盾;而且也是个人事业成功的必要保证。人际和谐相处,有时还能“多一个朋友多一条路”。

(2)良好的职业道德不仅是企业文化建设的重要组成,也是增强企业凝聚力的重要手段。

企业要实现既定的生产经营管理目标,决不能单纯依靠行政手段或经济手段实现,而首先应该加强企业全体员工的职业道德素质教育,树立道德风尚、促进企业文化建设;凝集人心,增强企业凝聚力:人心齐、泰山移。

3.怎样学好《职业道德》

(1)学习职业道德的关键是端正思想态度、培养职业良心。由于人的一切行为都会受到思想的支配,办任何企业都是要讲良心的。因此,任何企业都要珍惜职业荣誉,讲究职业良心,自觉遵守职业纪律。否则不仅会受到人们指责,甚至还会受到自己良心的责备。

(2)学习职业道德必须理论联系实际。通过职业道德培训,要对照自己的言行,三思而后行。在日常生活与工作中,要分清该说什么而不该说什么;该做什么而不该做什么;什么是有德而什么是缺德等。

(3)学习职业道德要贵在坚持。职业道德涉及做人的本性。“江山易改、本性难易”,其中所说的“本性难易”,是说易性很难,但并没有说不能易。因此,要学习职业道德,改正不良的习俗(易性),就应该贵在坚持,坚持从我做起、从小事做起、从今天做起。

二、职业道德的基本规范

1.中国传统的职业道德

中国是礼仪之邦的文明古国,数千年文明积累了丰富的职业道德。

1)提倡同心同德

我国人口众多、人际关系复杂。要实现民族团结,就必须使全国各族人民同心同德、和谐相处。儒家的孔孟之道历来主张的“礼之用,和为贵”“天时不如地利,地利不如人和”“仁者爱人”等,都是在提倡心和(同心同德)、颜和(和颜悦色);敬和(和顺恭敬,不盛气凌人);衷和(同心协力,和衷共济)。敬献爱心、和气致祥、和气生财。这不仅是中国人的传统美德,也是中国人做人的基本原则。也只有这样,人活着才能有所作为,才能有所价值。

2)提倡诚信

中华民族是一个重诚信的民族。所谓诚,就是要为人诚实、真心待人;明明白白做事,老老实实做人,这是道德修养的基础。所谓信,就是要讲究信用、遵守诺言,言必信、行必果,这是做人的根本。我们要为学立业,倘若没有诚意就没有道德,没有信用就难成事业。提倡诚信也要提倡重义轻利,反对损人利己。所谓君子生财、取之有道;买卖不成仁义在;不以利小而不为、不以利大而忘义等,都反映了中华民族诚信的道德观念。

3)提倡自强不息、奋发进取

做事在认真、做人要精神。做人要精神,这种精神不仅要自强不息,不怨天怨人,而且还要奋发进取。当然,要自强必须先自胜,即自觉地克服自己的缺点、弱点和错误;提倡自信、自尊、自立和自强。

2.我国现阶段职业道德的基本规范

职业道德是每个员工的行为准则。我国20字职业道德的基本规范是:爱岗敬业、诚实守信、办事公道、服务群众、奉献社会。

1)爱岗敬业

在市场经济条件下,目前都采用双向选择原则来选择岗位。即你在选单位、单位也在选你,双向都是自愿的。但双向选择的前提是爱岗敬业,这是目前用人单位在挑选人才时的重要标准。所谓“爱岗”,就是首先要热爱自己的工作岗位和本职工作,这是衡量从业者的基本态度;所谓“敬业”,就是要用一种恭敬严肃的态度对待自己的工作,勤奋努力、精益求精、尽职尽责地对待自己的本职工作。爱岗敬业的基本要求是:树立职业理想,强化职业责任,提高职业技能。为此要乐业、勤业、精业。只有爱岗才能敬业,只有敬业才能爱岗。“爱一行干一行”的只是少数,大多数是“干一行爱一行”。倘若大家都只凭自己的爱好或兴趣而工作,就会造成许多事无人做,或者许多人无事做。

2)诚实守信

诚实守信是为人之本、从业之要。它不仅是社会公德,也是做人的起码要求。其中,“诚实”就是做人要忠厚老实、以诚待人，踏踏实实做事，老老实实做人，不讲大话、套话和假话，不隐瞒自己的观点和情感，为人光明磊落。“守信”就是要忠实履行自己所承担的义务，信守诺言、讲求信誉，言必信、行必果。诚实守信的具体要求是：忠诚于所属企业，遵守合同和契约、诚实劳动并关心企业发展；维护好企业信誉，树立产品和服务的质量意识，保守企业秘密。

3）办事公道

办事公道是正确处理各种关系的准则。所谓办事公道，就是在处理人际关系或者办事时，要站在公正的立场上，公平、公正、公开地待人处事，不论对谁都是一个标准。要想办事公道，平时就要为人正直，不仅要分辨善恶美丑，而且还要疾恶如仇，心里容不得一点私念和杂念。要想办事公道，就必须以国家和企业利益为重，坚持原则，不徇私情。其具体要求是：坚持真理、公私分明、公平公正、光明磊落。

4）为人民服务

每个人既享受着别人的服务，也同时在为别人服务。今天的社会就是我为人人、人人为我的局面。因此，为人民服务不仅是履行岗位职责的精神动力，也是判断职业行为是非善恶的最高标准。要做到为人民服务，必须心中装着别人，想到别人、爱护别人。凡事都要学会换位思考：如果我是他会是怎样？由此做出正确的选择。

5）奉献社会

所谓奉献社会，就是要全心全意地为人民服务、为全社会服务、为他人服务。取自于社会，还之于社会，最后奉献于社会。这不仅是职业道德的最高境界，也是做人的最高境界。

3. 职业道德的基本要求

职业道德的基本要求有：义务、良心、荣誉、节操等。其中：

（1）义务。是指对社会、集体和他人应尽的责任。这种责任不仅包括是非感、正义感、羞耻感、同情感和责任感；也包括自尊、自爱、自重等。为此，要求职业者只要在其位就要谋其政、只要有权利就要尽义务。

（2）良心。是指职业者在履行职责义务时要对得起工作、对得起社会、对得起别人。为此要求职业者的每一言每一行都要以职业良心来规范、检查、监督和反思自己。不仅要爱别人、将心比心地想到别人；而且还要克己奉公、无私奉献而不图回报。做人做企业都要有良心。

（3）荣誉。是指职业者在对待荣誉时，应视其为鞭策和鼓励；而决不要沾沾自喜，故步自封，自我感觉良好。

（4）节操。是指职业者自身的品行，哪些该做，哪些不该做。

4. 职业道德的基本核心——为人民服务

正如毛泽东主席教导我们的那样：“共产党和共产党所领导的八路军、新四军，是革命的队伍。”“我们这个队伍完全是为着解放人民的，是彻底地为人民利益工作的。”“我们应该谦虚，谨慎，戒骄，戒躁，全心全意地为人民服务。”“全心全意地为人民服务，一刻也不脱离群众；一切从人民的利益出发，而不是从个人或小集团的利益出发；向人民负责和向党的领导机关负责的一致性；这些就是我们的出发点”。由此可知，职业道德的基本核心或最高宗旨就是“为人民服务”；其基本原则是群体意识；其基本要求是爱祖国、爱人民、爱劳动、爱科学、爱社会主义。

三、职业道德的培训与建设

“性本近、习相远”是说:虽然人的本性大体相近,但由于后天学习和自我修养的不同,人与人之间差别很大。有的功成名就、有的浑浑噩噩;有的行善、有的行恶。

由于人的成长与发展是一个渐进过程,因此要造就一个合格的职业者,不仅要有意识地接受正规和正面的教育与培训,而且还要主动积极地进行自我修养。自我修养是人性修炼渐变的主导内因。青年学生虽然在学校经历了数年的基础教育培训而具备了一定的基础知识和职业技能;但倘若要真正地胜任实际职业岗位,还需要由企业实施上岗前的再教育培训(包括职业道德和专业技能等);决不能眼高手低,大事做不来、小事又不做而一事无成。

1.职业道德培训的意义和目标

1)职业道德培训的意义

为培养职业者的职业责任和敬业精神,首先要养成良好的职业道德习惯。这是因为,现代社会所需要的并不只是单纯的专业技能,而更需要职业道德与社会公德,敬业精神与群体意识等。例如诚信、公正、尽责、合作、合法、公平等。

在社会主义市场经济条件下,新型职业者必须具备良好的综合素质,包括科学文化素质,专业技能素质和思想道德素质等。其中,思想道德素质是综合素质中的基本素质。倘若具备职业道德而缺乏专业技能还可以培养的,但倘若只有专业技能而缺乏职业道德,却是本事越大破坏力也越大的。

2)职业道德培训的目标

职业道德培训的目标包括:

(1)坚定的职业理想。在职业的初级阶段,因为要维持基本生活和承担社会责任,此时必须“干一行爱一行”;只有随着时间的推延和经验资历的积累,到职业的高级阶段才能逐渐成为“爱一行干一行”,才能将个人的爱好与岗位成才相结合,做出自己最大的贡献。为此,自己的职业理想必须立足于自己的实际条件,不能好高骛远而终使理想成为梦想。

(2)端正劳动态度。首先要遵纪守法,并尊重他人劳动。新员工上岗教育的目的,就是要端正劳动态度,而不单纯地学习技术。

(3)培养职业良心。职业良心是合格职业者的基本素质。不仅要用良心去做事,更要用良心去待人。严于律己,在道德或不道德中做到正确的权衡和抉择。

2.职业道德建设与训练

随着我国社会主义市场经济的迅速发展,人们的道德观和价值观都发生了极大的变化。倘若只讲经济、不讲政治,就会“认钱不认人”,从而出现严重的信仰危机与道德危机,使世态人情淡漠。在这种情况下,人的信仰与道德就显得更加重要,人际间的感情就显得更加珍贵。因此,如何提高员工的职业道德素质,家庭和学校的素质教育起着关键的作用。

职业道德素质包括观念、行为和习惯等。其中观念是一个人对世界的基本看法(世界观)。倘若职业者对自己职业缺乏深刻的认识和理解,就必然缺乏做好本职工作的热情,也就不可能表现出良好的职业道德。因此要加强企业职业道德建设,不仅要搞好本企业的职业道德教育,宣传正气,树立新风;还要反对所有的不正之风,不破不立,先破后立。

职业者的职业劳动属于社会化公共行为,职业道德是职业者在职业生涯中所必须具备的为人之道。职业者职业道德的建设与训练应该从基本的文明举止和礼貌用语入手;从今天做起、从小事做起、从自己做起。

1)文明举止

我国是文明古国,讲究人际交往和职业活动中的礼仪、礼节和礼貌;而且还要有道德的共识和态度。例如:

(1)仪容仪表洁净整齐,仪态举止优美自然(包括站相、坐相、走相、神态等)。有些年轻人为了显示个性,总喜欢一些另类的穿戴打扮,总流露出一些不良或不雅的习俗。但要知道,你既从业于属于群体劳动的汽车维修企业,个性不允许超越共性,为此必须收敛个性。

(2)谈吐文明、讲究礼节,亲切诚恳、恰如其分。其中,谈吐文明和讲究礼节不仅是文明人的意识和习惯,也是文明人道德的长期修养。礼多人不怪,凡事讲究礼节,多说一句礼貌用话,就会让对方感到尊重和满足。为此,企业中通常都要规定员工的服务用语和服务忌语,规定企业的礼节和礼貌。例如要求称呼做工的为师傅,称呼坐办公室的为老师;对男的不要问收入,对女的不要问年龄,同事之间要友好、并尊重他人隐私等。当然,谈吐文明与讲究礼节也要与具体的情景和对象相结合,亲切诚恳、恰如其分。没有一定的礼节礼貌就会显得失礼或缺德;但过分的礼节礼貌也会显得做作和虚情假意。有些人说话时总习惯性地带些脏话,或者总喜欢使用一些社会流行语或网络用语,甚至喜欢拿戏说当幽默,拿黑话当好话,结果却自损了个人印象和人际关系。

(3)勤劳节俭。勤劳节俭可以节约成本、提高效率。因此是中华民族的传统美德;也是个人或企业在市场竞争中常战常胜的秘诀。

2)行为训练

在对职业道德行为进行强化训练时,不仅要合乎规范,而且要提高技能,并要说明其道理和是非。

(1)合乎规范。就是要用职业道德的规范(包括道德规范、法律规范、职业规范等)作为标准,进行灌输式、服从式的强化训练。

(2)提高技能。就是要提高职业道德技能。当然,这不仅需要长期的艰苦努力,不断学习并不断修正自己言行,而且这种提高也是无止境的。第一要学会、第二要熟练、第三要精通、第四要做绝。要视工作为挑战,一丝不苟,全身心投入。要么不干,要干就要干好。

3.职业道德修养

职业道德修养,是指职业者在思想观念、道德品质、专业知识、技能技艺等方面按照职业道德的基本原则和基本规范,经过自我锻炼与自我改造,达到职业道德涵养和境界的过程。职业道德修养需要职业者主动而积极的自我培养。其方法如下。

1)立志

由于人的行为必然会受到思想意识的支配,因此从业者要加强职业道德修养并干好本职工作,首先要确立正确的人生观,确立自己的意志和理想。其中包括:要成为强者,就要脚踏实地、勤恳劳动,不安于现状且决不服输;要做大事就要先做小事并持之以恒,贵在坚持;不要大事做不来、小事又不做。

2)学习

要加强职业道德修养,培养良好的行为习惯,就要多读书,多学习,会学习。例如,学习职业道德规范,掌握职业道德知识等。既要学会做事,更要学会做人。要多学习别人的长处和优秀品质,多总结自己的不足,而不要老是自我感觉良好,总是原谅自己。

3)慎独

就是要在无人监督的情况下保持谦虚谨慎,不做违心事和缺德事。只有努力做到慎独,经常反思及自律.才能提高自己的精神境界和职业道德观念。

4)将心比心、推己及人,求同存异、团结互助

在职业道德修养中,“将心比心,推己及人”是做人最基本的方法。因为只有这样,才能理解别人、正确地为人处事;才能严于律己、宽以待人、求同存异、顾全大局。

5)积善

就是要点滴地多做好事、积善成德。高尚的思想道德和优秀的职业道德都需要有漫长的积累过程。做一件好事容易,终生做好事就难了。倘若平时不检点、不注意自身修养,就不可能有朝一日挺身而出、绝旧从新;也不可能有朝一日立地成佛、积善成德。

6)遵纪守法

每个从业者都要遵纪守法(遵守职业纪律及法律法规)。职业纪律是特定职业在活动范围内从事职业所必须遵守的共同行为准则。其中包括:劳动纪律、组织纪律、财经纪律、群众纪律、保密纪律、宣传纪律、外事纪律等。遵纪守法的要求是:学法、知法、守法、用法,遵守企业规定的纪律和规范。

第五节　现代企业的职业经理人

随着现代企业管理的不断发展,当今社会正逐渐步入“职业经理人”时代。所谓职业经理人,是以经理为职业的专门人才,接受企业股东的委托,担任企业的最高行政领导。

无论是国有企业还是民营企业,不少企业主都希望能找到高素质的职业经理人,从而能为企业的今天和明天而操劳,并使他们的投资能获得高额的回报;职业经理人也是从业者梦寐以求的职业。例如,已经在岗的职业经理人,总希望通过自身努力而保住职业经理人的岗位;准备上岗的未来职业经理人,总希望通过自身努力而尽快走上职业经理人的岗位,从而实现自己所要实现的梦想。

一、职业经理人的基本素质

1.职业经理人应该是一个企业家

在社会主义市场经济条件下,为了管理好现代企业,职业经理人应该是一个企业家,不仅具有过硬的政策水平和很强的进取精神;而且具有很强的企业经营管理理念及能力。由于职业经理人掌握着企业的生产经营管理决策大权,其个人行为将直接关系到企业的兴衰成败,稍有不慎就将可能给企业带来无法弥补的损失。因此要求职业经理人在面对市场竞争时,不仅要有正确的生产经营管理观念(如战略观念、市场竞争观念、为人民服务观念、以人为本观念、专业素质观念、效益与风险观念等);而且要有企业生产经营管理的实践经验和实际能力(如思维创新能力、预测判断能力、组织协调能力、经营决策能力等)。

现代企业经营管理决策的出奇制胜,关键在于职业经理人的开拓和创新。倘若一味地紧

跟或模仿其他企业,都不可能使自己的企业兴旺发达。为此要求职业经理人不仅是企业家,而且应该是企业战略家,根据详细周密的市场调查和市场预测,弄清楚本企业当前所处的环境和现状;再根据企业的内外环境条件,及时正确地分析判断,看到被别人忽略的问题,想到别人想不到的事,出一般企业家所不及的主意。当然,职业经理人的创新能力,绝不是来源于主观的灵机一动或者异想天开,而是来源于职业经理人处理问题时的悟(悟出道理)和法(如何处理)。

职业经理人的主要职责是如何领导各项业务,并使企业全体员工齐心合力。因此,职业经理人除了要正确地经营决策外,更要动员和发挥全体员工的群体力量。为此必须正确地处理企业中的人际关系(在企业中建立亲密的人际关系是职业经理人最基本的能力),并善于集权分权,善于沟通和协调,具有领导指挥、组织协调的实际能力。中国有句俗话“说你行、你才行,不行也行;说你不行、你就不行,行也不行”。其意思是说,你的对错与功过是需要别人或历史去评述的,而不是自我评价的。中国还有一句俗话“人为知己者死”,其意思是说,只有你与他成为“知己”,别人才可能为你卖命。倘若凡事都不相信别人,凡事都事必躬亲、事无巨细,这样的领导绝不是一个优秀的职业经理人。

2.职业经理人应该具备良好的职业道德和个人素质

(1)职业经理人必须具有良好的职业道德素质。这是评价职业经理人所应该具备的基本素质。其中包括:

①对企业的绝对忠诚,而绝不能为个人私利而损害公司利益、为短期利益而损害长期利益、为局部利益而损害集体利益。

②具有高度的敬业精神和良好的职业态度,履行岗位职责,严守企业机密(包括过去曾经服务过的企业以及现在正在服务的企业)。

(2)职业经理人还必须具有良好的个人素质。不仅要敢于负责、廉洁守法、爱岗敬业、事业心和责任心强、公平正直、谦虚谨慎、勤劳果断;而且要有诚信意识、领导意识、团队意识、市场意识、风险意识等,并具有较强的自信心和较强的自制能力,敢于自我反省,自我制约,处处做出榜样。知道自己应该做什么,并且只要去做就必须做好。为此,职业经理人必须接受专业训练,以掌握必要的专业理论和专业技能,知识面广,语言表达能力强。除此之外,职业经理人还应该是心态平和、性格外向型的;而不是心态急燥、性格内向型的。

我们的职业经理人应当像徐特立同志所说的那样:“一个共产党员应当什么都知,什么都能,什么都学,什么都干,什么人都交,什么生活都过得下去。”为此,职业经理人要精通企业的生产经营管理,就应该是一个既懂经营管理也懂生产技术,能软硬兼施的杂家。

实践证明:倘若企业规模越大,就越要求职业经理人侧重于企业的经营管理,从而应该是一个具有较强经营管理能力的市场经营型软专家。他甚至可以不懂生产技术,但必须要懂市场经营和财务管理。因为只有这样才能准确地判断市场需求从而做出合理的经营决策。因此,大型汽车维修企业的职业经理人通常由工商管理专业毕业的大学生担任。但倘若企业规模越小,就越要求职业经理人侧重于企业的生产技术,从而应该是一个精通某项专业技术或专业技能的生产技术型硬专家。因为只有他精通某项专业技术或专业技能,才能获得基层员工的尊敬和敬佩,从而凝聚团队形成企业核心力量。因此,中小型汽车维修企业的职业经理人通常由汽车维修专业毕业的大学生担任。

二、职业经理人的领导艺术

职业经理人是企业经营管理的最高领导,不仅要懂得企业经营管理理论并掌握企业经营管理实际技能;而且还要有具备领导者的风度和艺术。这对于出身于汽车维修专业毕业的职业经理人而言,尤其需要训练其企业的组织能力和管理能力。不少职业经理人在企业管理中非常热衷于《孙子兵法》,但《孙子兵法》只教授了战略战术。倘若真要当好职业经理人,还要学习毛泽东的思想精髓和领导艺术——把全国人民组织起来实现全国山河一片红。倘若我们的企业也能实现一片红,众心所归,那我们的企业还有什么困难解决不了的呢?

1. 职业经理人应该懂的法律

现代企业管理者要从行政、经济、法律和教育等方面对企业实施管理,要求职业经理人也能从行政、经济、法律和教育等方面提高个人素质,包括法律和经济、营销和技术等。

1)宪法

宪法是国家最重要、最基本的法律,它不仅是制定和实施其他各种法律、法令、条例和规章制度的基本原则,也是一切公民都必须遵守的行为规范和活动准则。

2)经济法

经济法是关于经济法律的总称。其内容包括以下几点:

(1)企业管理方面:如企业法、商业法等。

(2)经济管理方面:如计划法、财政法、税法、资产投资法、物资管理法、统计法、会计法、审计法、经济合同法等。

(3)自然资源与环境保护方面:如环境保护法、土地法等。

(4)奖励发明与技术改进方面:如发明奖励法、合理化建议和技术改进奖励法、商标法、专利法等。

(5)对外经济联系方面:如外国企业法、中外合资经营企业法等。

3)劳动法

使用劳动力并依法处理劳动关系,是职业经理人搞好企业生产经营管理的必要条件。其内容有:劳动关系的产生、变更和终止;签订集体合同;工作时间、休息时间和休假制度;劳动报酬;安全生产;女工与未成年工的特殊保护;职业技术培训;劳动纪律、劳动保险;工会组织和员工代表大会;劳动争议处理及执行劳动法的监督和检查等。

4)刑法及其他

刑法是关于犯罪和刑罚的法律规范总称。一切公民都要自觉地维护社会经济秩序、防止经济犯罪,就必须了解刑法及其他法律。

2. 职业经理人应该抓的重要环节和经常要办的事

1)职业经理人在上任后首先要抓的工作

(1)抓住企业发展规划,审议企业的生产经营管理计划和产品发展方向。

(2)整顿和调整企业领导班子以组建强力的生产经营管理指挥系统。

(3)合理解决影响员工情绪的主要问题,以充分发挥员工的生产经营管理积极性。

2)职业经理人平时应抓的重要环节

(1)决策与计划。如编制企业生产经营管理的年度计划和中长期发展规划;确定产品发展方向、生产规模和经济目标;并编制与此相应的技术措施计划、人才培养计划、资金筹措计划、基本建设计划等。为此要充分掌握信息(市场调查报告、用户意见反馈、各部门业务情况报告、财务状况报告及会计报告等),建立好企业的信息系统。

(2)组织与协调。首先要注意企业的管理组织与车间劳动组织,不仅在人力资源管理、财务管理和物流管理上合理组织,建立各级岗位责任制度;而且还要通过交流与沟通,协调各方面的人际关系。

(3)调度和指挥。为建立高度集中、统一指挥、强力的生产经营管理调度指挥系统,必须出好主意,实施逐级管理、逐级负责的领导原则。

(4)控制。不仅要抓好安全控制与质量控制,而且要抓好生产经营管理秩序控制、人力资源控制和财务控制、物资消耗控制和设备控制等。

(5)用人与激励。开展政治思想工作、正确使用人才和培养人才,以发挥全体员工的积极性与主动性。

(6)考核与评价。建立必要的考核标准和考核办法,以公平、公正、公开地定期检查、考核和评价企业内各项工作的完成情况及各部门和各类人员的工作状况,从中不断找出问题,完善企业管理。

3)职业经理要干好工作,首先要明白自己将要干些什么和怎么去干

(1)要经常想到国家的方针政策、企业的安全状况、企业的财务状况及经济效益、企业的市场适应能力和竞争能力;各部门及各车间的工作协调性;员工的生活情况以及企业精神面貌和风气等。

(2)要经常了解的有:本企业的生产能力和经营状况、产品质量和用户反映、经济责任制落实情况、员工思想动态和要求,以及国内外市场状况和生产技术状况等。

(3)要经常掌握的有:上级文件及动态资料、市场调查及市场预测资料;本企业生产经营管理状况报表及分析、产品质量标准及用户意见反馈,本企业财务报表及经济核算报表,本企业员工业绩考核及评比资料,各项工作总结及业务会议资料等。

4)职业经理经常要去的地方

每天巡视各车间及各业务经营部门,并重点了解其薄弱环节;每周召开一次业务例会,以解决生产经营管理活动中存在的重大问题;每月走访一次员工家庭及重点用户,深入交换意见并了解情况;每年开好一次总结表彰大会。

3.职业经理的管理方法

高明的职业经理人通常推行以下管理方法:

(1)明确办事程序和办事方法,并将业务流程及业务目标形成标准和制度,实行明责授权。为了能充分调动副职及下属的日常管理,必须明责授权,实行逐级管理、逐级负责的办事程序和办事方法。即既不能放任自流,也不能事必躬亲。因为,什么都作主的领导不是好领导,什么都不作主的下属也不是好下属。当然,明责授权的原则是:

①坚持逐级管理、逐级负责原则,而不要越级指挥和越级布置。

②坚持权责相当原则,明责授权、权责相当。

③坚持量力授权原则,使被授权者能胜任。

④坚持疑人不用、用人不疑原则,要相互信任。

职业经理处事时应做到以下几点：

①布置任务要明确（包括任务的性质、目标、授权范围、责任与时限等）。

②检查任务要落实（但不要越级干预）。

③遇到意见不统一时要冷静（不要轻易决定）。

为此，职业经理人在具体的企业管理中还通常要实行"例外原则"，即已经有明确分工，或者已经有专人负责的事，一律不直接插手管理。职业经理人一般只管如下事宜：制定厂规厂法；检查和考核各部门工作状况；确定各部门人事变动；负责企业内无人管理的事项。

（2）做好企业管理基础工作。例如以下几方面：

①企业领导制度及企业管理制度建设，建立必要的规章制度，其中特别是岗位责任制度与经济责任制度。

②抓好全面人力资源管理与开发。

③抓好全面计划管理。

④抓好全面质量管理。

⑤抓好企业财务管理及全面经济核算。

⑥抓好企业定额管理、信息管理和计量检测管理。

（3）善于安排时间。对于职业经理人而言，由于所处地位及所管理内容等原因，常常不能自主安排时间，有时还甚至疲于奔命。因此，职业经理人要成为高效精明的企业管理者，首先要管理好自己时间。包括善于利用时间；分清轻重缓急及善于安排工作；善于接待来客；精简会议和文件、并善于开好各种会议等。对于必须召开的重要会议，要会前做好充分准备，把握会中讨论和会后贯彻实施。准时开、准时散，会议时间不要超过半小时。

总之，要当好职业经理人，不是仅靠个人埋头苦干，也不是仅靠个人独善其身；而是要靠坚强有力的领导班子和忠心耿耿为企业献身的员工队伍。

为了帮助职业经理人搞好企业的生产经营管理，现代企业中通常还设置有"智囊团"。尽管企业职能部门也是职业经理人的智囊团，但由于职能部门承担着具体的管理职责，在反映问题时有时难免带有片面性，且有些事情因为已经习惯而不愿改变，因此最好的办法还是在企业外聘请若干具有企业管理经验和实践能力的专家，直属于职业经理人领导，以组成企业非常设的智囊团（如企业生产经营管理委员会、企业技术开发委员会等），从而为企业出谋划策。

复习思考题

1. 为什么人力资源管理是现代企业管理中最重要的管理？
2. 什么是劳动？什么是劳动管理？
3. 什么是劳动生产率？怎样提高企业劳动生产率？
4. 什么是劳动定额？为什么要制定劳动定额？如何制定劳动定额？
5. 怎样进行汽车维修企业的劳动定员编制？
6. 汽车维修企业目前实行的劳动工资包括哪些形式？
7. 什么是劳动保护？为什么实施劳动保护？汽车维修企业如何实施劳动保护？
8. 什么是劳动保险？劳动保险有何特性？
9. 劳动管理与企业管理有何联系？什么是人力资源管理？

10. 现代企业的人力资源管理与传统企业的劳动人事管理有何区别？
11. 试述人力资源管理的基本功能与基本方法。
12. 为什么要改革用人制度？
13. 什么是人才？如何做好人才的聘用、管理、使用、激励与考核？
14. 什么是企业的人才结构？什么是业绩考核与岗位竞争？
15. 汽车维修企业为什么要加强员工培训？
16. 汽车维修企业的员工应具有哪些素质？
17. 为什么汽车维修企业要加强政治思想教育、文化素质教育、技术业务素质教育？
18. 怎样加强汽车维修企业的政治思想教育、文化素质教育、技术业务素质教育？
19. 如何组织员工培训？为什么还要加强员工技术考核？
20. 道路运输从业人员包括哪些人员？
21. 机动车维修技术人员的从业资格条件有哪些？
22. 机动车维修技术人员的从业行为规定有哪些？应负的法律责任有哪些？
23. 为什么还要对道路运输从业人员实行诚信考核及计分考核？
24. 什么是职业、什么是道德、什么是职业道德？为什么要讲职业道德？
25. 中国传统的职业道德有哪些？中国现阶段的职业道德有哪些？
26. 为什么说社会主义道德与职业道德的基本核心是为人民服务？
27. 职业道德培训的意义和目标是什么？如何进行职业道德培训？
28. 如何加强自身的职业道德修养？
29. 职业经理人的基本素质是什么？
30. 职业经理人的领导艺术指哪些？

第八章　企业文化建设

在当前市场经济条件下，技术重叠、产品与服务类似，企业之间产品与服务的同质化趋势日益严重。常常有几家企业同时生产或经销着同种产品，从而使竞争日益激烈，最终导致价格竞争，甚至低价倾销。在此情况下，若要推动企业继续发展，就要实施差异化策略，以各自的企业形象与企业精神，建立各有特色的企业品牌与企业文化。有人预言：企业品牌与企业文化就是明天的企业经济。

第一节　企业文化

一、企业文化的概念

1. 什么是企业文化

企业是国民经济中独立的经济实体和社会单元。当企业员工在从事企业生产经营管理活动时，通过企业日常的经营特色和经营行为、企业形象和企业精神，逐渐形成某种共同的价值观念、信仰态度、思维方式、精神状态、职业习惯、道德规范及行为准则等，从而形成某种文化共识。这种文化共识即称为企业文化。

在现代企业管理阶段，企业文化是决定企业成败兴衰的关键要素。它不仅是现代企业管理中的重要组成，也是现代企业管理理论的更高层次，属于仅次于民族文化的亚文化范畴。倘若从哲学高度来研究，企业文化既包括企业的外部形象与企业内在精神两个方面；也包括“浅层次物质文化”“深层次制度文化”“最核心精神文化”三个层次。

现代企业文化的本质，既是社会文化、也是经济文化。它既取决于企业的生产经营管理特点，也取决于企业中高层管理人员和全体员工的个人素质及价值趋向。

现代企业文化的构成要素有：

(1)企业环境。指影响企业文化形成和发展的外部环境。

(2)企业共同价值观。指企业从事生产经营管理的信仰及理念，也是企业文化的核心和关键。

(3)企业礼仪。指企业日常生产经营管理中的惯用礼仪。

(4)企业文化网络。指企业管理中用以群体思想沟通的方式与手段。

(5)企业模范人物。指企业为员工提供的楷模形象，并以楷模形象来引导、维护和强化企业的共同价值观。

2. 企业文化是客观存在的

企业文化是客观存在的。从出现工业企业起，人们就在企业的生产经营管理实践中，在所处历史及文化背景下共同生活与劳动，从而自觉或不自觉地孕育和发展着自身的企业文化。

不同的企业有着不同的企业文化。其中既有好的企业文化,也有不好的企业文化。好的企业文化提倡为人民服务,严于律己、积极创新,团结创新、卓越高效,从而使企业不断朝着团结创新和卓越高效的方向发展,人气旺盛、发展迅速;差的企业文化则一切向钱看,消极保守、人心涣散、你争我夺,从而严重阻碍着企业的发展、甚至最后倒闭。但人们在分析原因时,往往分析客观原因较多而分析主观原因较少,有的根本没有去分析企业文化对企业发展的影响。

企业文化是客观存在的。当人们并未意识到它存在时,或者虽有意识但并未积极挖掘时,它只能放任地自由发展。只有当人们意识到它存在,并在企业生产经营管理实践中不断培植其积极方面而抑制其消极方面时,才能建立并维护其优秀的企业文化;并借助于优秀的企业文化更好地为企业生产经营管理的实践服务。

3. 中国的企业文化

企业文化与民族文化或国家文化一样,不仅是客观存在的(只是范围不同),而且也是企业生产经营管理活动的精神支柱。在我国工业企业的发展过程中,曾经出现过许多优秀的企业文化。例如在中华人民共和国成立之前,不少民族资本家提倡“以实业报国、服务于社会”;在新中国成立之后,则在毛泽东思想指引下,号召全党、全社会全心全意地“为人民服务”。这其中也包括企业文化,从而提倡爱厂如家,勇于奉献奋斗、坚持改革创新,建设中国的四个现代化,从而将中华人民共和国成立之前的一片废墟迅速改造成为朝气蓬勃的新中国,实现祖国山河一片红。

今天,中国共产党又强调全党及全社会全心全意地“为人民服务”;并坚持改革创新,走新时代中国特色的社会主义道路,从而实现中华民族的伟大复兴,这其中也包括企业文化。这是因为:倘若在当今时代,全党、全社会及所有企业都全心全意地“为人民服务”,我为人人、人人为我,不仅将会在中国形成优秀的社会风气;而且将在所有企业形成优秀的企业文化及企业精神。倘若再与企业管理制度相结合、并通过企业生产经营管理去实践,就能鼓舞士气、统一人心、积极向上、齐心合力,不怕艰难险阻,最终促进企业生产力的高速发展。而倘若全党、全社会及所有企业都不是“为人民服务”而是“为人民币服务”,那会导致全党、全社会及所有企业的信仰危机与道德危机,结果不仅人心涣散、纪律松懈,而且还会滋生出各种违法乱纪、贪污盗窃,最终复辟资本主义。

当然,“为人民服务”只是现代企业文化的总纲,在具体操作时还需要不断地细化。

4. 企业文化的亲缘性

企业管理的对象是人,而人又有社会性。因此当企业中人们在一定历史背景下工作和生活,就会深受所处环境的影响,从而产生出与所处环境亲缘性很强的企业文化。不同国家或不同民族的文化差异越大,其企业文化(如管理理念、管理技术和管理方法等)的差异也就越大。例如:

(1)日本文化。日本文化属于东方孤岛文化。由于资源贫乏,地震火山频发,其强烈的民族危机感不仅使日本人的内聚力和责任感强烈;而且也使日本人的虚伪和残忍十分极端。由于日本社会的大和民族精神崇尚家属主义和集体主义,其评价体系以资历为主而不是以个人能力为主,因此日本人讲究忠心和团结,遵守纪律并强调集体力量。在这种文化背景下形成的日本企业文化,其企业管理理念常使劳资双方同舟共济。其中,年功工资制和终生雇用制都是让日本企业获得成功的法宝。

(2)美国文化。美国文化属于西方移民文化,其国家由欧洲移民侵占北美洲形成,因此美国人常常缺乏民族认同感。其文化核心是提倡个人崇拜,崇尚个性自由,贪图享受、损人利己;并以老大自居,老说别人不对,喜欢用双重标准指手画脚或充当世界警察,称王称霸。由这种国家文化反映到企业管理理念,就表现为美国企业的评价体系都以个人能力为主,自私自利,弱肉强食,员工与企业之间的契约关系松散,员工流动性很大。

(3)中国文化。中国由于地大物博、历史悠久,数千年的封建君主制度不仅具有强烈的民族认同感,而且还积累了深厚的治人之道。但由于中国孔孟之道的传统文化历来都重理轻法,为人处事不仅讲究人际关系、又不讲原则,做事时追求功利,做人时讲究面子,为人浮躁懦弱,人际关系松散,因而常常是“外战外行、内战内行”,还常常“自我感觉良好”,结果长期遭受了外强侵略和内乱之苦。这种民族文化反映到企业管理,表现为具有中国特色的人际关系文化。显然,东方人与西方人由于文化概念的截然不同,企业文化也将截然不同。东方企业文化通常注重于感性、好面子、讲人情、讲人际关系;而西方企业文化则注重于理性,强调法律与规章制度,重视契约和绩效。

正是由于企业文化的亲缘性,中国的企业管理就必须强调人力资源管理的文化亲缘性,必须根据所处国家、民族或地区的不同,注意东方人的文化特点。

也就是说,想要搞好中国企业的生产经营管理,决不能照搬西方的企业管理模式与管理制度。中国企业的管理模式,除了要继承和弘扬我国传统民族文化精华、并学习西方先进企业管理经验外,更要强调“为人民服务”的企业精神与企业文化,从而提高企业员工的政治思想道德素质与心理素质,强化民族危机感,以建立明确的企业价值体系和企业行为规范,实现企业内部物质、精神、制度的最佳组合。

5.企业文化的目的及基本特征

1)弘扬企业文化的目的

以企业文化为手段,重视企业品牌与企业文化建设,从而建立具有企业精神的企业形象,提高企业员工的政治思想与文化素养,掌握企业员工的人心所向,激发企业员工的潜能和自觉性,统一企业员工的共同价值观与行为规范,从而让企业员工能与企业同舟共济,坚持优质产品与良好服务,最终实现企业的经济效益与社会效益。

2)企业文化的基本特征

正是由于企业文化是客观存在的,不仅需要企业领导经过长期的精心倡导,而且还需要经过持久的努力培育,才能形成本企业优秀的企业文化。其特征有:

(1)强调企业共识。即强调企业员工的共同价值观、群体意识与团队精神。这种企业共识,要求企业员工在企业生产经营管理活动中必须具有统一的政治思想信仰和统一的公共行为规范。这就需要用群体意识来替代个人意识,而不是用个人意识来替代群体意识。

(2)强调企业员工的自控或自律。企业文化要成为企业员工的共识,就必须强调企业员工的自觉性和主动性,并通过企业的启发和动员达到企业员工的自控或自律,而不是强制企业员工去遵守各种规章制度和纪律。这种依靠企业员工自控或自律的企业文化,有利于改善企业员工间的人际关系,也有利于发挥企业员工的主观能动性,提高企业管理整体效率。

(3)强调有特色的企业文化。由于现代企业的产品及服务差异日趋减小,使现代企业有着很多的共同特征。为减少这种因产品及服务差异减小而引起的同质化倾向,现代企业不仅应该,而且必须根据企业的自身特点,强调有特色的企业文化。

(4)模糊而稳定的企业目标。为了取得良好的经济效益与社会效益,现代企业都必须具有明确的企业目标。然而企业文化只是一种思想理念或行为准则,并不像企业管理中的规章制度、生产计划及技术标准那样明确具体,因此企业文化通常是:看似清晰却又模糊;况且企业文化本身也是随着企业生产经营管理活动的变化而不断完善的。

6.企业文化的价值与功能

优秀的企业文化不仅集中概括了企业的服务宗旨、经营哲学和行为准则;而且还通过对外的各项业务往来,向社会展现着本企业的管理风格、经营状态和精神风貌,并树立起良好的企业形象,从而对社会公众产生着巨大的亲和力和影响力。因此,优秀的企业文化将是现代企业所特有的巨大无形资产。

1)企业文化的价值

企业文化的价值包括经济价值与社会价值。

(1)企业文化的经济价值。在市场经济条件下,企业的发展通常会受到市场经济发展状况的制约。倘若现代企业具有优秀的企业文化,不仅能凝聚、引导、激励和约束企业员工的个体行为;而且能充分发挥企业员工的聪明才智和劳动积极性,从而促进企业深化改革,提高企业管理效率和市场竞争力,最终将为企业带来良好的经济效益。

(2)企业文化的社会价值。企业文化及企业精神都是要通过企业内部员工共同精心培育的。倘若现代企业具有优秀的企业文化,不仅可提高企业员工的政治思想觉悟和职业道德,从而开创企业文明;而且还能通过企业的对外服务和信息交流,把优秀的企业文化传播给社会,进而推动社会文明,从而为整个社会的精神文明作出贡献。

2)企业文化的功能

现代企业既是工作场所,也是文化体系。其独特功能有:凝聚和感召功能、导向与约束功能、协调功能。

(1)凝聚和感召功能。虽然企业文化并不等于企业管理,但由于企业文化能够强化和补充企业管理,因而比企业管理更具有凝聚力和感召力。正是这种凝聚力和感召力,不仅可让企业员工深知同舟共济的道理,为企业就是为自己,从而使企业员工自觉主动地用企业利益来约束个人利益,将分散的个体力量凝聚成整体力量;而且可让企业员工从中获得浓厚的归宿感、荣誉感及服从感,从而为了企业的共同利益和共同目标,共同朝着更高层次、更高水平、更高素质的领域发展。因此,现代企业管理者都很重视企业文化建设,都强调企业员工的群体意识和团队精神。

(2)导向与约束功能。企业既是人的企业,也是人的组合。但由于各个人主客观因素的差异,且人际间所受不同文化影响的差异,从而使各部门、各个人的思想观念都有差异。既然企业文化讲的是企业的共同利益,因此不管企业员工是否取得共识,但为了共同利益,都必须在企业文化凝聚力和感召力的影响下,在企业文化与企业风气的导向与约束下,按照企业绝大多数人的共识和需要,去纠正企业群体中各个员工的言行偏差。所有违背企业文化、伤害企业利益的言行都将会受到群体舆论和感情压力的无形约束。虽然这种导向与约束作用并不像规章制度那样有明文硬性规定,但却是以潜移默化的方式,既尊重了个人感情,也加强了相互间的意识控制,规范着企业群体中每个员工的道德规范和行为准则,从而使企业员工自控和自律，最后达到自我约束。

(3)协调功能。由于企业文化所体现的文化意识是一种由精神引导和制度约束相结合的现代化管理机制，因而企业文化在现代企业管理中尤为重要。它不仅代表着企业员工共荣共存的根本利益，从而通过企业文化的引导，规范着企业的整体价值观和员工的整体言行；而且还协调和改善着企业中的人际关系，统一着企业员工的意识和行为，从而促进了企业中人际间的共同语言和相互信任，达到企业精神和企业行为的和谐统一；并创造着和谐、和气、和睦的企业工作环境。倘若企业管理者都能运用这种管理技巧，就能在激烈的市场竞争中使企业的生产经营管理更加和谐和高效，从而实现企业的加速扩张。

二、企业文化建设

哲学家所称的世界观，是指人们对客观世界的总看法。

为了建立企业文化，就必须建立企业的共同价值观与共同行为规范。所谓共同价值观，是指企业员工对企业中人和事的总看法。这些总看法将始终贯穿于企业生产经营管理活动中，并指导着企业中每个员工为人处事的价值观及荣辱观等。所谓公共行为规范，则是指企业员工如何为人处事所应遵循的公共规范，如企业管理制度、管理规范与管理标准等。

1. 企业文化建设的原则

1）共性和个性统一原则

企业文化的共性通常是指企业的外部环境（如地区文化、民族文化、国家文化等）；而企业文化的个性通常是指企业的内部条件及发展过程。要搞好企业文化建设，既要把握当今的时代特色，也要把握企业的自身特点，为此需要把企业内外部的环境条件，企业的共性和个性有机紧密地结合起来。

2）宏观和微观统一原则

宏观企业文化通常是指国家文化或民族文化，而微观企业文化通常是指整个企业的精神与灵魂。只有将微观与宏观相结合，才能体现国家利益、民族利益、企业利益这三者的相结合，才能体现经济效益与社会效益的相统一。

3）先进性和群众性统一原则

细化的企业文化不是一成不变的。倘若满足于现状将会滞步不前而逐渐失去先进性。但在制订细化时，既不能盲目追求高目标而脱离现实，也不能脱离实际而失去群众基础。要创建既先进而又有实效的企业文化，必须将先进性与群众性相结合。

4）继承与创新统一原则

由于市场经济的不断变化，具体细化的企业文化，也应当不断充实和逐步形成。为此，现代企业的企业文化应在长期的生产经营管理的实践中，既要继承，也要不断创新，并达到两者统一，使现代企业文化具有鲜明的时代感和时效性。

5）凝聚力与竞争力统一原则

企业文化建设，既要通过企业员工的真诚合作和团结一致，也要通过企业员工一致对外地参与市场竞争。即：只有将企业内部凝聚力与企业对外竞争力相统一，才能使现代企业立于不败之地。

2. 企业文化建设的条件与方法

1)企业文化建设的条件

要建设以"为人民服务"为总纲的现代企业文化,通常会受到企业内部与外部条件的限制。

(1)企业文化建设需要有宽松和谐的改革环境。这就需要我国进一步地对外开放和深化改革,以理顺关系、公平分配,充分调动各方面的积极性和创造性。

(2)企业文化实际上也是企业家个体人格的群体化,因此优秀的企业文化需要有企业家来创立、倡导和培育。为使企业文化潜移默化地融入企业员工的企业精神中,首先必须建立具有高素质的企业家群体,以其气质和魅力来赢得企业员工的追随和模仿。

(3)建设企业文化还必须注重企业员工的政治思想、科学文化和技术业务的教育培训,以全面提升员工素质,造就一支训练有素的高素质员工队伍。

(4)要形成具有凝聚力的企业文化,还必须建设企业利益的共同体,并创造民主与和谐的企业环境。

2)企业文化建设的方法

现代企业文化的核心就是要"为人民服务"。为此就要通过以人为本,尊重人和信任人,突出人的主体地位,并加强企业民主管理、政治思想工作和精神文明建设等,从而强化企业内部的群体意识和团队精神。建设企业文化的方法有:

(1)宣传教育法。这是建设企业文化的基本方法。包括开展企业文化的宣传教育,企业文化意识的教育培训,以及组织企业员工参加各种可以建设企业文化的业余文体活动等。

(2)严爱并济法。这是建设企业文化的有效方法。要创建企业文化,既要严格管理,用法规约束;也要有情感投资和感情激励,软硬结合。

(3)有效激励法。这是创建企业文化的重要方法。包括信念激励、精神激励、责任激励、成就激励、智力激励、支持激励、关怀激励、情趣激励、形象激励、目标激励、数据激励、强化激励、归属激励、领导行为激励、荣誉激励、物质激励等。但这些激励在具体运用中,也要因人制宜、因时制宜、因地制宜、有效地进行。

3. 企业文化建设的策略

随着社会的快速发展和企业人员素质的普遍提高,现代企业需要有更优秀的企业文化。但企业文化的建设是一项综合性系统工程,需要系统规划、持续努力,并从点滴做起。既不能把企业文化建设看成是包治百病或立竿见影的事;也不能无动于衷或顺其自然。为创造优秀的企业文化,许多优秀企业家都在企业生产经营管理实践中,面对现实、着眼未来、脚踏实地地不断探索,并创造有利条件及运用有效方法,采取适当战略战术等。例如,通过以身作则、严于律己来不断强化个人行为与个人形象,并发展个人人际关系;而且还有意地加强企业政治思想工作,树立典型并积极宣传,由此积极培育和建设企业文化。

企业文化建设的策略有:

(1)建立忧患意识,倡导危机管理,乃是创建企业文化的先导。其作用是:可使企业员工产生紧迫感、危机感、责任感和压力,从而将压力变为动力,引导、教育及鼓舞企业员工在企业求变、求新中不断地开拓与进取。

(2)树立企业信仰,乃是创建企业文化的宗旨。尽管我国历史悠久和文化灿烂,并产生过不少优秀的企业文化。但在前几年，随着我国改革开放和西方文化侵入，出现了崇洋媚外，追求个性解放，只讲经济利益，不讲政治思想，一切向钱看，把“为人民服务”变成了“为人民币服务”。结果贪污腐化再现，贫富分化严重，既软化了精神文明建设，淡化了民族危机感；虽然经济上得到了高速发展，但政治思想上却产生了严重的信仰危机和道德滑坡。直至近期，中国共产党为实现中华民族伟大复兴梦，坚定地走新时代中国特色社会主义道路，大力反腐倡廉，实施党管一切，才使社会风气逐渐得到好转。由此可知，要创建企业文化，必须先树立企业信仰；而要先树立企业信仰，必须强化企业政治思想教育，以培养企业精神，这是创建优秀企业文化的当务之急。

(3)抓住时代特点，体现企业特色，乃是创建企业文化的核心。创建企业文化，不仅要吸收外国文化，更要注重民族文化，特别是要体现国家精神、民族精神和时代精神。为此，必须从企业的实际出发，结合企业内外部环境，选择和培育出既符合企业实际情况，又具有明显时代特点、体现企业特色的企业文化来。不能老是抄袭别人的或国外的。

(4)进行系统教育，乃是创建企业文化的基础。建设企业文化，其目标必须明确。因而必须系统规划，并通过各种形式，从企业文化的系统教育抓起，奠定基础并发扬光大。

(5)改善员工生活，创建良好家庭环境、乃是创建企业文化的必要手段。要创建优秀的企业文化，也要积极地改善员工生活，并创建良好的家庭环境。只有企业员工的生活得到改善，家庭环境和睦，企业员工才能有心思和精力来创建企业文化，否则一切都是空谈。

(6)建设五项工程，培养五种精神，乃是创建企业文化的支柱。所谓五项工程，是指理论工程、物质工程、制度工程、精神工程、行为工程；所谓五种精神，是指主人翁精神、群体精神、竞争精神、开创精神、艰苦创业精神。建设五项工程和培养五种精神是相互联系、相互依存、相互作用、相互促进的。只有建设这五项工程，培养这五种精神，才能推动企业文化不断地进步和发展。

当然，企业文化一旦形成，就应当成为现代企业的核心，应当保持相对稳定，不能朝令夕改。例如既不能因为企业产品更新和组织结构变革而变化；也不能因为企业领导人更换而变化。当然，企业文化也是不断随着社会文化的发展及企业环境的变化而不断调整和提高的。

4.企业文化的团队建设

在企业中组建的各种团队，原本是为了完成某个特定目标（例如项目攻关）而抽调若干人员、借用团队的形式重新组合、临时组建而成，其规模通常较小。现代企业管理中组建团队，则并非是借用团队的形式重新组合，而只是通过团队带头人的带头作用，通过适当的感情投资，充分实现团队中人与人之间的顺畅沟通和默契配合，从而将原本松散的关系转变为相对亲密的关系，凝聚人心、团结奋斗。团队中人际关系能否达到兄弟般手足情分，是衡量企业团队建设是否成功的重要标志。这不仅需要经历一个从形成、磨合、规范，到有效运行的全过程，而且关键是要有一个大家都信得过的且有很强号召力的团队带头人。

团队沟通包括水平沟通（如企业内部各团队之间的相互沟通）和垂直沟通（如企业内部上下级之间的相互沟通）两种。影响团队沟通效果、从而导致团队沟通障碍的因素主要有：因为团队中个人心理及性格差异的原因，或者因为团队中彼此沟通较少或沟通方式不当的原因，从而造成彼此之间互不信任。为此，团队带头人应保持清醒头脑并采取相应措施。包括：

(1)建立例会制度。通过团队内部的例会制度，保持正常的相互沟通，以统一思想、明确目标、改善关系、消除隔阂。

(2)注意沟通技巧。在沟通时善于倾听对方意见,多鼓励对方,多说老实话和贴心话。但须注意的是:团队中的相互沟通,是双方交流、达成意见一致的过程。既不是单方面灌输,也不是谁说服谁的过程。

第二节　企业形象与企业精神

企业文化包括企业形象与企业精神。

一、企业形象

企业形象是企业文化留给社会公众感觉的外部形象。包括员工素质、价值观念、企业经营行为、道德风尚、服务质量及产品质量、企业竞争实力等。

1.企业形象的基本要素

企业形象可分为实体形象、行为形象和软件形象等。其基本要素有:品牌形象与服务形象、员工形象与经营管理形象、公众形象与环境形象等。

1)品牌形象与服务形象

在现代企业产品高度趋同的情况下,有特色的企业品牌形象与服务形象将是现代企业的竞争焦点,也是企业员工工作质量的综合反映。它不仅构成企业形象的重要方面,关系到企业的技术能力与商业信誉,从而使社会公众对企业形象产生满意度和信任感;而且也增加了企业的附加价值,从而成为现代企业的无形资产。其中,品牌形象包括企业主导经营产品的品牌、档次及质量等;服务形象则包括企业的服务方式、服务项目、服务态度和服务质量等。

2)员工形象与经营管理形象

现代企业的生产经营管理活动并不是孤立的。在企业生产经营管理活动的全过程中,企业员工与企业的生产经营管理都会给社会公众留下或褒或贬的外部形象。因此,员工形象与经营管理形象不仅是企业形象的主要内容,而且也决定着社会公众对企业整体的褒贬。其中,员工形象包括员工穿戴和言行举止等,它是企业员工文化素质、技术水平、职业道德和精神面貌的综合反映;经营管理形象包括企业经营理念、经营作风、经营方式、经营成果、管理组织与管理制度、企业经济实力及文化氛围等。当然,企业能否经营有方或管理有序,能否有足够的经济实力和文化实力,能否讲究诚信,是否有独特企业文化等都与企业管理者的素质相关。因此,企业管理者的个人形象十分重要,包括企业领导班子的团结与分工,企业各层次管理人员的工作能力及工作业绩,以及领导班子人员的素质、气度及办事效率等。

3)公众形象与环境形象

在企业生产经营管理活动中,不仅有公众形象,也有环境形象。所谓公众形象,是指社会公众对企业整体褒贬的总形象,包括公众态度(指社会公众对企业文化的认知,行为与情感等)及公众舆论(指社会公众对企业文化的总评价等)。

为让社会公众能留下独特、深刻而美好的企业公众形象,现代企业不仅要遵纪守法、照章纳税,为用户提供优良产品与优良服务,诚信对待社会公众等;而且还要与社会各界保持良好的公共关系,并支持社会公益事业,积极承担社会责任等。除此之外,还要在企业形象策划时保持整洁优美的企业环境；简明扼要、寓意美好（包括图案与色彩搭配等）、构思精巧的企业名称、品牌商标及广告等，以情制胜，以情动人，以情感人，从而能给人们留下深刻的记忆。

2. 企业形象的基本特征

(1)客观性和整体性。企业形象具有客观性和整体性特征。所谓客观性，是指其良好的企业形象并非是自我标榜的，而是由企业生产经营管理的理念与活动，以及员工的职业道德等表现出来、最终由社会公众客观评价的。所谓整体性，则是指企业形象在企业员工及社会公众心目中的综合印象，是对企业外在美与内在美完整统一的整体综合评价。既有外表的华丽，也有内在的素质，从而能为用户保证其产品质量、服务质量与工作质量。

(2)稳定性和可塑性。要树立优秀的企业形象，需要企业全体员工持久的努力，并保持相对稳定，以让社会公众能够记忆和识别。当然，这种稳定性只是相对的，它会随着社会经济的发展而发展。因而不仅是可塑的，而且还要由企业员工的不断努力而不断完善的。例如依靠优良的产品与服务，积极主动地开展各种公共关系活动，以纠正原来不良的形象，从而为优秀企业形象进一步增辉。

3. 企业形象策略

1)企业形象策略的基本构成

企业形象策略 CIS(Corporate Identity System)是用以塑造和识别企业的系统策略。

(1)经营理念识别 MI(Mind Identity)。是指社会公众通过现代企业的经营理念进行动态识别。经营理念识别包括企业经营哲学、经营宗旨和经营方针，以及企业形象和企业精神等。

(2)企业行为识别 BI(Behanor Identity)。是指社会公众通过现代企业的经营行为进行动态识别。由于现代企业的经营行为会直接影响社会公众的感知和印象，因此是塑造企业形象的重要手段。企业行为识别包括：内部的企业管理组织、行为规范、员工教育、福利激励以及产品开发和公害对策等；外部的市场调查、营销策略、促销活动、公共关系、广告传播、公益活动等。

(3)企业视觉识别 VI(Visual Identity)。是指社会公众通过视觉对现代企业进行静态识别。企业视觉识别包括基本要素识别（如企业名称、企业品牌标志、企业标准字体和标准色彩、企业造型及象征图案、企业宣传标语等）与应用要素识别（如广告媒体、交通工具、办公用品、室内设计、建筑设计、厂房设计、包装设计和衣着制服等）两类。由于企业的视觉识别也是塑造企业形象最快速、最直接的方式，因此为塑造个性鲜明的企业形象、并获得社会公众广泛的认同，不仅要善于塑造企业的个性差别；而且还要将企业生产经营管理纳入塑造企业形象的发展模式中。用企业形象识别系统的基本理论，系统地传播企业的经营理念、行为模式和视觉要素，并坚持企业形象标准，实施最有效的企业形象传播。

2)企业形象策略的基本原则

企业形象策略的基本原则包括公众原则、真实性原则、系统性原则和长期性原则。

(1)公众原则。是指企业形象策略必须坚持公众至上的原则，从公众中来、到公众中去。倘若企业一味强调自身利益而追求高雅和独特，为了盈利而变相涨价，虽然可获取一些眼前利益，但由于漠视了公众利益、得罪了公众，结果将得不偿失，由此而损害企业形象。

(2)真实性原则。是指在企业形象策略时必须真实坦诚地报道企业实况，从而使公众理解和谅解。倘若弄虚作假、用假冒伪劣，或要销售套路来欺骗客户，也将有损于企业形象。

(3)系统性原则。是指要塑造企业形象，必须系统、整体、有计划、有步骤地全面推进和统筹兼顾。包括企业的内外部形象、总体形象与特殊形象、有形形象与无形形象等。不能顾此失彼、顾前不顾后。

(4)长期性原则。是指推广企业形象乃是一项长期战略任务，需要长期努力才能奏效。当然也要善于把握时机，利用各种契机来快速提升企业形象。

3)企业形象策略的基本目的

在现代企业管理学中，企业形象策略乃是塑造和宣传企业形象最有效的战略，它能向社会公众有效地传达企业的品牌形象，改善企业生产经营管理的内外部环境。由此不仅可提高社会公众(如用户和投资者等)对企业及其产品的信任感和满意度，从而促进企业的销售；而且可树立良好的企业精神(如敬业精神与奉献精神等)，提高企业内部员工的凝聚力，保证企业的产品质量和服务质量，从而实现“人和”与“财旺”。

4)企业形象策略的基本内容

企业形象策略的基本内容包括软件与硬件两个方面。其中，软件是指企业精神，如企业效率、企业信誉、营销策划、公共关系、广告宣传等；硬件是指企业所拥有的设备设施、技术与产品、人才与资金、商标与服务，规范和标准等。汽车维修企业要引入形象策划，除了要加强硬件建设，如引进先进的检测设备与专用设备、改造落后的维修工艺和维修技术外；更要加强软件建设，如加强企业员工的政治思想工作、搞好企业的精神文明建设，改进企业的生产经营管理，改善企业内外的公共关系等。

4. 塑造企业形象的步骤和途径

在市场经济条件下，随着企业之间竞争的日趋激烈，倘若有良好的企业形象，不仅可以美化企业内外部环境，净化企业人气和风气，从而为企业带来更高的商誉和信用；而且可以赢得更多的用户及社会公众支持，从而增强企业的筹资能力和筹才能力，提高企业的竞争力。正因为此，良好的企业形象乃是企业的最佳资产。

1)塑造企业形象的步骤

塑造企业形象的步骤是：评估现状、总体规划、有效展示和全面总结。即，为塑造良好的企业形象，首先要通过调查和民意测验，广泛了解企业内部员工和社会公众心目中的知名度和美誉度，评估现有企业形象的现状。在此基础上，制定塑造良好企业形象的总体规划及具体目标，再把设定的企业形象向内部员工和社会公众有效展示(例如召开新闻发布会、产品展览会、用户洽谈会等)，再将企业的期望形象和实际形象相比较，以肯定成绩，总结经验，分析所存在问题及主客观原因，提出塑造企业形象的新思路。

2)塑造企业形象的途径

由于消费者和社会公众通常是通过产品形象和企业的环境形象来了解与评价企业的，因此，要塑造并提升企业形象，不仅应提高企业的产品质量和服务质量，而且应搞好企业的环境形象(例如企业的生产经营场所、建筑特色、装饰风格、生产设备等)。企业的外观形象或环境形象犹如人的仪表服饰，反映着企业的经营风格和审美观念，从而给社会公众营造强烈的第一印象。

当然，要塑造良好的企业形象，全面提升企业美誉度，就要做好：

(1)要确立企业的价值观念，将国家利益和消费者利益高于企业利益。这就要求企业在生产经营管理中，既要重视经济效益，更要重视社会效益。

(2)要强调企业的传统规范、道德风尚、人际关系及企业精神等，从而使企业员工在各项生产经营管理中都能形成强大的凝聚力，不断地维护和优化企业形象，并自觉地规范其个人行为，使整个企业和谐统一，提高企业产品质量及服务质量。

(3)要开展企业文化活动，以加强企业内外部的沟通和协作，加强企业形象的宣传及公关等。

3)塑造企业形象的手段

塑造企业形象的手段主要有：

(1)通过人的模范形象(如企业创始人、企业标兵等)来塑造良好企业形象。

(2)运用广告(如产品广告、服务广告、企业形象广告等)反复宣传企业的产品质量、服务宗旨和企业价值观等。

(3)积极参与社会公益活动，赞助或举办各种重大的社会活动。

(4)通过新闻媒体及时报道企业动态，制造重大新闻(如新闻发布会、记者招待会、展览会、赞助、庆典等)，以引起社会公众的广泛关注，消除公众误解，扩大企业影响，从而使社会舆论向有利于企业经营的方向转化。

(5)利用企业形象性标志来加深公众对企业形象的认识，并赢得公众的肯定和好感。

4)企业形象策划时应注意的问题

由于公众舆论对塑造企业形象具有强大的威慑力和煽动性，因此在企业形象策划时，要特别注意公众舆论的偏向性。良好的公众形象是塑造企业形象的重要途径和重要组成。倘若公众能与企业同心同德，则有助于企业塑造良好的企业形象；倘若企业经常受到公众舆论的指责从而使公众与企业离心离德时，企业应当知错即改，并积极引导公众舆论防微杜渐，以争取公众对企业的理解和信任，积极引导公众舆论向有利于企业具有良好公众形象的方向发展。

二、企业精神

企业是人的企业，其主体是人。企业之间的竞争既是企业家的竞争，也是企业文化的竞争，但归根结底是人之间的竞争。

1.企业精神体现着企业的精神面貌

所谓企业精神，是企业宗旨、价值观念与精神面貌的总和。企业精神既是企业赖以生存和发展的精神支柱，也决定着企业的成败兴衰。企业精神体现着企业的精神面貌与精神气质。

企业形象取决于企业精神，而企业精神反过来也促进着企业形象。一个企业能否具有良好的企业形象，关键在于企业员工具有良好的企业精神。

企业精神取决于企业领导者以及企业全体员工在生产经营管理活动中所表现出来的道德信仰与经营理念等。包括企业员工的精神面貌、言行作风、人际关系、工作态度与献身精神，以及企业员工的创新精神、合作精神和奋斗精神等。

2.以企业精神为核心的企业文化实际上是将企业家的人格化

由于企业是由人构成的，而企业中各个人又具有各自不同的价值观和信仰，具有各自不同的性格、风格、风度和阶层。因此，企业也与人一样，成功的企业必然有成功的企业家；而成功的企业家不仅能为企业创造经济奇迹，也为企业创造各具特色的企业文化。企业精神即是企业家德才、创新精神、事业心和责任感的综合反映。

以企业精神为核心的企业文化，实际上也是企业形象的人格化。有什么样的企业家便有什么样的企业文化（企业形象与企业精神）。要使现代企业在市场竞争中获得生存与发展、并立于不败之地，除了物质优势外更要有精神优势。而这种精神优势就要靠卓越的的企业家，通过建设和培育企业文化和群体意识，并统一企业员工的思想和行为来增强企业的凝聚力和外引力。但优秀的企业文化和卓越的企业家都是扎根于本企业独特文化、在企业的长期生产经营管理实践中逐步形成的，很难由外部嫁接和模仿，更不是用金钱购买的。

3. 企业精神要求：做事要认真、做人要精神

“做事要认真、做人要精神”，这是企业精神对每个人做事与做人的基本要求。所谓做事要认真，就是在每做一件事时，都要以认真的态度去对待；所谓做人要精神，就是要求我们朝气蓬勃、积极向上。倘若做事不认真，他就很难做成什么事；倘若做人没精神，成天萎靡不振，那就很难克服困难去争取胜利。当然，人要有精神，不仅要有正确的政治信仰，正确的思想方法；而且还要有正常的心理状态，朝气蓬勃、天天向上。

1）要有正确的政治信仰

政治信仰乃是一个人为什么要活着的愿望与理想。真正的共产党人之所以能在国民党白色恐怖下视死如归，为解放全中国而赴汤蹈火，就是因为他们信仰共产主义和毛泽东思想。今天的人也应该具有正确的信仰，即如何跟着中国共产党而全心全意地为人民服务，从而建设好我们国家，实现具有中国特色社会主义的现代化，最终实现中华民族的伟大复兴。

2）要有正确的思想方法

要有正确的思想方法，就要坚持马列主义毛泽东思想的哲学精髓，用辩证唯物主义与历史唯物主义的观点看待世界。所谓辩证唯物主义，就是在看待世界和处理问题时，不仅要辩证地看，凡事都有正反两个方面，为人处事都不能绝对。既要看到好的，也要看到差的；既要看到正面，也要看到反面；既要看到前途光明，也要看到道路曲折。而且是应该是唯物的，而不是唯心的、片面的。所谓历史唯物主义，就是凡事都要历史地看，即既要承认历史，也要承认客观现实。既不要用现在去否定过去的一切，也不要用别人去否定我们自己。过去的政策只适合于过去，现在的政策只适合于现在。

为此，我们不仅要多学历史，从中总结经验教训；而且还得承认“存在的都是合理的”。决不要用现在批判过去，好像过去什么都错了，就只有自己正确；也不要总以为国外的什么都好，中国什么都不是。试问，美国到处推销普世民主和森林哲学，难道适合中国？

3）要有正常的心理状态

心理状态俗称为心态。人的心态要保持平衡，而要保持心态平衡，不仅凡事要靠自己去奋斗；而且还要有满足感和感恩之心。在处理人际关系时，遇事都要学会换位思考：倘若是我，倘若我处于他的位置，我会怎样？真可谓“若要公道，打个颠倒”。将心比心，己所不欲，勿施于人。

今天我们的生活已经十分幸福，而且正“一代比一代强”。我们不仅应该有正常心态，而且还要感恩——感恩父母生育、感恩前辈积累，感恩中国共产党建立了新中国。为此，我们也要为这个社会有所贡献、有所积累，决不能光为了自己享受而总是消耗。

4）朝气蓬勃、天天向上

朝气蓬勃、天天向上，就是要以年轻人的心态，不满足过去的成绩，并继续努力，力争每天

都有进步。就像雷锋同志所说:在工作上要向高标准看齐,在生活上要向低标准看齐。一个人活在这个世界上应该有所作为,不仅要学会做事,更要学会做人。例如在做事时,凡事应该从我做起(不把希望寄托于别人)、从今天做起(不能明日复明日、明日何其多)、从小事做起(因为大事也是由小事积累起来的)。而决不要“大事做不来、小事又不做”,到头来什么事都没做。

第三节　重塑企业形象

在改革开放的条件下,现代观念(如竞争观念、创新观念、效益观念、服务观念、尊重科学和尊重人才的观念等)已经给传统观念带来了巨大的冲击,并出现了诸多新的社会问题。因此,只有不断地解决新问题,重塑企业形象,才能推动当代社会文化向前发展。

一、重塑企业形象的必要性

企业形象的重塑,来源于顾客 Customer、竞争 Competent、变化 Change 的巨大挑战。

1.来自顾客的挑战

“顾客就是上帝”的说法虽然由来已久,但把顾客真的捧为上帝,却是在卖方市场转变为买方市场之后才开始的。以我国汽车维修业为例,在计划经济年代,由于当时修车困难,因而不少汽车维修企业只管生产而不管经营,是顾客求企业;而在市场经济年代,由于汽车维修迅速普及,市场维修能力迅速饱和,从而出现了前所未有的维修服务竞争与维修价格竞争。由于维修市场的充裕与维修信息的灵通,再加上顾客日趋成熟,顾客的选择余地明显增大。因此如今的汽车维修企业,不仅要为争取顾客而付出很多;而且顾客对汽车维修企业所提供的服务、周期、质量、价格,甚至是付款方式和优惠条件等都非常敏感和挑剔,这次来了,下次并不一定会再来。在此情况下,倘若汽车维修企业依然是一副别人求我,我不求别人的旧面孔,不重塑企业的光辉形象,不落实“顾客就是上帝”的信条而一味妄自尊大、自我感觉良好,就很可能因此而失去市场。

2.来自市场竞争的挑战

随着汽车的日益普及和汽车维修企业的遍地开花,当今的汽车维修市场不仅日趋饱和,而且日趋规范,竞争也更为激烈。这就决定着汽车维修企业将在残酷的市场竞争中优胜劣汰(总体数量将会减少一半)。面临着这种机遇和挑战,为了企业的生存和发展,汽车维修企业只有重塑企业形象。汽车维修企业今后的竞争具有如下的显著特点。

1)市场竞争的范围不断扩大

现代企业的市场竞争不仅仅是企业产品与服务的竞争。其竞争范围将越来越大,不仅要与现有的老企业竞争,而且还要与一些新企业竞争,甚至还要与外资企业竞争。外资企业的不断涌入必将使我国内资企业更加动荡、分化和变革。面对着狼来了的格局,倘若我们的汽车维修企业不能变成狼,那我们只能处于被吃的劣势。

2)市场竞争的难度越来越大

汽车维修企业过去的竞争主要是维修质量和维修周期的竞争;现在的竞争则主要是维修服务和维修价格的竞争。维修服务和维修价格的竞争依赖于企业的经济实力、经营管理理念、企业文化和品牌形象以及服务广度和深度等，因此汽车维修企业市场竞争的难度将越来越大。

我国的汽车维修企业（特别是4S品牌汽车维修企业）虽然大多已经具有全新的汽车品牌与服务网络，并具备全新的技术装备、信息网络技术及经营管理理念等，倘若只与我国过去那种地摊作业式的汽车维修企业相比，那竞争起来不在话下；但倘若与经营着同样4S品牌的外资维修企业相比，竞争起来将困难重重。这些外资企业不仅带来了全新的技术工艺，也带来了全新的经营管理理念和竞争规则。由于当今世界已经进入信息时代和知识经济时代，谁掌握了最新的市场信息，谁就能掌握全新的经营管理理念和竞争规则，谁就能获得更多的社会资源和竞争主动权。因此，我们的汽车维修企业还需要不断学习，并尽快掌握信息化管理手段，以适应全新形势，参与全新竞争。

3）市场竞争的结果空前残酷

市场竞争的结果空前残酷。不管企业规模有多大，一旦经营失误，便很少再有翻身的机会。因此，现代汽车维修企业需要有更能干的职业经理人来掌控企业。不仅要有惨烈的忧患意识，而且要有更科学的生产经营管理决策。然而目前的汽车维修企业最高领导层，充其量有些还只是最原始的暴发户。

二、重建职业道德、重塑企业形象

办任何企业都要有良心。但当前，我国正处于大变革时期，有些企业（例如食品、医药等）为了经济效益而不顾社会效益，为了赚钱而不惜丢掉良心。例如假冒伪劣、坑蒙拐骗，不仅引起社会公众愤恨，而且还使社会公众人人自危，其结果严重破坏了社会的和谐气氛。因此，要重塑企业形象，使社会公众对企业重新产生信任与好感，并增强企业的人气和信誉度，才能促使企业良好地发展，从而为企业带来巨大的经济效益和社会效益。

企业之间的竞争首先是人才的竞争。企业的和谐与发展都需要企业员工政治思想道德的统一。因此要重塑企业形象，首先要强化企业的精神文明建设。

企业的精神文明建设是指企业的政治思想道德建设。为此，企业不仅应加强企业员工的政治思想和职业道德教育（包括社会主义与共产主义教育），以在企业内部营造一个良好的政治思想氛围，并通过学习焦裕禄等模范人物的奉献精神等，提升企业员工的主人翁责任感，增强企业人力资源的软实力；而且应提高企业员工的文化知识和科技水平，抓好企业员工的素质教育，重视企业员工的业余生活（例如创建职工之家，建立培训中心、图书馆、阅览室，体育队，文艺队等，开展五讲、四美、三热爱活动，开展多种形式、丰富多彩的群众性文艺体育活动等，强身健体，唱红歌、颂经典，聚集企业人气），从而让企业员工能成为德、智、体全面发展，爱国家、爱企业的新型社会主义劳动者，并让企业员工能获得良好的归宿感。

重塑企业形象的基本措施如下。

1. 树立正确的企业价值观念、提高企业整体综合素质

企业越大并不等于企业越强，企业综合素质的高低并不取决于企业规模。

在当前竞争激烈的市场经济条件下，企业领导的主要任务，不仅要创建企业文化，从而为企业确立一套正确的价值观念，从而让企业员工知道人活着的真正意义。正如雷锋同志所说：“人吃饭是为了活着，但人活着并不是只为了吃饭”。这就是说，我们活着应该多为社会创造和积累财富,以让我们的子孙生活得更好,而不单是为了自己吃喝玩乐。在已经解决温饱的今天,人活着更不是只是为了赚钱,而是为了更崇高的理想:在自己的有生之年为社会多做些什么、多贡献些什么、多留点什么。还要让企业员工明白“国家兴旺、匹夫有责”的深刻道理,把个人命运与国家和企业的命运紧密联系起来,从而在根本上激发企业员工的政治思想与职业道德觉悟,发挥主观能动作用,提升企业的生存力和竞争力,为企业带来巨大的经济效益和社会效益。倘若企业领导不从这一点出发,成天只讲经济与金钱,那就只能培养企业员工的雇用思想,斤斤计较、讨价还价、鼠目寸光、唯利是图,有奶便是娘。倘若如此,这是一种什么局面?这样的企业怎么能在激烈的市场竞争中生存与发展呢?

企业的综合素质属于企业文化,包括生产经营管理素质(如管理观念、管理水平、经营决策能力)、组织机构与队伍建设、责任制度与基础工作、企业领导体制与业务管理能力等。其中,企业员工的政治思想道德素质决定着企业的人员结构层次与企业的整体形象。企业管理者的个人素质与企业员工的生产技术素质(企业生产技术能力与装备能力等)是企业综合素质的基础,它决定着企业的生产经营管理效率及市场环境适应能力。倘若企业管理者的个人素质较低,既没有先进的管理机制与管理理念,也没有先进的企业管理方法,即使有人才也会不断流失,即使有先进的生产技术也难以转化为企业的经济效益。

在现代企业中重建职业道德并重塑企业形象,实际上也是现代企业的二次创业。这是因为,随着市场经济的不断完善,市场竞争日趋激烈,不仅市场规则日趋完善,品牌意识和法制意识也不断增强,特别是在当今的知识经济时代里,要求企业管理者具有更多的知识而不是满足于过去的经验。否则,你以前积累的资本再多,都会在经济变革的大潮中昙花一现。现代企业的管理者,无论是国有企业还是非国有企业,倘若要参与下阶段的市场竞争而不被淘汰,只有现在加强学习以提高自身综合素质。对于那些先天学习不足、后天学习不够、较低素质的企业管理者而言,现在也只有补课。当然在补课时,不仅需要针对企业及自身的具体情况,在观念、形象、品牌、管理、服务等方面分门别类地进行;而且需要对企业员工进行多层次、多方面的教育培训,以全面提高企业群体素质。与此同时,大专院校也要针对当前企业管理者的现状开办各类管理培训班等;新闻媒体与报刊杂志也要加大当前企业管理者素质培训的宣传力度等,从而为企业管理者的二次创业做好服务。

就我国目前汽车维修企业管理者综合素质而言,虽然汽车技术已进入电子化和智能化的高级阶段,汽车维修技术也与国外基本相当;但汽车维修企业的生产经营管理水平仍然较低,汽车维修市场也处于无序竞争状态。因此要迎接新世纪的挑战,必须重塑企业形象。这不仅要求企业的生产经营管理者尽快提高综合素质,以塑造现代企业家高瞻远瞩的个人形象;而且还要在企业领导层中充实更多高素质的职业经理人。这些高素质的职业经理人不仅要看其学历,更要看其能力和心态,看其能否与企业同甘共苦,能否为企业生存发展而呕心沥血;并看其能否具有更高的政治思想道德素质、团队精神和群体意识,能否团结企业全体员工共同奋斗。当然,这种高素质的职业经理人,除招聘外大多只能靠企业自身用心培养,而不是靠挖墙脚或靠重金收买,因为靠挖墙脚或靠重金收买都是靠不住的。

一个国家倘若没有国民素质的提高,绝不可能成为受人尊敬的民族和真正强大的国家。从近年来相继发生的恶性食品安全事件就足以表明,中国绝不能走资本主义道路。为此党中央在加快一带一路经济建设的同时,也开始重视各类文化建设,决不能因为戏子当道而英雄落泪。当然,这除了要求文化部门生产更多健康有益、丰富多彩的精神文化产品,以满足人民群众日益多样化的文化需求外,还要将我国经济建设与民主法治建设相适应,学习雷锋,强化全社会的政治思想教育及道德建设,培育更多具有时代精神的、自尊自信、深入人心的社会主义道德风尚,形成全社会讲诚信、讲责任、讲良心的强大舆论氛围,从而从根本上铲除自私自利、唯利是图、坑蒙拐骗、贪赃枉法等腐败丑恶行为,创建新的和谐社会。

现代企业家要实施现代化企业管理,不仅要有更高的文化素质和业务素质,更要有更高的政治思想素质和职业道德素质,即必须提高企业家在行政、经济、法律和教育等方面的综合素质或综合素养。因为只有这样,才能重塑企业家的个人形象,才可能在中国土壤上获得成功。要提高现代企业家个人的综合素质或综合素养,就要从绵延数千年的中华优秀传统文化中汲取营养,并从世界优秀文明成果中取长补短。关键是要多读一点书、多想一些问题。

中国优秀企业家在办企业时一定要有良心,为社会服务,为人民服务。这就需要崇尚和坚持浓厚的儒家商德:明礼诚信;守志持身、富达持节;回报社会,取自于民、还之于民。

2. 坚持四项基本原则,努力提高企业领导者的基本素质

任何企业要坚持正确的发展方向,关键在于该企业领导能否坚持四项基本原则(坚持走社会主义道路、坚持人民民主专政、坚持中国共产党领导、坚持马列主义毛泽东思想)。

(1)坚持走社会主义道路。必须坚持走新时代的中国特色社会主义道路,就要坚持以公有制为基础的共同富裕道路,而不能走全面私有化的西方资本主义道路。

(2)坚持人民民主专政。既要对人民实施民主、也要对敌人实施专政。在当前,阶级斗争依然存在;各种不法分子、敌国代理人、反华势力和恐怖主义还很猖獗。为此,我们不仅要加强国防,警惕各种来犯之敌;而且还要反对历史虚无主义,警惕各种否定中国历史、否定民族英雄、否定毛泽东及中国共产党的错误思潮,防止内乱,加强人民民主专政。

(3)坚持中国共产党领导。历史已经证明:没有共产党就没有新中国。中国要实现中华民族的伟大复兴,就必须坚持中国共产党的领导并坚持党管一切;决不能搞全盘私有化的西化改革,更不能搞多党制的西方宪政,否则中国就会大乱而断送中国社会主义。为此,我们一定要相信中国共产党,并始终与党中央保持一致。

(4)坚持马列主义毛泽东思想。我们要走共同富裕的中国特色社会主义道路,就要坚持共产主义信仰、坚持马列主义毛泽东思想。因为只有这样,我们才能在企业各项生产经营管理活动中强化政治思想教育和道德信仰教育,重建企业职业道德,重塑企业精神和形象。

3. 引入全新的经营理念,实施全新的管理模式

中西方的企业家都认为:在现代企业管理中,若要凝聚企业内外公众,决不能仅靠物质激励,而要靠企业文化和企业精神。以汽车维修企业为例,想当初还可以凭借社会关系而得到稳定的车源,但现在倘若再忽视企业文化建设,将无法树立自己的品牌形象,既无法吸引新客户、也无法稳定老客户。为此,汽车维修企业也要引入全新的经营理念,实施全新的管理模式,其中特别是重视企业文化建设。要加强企业文化建设,就要加强企业管理者的业务培训。培训的要点是:

(1)重新认识市场经济,创导企业文化,促进公关交际和人力资源管理,提高企业员工的综合素质。

(2)制定企业可持续发展战略,建立和完善各种管理制度,树立品牌经营观念,开展特色经营,并确保企业的产品质量和服务质量。

(3)充分利用网络技术,建立企业内外部的营销服务网络和企业管理网络。

当然,企业管理者要重塑企业形象,既要吸纳他人的文化风格,更要结合本企业实际,千万不能照搬。这是因为,任何两个企业的员工素质(如思想素质、文化素质与业务素质等)都是不可能相同的,因而其企业文化和企业精神也会有极大差别的。

在引入全新经营理念,实施全新管理模式时,有以下三点应该借鉴:

(1)塑造模范人物。其榜样的力量是无穷的。倘若非国有企业能引入国有企业的科学管理模式,在企业的生产经营管理中积极开展评比活动,表彰鼓励各方面的优秀人才(技术能手、劳模标兵等),借以塑造模范人物,并将模范人物融入企业的各项生产经营管理活动中。与此同时,再在企业内部引入岗位竞争机制,就能全面提高员工的整体素质,从而产生强劲的生产力,产生不可估量的群体效益。

(2)塑造服务特色。随着汽车维修市场的日趋规范化和正规化,汽车维修企业要想求得更大的发展,开拓更多客户,就须引入全新的营销理念,加强品牌意识,塑造本企业的服务特色,从而改变过去那种靠关系或靠广告的宣传方式。

(3)广泛开展党团活动。人要有精神,就需要有精神追求和精神寄托。倘若在汽车维修企业中广泛开展党团活动,用党团员精神充实企业精神,不失为是一种极好的选择。

4.加强感情投资、群体意识和团队精神

1)加强感情投资

人都是有思想的、人与人之间也是有感情的,因而现代企业管理不是技术而是艺术。既然是艺术,就必须在做好员工政治思想工作的同时,还要加强平时的感情投资,引入人文感情,搞好企业的人际关系。

要树立优秀的企业文化和企业精神,从而使企业产生极大的感召力和凝聚力,就要求企业领导人或管理人抓民心、顺民意,让别人服管,所谓“得民心者得天下”嘛。但目前有不少的汽车维修企业,在企业经济效益较好时就常常放松管理,大肆发放钱财、皆大欢喜;而在经济效益不好时又片面强调管理(强调约束员工),结果是为管理而管理,或者是依靠金钱来管理。这些企业管理者,实际上并不懂得真正的企业管理。

真正的企业管理虽然也要讲企业法规、制度和标准,但更强调企业中的人本管理,以创造企业人与人之间和谐温馨的气氛。只有这样,企业中才能有兄弟般的部门协作,才能团结企业中全体员工去努力奋斗,从而为企业带来巨大效益。“为朋友两肋插刀”和“为兄弟赴汤蹈火”的前提就因为是朋友或兄弟的关系。倘若你要员工为企业忘我劳动,平时又不付出必要的感情投资,不注重改善人际关系;任务来了也不做大量政治思想工作,只讲金钱或奖金,企业员工怎么可能为你付出呢?

2)加强群体意识和团队精神

企业要在激烈的市场竞争中取胜,仅靠产品品牌优势是不够的。企业是人的企业,只有人旺才能财旺。其实中国人的个体素质并不差,但由于当前的信仰危机和道德滑坡,又缺乏人际间的相互诚信及协作精神,团队意识始终欠缺。所谓团队意识,是一种以企业为中心的群体合作意识。只有依靠营造企业的文化优势,努力激发全体员工的群体意识,才能激发他们对企业的热爱和忠诚,从而产生一种广泛的凝聚力、向心力和归属感,并产生转换成强烈的群体意识

和群体力量，从而与企业同甘苦、共命运。为此，现代企业管理者要多倡导团队精神，而不要一味强调所谓的个性解放。

企业越大，就越要强调企业的共性，而不是强调个性。为此，现代企业管理者必须重视企业内部职工的政治思想教育，并必须采取有效措施（关心职工利益，组织集体活动，协调融洽人际关系，讲求业务流程和文化礼仪等）不断地培养员工的群体意识（包括理想、信念、道德行为规范等）。要让全体员工明白，个人努力只有通过集体协作才能有所成就，个人命运只有与企业命运紧密相连才能获得更大业绩，从而使他们感到离不开企业这个集体。

5. 回报社会，取自于民、还之于民

中国的改革开放为不少人发家致富创造了前所未有的机遇。但可惜的是，有些发家致富的人，特别是那些以不正当手段暴富的人（包括贪官）却不以为然，总以为自己很有本事，不仅不择手段地剥削员工，疯狂地掠夺国有资产；而且还吃喝嫖赌、挥霍浪费，称王称霸、无恶不作，完全失去了一个有良心中国人的正常思维。

因此，要重塑企业形象，无论是国企经理还是私企老板，都不要把赚钱看成是办企业的唯一目标。尽管办企业赚钱无可厚非，但办企业赚钱不仅要讲良心，而且还要回报社会，取自于民、还之于民。只有这样，才能创造出比赚钱更高的精神境界。多积点阴德、多做点善事，人活着才会更有意义，企业才能更好发展。

我们应当好好学习，活得明白、高风亮节，做一个有益于人民的人。正如毛主席在《纪念白求恩》中所说的那样："白求恩同志毫不利己、专门利人的精神，表现在他对工作的极端负责任，对同志对人民的极端热忱。每个共产党员都要学习他。……我们大家要学习他毫无自私自利之心的精神。从这点出发，就可以变为大有利于人民的人。一个人能力有大小，但只要有这点精神，就是一个高尚的人，一个纯粹的人，一个有道德的人，一个脱离了低级趣味的人，一个有益于人民的人。"

复习思考题

1. 什么是企业文化？什么是企业文化的亲缘性？
2. 为什么说企业文化是客观存在的？
3. 试述企业文化的构成要素、基本特征、基本功能与价值。
4. 为什么现代企业要借助于企业文化？怎样建设企业文化？
5. 什么是企业精神？
6. 什么是团队，为什么要企业中进行团队建设？怎样进行团队建设？
7. 企业形象的基本要素和基本特征有哪些？什么是企业形象战略？
8. 怎样运用企业形象战略？
9. 为什么我们要有忧患意识？
10. 如何重建职业道德、重塑企业形象？

第九章　汽车维修行业管理

第一节　汽车维修行业概述

一、汽车维修业的发展过程

(1)新中国成立前——我国既没有汽车制造业,也没有汽车维修业。

(2)新中国成立初期(1949—1958 年)——中央政府即成立了“全国废旧汽车整修委员会”,并组织全国仅有的 100 多个私营机械修配厂,抢修由国民党时期遗留下来的破旧车辆。通过拆、拼、接、改等修理工艺修复了 5000 多辆汽车,不仅恢复了公路运输,同时也培养了一批汽车维修技术骨干,奠定了新中国汽车维修业的基础。后来随着我国国民经济的全面恢复,汽车保有量逐年增加,这些机械修配厂逐步发展成为正规汽车修理厂。1957 年,全国交通系统开始组建具有大修能力的汽车维修网。但由于当时汽车维修企业很少,维修设备几乎为零,且大多是手工劳动(全靠手艺修车),不仅修车难,而且生产效率和维修质量都很差。

(3)改革开放前(1958—1978 年)——随着国产解放牌汽车的不断增多,交通部要求各地通过维修机械化和检验仪表化来发展汽车维修业。于是各地汽车维修企业都大搞技术革新和技术改造,既充实了维修设备和维修人员;也建立了相应的规章制度和技术标准,加强了维修质量的管理,从而使汽车维修业发生了质的变化。到 1979 年,无论是交通系统还是非交通系统都在积极组建能完成汽车大修的汽车维修企业。但因为管理体制的部门分割,不仅各家维修能力有限,而且这些汽车维修企业几乎都只为自己所属系统服务,不对外营业,结果长期造成了我国的修车难。既阻碍了汽车运输业发展,也使汽车维修业严重地缺乏活力。

(4)改革开放后(1978 年至今)——随着公路运输市场和汽车维修市场的逐步放开,从而给汽车维修业发展带来了生机和活力。特别是随着汽车营销市场的持续火爆,也导致了汽车维修市场的持续火爆。于是吸引社会投资,出现了国有、集体、个体与合资等多种经营形式一起上的格局,各类汽车维修企业如雨后春笋般地迅猛增长,逐步形成了分布广泛、门类齐全的汽车维修网络。当时的汽车维修业户大致可分四类:

①原直属于交通系统(如省市汽车运输公司)的国营汽车修理厂,因为原来都是汽车维修业的骨干,规模大、设备全、技术力量强、管理水平高。于是在改革开放后大多从汽车维修转为汽车制造和汽车改装。

②原属于基本建设系统及机关团体等企事业单位的汽车修理厂或汽车维修车间,则大多被下放而实行了承包经营,由国有或集体改制为民营而向社会开放。这些民营企业虽然经营机制灵活,但由于经营者素质大多偏低,不仅沿袭着传统的管理模式(凡事由承包头说了算),而且缺乏必要的技术人才和管理人才,缺乏周转资金和必要的检测诊断设备,因而其维修质量

和服务质量低下，经营艰难而濒临倒闭。

③在改革开放后自筹资金新建的各类小型民营汽车维修企业，虽然趁着当年的修车难而积累了不少资本，但由于经营者大多属于个体户，其家族经营方式（男人管厂、女人管账、孩子管库房），不仅综合素质较低，而且还处处映现着暴发户的恶习和特征。虽然机制灵活，但由于实力不足、起点较低，厂房设备简陋，技术力量薄弱，且大多采用退休工人带学徒的办法，地摊作业，靠关系、靠回扣，新建的多、倒闭的也不少。

④在改革开放后新建的合资型汽车维修企业，其中多数投资较大的企业主，利用了国家优惠政策，建起了现代化的标准厂房，并获取了某个知名品牌轿车的销售维修服务许可证，引进了现代化的维修技术和维修设备，实施着较高档次的4S品牌轿车的专业销售及专业维修。由于这些企业主不仅所经营车辆的档次较高、利润高而经济实力较强，从而很快地积累了资本；而且其综合素质较高，他们用现代企业的团队意识、人才优势、资金优势和品牌优势，逐步地走向了集团化经营。不仅规范了现代企业的管理制度和企业文化，树立了良好的企业形象，并取得了规模化的经济效益，获得了更长足的发展。由于我国目前在用轿车的成色较新，还相继出现了4S品牌汽车的连锁经营店、特约维修店及快修店等，从而组成了门类齐全、分布广泛、稳定活跃的汽车维修网络。与此同时，由于目前的4S品牌汽车维修企业大多以换件代替修旧，不仅严重冲击着我国原有汽车维修的传统观念，而且也使我国传统汽车维修的企业管理及维修技术发生了极大变化。

随着国民经济的迅猛发展，汽车制造业已是我国国民经济的支柱产业，而品牌汽车保有量的迅速增长，也给汽车维修业带来了难得的发展机遇。现代汽车维修企业既要为汽车制造企业服务；也要为汽车运输及私家车服务，从而使现代汽车维修企业成为汽车制造业及汽车运输业双重的技术保障体系，成为我国汽车销售与汽车维修行业中的主导力量，从而也为促进我国汽车维修业现代化发挥了重要的作用。

二、汽车维修业的行业特点及存在问题

1. 汽车维修业的行业特点

汽车维修业的行业特点由其服务对象和生产特点所决定。

（1）汽车维修业属于“工业企业”，具有工业企业的基本特征；又区别于一般性工业企业，具有依附性和服务性的特征，因而属于第三产业（服务业）。之所以具有工业企业的基本特征，是因为汽车维修需要依靠机械设备。为保证汽车维修的正常进行，不仅要配备较多的机械设备（如维修设备和检测诊断设备）；而且还要根据汽车维修工艺严密组织并合理安排劳动力，由于工种多、分工细，且又要相互协作，“麻雀虽小，五脏俱全”。之所以具有依附性和服务性的特征，因而属于第三产业（服务业），是因为现今的汽车维修业，不仅要成为某知名品牌汽车的销售服务而必须依附于汽车制造业（为汽车制造业服务）；而且还要为汽车运输业及广大客户服务而必须依附于汽车运输业。这种同时依附及服务于汽车制造业及汽车运输业的汽车维修业，倘若没有汽车制造业和公路运输业，也就没有汽车维修业；而倘若没有汽车维修业，汽车制造业和公路运输业也不可能获得高速发展。

（2）汽车维修业具有“点多、面广、规模小”的特点。汽车维修业在同时为汽车制造业和汽车运输业服务的过程中，其主业仍是为汽车的维修服务。由于汽车遍布于城乡各地而流动分

散,因此汽车维修企业也必然分布于社会的各个角落,具有很大的分散性。这也决定了汽车维修企业的规模不可能很大,从而具有点多、面广、规模小的特点。其中尤其是只从事汽车维护小修及专项维修的汽车维修业户,以及从事连锁经营的汽车维修快修店。

(3)汽车维修业属于"技术密集型"企业。这是因为:现代汽车维修业所维修的车辆(特别是品牌轿车)大多属于机电一体化的高科技产品。不仅品牌型号繁多、结构复杂、高新技术密集,而且翻新速度又极快(随出厂年代和使用条件各异),因而不仅所使用的专用维修设备和检测诊断设备各不相同,而且维修工种众多,维修项目及维修方法差别很大。其中,不仅只能采取就车修理法而徒手作业量较多,而且维修工艺繁杂(有些还属于维修技艺)。因此要求汽车维修人员在现代汽车的维修过程中必须具有较高的技术素质,凭技术修车,使现代汽车维修企业明显具有技术密集型的特点。

汽车维修与汽车制造不同。汽车制造是以标准零件装配标准汽车,而汽车维修却要以非标准零件修理非标准汽车。况且现代的电控汽车还装备有先进的电子技术,从而使汽车维修技术比汽车制造技术和使用技术更加复杂。这就要求现代的汽车维修人员必须与现代电控汽车一样"机电一体化",即既要懂汽车技术,也要懂电子技术。

(4)汽车维修业的竞争性强而稳定性差。随着品牌汽车不断普及,汽车维修业必将成为走街串巷的社会化服务行业,且必将随着汽车制造业和公路运输业的兴衰而兴衰,具有很强的市场调节属性。它必须根据市场需求来自行调节,并逐渐趋于动态平衡。这就使得汽车维修业竞争性强,稳定性差,新建的多、倒闭的也不少。其中,有技术有手艺的维修人员更不易留住,跳槽的多。

2. 目前汽车维修业所存在的问题

(1)从现有汽车维修企业的数量和布局看,由于民营企业的随意性大,且大多又集中于大中城市,因而大中城市的汽车维修能力相对过剩,而乡镇地县的汽车维修能力仍然不足。分布失衡、供求关系失调。

(2)从现有汽车维修业的从业人员数量及素质看,由于现代汽车维修的专业性、技术性及服务性强,工种多、专用设备复杂,维修项目和维修深度也差异悬殊,因而普遍存在着人员数量偏多而素质偏低。这里所述的素质包括政治思想素质、文化素质与专业技术素质等。

(3)从现有汽车维修业的产品质量与服务质量看,由于从业人员素质偏低,不仅维修质量和服务质量较差;而且维修费用普遍较高。其中特别是高档轿车的维修,不仅无明确的维修项目及收费标准,而且常常出现超范围维修及乱收费等;再加上目前的汽车维修又大多以换件为主,配件供应渠道众多,假冒伪劣混杂,更造成了目前汽车维修质量低下和价格混乱。

第二节　汽车维修行业管理

所谓行业,是同类企业的集合。例如,汽车维修行业是由各类汽车维修企业组成的;而汽车维修企业则是汽车维修行业中最基本的独立经济核算单位。

交通运输部对汽车维修行业的管理具有国家行政管理的基本属性,属于国民经济管理中专业性经济管理。其任务是:为适应国家经济体制改革,根据国民经济总体目标及汽车维修业行业特点,完成汽车维修行业的自身调控(如规划、组织、协调、监督等),从而促进汽车维修行业的健康发展。

一、汽车维修行业管理的必要性

1. 汽车维修行业管理是适应经济体制改革、促进行业健康发展的重要手段

以前的汽车维修企业不仅数量少，而且隶属关系复杂，从而形成了各自为政和相互分割，阻碍了汽车维修行业的快速发展。但近年来，由于汽车数量猛增，汽车维修行业已成为多渠道、多层次、多种形式、多种经济成分并存的独立性行业。

2. 汽车维修行业管理是规范汽车维修市场的重要保证

建立中国特色社会主义的市场经济体制是我国经济体制改革的最终目标，这就需要有完善的市场做保证。其中也包括汽车维修市场。但由于目前的汽车维修市场还尚不完善，有时还会有强烈干扰（如非法经营、不正当竞争、行政干预和行业垄断等）。因此，通过汽车维修行业管理从而对汽车维修业实行统一管理（管理和监督行业内各维修业户的实际经营状况），可以有效地解决各部门、各地方对汽车维修市场的分割和封锁；可以有效地促进汽车维修市场的发育和完善，从而以供给侧结构改革带动产业结构改革，并统一汽车维修市场规则（如市场进入规则、市场竞争规则与市场交易规则等），维护汽车维修市场的正常秩序。

3. 汽车维修行业管理是提高道路运输及社会综合效益的必要手段

实施汽车维修行业管理而统一汽车维修质量标准，可有效监控汽车维修的技术经济定额，保证营运车辆的完好技术状况，从而保证行车安全，降低维修成本，为汽车制造业与汽车运输业提供更好的技术服务。这不仅是提高汽车维修业的经济效益和社会效益的必要保证，也是提高道路运输及社会综合效益的必要手段。

二、汽车维修行业管理的目标、范围、内容与原则

1. 汽车维修行业管理的目标

汽车维修行业管理的管理目的，是要加强对汽车维修业的宏观调控，保证汽车维修的市场秩序和维修质量，确保车辆技术状况，保障汽车运行安全；并保护汽车维修企业及客户的合法权益，维护汽车运输市场及维修市场秩序，促进道路运输业和汽车维修业健康发展。

汽车维修行业管理的管理目标是：

(1)为适应汽车制造业和公路运输业的发展需要，根据汽车维修行业中长期发展规划，宏观调控汽车维修市场，并动态调整汽车维修行业的结构和布局，从而使汽车维修的供需能力大体平衡，结构比例适当，且布局基本合理。

(2)通过建立与完善汽车维修市场的管理体制和监督体系，维护和规范汽车维修的市场环境和经营秩序，保护汽车维修企业和客户的合法权益。

(3)应用现代汽车的检测诊断技术，建立汽车维修行业的质量监督和保障监督体系，从而提高汽车维修质量，保证汽车完好技术状况和汽车运行安全。

(4)促进汽车维修业的发展和技术进步，提高汽车维修业的经济效益和社会效益。

2. 汽车维修行业的管理范围

1)对汽车维修业的管理

汽车维修业务可分为营业性（指为社会车辆服务并进行费用结算的汽车维修业务）和非

营业性(指仅为本单位内部车辆服务不进行费用结算的汽车维修业务)两种。不管是前者还是后者,所有的汽车维修业务都必须接受汽车维修行业管理部门的管理和监督,并执行相同的开业技术条件、生产方式、生产工艺和维修质量技术标准等。只是其管理方法及内容有所区别。

2)对摩托车维修业的管理

由于摩托车的生产制造与使用维修都接近于汽车,因此摩托车维修也被纳入到汽车维修行业管理。

3)对汽车配件销售业的管理

尽管汽车配件销售属于物资流通领域而并未列入汽车维修行业管理的范围中,但为了确保汽车维修质量及汽车维修市场稳定,各地汽车维修行业管理部门也有权对汽车配件销售加强市场监督,审查其经营条件,取缔其非法业户等。

3. 汽车维修行业管理的内容

汽车维修行业的管理范围应包括所有从事车辆维修的各种企业。汽车维修行业的管理内容包括:管理机构、管理范围、维修业户的开业与停业以及汽车综合性能检测等。例如:

(1)负责各类汽车维修企业的开业、歇业、异动变更及停业管理的审批等。

(2)负责道路运输经营的车辆管理及汽车维修质量监督。

(3)负责汽车维修合同管理及费用结算管理。如规范汽车维修合同的签订和范围;调解和仲裁合同纠纷、合同文本管理;以及汽车维修工时定额的制定及管理,汽车维修收费标准及结算凭证的监督与管理等。

(4)负责汽车维修企业的行为管理及人员管理。包括考核汽车维修企业中维修行为是否违反行业管理规定,有无越权超范围作业等;也包括汽车维修企业中维修人员、检验人员及技术人员的年度培训、考核及管理等。

(5)负责汽车维修技术的咨询服务。如提供技术咨询服务;组织信息交流,推广汽车维修新技术、新工艺、新设备、新材料等。

4. 汽车维修行业管理的原则

根据《汽车维修行业管理暂行办法》,各级汽车维修行业管理部门的指导思想,应坚持"规划、协调、服务、监督"的八字方针,促进汽车维修行业内各类汽车维修企业的横向联合,逐步专业分工,促使其协调发展。

汽车维修行业管理的管理原则为:

(1)搞活汽车维修企业,兴旺汽车维修行业。为此要坚持改革开放,实行多家经营、统一管理、打破部门界限、协调发展的原则,真正做到"管而不乱、活而不死"。

(2)要在充分调查研究的基础上,坚持统筹规划、合理布局的原则,根据本地区近期和中长期发展规划,采取各种措施,宏观调控各类汽车维修企业的比例和布局,以逐步形成本地区种类齐全、比例适当、布局合理、服务方便及时的汽车维修网络。

(3)要充分利用政策法规和技术经济等手段,以坚决维护汽车维修承托双方合法权益的原则,协调车辆维修承托双方关系,处理合同纠纷。既要维护汽车维修企业的合法权益,提高企业经济效益;又要保护客户的合法权益,使车辆维修及时方便、保证质量和合理收费。

(4)提高汽车维修质量不仅是客户的基本要求,也是汽车维修企业赖以生存发展的基本保证。为此必须坚持质量第一的原则,建立健全汽车维修质量监督体系,并完善检验手段,贯彻技术标准,强化汽车维修质量统一管理,严格控制汽车维修质量。

(5)要坚持“管理中有服务、服务中有管理,管理就是服务”的原则,把管理和服务有机地结合起来。既要指导和协调汽车维修企业管理,开展技术服务和人员培训,积极推广汽车维修的新技术、新工艺、新设备和新材料等;也要积极为客户解决车辆维修中的问题和困难,提供车辆维修信息和技术咨询等。

(6)目前我国的汽车维修企业大多存在着“小而全”的弊端,导致开工不足,人力物力和财力浪费严重。不仅降低了汽车维修业的生产效率和经济效益,而且也不利于汽车维修业的合理布局和技术进步。为此,必须打破部门、地区和所有制界限,既要按专业分工原则,使各类汽车维修业户合理分工、走专业化的发展道路,提高经济效益;也要按横向联合原则,广泛开展技术、设备、人才、信息等广泛合作,充分挖掘行业潜力,促进汽车维修行业协调发展。

三、汽车维修行业管理的基本职能

根据交通部、国家经委、国家工商行政管理局联合颁发的《汽车维修行业管理暂行办法》和交通部《公路运输管理工作条例》,汽车维修行业管理的基本职能,就是要调控、调整、规范、监督汽车维修行业发展及其内部的经济关系和经营活动。

1. 贯彻执行国家有关政策、法规和规范

中央和省级的汽车维修行业管理部门应该根据国民经济发展的总方针和总任务,制定汽车维修行业发展的政策、法规和规范,包括各类技术标准和经济定额等。市/地、县、乡级的汽车维修行业管理机关应当正确贯彻执行这些政策、法规和规范。由于汽车结构复杂及技术密集,为此一定要坚持质量第一的方针,严格遵守国家和行业技术标准,提高维修质量。为了实现政令、管理与标准的统一,各上级部门还要加强检查和监督。

2. 制定行业发展规划

汽车维修行业管理部门应根据行业发展目标,统筹安排行业发展规划(如中长期和短期发展目标、行业结构、区域分布,以及发展战略、规划措施等),以适应国民经济发展的需要。在制定发展规划时,应加强综合平衡,解决汽车维修的供需矛盾,以便使车辆客户得到方便、及时、周到、经济的维修服务。

3. 加强宏观调控

汽车维修行业管理部门应加强宏观调控力度,以促进汽车维修市场的发育和完善。其遵循原则有:

(1)宏观调控原则。汽车维修行业管理要实现三个转变:即由原直接管理转为间接管理;由原微观管理转为宏观管理;由原项目审批转为利用经济、法律和必要行政手段,实施对汽车维修行业的规划、协调、监督和服务。

(2)计划指导原则。即要通过计划的制定、发布和执行,发挥计划的指导作用。

4. 协调服务

汽车维修行业管理部门要坚持管理就是服务的宗旨,将管理和服务有机地结合起来,寓管理于服务之中。其重要任务就是要协调好维修业户、车辆客户与各经济管理部门之间的关系,并加强汽车维修专业技术人员管理,严格执行专业技术人员考试和管理制度(具体办法另

定），并开展技术培训，抓好汽车维修行业信息交流等。

5. **监督检查**

根据交通运输部令2016年第1号《道路运输车辆技术管理规定》及2015年第17号《机动车维修管理规定》：道路运输管理机构及汽车维修行业管理部门应当按照职责权限，对道路运输车辆及汽车维修企业实施监督检查。其内容包括：

（1）道路运输管理机构应当加强对道路运输车辆运输安全的监督检查。为此，道路运输管理机构应当每年至少一次执行行业性、与车辆运输安全重点相关项目的定期检测或随机抽样检验。不仅要规定道路运输车辆的受检比例，加强道路运输车辆的技术管理（例如配发道路运输证和实施车辆年度审验等），以确保道路运输车辆的运行安全；而且还要将定期检测或随机抽样检验的结果，以及车辆基本情况、车辆变更记录，车辆技术状况等级评定、客车类型等级评定，以及车辆年度类型等级评定、车辆管理制度、车辆维修制度、车辆档案制度等纳入道路运输车辆的年度审验记录中。在挂车配发道路运输证和年度审验时，还应查验挂车行驶证件是否有效。禁止使用报废、擅自改装、拼装、检测不合格以及其他不符合国家规定的车辆从事道路运输经营活动。

（2）汽车维修行业管理部门应当对汽车维修企业的经营场所、经营活动及企业诚信实施必要的监督检查。其中：

①对汽车维修企业经营场所的监督检查，包括经营场所的产权归属及租赁协议、平面布置及配套设施等。

②对汽车维修企业经营活动的监督检查，包括定期查验经营证照和开业条件、经营许可范围及许可条件等；并监督检查其日常经营活动和经营行为（如经营范围与收费情况等）。倘若其经营许可范围及许可条件已经发生变化的应当依法及时变更；倘若其日常经营活动和日常经营行为不符合法定条件的应当责令其限期改正。

③对汽车维修企业诚信的监督检查。包括建立、定期考核并依法公开其诚信档案；并对其实施质量信誉考核制度，将质量信誉的考核结果（如经营者基本情况、经营业绩、奖励情况及不良记录等）纳入其诚信档案中，供公众查阅（除涉及国家秘密及企业商业秘密外）。

在汽车维修行业管理部门的执法人员在对汽车维修企业的经营场所、经营活动及企业诚信实施监督检查时，应当有2名以上的执法人员参加，并出示由交通运输部监制的交通行政执法证件。监督检查时应当公平、公正、公开和便民，应当严格按照职责权限和规定程序进行。不得滥用职权、徇私舞弊，不得乱收费、乱罚款。监督检查可采取的措施有：

①询问当事人或相关人员，并要求提供相关资料。

②查询、核对、复制与违法行为有关的维修台账、票据凭证、文件及其他资料等。

③在违法行为现场进行摄影摄像取证。

④检查与违法行为有关的维修设备及相关机具的有关情况。

（3）汽车维修行业管理部门还应当对汽车维修企业的技术管理及维修质量实施监督检查。为此，汽车维修行业管理部门应当对汽车维修企业执行每年至少一次与维修质量相关项目的行业性定期检测或随机抽样检验，确保道路运输车辆的维修质量；并负责汽车维修质量纠纷的调解和处理等。监督检查内容包括：汽车维修企业是否健全了全面质量管理机构和全面质量管理制度、汽车质量管理基础工作及汽车维修的质量验收标准等；是否配备了规定数量与素质的技术人员及质量检验人员，并配套有足够的维修设备、检测设备、工卡量具等。

(4)汽车维修行业管理部门还应当积极推广并监督检查车辆管理及车辆维修的现代技术(如汽车维修的环保节能、不解体检测和故障诊断技术；维修救援和维修服务的信息化网络建设等)，以提高汽车维修行业整体素质，逐步实现道路运输车辆管理信息的资源共享。

道路运输管理机构及汽车维修行业管理部门对道路运输车辆的运输安全以及对汽车维修企业维修质量实施监督检查时，也可以委托法定的汽车维修质量监督检验单位协助检验。

道路运输管理机构及汽车维修行业管理部门在对道路运输车辆及汽车维修企业实施监督检查时，不仅要坚持专业队伍和群众性质量监督相结合的原则，建立质量跟踪调查制度，定期或不定期地向客户发放汽车维修质量跟踪卡或意见征求卡，以评估道路运输车辆的技术管理及汽车维修企业的维修质量；而且还要将道路运输车辆的运输安全及汽车维修企业的维修质量分别纳入汽车运输企业及汽车维修企业的质量信誉考核及诚信管理体系中(定期检测或随机抽样检验的实施情况及处理结果应当按规定归档，当事人也有权查阅)。

当然，道路运输经营者及汽车维修企业也应当对道路运输管理机构及汽车维修行业管理部门的监督检查予以配合(如自觉接受道路运输管理机构及汽车维修行业管理部门的监督检查；并按照规定向道路运输管理机构及汽车维修行业管理部门如实反映情况，主动报送汽车维修相关资料等)。

6.质量仲裁

倘若车辆在维修质量保证期内发生质量纠纷，托修方可向承修方所在地的汽车维修行业管理部门申请汽车维修质量纠纷的调解与仲裁。根据交通运输部令 2015 年第 17 号《机动车维修管理规定》：汽车维修行业管理部门应当受理汽车维修的质量投诉，并积极按照维修合同约定及相关规定调解汽车维修质量纠纷。汽车维修行业管理部门在实施质量调解时，应当坚持自愿公平的原则，依据事实、查明原因、分清责任、公开调解。在处理汽车维修质量纠纷时：

(1)承托修双方都有义务保护当事车辆的原始状态。倘若有必要拆检车辆的相关部位时，双方当事人应同时在场，并共同认可拆检情况。

(2)当承托修双方共同要求汽车维修行业管理部门对汽车维修质量进行责任认定时，汽车维修行业管理部门应出面协调，并组织专家组(或委托具有法定检测资格的检测机构)作出技术分析和鉴定。

(3)无论质量纠纷调解是否达成协议，在调解过程中所需要的拆检费用及技术鉴定费用，均由责任方承担，或按纠纷双方的责任大小比例分担。

质量仲裁的基本程序是：

(1)调解申请。由申请方填写《汽车维修质量纠纷调解申请书》，并提供当事双方有关的详细资料。例如当事双方的法定代表姓名、单位、地址、电话；申请调解书面报告(纠纷详细经过，调解理由与要求等)；以及汽车维修合同、汽车维修竣工出厂合格证、汽车维修结算凭证等。

(2)技术鉴定。由质量监督部门派出技术专家组，借助有质量检测资格的汽车综合性能检测站，对质量纠纷的车辆及其运行情况进行分析与鉴定，填写《技术分析和鉴定意见书》，以明确双方的责任。

(3)调解与仲裁。由汽车维修行业管理部门的质量监督部门负责人根据当事双方的陈述，并根据相关技术标准与技术资料，通过辩论与质证，进行公开调解，并做出鉴定结论，确定纠纷双方应负责任及应承担经济损失等。凡经调解已经达成协议的，由质量监督部门填写《汽车维修质量纠纷调解协议书》；倘若经调解不能达成协议的，或者达成协议后有一方不履行协议的，有关当事人可依法提请仲裁机构仲裁，或向人民法院提起民事诉讼。

第三节　汽车维修企业的分类及开业

一、汽车维修企业的分类

汽车维修行业是一个技术复杂、门类众多的服务性行业，其经营规模、经营项目、设施条件和人员素质等彼此相差悬殊。为了使汽车维修行业管理实现系统化、规范化和科学化，从而促进汽车维修企业提高维修质量，不仅应当由汽车维修行业管理部门实施行政许可；而且还必须对汽车维修经营者实行分类管理。根据交通运输部令 2015 年第 17 号《机动车维修管理规定》：汽车维修经营者可根据其维修车型、经营项目和服务能力实施分类许可管理。

1. 根据所维修车型种类

汽车维修的经营业务可分为汽车维修、危险货物运输车辆维修、摩托车维修和其他汽车维修四类。

2. 根据维修经营者的经营项目和服务能力

汽车维修可分为一类维修、二类维修和三类维修；摩托车维修可分为一类维修和二类维修。其中，凡获得一类、二类维修经营业务许可的可从事相应车型的整车修理及总成修理、整车维护及小修、维修救援及专项修理（其中一类还可实施维修竣工检验）；凡获得三类维修经营业务许可的可分别从事其经营业务许可的发动机、车身、电气系统、自动变速器维修，供油系统维修、喷油泵和喷油器维修、曲轴修理等专项维修。凡获得危险货物运输车辆维修经营业务许可的，除可从事危险货物运输车辆维修外，还可从事一类汽车维修。

二、汽车维修企业开业前的可行性分析

目前我国的汽车维修业，正朝着经营规模化及维修专业化的方向发展，并正在成为新的投资热点。其中大多数企业的经营状况非常红火，但也有些企业至今仍处于基本持平或亏损状态。究其原因，是因为在投资兴建前或开业前没有做好必要的技术经济可行性分析。

1. 汽车维修企业前期可行性分析的方法

技术经济可行性分析是确定是否投资建厂的基本方法和决策依据，以便合理地使有资金，避免盲目投资，减少失误，获得最佳经济效益。技术经济可行性分析的基本过程如下。

1）收集和整理信息

首先根据汽车维修行业管理部门或行业协会的统计资料，以及网上查询或媒体信息、客户群体和市场调查等，收集大量市场信息，为新建汽车维修企业的经营决策提供足够而可靠的依据。当然，所收集的市场信息还要进行动态分析和考察评估，以保证这些信息的有效性、时效性和可靠性。

2)分析和判断

汽车维修企业前期的技术经济可行性分析,可分为技术性和经济性两个方面,也可分为定性分析与定量分析两种。其中,技术分析主要侧重于企业外部的现有车源分布、周边维修企业分布状况,企业内部经营档次、经营特色、配件供应状况等;经济性分析侧重于企业投资状况及回报分析。定性分析主要分析那些难以量化且只能通过经验判断或逻辑推理的因素;而定量分析主要分析那些可以量化和计算的因素。通过技术经济可行性综合分析,特别是对那些致命的不利因素分析,就可获知新建汽车维修企业的风险程度。一般地说,只要把握性高于60%就可实施,而不要期望100%。因为干任何事业既要有一定的把握性,也要有一定的冒险性。

3)过程监控

除了前期技术经济可行性分析外,在实施过程中还要进行必要的监控。

2.汽车维修企业前期可行性分析的内容

新建汽车维修企业的前期可行性分析,在分析车源和周边汽车维修企业时,可将市场调研的各个项目进行量化并打分(表9-1),以求取平均分。倘若平均分高于60即可投资经营,否则就不宜。

周边汽车维修企业的状况分析 表9-1

调研项目	备注	得分
企业类别	一、二、三类企业及专修店	
生产效益	市场占有率与人均效益等	
经营规模	综合经营能力与竞争能力	
服务水平	管理体制现综合服务水平	
管理背景	主管是否依托其社会关系拉到客户	
技术实力	技术人员的数量和水平	
维修设备	设备新度系数及能否满足维修需求	
车源状况	客户群体是否单一或长期稳定	
主要车型	维修车型及其专业化程度	
经营特色	该经营特色是否有效	

1)现有车源分析与周边企业分析

为使新建汽车维修企业符合于当地的汽车维修市场需求,首先是要对当地现有的车源量进行详细的分析及预测。这是因为当地现有的车源量不仅决定着新建汽车维修企业的立足和生存,也决定着新建汽车维修企业的持久和发展。其中,投资方的车源量是新建企业的市场基础;而附近的社会车源量则是新建企业今后的市场拓展。其次是要对周边汽车维修企业的分布状况进行分析。包括:

(1)周边汽车维修企业的经营规模和主要客户群。

(2)周边汽车维修企业的综合经营实力。

(3)周边汽车维修企业的经营状况。

(4)周边汽车维修企业领导者的实力和背景。

(5)周边汽车维修企业的社会资源和投入资金等。

倘若当地汽车营销市场潜力较大而周边汽车维修企业的竞争能力较弱时也可以考虑投资新建。

2)经营特色与经营档次分析

新建汽车维修企业要想在市场中立足,必须要有独特的经营特色。特别是当前在维修车型与维修质量大体相同的情况下,企业竞争更需要靠经营特色。所谓经营特色,是指在企业经营(产品或服务)过程中,使用哪些特色产品或特色服务来吸引客户并博得客户信任,从而塑造独特的企业形象和竞争能力。企业的经营特色与企业规模并不直接关联。如何制定本企业经营特色呢?

(1)提出问题,确定目标并进行系统分析。例如,应投资新建一个什么样的汽车维修企业?用户对象有哪些?能否确保其基本业务?目前本企业的优势及劣势怎样?如何塑造本企业最有利的经营特色?

(2)进行市场细分和主要竞争者分析。即,通过市场细分,根据车源状况和客户需求并结合本企业优势,从而确定本企业目标特色,掌握本企业的优势和劣势。

(3)选择专一化战略和差别化经营战略。例如购置高档检测诊断设备,进行品牌汽车的专业维修,推行某些特色经营服务与配件供应等。

当然,要塑造本企业经营特色,通常需要付出更多的成本。因此对于新建企业而言,既要考虑经营特色也要考虑经营成本,不要因为要塑造特色而过多破费,结果有伤企业元气。

在考虑企业经营特色时,首先应决策其切入点和竞争范围,找准进入市场突破口。为此既要注意市场的动态变化,确定本企业参与市场竞争的主要因素,也要根据自身的实力情况去抢占市场的高端或低端。当资金实力不足时,可采用低成本战略去开办快修店或急修店等,以优化业务流程、加快维修速度、削减管理费用、减少配件消耗等去抢占低端市场。

所谓经营模式是对企业经营方式的定位;经营档次则是对企业经营水平的定位。由于经营模式与经营档次决定着企业的基本框架,涉及企业今后的生存与发展,因此在市场调研后、确定投资经营前,务必要先确定本企业合理的经营模式与经营档次,并努力使其在5年内不落后于当地汽车维修的市场需要。在确定本企业经营模式与经营档次后,还要确定本企业可能的维修车型、维修车辆数和日维修量、本企业维修工位数量,及聘用人员数量与层次等。最后还要根据汽车维修企业的开业条件、建厂面积、市场发展前景等做出最终判断。

汽车维修企业的经营规模取决于当地的维修市场规模和本企业资源条件。为减少经营风险,在确定本企业的经营规模时须采取如下措施:

(1)选准能发挥自身优势的目标细分市场。

(2)提高企业技术开发能力以满足客户特殊需要,占据市场竞争的有利地位。

(3)搞好市场营销宣传,寻求车源,并采用适当的价格策略等。

由于目前我国的轿车类型大多属于引进车型,其经营模式与经营档次早已被汽车制造厂商规定而不能随意更改,因此汽车维修企业想要经营这些车型,必须花巨资采用4S的经营模式。但实际上,盲目追求4S经营模式与经营规模是很危险的。因为只有最初的4S店赚了大钱,后来的4S店并不一定赚钱。在市场经济条件下,企业规模并不等于企业效益,高额投资也并不一定都能高额回报。因此新建汽车维修企业在选择品牌车型和在确定企业经营模式时一定要量力而行,要联系当地的汽车销售市场而不要盲目追随,否则不一定都能取得良好经济效益。

企业的经营规模应该是市场竞争的结果,而不是市场竞争的开始。只有能产生最大经济效益的经营规模才是合理的经营规模,不少成功企业都是从较小规模基础上在拥有竞争优势后逐步发展起来的。因此,倘若是大型汽车维修企业,则适合于搞4S多品牌的特约维修经营,而倘若经济实力有限,或资源先天不足,则最好先搞单品牌的特约维修或专项修理、快修急修店和连锁店,或杂款车型修理等。与其大而全、小而全,还不如小而专、小而精。只要经营得好,经营规模虽小也能获得较大经济效益;但倘若经营不力,经营规模再大也只能加速衰亡。例如在国外,很多汽车维修企业的经营规模通常都很小(大多只相当于我国目前常见的快修店与急修店),但由于采用连锁经营,其经营实力仍然很强。

3)配件渠道及管理分析

现代汽车(特别是轿车)的维修手段通常都是以换件为主。因此在汽车维修产值中零配件消耗占了大头(>60%),汽车配件管理是汽车维修企业管理中的重要内容。然而,大多数汽车维修企业的配件管理目前还处于初级阶段,常常因配件不足而影响汽车维修正常进行,或者因为盲目采购、库存积压而造成占用很大的流动资金。因此只有及时采购、减少库存,并保证库存质量,盘活库存物资,才能提高企业经济效益。

4)投资状况及投资回报分析

在市场经济条件下,所有的资金不仅有成本,而且还会随时间而变化。为此,现代企业管理者在投资时必须首先要评估该项目的投资是否值得。

倘若不考虑货币投资的时间价值,则评价方法有:

(1)回收期法。即根据投资额来计算收回投资所需要年限。回收期越短则对投资方越有利。其计算公式为:

$$回收期=\frac{原始投资额度}{每年投资量}$$

其中:

$$每年投资量=净收益+年折旧额$$

此法简单易懂,因此是评价投资方案的常用方法。但由于未考虑回收期后收益,可能因为急功近利而放弃长期投资项目,因此只作为辅助方法使用。

(2)会计收益率法。即根据会计报表、会计收益和成本概念来评价投资项目。此方法计算简便,应用较广。其计算公式为:

$$会计收益率=\left(\frac{年平均收益额度}{原始投资额度}\right)\times 100\%$$

在计算时,倘若经营年数不包括建设期,则最终结果为经营期会计收益率。

投资状况分析是新建汽车维修企业可行性分析中最重要环节。不少新建汽车维修企业在刚开始做技术可行性分析时还似乎可行,但由于经济可行性分析不足,结果只建了一半便因为投资不足而被迫停建。因此,企业前期投资的资本流向将直接关系到投资经营的成败。

前期投资的资本流向包括:

(1)资金来源。倘若投资来源于银行贷款而需要每月付息还贷的,那么必须根据其贷款数尽量缩短其资金回报期,以降低投资风险;倘若投资来源于公司借债而需要物资抵押的,那么必须根据其还款期限合理配置资源,以充分发挥资金的时间价值;倘若投资来源于行政拨款的,那么可以在资金回报期内不断地挖掘其市场潜力,以真正地达到投资目的。

(2)资本流向和成本分析。资本贵在流动,且只有良好的资本流动才能充分发挥其价值,缩短资金回报期。为此,汽车维修企业的前期投资应当重点放在塑造企业有经营特色的实际项目上(如人力资源、技术力量、专业设备、车间改造、特种服务等)。这种做法尽管并不能立即回收成本,但只要找准市场定位,树立企业经营特色,从企业长远利益来看,将有利于企业今后能获得更大的经济效益,因而仍然是正确的。在此情况下,客观务实的经营方式应该是适当延长投资回报期。当然,在进行新建汽车维修企业前期费用预算时,还要考虑到无形成本。既要慎重,也要留有充分余地。

由于汽车维修企业的开业条件对于新建汽车维修企业的流动资金、设施设备、人员技术水平、质量管理、安全生产、环境保护以及厂房用地等都有着明确的规定,从而使目前新建汽车维修企业一般都具有相当的经营规模与经营档次,先期投入很大。因此,这里所述的投资状况分析,不仅要分析前期投资能否准时到位;而且还要预算各类最低的运作资金、不可预见费用、工资准备金及开业准备金等(分类做出详细报告)。

新建汽车维修企业的最终目的,就是为了最大限度地获得利润及投资回报率,为此还必须对投资回报率进行详尽分析。倘若新建企业投资不能如期回收,或者投资回报率低于同期银行利率或亏损,都属于投资失败,还不如不建。因此在分析投资回报率时,必须根据汽车维修行业的发展趋势和新建汽车维修企业自身的经营状况,测算所投资金的回报期;再参考投资者资金返还意向,对投资回报率进行综合分析。倘若两者不符,就要做出管理决策,或者修改整体投资规划,或者修改资金回报期。在修改资金回报期时,还必须预算资金来源,做好前期投资的资本流向和成本分析,做好后期投资的成本分析及投资回报率分析等。在汽车维修企业经济效益分析中,应该使用人均效益指标而不能沿用人均产值指标。因为人均产值并不等于人均效益。不要追求过大场地面积,要使用较小场地发挥最大经济效益。

5)行业竞争力分析

汽车维修行业的竞争对手有:现有竞争者、潜在竞争者、替代品、购买者与供应者等。它们之间相互竞争及抗衡,不仅会引发汽车维修行业内部的经济结构变化,而且也决定着汽车维修企业在行业中的获利潜力。为此,汽车维修企业在制定企业经营战略时,应重点分析各种竞争力量和竞争因素,使企业在行业中经常处于较有利地位。之所以现有竞争者会相互竞争及抗衡,是因为目前在企业之间还缺乏差别化的产品与服务,势均力敌的竞争者较多,因而只有采用价格战或广告战、引进新产品或增加新服务等竞争手段。倘若潜在竞争者进入本行业也会参与相互竞争与抗衡,但能否进入还取决于潜在竞争者能否顺利进入本行业,取决于本行业的规模经济,取决于他的产品与服务、分销渠道及技术优势,以及政府政策等。倘若本行业进入门槛较低而盈利空间较大,则会有较多潜在竞争者进入从而重新分配已有市场,降低本企业的获利能力。替代品则是指可代替本企业相同或类似的产品或服务。倘若出现廉价替代品,在品种与质量相等情况下,替代品将会更大的竞争力从而对本企业构成更大的威胁。在研究竞争关系时,不仅要考虑本企业产品或服务的寿命周期与发展方向,还要考虑供应者与购买者的竞价能力，这些都会影响企业获利能力。例如，供应者通常采用垄断供应，或差别化供应的办法来避免替代品竞争的出现；而购买者则通常要求降价或要求提高产品质量及增多服务，甚至还有意迫使供应者之间相互竞争。

三、汽车维修企业的开业条件

由于各类汽车维修的作业内容和复杂程度差别很大，所要求技术条件也相差悬殊，因此申请各类汽车维修企业的开业条件也会有所区别。

1. 汽车维修企业的开业申请

汽车维修经营业户在企业筹建工作就绪后，应在规定时限内向当地县级汽车维修行业管理部门提出开业申请（即汽车维修业务行政许可），并提交以下材料：

（1）交通行政许可申请书，填写开业申请表。

（2）经营场地、停车场面积、土地使用权及产权证明书等复印件。

（3）企业技术人员汇总表及相应的职业资格证明。

（4）维修检测设备及计量设备检定合格证明等复印件。

（5）按照分类要求必须提供的其他相关材料。

开业申请表的内容包括：筹建企业的经营项目与经营场所、法人代表或经营业主、职工人数、经营规模及立项审批所要求提供的其他书面资料；同时还应提供合法有效的资信证明或资金担保；提供法人身份证、质检员证、价格结算员证等复印件，提供企业经营场地所有权证明，厂区位置图、厂区平面图及车间工艺布局图，以及企业的质量管理机构及质量管理制度等。特约维修经营业户还应提供特约维修的签约合同。

申请汽车维修连锁经营服务网点的，可由汽车维修连锁经营企业总部向连锁经营服务网点所在地县级汽车维修行业管理部门提出申请，提交下列材料，并对材料真实性承担相应的法律责任：

（1）汽车维修连锁经营企业总部汽车维修经营许可证件复印件。

（2）连锁经营协议书副本。

（3）连锁经营的作业标准和管理手册。

（4）连锁经营服务网点符合汽车维修经营相应开业条件的承诺书。

2. 汽车维修企业的开业条件

根据交通运输部令2015年第17号《机动车维修管理规定》：申请从事汽车维修或其他机动车维修业务的经营者，应当具备《汽车维修企业开业条件》（GB/T 16739—2014）所规定的开业条件。包括：

（1）企业生产规模。

（2）维修设备和检测设备。

（3）技术人员与技术工人的数量、工种配备和技术素质。

（4）维修质量、质量保障体系及质量管理制度。

（5）生产厂房及场地面积，以及生产、生活设施条件。

（6）技术标准、工艺文件、操作规程等。

（7）计量器具。

(8)环保、消防条件。

(9)经营管理水平。

(10)流动资金和配件储备能力等。

各类机动车维修企业的开业条件是：

(1)各类机动车维修企业都应配备有能与其生产规模及经营范围相适应的生产厂房和停车场地(租用场地应有书面租赁合同,且租赁期限应不少于1年)。生产厂房和停车场的场地面积应符合《汽车维修业开业条件》(GB/T 16739—2014)相关规定,且必须符合国家环保要求。不得利用街道和公共场地进行停车或维修作业。

(2)各类机动车维修企业都应配备有能与其维修车型相适应的设备与设施。其中,从事汽车维修的企业应当符合《汽车维修业开业条件》(GB/T 16739—2014)相关规定,从事其他机动车维修的企业应当参照《汽车维修业开业条件》(GB/T 16739—2014)相关规定执行。所配备的计量设备也应符合国家有关技术标准并经法定检定机构检定合格。

(3)各类机动车维修企业都应配备有必要的技术人员。其中,一、二类汽车维修企业应当至少各配备1名技术负责人和质量检验员(其总数的60%应当经全国统一考试合格);其中,技术负责人应当熟悉相应的维修业务和技术规范并掌握与之相关的政策法规;质量检验员应当熟悉并掌握相应的检测技术规范、故障诊断和质量检验技术,熟悉相应的收费标准及相关政策法规。各工种技术人员则应当熟悉所从事工种的维修技术和操作规范,并了解与之相关的政策法规。从事机修、电器、钣金、涂漆等三类汽车维修企业,应当按照其专项经营业务,各工种至少各配备1名维修技术人员(且总数的40%应当经全国统一考试合格)。其中,从事发动机维修、车身维修、电气系统维修、自动变速器等专项维修还应至少各配备1名技术负责人和质量检验员,且技术负责人、质量检验员及机修、电器、钣金、涂漆等维修技术人员总数的40%应当经全国统一考试合格。

(4)各类机动车维修企业都应有健全的企业管理制度[按《汽车维修业开业条件》(GB/T 16739—2014)相关规定执行],例如安全生产管理制度、质量管理制度、车辆维修档案管理制度、人员培训制度、设备管理制度及配件管理制度等。

(5)各类机动车维修企业应有必要的环境保护措施[按《汽车维修业开业条件》(GB/T 16739—2014)相关规定执行]。

3.汽车维修连锁经营服务网点的开业条件

在申请汽车维修连锁经营服务网点业务时,应由汽车维修连锁经营企业总部向连锁经营服务网点所在地的县级汽车维修行业管理部门提出申请,并提交能承担相应法律责任的真实材料。包括:汽车维修连锁经营企业总部的汽车维修经营许可证件复印件;连锁经营协议书副本;连锁经营的作业标准和管理手册;连锁经营服务网点符合汽车维修经营开业条件的承诺书等。在申请从事运输易燃、易爆、腐蚀、放射性、剧毒等危险货物运输车辆(不含危险货物罐体)维修业务时,除应具备一类汽车维修经营业务的开业条件外,还应当有:与其作业内容相适应的专用维修车间和设备设施,并设置有明显的指示标志;有完善的突发事件应急预案(包括报告程序、应急指挥以及处置措施等);有相应的安全管理人员;有齐全的安全操作规程等。

4.中外合资或中外合作汽车维修企业的开业审查条件

中外合资或中外合作的汽车维修企业应由中方代表向省级汽车维修行业管理部门提交相

关申请材料办理相关手续。包括《项目建议书》《可行性研究报告》《中外合资或中外合作意向书》，以及外商固定国籍、合法身份证明、外商所在国或地区的《资信证明》等，并要求其资产证明必须大于项目投资总额。在省级汽车维修行业管理部门经过审核批准后，核发《汽车维修经营许可证》，并对其实施必要的行政管理。中外合资或中外合作的汽车维修企业还应遵守《外商投资道路运输业管理规定》及中国相关的法律法规。

5. 汽车维修经营许可的审核

汽车维修行业管理部门在接到汽车维修经营业户的开业申请后，应当查验申请资料是否齐全有效，审核其立项申请是否符合汽车维修业开业条件，以及是否符合当地汽车维修业发展规划等，按照《中华人民共和国道路运输条例》和《交通行政许可实施程序规定》的规范程序，5日内作出准予或不准予行政许可的决定。其中，凡符合法定条件的应准予行政许可，经批准开业的，将由审批机构签发立项批准书，向申请人核发《交通行政许可决定书》及铜制"汽车维修企业经营标志牌"；并告知申请人凭《汽车维修经营许可证》到工商行政管理部门和税务部门办理相应的法人营业执照和税务登记手续等，领取相关单证（如《汽车维修合同》《汽车维修技术检验单》《汽车维修工时、材料费用明细表》《汽车维修竣工出厂合格证》）等。凡不符合法定条件不准予行政许可的，应向申请人出具《不予交通行政许可决定书》并说明其理由，告知申请人依法享有申请行政复议或提起行政诉讼的权利。连锁经营服务网点的经营许可项目应当在汽车维修连锁经营企业总部许可项目的范围内。

汽车维修行业管理部门对汽车维修经营申请予以受理的，应当自受理申请之日起15日内作出许可或者不予许可的决定。符合法定条件的，汽车维修行业管理部门作出准予行政许可的决定，向申请人出具《交通行政许可决定书》，在10日内向被许可人颁发汽车维修经营许可证件，明确许可事项；不符合法定条件的，汽车维修行业管理部门作出不予许可的决定，向申请人出具《不予交通行政许可决定书》，说明理由，并告知申请人享有依法申请行政复议或者提起行政诉讼的权利。汽车维修企业应当持汽车维修经营许可证件依法向工商行政管理机关办理有关登记手续。

6. 取消机动车维修的经营许可

在2018年7月28日国发〔2018〕28号《国务院关于取消一批行政许可等事项的决定》中，将取消11项行政许可审批。其中与交通运输部门相关的有第3项《机动车维修经营许可》和第4项《外商投资道路运输业立项审批》。

在取消行政许可审批后，中央行业主管部门将制定机动车维修业务标准，并要求地方行业主管部门加强机动车维修的事中和事后监管。例如：

（1）根据机动车维修者的经营条件，细化其经营范围及承修业务，实施机动车维修经营备案制度。

（2）根据机动车维修者的经营条件、业务流程及技术要求，不仅要为车辆维修提供相应的咨询和服务，开放机动车维修市场（但客运及危货运输除外），而且要求机动车维修经营者实施机动车维修业务标准，提供维修明细等。

（3）各级机动车维修业务都应使用规范的合同文本，以推行维修合同制度。倘若发生维修质量纠纷而需要行政调解时，地方行业主管部门应积极受理并处理，保护托修人合法权益。

（4）加强监管机动车维修市场，并推进机动车维修的诚信体系建设，包括严管和处罚其中的违法者，建立经营者黑名单制度，公示失信违法经营者，实施信用联合惩戒等。

被取消的行政审批许可并与交通运输业相关的还有：

(1)企业集团的核准登记和分公司的备案。

(2)外商投资道路运输业的立项审批。

(3)营业执照的作废声明等。

四、汽车维修企业的厂区布局与管理机构

无论是建新厂还是改造老厂，汽车维修企业的厂区布局都应当根据汽车维修工艺流程(即从车辆进厂报修交接开始，直至汽车维修竣工出厂的全过程)进行合理设计，并相应配备各工序维修人员、维修设施及维修物资等，并对各工序所需空间进行最适当的分配和安排，以构成最有效的劳动组合，从而使汽车维修企业能获得最大的经济效益。

1.汽车维修企业的厂区布局

为充分利用厂区面积，并保障汽车维修业务高效完成，汽车维修企业的厂区必须进行周密合理的统筹和布局。为此，必须根据已有建筑物的类型及用途，并根据汽车维修企业的日常维修业务量，将整个厂区进行功能性地分区、分块及归类。既要强调厂区的现有功能，讲究现代风格与超前意识，以展现汽车维修企业的经营特色与服务形式；也要考虑将来发展，以便为企业的今后发展留有充分余地(例如预留必要的扩展用地，适当增大工程管线的管径与容量，采用便于拆装的简易车间隔离墙等)。

汽车维修企业的厂区布局包括平面布局和立面布局两种。其总体要求是：其厂区内部必须留有足够的停车场面积，还必须具有进出两道门岗，以保证客户车辆的进出便捷。

有些汽车维修企业还布置有检测线及洗车场等。不仅应满足汽车维修企业现有的维修车型、维修类别及维修流程的工艺需要；而且应满足汽车维修企业现有的防火、安全及卫生等需要。

无论汽车维修企业的规模大小，汽车维修企业的办公区应整洁干净、宽敞气派、颜色协调、清爽宜人。办公区内可包括功能区(如办公室、接待大厅等)和辅助区(如室内展车位、贵宾休息室等)。一般而言，厂区及办公区都应设置有醒目标志与服务指示标牌，以方便顾客查找；接待大厅面积宽敞(应大于$20m^2$)，贵宾休息室面积应足够(可按每贵宾约$3m^2$计算)。为了建立良好的企业印象，有些汽车维修企业还在办公区内设置有文化活动场所或设施，如技术培训室、学习园地及服务板报、顾客休息室或游览区、杂志报刊阅览室等。

维修车间是汽车维修企业的主要作业区，其布局十分重要。

对于规模较大的汽车大修厂而言，其厂区中心通常布置着发动机、底盘及车身大修车间。各车间内不仅要按大修工艺流程来布置各工序及各工位，以保证其较高的专业化程度；而且要求各条工艺路线必须顺直和短捷。大修辅助车间、配件材料库房、总成修理间、电器修理间，以及生产技术、质量检验等管理部门则通常围绕在大修车间周围，以尽量缩短相互间的距离，避免不必要的交叉和迂回。

对于既有汽车销售也有汽车维修的大中型规模4S品牌轿车维修企业而言，则大多采用“前店后厂”的布置方式，前面是汽车销售店及配件销售店，门面豪华洁净以招徕顾客；后面是汽车维修厂，以开展各种技术服务及汽车维修。前店与后厂要尽量分隔。在后厂厂区内，则通

常布置有多个维修专用工位、检测诊断工位、快修工位、定期维护工位，一般维修工位等，并要求留有足够的安全通道。

对于中小规模的汽车维修企业而言，由于场地面积较小，为此更要周密合理的布局和规划。为了尽可能提高维修效率，通常要求其维修车间也应按工艺流程进行合理的布局，零配件库房和工具库房等则要求尽量靠拢维修车间。

2. 汽车维修企业的管理机构

为了组织员工完成汽车维修企业的各项生产经营管理指令，必须建立相应的经营管理组织机构，以强化汽车维修企业的内部管理。

汽车维修企业的管理机构和人员配置应根据企业的经营规模与业务流程，通过优化设计完成。其基本程序是：

(1)根据企业规模与经营目标，按照业务性质进行分类，并设置必要而适当的管理岗位。

(2)根据岗位设置配置必要的业务人员。

(3)根据岗位设置明确其岗位责任及经济责任，并明确其考核奖惩办法。

对于职工人数多于100人的4S汽车集团公司或大型汽车维修企业，大多同时经营多个品牌汽车的销售与维修，实施多种经营。但为了实施专业化经营，常在4S汽车集团公司内部，以专业分工的管理模式设置有职工人数约100人的若干品牌汽车的4S品牌公司(中型汽车维修企业或一类汽车维修企业)，及若干连锁经营店或快修店，以分别从事某品牌汽车的专业销售与专业维修。

各4S品牌公司的本部通常设有“前店”与“后厂”两个部分，以分别负责品牌汽车的销售服务及维修服务，并实施品牌公司、前店后厂、车间班组的三级管理。其中，企业的人力资源管理、质量管理与财务管理等通常由总经理负责，其他业务则由各副职分别管理。各职能部门代表总经理实施企业内部的具体生产经营管理。其分工是：办公室负责厂部日常行政管理(如人力资源管理和业务考核、并承办厂长/经理交办事务)；经营部门负责汽车销售或维修的具体业务联系(如前台接洽、预算结算，并承办车辆进出厂交接等)；生产技术部门及质量检验部门负责汽车维修的过程管理(如生产安全、生产调度、设备管理、配件供应)及质量管理等；财务管理部门负责企业财务管理及成本核算；后勤管理部门负责企业后勤保障(如食堂及物业管理等)。由于后厂负责品牌汽车维修服务的工种及人数较多，技术也较复杂，因此通常还要根据其生产流程及工种性质分设若干专业化的维修班组，例如机电维修、钣金油漆、装饰快修等。每维修班组人数原则上不超过10人(否则应平行设置，如机修班组)。班组是各4S品牌公司最基层的实体单位和基础环节，也是搞好汽车维修企业生产经营管理的重要保证。

对于无汽车销售而从事各类汽车维修、职工人数少于100人的二类汽车维修企业，大多实施厂部及班组的两级管理，其中厂部职能部门为代表经理或厂长的权力管理机构，对各维修班组直接实施管理。对于人数更少而从事某专项维修作业的三类汽车维修店(属于小型4S汽车销售或维修企业)，以及各4S品牌公司的连锁经营店与快修店，则一般只设置若干前台业务人员，代表店长全权负责某品牌汽车的销售与维修服务，或某品牌汽车的专项维修业务的生产调度与财务结算等。

3. 汽车维修企业管理机构设置的基本原则

1)管理跨度原则

人的精力总是有限的。实践证明，一个人能够有效管理下级的人数一般不多于12人，倘若人数再多或范围再大，管理就会顾此失彼。因此为了强化管理、提高管理效率，必须限制管理者直接管理的人数或范围。例如，军队司令不可能直接去指挥士兵，为此在军队里通常采用三三制或四四制的管理模式，以便逐层逐级地进行管理；在多于30人的汽车维修企业里也设置有各级管理机构（如职能部门、生产车间、生产班组等），以便在厂长/经理的集中统一领导下，逐层逐级地进行管理。所谓管理跨度原则，就是根据一个人能够有效管理下级的人数或范围来实施管理的原则，也是企业管理机构设置的基本原则。

2）精兵简政原则

企业是为了满足社会需求、从事商品的生产和经营（流通或服务）、并获得盈利的基本经济组织。为了适应企业生产经营管理的目标要求，也为了提高企业的管理效率和经济效益，在设置企业内部各级管理机构时，必须确保企业管理机构的精干、高效和节约。即要注重实效、精兵简政。要因事设职而不要因职设人；要尽量精简，可以不设的尽量不设，可以精简的尽量精简，以简化层次、精减人员，做到部门少、人员精。另外，在部门设置时还要尽量不设正职。这是因为立了庙宇就得请菩萨，可请来的菩萨并不一定都会念经。有的菩萨甚至还会阳奉阴违、争权夺利、制造是非、另立山头，结果不仅请神容易送神难，而且还因为无谓内耗而降低企业管理效率。

3）逐级管理、逐级负责原则

企业在设置管理机构后，必须实行“逐级管理、逐级负责”的管理原则，层层抓、抓层层。为此，企业各级职能机构不仅要合理分工，加强纵向与横向联系；而且还要相应建立明确的权责关系，实现企业内部管理事务的标准化与程序化。包括建立岗位责任制度和经济责任制度，明确管理程序、管理方法、考核标准、奖惩办法等，以做到“事事有人管，人人有专职，办事有标准，工作有考核”。

4）大权独揽、小权分散原则

企业在设置管理机构后还要实行“大权独揽、小权分散”的原则，合理地解决集权与分权，以确保生产经营管理政令的顺利实施。为此，除了企业生产经营管理的重大决策，以及企业中人、财、物的处置等都必须在厂部的统一集中领导下、由厂长/经理直接抓外，其他的日常性生产经营管理权力都宜下放，以避免权力过于集中而独裁专权，也避免权力过于分散而各自为政。当然，与此同时也要加强对厂长/经理集权的监督，实施企业党委的集体领导和职工代表大会的日常监督。

五、汽车维修企业的开业、日常经营、歇业停业与异动变更、年度审验

为使汽车维修行业管理正规化与制度化，从而使汽车维修经营者有所遵循，必须在方便、合理和高效的基础上，与工商税务等部门协调配合，规定汽车维修企业的开业、歇业、停业、变更等审批程序。

1.汽车维修企业的开业典礼

汽车维修企业的开业典礼并不是走走形式，而是一次宣传企业形象、展示企业文化、吸引潜在客户、展示企业实力的大好机会。为此，应选择适当的形式与日期，邀请适当的参会人员（潜在客户、新闻媒体等），充分做好企业的开业准备。

在完成开业典礼后，汽车维修企业还应趁热打铁，做好开业典礼的后续工作。例如：

（1）回访重点客户及潜在客户，征询他们对企业的印象、意见和想法。

(2)带上技术人员,对重点客户进行上门服务(最好能为其解决几个实际难题)。

(3)回访参会人员,直接表述为其服务的意向及内容;并随时报告企业的发展及变化。

(4)经常邀请重点客户及新闻媒体参加相应的联谊活动,经常保持相互的联系。

2. 汽车维修企业的日常经营

根据交通运输部2015年第17号令《机动车维修管理规定》:从事汽车维修以及救援等维修经营业务的汽车维修者,不仅应当依法经营、诚实信用、公平竞争、优质服务;而且应当公平、公正、公开和便民。除了汽车生产厂家履行缺陷汽车产品召回及质量三包外,托修方有权自主选择维修经营者。任何单位和个人不得封锁或者垄断汽车维修市场;不得强制或者变相强制指定维修经营者。

汽车维修企业在日常经营中应当按照经批准的行政许可事项开展汽车维修服务;并应将汽车维修经营许可证件及汽车维修标志牌悬挂在经营场所的醒目位置。不得擅自改装及利用配件拼装汽车,不得承修已报废汽车。倘若托修方要求改变车身颜色,更换发动机、车身和车架的,应当按照相关法律法规办理相关手续,在汽车维修经营者查看相关手续后方可承修。连锁经营服务网点的经营许可项目应当在汽车维修连锁经营企业总部所许可的项目范围内。汽车维修经营者应当使用规定的结算票据,并向托修方交付维修结算清单。维修结算清单中的工时费与材料费应当分项计算。维修结算清单的格式和内容应当由省级汽车维修行业管理部门制定。不出具规定的结算票据和结算清单的,托修方有权拒绝支付费用。

外商在中华人民共和国境内申请(独资、合资、合作)投资汽车维修经营的,应同时遵守《外商投资道路运输业管理规定》及相关法律法规规定。

汽车维修企业应当按照规定向汽车维修行业管理部门报送汽车维修统计资料。汽车维修行业管理部门也应当为汽车维修企业保守其商业秘密。

3. 汽车维修企业的歇业停业与异动变更

当汽车维修企业在歇业停业与异动变更时,应提交以下相关材料:

(1)名称的变更。因合并、分立、联营或改变隶属关系而需要变更企业名称时,应由经营者提交原主管部门批文或联营协议等。因住所或营业场所变动而需要变更企业名称时,应由经营者说明其变动原因并提交相关文件。因扩大或缩小经营范围而需要变更企业名称时,应由经营者提交原经营情况和申请计划等。

(2)经营权的变更。当转让或出售企业经营权时,出让方按歇业、停业程序办理,受让方按开业程序办理,此时按双方持有的转让证明,进行“名称变更”“经营范围变更”。当进行个人租赁经营或承包经营,或因财产纠纷抵押等而引发产权和经营权变更时,应由租赁或承包者持租赁或承包抵押协议书,到企业所在地的道路运政管理机构备案。

(3)经营范围的变更。倘若企业或经营业户因故变更其经营范围时,应由原批准开业的机构受理。其中,经营范围的变更主要用于同类变更,倘若属于经营范围的扩大变更,应按企业开业程序办理;倘若属于经营范围的缩小变更,则由企业经营者填报变更表,经审核同意后须换发经营证件即可。道路运政管理机构对于经营者的变更,应认真审查并重新核定其经营范围、经济性质,确定税费缴纳方式和管理办法,必要时还应向社会通告。

(4)经营许可的有效期及其变更。汽车维修经营许可证的有效期:一、二类汽车维修和一类摩托车维修为6年;三类汽车及汽车维修、二类摩托车维修为3年。汽车维修经营许可证由汽车维修行业管理部门统一印制并编号，由县级汽车维修行业管理部门按规定发放和管理。倘若需要换证的，应在汽车维修经营许可证件的有效期届满前30日，到原许可的汽车维修行业管理部门办理换证手续。倘若需要变更许可事项的（如变更企业名称、法定代表人、地址等），应向原许可的汽车维修行业管理部门备案；倘若需要终止经营办理注销手续的，应在终止前30日告知原许可的汽车维修行业管理部门。

4. 汽车维修行业的年度审验

根据交通运输部令2015年第17号《机动车维修管理规定》：各级汽车维修行业管理部门应对辖区内的汽车维修企业或经营业户进行定期的年度审验。其年度审验时间由各级道路运政管理机构确定，年度审验内容包括：经营资质评审、经营行为评审、规费缴纳情况等。

年度审验结果应记录于年度审验表，并存入分户档案中。

第四节　汽车维修行业的发展趋势

在产品短缺的计划经济时代，我国常用“新三年、旧三年、缝缝补补又三年”的理念，不断地修复旧件，从而使车辆无限地继续使用。但随着人们生活水平的提高和思想观念的转变，也随着车辆及配件供应情况的好转，使我国汽车维修业在服务对象上发生了巨大的变化。过去纯粹为汽车运输业服务，因而主要集中于大城市，从属于汽车运输业。现在则既从事在用车辆维修而为汽车运输业服务、也从事新车销售和服务而为汽车制造业服务。因而汽车维修业正逐渐形成为一个相对独立的行业，遍及于各行各业，并逐步向中小城市和县乡郊区扩散。另外，随着我国日益重视能源消耗和汽车排放，以综合考虑汽车维修的社会效益和经济效益，从而加快了在用车辆的更新改造，因而在汽车的维修观念、维修制度、维修力量和作业方式也发生了明显的变化。不仅由“强制维护、计划修理”转变为“周期维护、视情修理”；而且即使是汽车修理，也由过去的“以旧件修复为主”逐步发展成为今天的“以换件修复为主”。

随着汽车维修行业协会的逐步建立，汽车维修行业的自律意识（自我管理、自我约束、自我发展）正在不断提高，并正在逐步地国际化。汽车维修行业总的发展趋势如下。

1. 汽车维修经营业务的发展趋势

根据交通运输部令2016年第1号《道路运输车辆技术管理规定》，由于道路运输经营者是道路运输车辆技术管理的责任主体，不仅对道路运输车辆的技术管理将实施“分类管理、预防为主、安全高效、节能环保”的原则；而且对道路运输车辆的“择优选配、正确使用、周期维护、视情修理、定期检测和适时更新”都将由道路运输经营者自己负责。

正是道路运输车辆的技术管理及使用维修都将由道路运输经营者自己负责，因此道路运输车辆的汽车维护将不断简化而会向汽车检查/维修制度I/M的方向发展；而道路运输车辆的汽车修理也将不断简化而向汽车翻新的方向发展。

汽车维修企业的经营业务也将面临转型升级，不仅将参与旧机动车的视情修理或旧机动车翻新，而且将参与旧机动车的交易和置换。从欧美国家的旧机动车交易量及维修量通常是新机动车交易量及维修量7倍的情况看，由于近年来我国新机动车交易市场空前活跃，不仅带动了旧机动车交易市场的快速发展，而且也带动了汽车维修市场的快速发展。但由于在旧机动车交易时，无论是旧机动车的卖方或买方都希望在交易时能有一个公正、公平、公开的车况检测及必要的维修翻新，而4S品牌经营的汽车维修企业也正好具有这种车况检测和维修翻新能力，因此旧机动车的视情修理或视情翻新，以及旧机动车的交易和置换，必将成为现代4S汽车维修企业一体化服务的重要内容。当然，汽车维修企业要参与旧机动车的视情修理或旧机动车翻新，不仅需要配备足够的专用维修设备和专用检测诊断设备，并配备优秀的、经过国家技术认证和审核批准的汽车维修技术人员和管理人员（如持证经纪人与持证评估师）；而且还需要对旧机动车整车价值及修复价值的鉴定评估、旧机动车的交易置换程序，以及质量保证及售后服务等制定出一整套实用的工艺规范与技术标准。

2.汽车维修经营规模与经营方式的发展趋势

随着我国改革开放的不断深入和国民经济的持续发展，新机动车交易市场持续火爆，从而也使旧机动车交易市场及汽车维修业获得了更加飞速的发展，出现了众多的、专为某些品牌轿车服务的4S汽车维修企业集团（包括汽车销售、配件销售、售后服务与信息反馈等）。由于这些企业集团在过去几年里曾经占尽了先机，不仅资金雄厚、起点较高，而且经济效益较好。因而其经营规模也越来越大、经营档次越来越高、经营服务形式也越来越多，从而使汽车维修业正朝着规模化、高档次、多种经营的方向发展。但由于目前的汽车维修市场由过去的供不应求发展到现在的供求大致平衡、甚至供大于求。倘若从美国近几年汽车售后服务市场的发展状况预测，这种大型综合性4S品牌汽车维修企业将会逐渐减少，而连锁经营的大型超大型的4S品牌汽车维修企业，以及小型、超小型的专业化4S特约维修店、汽配店、救援服务站和汽车俱乐部等将逐年增加，并逐步形成全国性的连锁经营网络。由此可知，汽车维修行业的经营方式正逐步向集约化、专业化和工业化的方向发展；而其经营规模正在逐步向大型超大型的连锁经营及小型超小型的快修店两极分化的方向发展。

汽车维修企业向连锁经营的方向发展其趋势十分明显。这是因为，汽车维修业的连锁经营，不仅有统一的经营方针与服务规范，统一的作业标准和管理手册，统一的采购、配送、标识和价格，而且还随着汽车不断走入千家万户，汽车维修业也必将随之不断走入各个居民区角落。这样，汽车维修连锁总店的规模将越来越大，而汽车维修连锁分店的规模将越来越小、越来越专业化。当然，汽车维修企业的连锁经营属于科技型的连锁经营，它与商业型的连锁经营不同，不仅科技含量高，而且还需要有大型汽配经销商和保险公司加盟等。不仅如此，还需要连锁经营总店加强对连锁经营网点经营行为的监管和约束，以杜绝各连锁经营网点不规范的商业行为。而汽车维修企业的经营规模正朝着超大型的连锁经营和超小型的快修店两极分化的方向发展。

复习思考题

1. 什么是汽车维修行业？什么是汽车维修行业管理？
2. 试述汽车维修行业管理的发展历程。
3. 我国汽车维修业的现状怎样？目前存在哪些问题？
4. 试述汽车维修行业的行业特点有哪些。
5. 为什么要加强汽车维修行业管理？
6. 试述汽车维修行业管理的管理目标、管理内容、管理原则、管理职能。
7. 什么是汽车维修行业管理的质量监督？如何仲裁质量纠纷？

8. 汽车维修企业分类的依据有哪些？如何分类？
9. 分别叙述一类、二类、三类汽车维修企业的开业条件。
10. 为什么新建汽车维修企业要做前期可行性分析？其分析的内容与方法是什么？
11. 为什么新建汽车维修企业首先要做车源分析与周边企业分析？
12. 如何撰写技术经济可行性报告？
13. 调查一个新建的4S汽车销售与维修企业，需要如何规划和投资？
14. 请做一个二手车检测线的可行性报告。
15. 怎样进行汽车维修企业的厂区布局？
16. 企业管理机构设置的基本原则有哪些？
17. 试述汽车维修企业的开业、歇业、停业、变更审批程序。
18. 试述汽车维修企业的年度审验。
19. 试述汽车维修行业的发展趋势。

附录1　机动车维修管理规定

（中华人民共和国交通运输部令2015年第17号）

第一章　总　　则

第1条　为规范机动车维修经营活动，维护机动车维修市场秩序，保护机动车维修各方当事人的合法权益，保障机动车运行安全，保护环境，节约能源，促进机动车维修业的健康发展，根据《中华人民共和国道路运输条例》及有关法律、行政法规的规定，制定本规定。

第2条　从事机动车维修经营的，应当遵守本规定。本规定所称机动车维修经营，是指以维持或者恢复机动车技术状况和正常功能，延长机动车使用寿命为作业任务所进行的维护、修理以及维修救援等相关经营活动。

第3条　机动车维修经营者应当依法经营，诚实信用，公平竞争，优质服务。

第4条　机动车维修管理，应当公平、公正、公开和便民。

第5条　任何单位和个人不得封锁或者垄断机动车维修市场。鼓励机动车维修企业实行集约化、专业化、连锁经营，促进机动车维修业的合理分工和协调发展。鼓励推广应用机动车维修环保、节能、不解体检测和故障诊断技术，推进行业信息化建设和救援、维修服务网络化建设，提高机动车维修行业整体素质，满足社会需要。

第6条　交通部主管全国机动车维修管理工作。县级以上地方人民政府交通主管部门负责组织领导本行政区域的机动车维修管理工作。县级以上道路运输管理机构负责具体实施本行政区域内的机动车维修管理工作。

第二章　经营许可

第7条　机动车维修经营依据维修车型种类、服务能力和经营项目实行分类许可。机动车维修经营业务根据维修对象分为汽车维修经营业务、危险货物运输车辆维修经营业务、摩托车维修经营业务和其他机动车维修经营业务四类。

汽车维修经营业务、其他机动车维修经营业务根据经营项目和服务能力分为一类维修经营业务、二类维修经营业务和三类维修经营业务。摩托车维修经营业务根据经营项目和服务能力分为一类维修经营业务和二类维修经营业务。

第8条　获得一类汽车维修经营业务、一类其他机动车维修经营业务许可的，可以从事相应车型的整车修理、总成修理、整车维护、小修、维修救援、专项修理和维修竣工检验工作；获得二类汽车维修经营业务、二类其他机动车维修经营业务许可的，可以从事相应车型的整车修理、总成修理、整车维护、小修、维修救援和专项修理工作；获得三类汽车维修经营业务、三类其他机动车维修经营业务许可的，可以分别从事发动机、车身、电气系统、自动变速器维修及车身清洁维护、涂漆、轮胎动平衡和修补、四轮定位检测调整、供油系统维护和油品更换、喷油泵和喷油器维修、曲轴修磨、汽缸镗磨、散热器（水箱）、空调维修、车辆装潢（篷布、坐垫及内装饰）、车辆玻璃安装等专项工作。

第9条 获得一类摩托车维修经营业务许可的,可以从事摩托车整车修理、总成修理、整车维护、小修、专项修理和竣工检验工作;获得二类摩托车维修经营业务许可的,可以从事摩托车维护、小修和专项修理工作。

第10条 获得危险货物运输车辆维修经营业务许可的,除可以从事危险货物运输车辆维修经营业务外,还可以从事一类汽车维修经营业务。

第11条 申请从事汽车维修经营业务或者其他机动车维修经营业务的,应当符合下列条件:

(1)有与其经营业务相适应的维修车辆停车场和生产厂房。租用的场地应当有书面的租赁合同,且租赁期限不得少于1年。停车场和生产厂房面积按照GB/T 16739《汽车维修业开业条件》相关条款规定执行。

(2)有与其经营业务相适应的设备、设施。所配备的计量设备应当符合国家有关技术标准要求,并经法定检定机构检定合格。从事汽车维修经营业务的设备、设施的具体要求按照GB/T 16739《汽车维修业开业条件》相关条款规定执行;从事其他机动车维修经营业务的设备、设施的具体要求,参照GB/T 16739《汽车维修业开业条件》执行,但所配备设施、设备应与其维修车型相适应。

(3)有必要的技术人员:①从事一类和二类维修业务的应当各配备至少1名技术负责人员和质量检验人员。技术负责人员应当熟悉汽车或者其他机动车维修业务,并掌握汽车或者其他机动车维修及相关政策法规和技术规范;质量检验人员应当熟悉各类汽车或者其他机动车维修检测作业规范,掌握汽车或者其他机动车维修故障诊断和质量检验的相关技术,熟悉汽车或者其他机动车维修服务收费标准及相关政策法规和技术规范。技术负责人员和质量检验人员总数的60%应当经全国统一考试合格。②从事一类和二类维修业务的应当各配备至少1名从事机修、电器、钣金、涂漆的维修技术人员;从事机修、电器、钣金、涂漆的维修技术人员应当熟悉所从事工种的维修技术和操作规范,并了解汽车或者其他机动车维修及相关政策法规。机修、电器、钣金、涂漆维修技术人员总数的40%应当经全国统一考试合格。③从事三类维修业务的,按照其经营项目分别配备相应的机修、电器、钣金、涂漆的维修技术人员;从事发动机维修、车身维修、电气系统维修、自动变速器维修的,还应当配备技术负责人员和质量检验人员。技术负责人员、质量检验人员及机修、电器、钣金、涂漆维修技术人员总数的40%应当经全国统一考试合格。④有健全的维修管理制度。包括质量管理制度、安全生产管理制度、车辆维修档案管理制度、人员培训制度、设备管理制度及配件管理制度。具体要求按照GB/T 16739《汽车维修业开业条件》相关条款规定执行。⑤有必要的环境保护措施。具体要求按照GB/T 16739《汽车维修业开业条件》相关条款规定执行。

第12条 从事危险货物运输车辆维修的汽车维修经营者,除具备汽车维修经营一类维修经营业务的开业条件外,还应当具备下列条件:①有与其作业内容相适应的专用维修车间和设备、设施,并设置明显的指示性标志;②有完善的突发事件应急预案,应急预案包括报告程序、应急指挥以及处置措施等内容;③有相应的安全管理人员;④有齐全的安全操作规程。本规定所称危险货物运输车辆维修,是指对运输易燃、易爆、腐蚀、放射性、剧毒等性质货物的机动车维修,不包含对危险货物运输车辆罐体的维修。

第13条　申请从事摩托车维修经营的,应当符合下列条件:

(1)有与其经营业务相适应的摩托车维修停车场和生产厂房。租用的场地应有书面的租赁合同,且租赁期限不得少于1年。停车场和生产厂房的面积按照GB/T 18189《摩托车维修业开业条件》相关条款规定执行。

(2)有与其经营业务相适应的设备、设施。所配备的计量设备应符合国家有关技术标准要求,并经法定检定机构检定合格。具体要求按照GB/T 18189《摩托车维修业开业条件》相关条款规定执行。

(3)有必要的技术人员:①从事一类维修业务的应当至少有1名质量检验人员。质量检验人员应当熟悉各类摩托车维修检测作业规范,掌握摩托车维修故障诊断和质量检验的相关技术,熟悉摩托车维修服务收费标准及相关政策法规和技术规范。质量检验人员总数的60%应当经全国统一考试合格。②按照其经营业务分别配备相应的机修、电器、钣金、涂漆的维修技术人员。机修、电器、钣金、涂漆的维修技术人员应当熟悉所从事工种的维修技术和操作规范,并了解摩托车维修及相关政策法规。机修、电器、钣金、涂漆维修技术人员总数的30%应当经全国统一考试合格。

(4)有健全的维修管理制度。包括质量管理制度、安全生产管理制度、摩托车维修档案管理制度、人员培训制度、设备管理制度及配件管理制度。具体要求按照GB/T 18189《摩托车维修业开业条件》相关条款的规定执行。

(5)有必要的环境保护措施。具体要求按照GB/T 18189《摩托车维修业开业条件》相关条款规定执行。

第14条　申请从事机动车维修经营的,应当向所在地的县级道路运输管理机构提出申请,并提交下列材料:①《交通行政许可申请书》;②经营场地、停车场面积材料、土地使用权及产权证明复印件;③技术人员汇总表及相应职业资格证明;④维修检测设备及计量设备检定合格证明复印件;⑤按照汽车、其他机动车、危险货物运输车辆、摩托车维修经营,分别提供本规定第11条、第12条、第13条规定条件的其他相关材料。

第15条　道路运输管理机构应当按照《中华人民共和国道路运输条例》和《交通行政许可实施程序规定》规范的程序实施机动车维修经营的行政许可。

第16条　道路运输管理机构对机动车维修经营申请予以受理的,应当自受理申请之日起15日内作出许可或者不予许可的决定。符合法定条件的,道路运输管理机构作出准予行政许可的决定,向申请人出具《交通行政许可决定书》,在10日内向被许可人颁发机动车维修经营许可证件,明确许可事项;不符合法定条件的,道路运输管理机构作出不予许可的决定,向申请人出具《不予交通行政许可决定书》,说明理由,并告知申请人享有依法申请行政复议或者提起行政诉讼的权利。机动车维修经营者应当持机动车维修经营许可证件依法向工商行政管理机关办理有关登记手续。

第17条　申请机动车维修连锁经营服务网点的,可由机动车维修连锁经营企业总部向连锁经营服务网点所在地县级道路运输管理机构提出申请,提交下列材料,并对材料真实性承担相应的法律责任:①机动车维修连锁经营企业总部机动车维修经营许可证件复印件;②连锁经营协议书副本;③连锁经营的作业标准和管理手册;④连锁经营服务网点符合机动车维修经营相应开业条件的承诺书。道路运输管理机构在查验申请资料齐全有效后,应当场或在5日内予以许可,并发给相应许可证件。连锁经营服务网点的经营许可项目应当在机动车维修连锁经营企业总部许可项目的范围内。

第 18 条 机动车维修经营许可证件实行有效期制。从事一、二类汽车维修业务和一类摩托车维修业务的证件有效期为 6 年；从事三类汽车维修业务、二类摩托车维修业务及其他机动车维修业务的证件有效期为 3 年。机动车维修经营许可证件由各省、自治区、直辖市道路运输管理机构统一印制并编号，县级道路运输管理机构按照规定发放和管理。

第 19 条 机动车维修经营者应当在许可证件有效期届满前 30 日到作出原许可决定的道路运输管理机构办理换证手续。

第 20 条 机动车维修经营者变更许可事项的，应当按照本章有关规定办理行政许可事宜。

机动车维修经营者变更名称、法定代表人、地址等事项的，应当向作出原许可决定的道路运输管理机构备案。机动车维修经营者需要终止经营的，应当在终止经营前 30 日告知作出原许可决定的道路运输管理机构办理注销手续。

第三章 维修经营

第 21 条 机动车维修经营者应当按照经批准的行政许可事项开展维修服务。

第 22 条 机动车维修经营者应当将机动车维修经营许可证件和《机动车维修标志牌》悬挂在经营场所的醒目位置。《机动车维修标志牌》由机动车维修经营者按照统一式样和要求自行制作。

第 23 条 机动车维修经营者不得擅自改装机动车，不得承修已报废的机动车，不得利用配件拼装机动车。托修方要改变机动车车身颜色，更换发动机、车身和车架的，应当按照有关法律、法规的规定办理相关手续，机动车维修经营者在查看相关手续后方可承修。

第 24 条 机动车维修经营者应当加强对从业人员的安全教育和职业道德教育，确保安全生产。机动车维修从业人员应当执行机动车维修安全生产操作规程，不得违章作业。

第 25 条 机动车维修产生的废弃物，应当按照国家的有关规定进行处理。

第 26 条 机动车维修经营者应当公布机动车维修工时定额和收费标准，合理收取费用。

机动车维修工时定额可按各省机动车维修协会等行业中介组织统一制定的标准执行，也可按机动车维修经营者报所在地道路运输管理机构备案后的标准执行，也可按机动车生产厂家公布的标准执行。当上述标准不一致时，优先适用机动车维修经营者备案的标准。机动车维修经营者应当将其执行的机动车维修工时单价标准报所在地道路运输管理机构备案。机动车生产厂家在新车型投放市场后一个月内，有义务向社会公布其维修技术资料和工时定额。

第 27 条 机动车维修经营者应当使用规定的结算票据，并向托修方交付维修结算清单。维修结算清单中，工时费与材料费应分项计算。维修结算清单格式和内容由省级道路运输管理机构制定。

机动车维修经营者不出具规定的结算票据和结算清单的，托修方有权拒绝支付费用。

第 28 条 机动车维修经营者应当按照规定，向道路运输管理机构报送统计资料。

道路运输管理机构应当为机动车维修经营者保守商业秘密。

第 29 条 机动车维修连锁经营企业总部应当按照统一采购、统一配送、统一标识、统一经营方针、统一服务规范和价格的要求，建立连锁经营的作业标准和管理手册，加强对连锁经营服务网点经营行为的监管和约束，杜绝不规范的商业行为。

第四章　质量管理

第30条　机动车维修经营者应当按照国家、行业或者地方的维修标准和规范进行维修。尚无标准或规范的，可参照机动车生产企业提供的维修手册、使用说明书和有关技术资料进行维修。

第31条　机动车维修经营者不得使用假冒伪劣配件维修机动车。机动车维修经营者应当建立采购配件登记制度，记录购买日期、供应商名称、地址、产品名称及规格型号等，并查验产品合格证等相关证明。机动车维修经营者对于换下的配件、总成，应当交托修方自行处理。机动车维修经营者应当将原厂配件、副厂配件和修复配件分别标识，明码标价，供用户选择。

第32条　机动车维修经营者对机动车进行二级维护、总成修理、整车修理的，应当实行维修前诊断检验、维修过程检验和竣工质量检验制度。承担机动车维修竣工质量检验的机动车维修企业或机动车综合性能检测机构应当使用符合有关标准并在检定有效期内的设备，按照有关标准进行检测，如实提供检测结果证明，并对检测结果承担法律责任。

第33条　机动车维修竣工质量检验合格的，维修质量检验人员应当签发《机动车维修竣工出厂合格证》；未签发机动车维修竣工出厂合格证的机动车，不得交付使用，客户可以拒绝交费或接车。机动车维修竣工出厂合格证由省级道路运输管理机构统一印制和编号，县级道路运输管理机构按照规定发放和管理。禁止伪造、倒卖、转借机动车维修竣工出厂合格证。

第34条　机动车维修经营者对机动车进行二级维护、总成修理、整车修理的，应当建立机动车维修档案。机动车维修档案主要内容包括：维修合同、维修项目、具体维修人员及质量检验人员、检验单、竣工出厂合格证（副本）及结算清单等。机动车维修档案保存期为二年。

第35条　道路运输管理机构应当加强对机动车维修专业技术人员的管理，严格执行专业技术人员考试和管理制度。机动车维修专业技术人员考试及管理具体办法另行制定。

第36条　道路运输管理机构应当加强对机动车维修经营的质量监督和管理工作，可委托具有法定资格的机动车维修质量监督检验中心，对机动车维修质量进行监督检验。

第37条　机动车维修实行竣工出厂质量保证期制度。汽车和危险货物运输车辆整车修理或总成修理质量保证期为车辆行驶20000km或者100日；二级维护质量保证期为车辆行驶5000km或者30日；一级维护、小修及专项修理质量保证期为车辆行驶2000km或者10日。摩托车整车修理或者总成修理质量保证期为摩托车行驶7000km或者80日；维护、小修及专项修理质量保证期为摩托车行驶800km或者10日。其他机动车整车修理或者总成修理质量保证期为机动车行驶6000km或者60日；维护、小修及专项修理质量保证期为机动车行驶700km或者7日。质量保证期中行驶里程和日期指标，以先达到者为准。机动车维修质量保证期，从维修竣工出厂之日起计算。

第38条　在质量保证期和承诺的质量保证期内，因维修质量原因造成机动车无法正常使用，且承修方在3日内不能或者无法提供因非维修原因而造成机动车无法使用的相关证据的，机动车维修经营者应当及时无偿返修，不得故意拖延或者无理拒绝。

在质量保证期内，机动车因同一故障或维修项目经两次修理仍不能正常使用的，机动车维修经营者应当负责联系其他机动车维修经营者，并承担相应修理费用。

第 39 条　机动车维修经营者应当公示承诺的机动车维修质量保证期。所承诺的质量保证期不得低于第 37 条的规定。

第 40 条　道路运输管理机构应当受理机动车维修质量投诉，积极按照维修合同约定和相关规定调解维修质量纠纷。

第 41 条　机动车维修质量纠纷双方当事人均有保护当事车辆原始状态的义务。必要时可拆检车辆有关部位，但双方当事人应同时在场，共同认可拆检情况。

第 42 条　对机动车维修质量的责任认定需要进行技术分析和鉴定，且承修方和托修方共同要求道路运输管理机构出面协调的，道路运输管理机构应当组织专家组或委托具有法定检测资格的检测机构作出技术分析和鉴定。鉴定费用由责任方承担。

第 43 条　对机动车维修经营者实行质量信誉考核制度。机动车维修质量信誉考核办法另行制定。机动车维修质量信誉考核内容应当包括经营者基本情况、经营业绩（含奖励情况）、不良记录等。

第 44 条　道路运输管理机构应当建立机动车维修企业诚信档案。机动车维修质量信誉考核结果是机动车维修诚信档案的重要组成部分。道路运输管理机构建立的机动车维修企业诚信信息，除涉及国家秘密、商业秘密外，应当依法公开，供公众查阅。

第五章　监督检查

第 45 条　道路运输管理机构应当加强对机动车维修经营活动的监督检查。道路运输管理机构的工作人员应当严格按照职责权限和程序进行监督检查，不得滥用职权、徇私舞弊，不得乱收费、乱罚款。

第 46 条　道路运输管理机构应当积极运用信息化技术手段，科学、高效地开展机动车维修管理工作。

第 47 条　道路运输管理机构的执法人员在机动车维修经营场所实施监督检查时，应当有 2 名以上人员参加，并向当事人出示交通运输部监制的交通行政执法证件。道路运输管理机构实施监督检查时，可以采取下列措施：①询问当事人或者有关人员，并要求其提供有关资料；②查询、复制与违法行为有关的维修台账、票据、凭证、文件及其他资料，核对与违法行为有关的技术资料；③在违法行为发现场所进行摄影、摄像取证；④检查与违法行为有关的维修设备及相关机具的有关情况。检查的情况和处理结果应当记录，并按照规定归档。当事人有权查阅监督检查记录。

第 48 条　从事机动车维修经营活动的单位和个人，应当自觉接受道路运输管理机构及其工作人员的检查，如实反映情况，提供有关资料。

第六章　法律责任

第 49 条　违反本规定，有下列行为之一，擅自从事机动车维修相关经营活动的，由县级以上道路运输管理机构责令其停止经营；有违法所得的，没收违法所得，处违法所得 2 倍以上 10 倍以下的罚款；没有违法所得或者违法所得不足 1 万元的，处 2 万元以上 5 万元以下的罚款；构成犯罪的，依法追究刑事责任：①未取得机动车维修经营许可，非法从事机动车维修经营的；

②使用无效、伪造、变造机动车维修经营许可证件,非法从事机动车维修经营的;③超越许可事项,非法从事机动车维修经营的。

第 50 条　违反本规定,机动车维修经营者非法转让、出租机动车维修经营许可证件的,由县级以上道路运输管理机构责令停止违法行为,收缴转让、出租的有关证件,处以 2000 元以上 1 万元以下的罚款;有违法所得的,没收违法所得。对于接受非法转让、出租的受让方,应当按照第 49 条的规定处罚。

第 51 条　违反本规定,机动车维修经营者使用假冒伪劣配件维修机动车,承修已报废的机动车或者擅自改装机动车的,由县级以上道路运输管理机构责令改正,并没收假冒伪劣配件及报废车辆;有违法所得的,没收违法所得,处违法所得 2 倍以上 10 倍以下的罚款;没有违法所得或者违法所得不足 1 万元的,处 2 万元以上 5 万元以下的罚款,没收假冒伪劣配件及报废车辆;情节严重的,由原许可机关吊销其经营许可;构成犯罪的,依法追究刑事责任。

第 52 条　违反本规定,机动车维修经营者签发虚假或者不签发机动车维修竣工出厂合格证的,由县级以上道路运输管理机构责令改正;有违法所得的,没收违法所得,处以违法所得 2 倍以上 10 倍以下的罚款;没有违法所得或者违法所得不足 3000 元的,处以 5000 元以上 2 万元以下的罚款;情节严重的,由许可机关吊销其经营许可;构成犯罪的,依法追究刑事责任。

第 53 条　违反本规定,有下列行为之一的,由县级以上道路运输管理机构责令其限期整改;限期整改不合格的,予以通报:①机动车维修经营者未按照规定执行机动车维修质量保证期制度的;②机动车维修经营者未按照有关技术规范进行维修作业的;③伪造、转借、倒卖机动车维修竣工出厂合格证的;④机动车维修经营者只收费不维修或者虚列维修作业项目的;⑤机动车维修经营者未在经营场所醒目位置悬挂机动车维修经营许可证件和机动车维修标志牌的;⑥机动车维修经营者未在经营场所公布收费项目、工时定额和工时单价的;⑦机动车维修经营者超出公布的结算工时定额、结算工时单价向托修方收费的;⑧机动车维修经营者不按照规定建立维修档案和报送统计资料的;⑨违反本规定其他有关规定的。

第 54 条　违反本规定,道路运输管理机构的工作人员有下列情形之一的,由同级地方人民政府交通主管部门依法给予行政处分;构成犯罪的,依法追究刑事责任:①不按照规定的条件、程序和期限实施行政许可的;②参与或者变相参与机动车维修经营业务的;③发现违法行为不及时查处的;④索取、收受他人财物或谋取其他利益的;⑤其他违法违纪行为。

第七章　附　　则

第 55 条　外商在中华人民共和国境内申请中外合资、中外合作、独资形式投资机动车维修经营的,应同时遵守《外商投资道路运输业管理规定》及相关法律、法规的规定。

第 56 条　机动车维修经营许可证件等相关证件工本费收费标准由省级人民政府财政部门、价格主管部门会同同级交通主管部门核定。

第 57 条　本规定自 2015 年 8 月 8 日起施行。

附录2　道路运输车辆技术管理规定

(中华人民共和国交通运输部令2016年第1号)

第一章　总　　则

第1条　为加强道路运输车辆技术管理,保持车辆技术状况良好,保障运输安全,发挥车辆效能,促进节能减排,根据《中华人民共和国安全生产法》《中华人民共和国节约能源法》《中华人民共和国道路运输条例》等法律、行政法规,制定本规定。

第2条　道路运输车辆技术管理适用本规定。本规定所称道路运输车辆包括道路旅客运输车辆(以下简称客车)、道路普通货物运输车辆(以下简称货车)、道路危险货物运输车辆(以下简称危货运输车)。本规定所称道路运输车辆技术管理,是指对道路运输车辆在保证符合规定的技术条件和按要求进行维护、修理、综合性能检测方面所做的技术性管理。

第3条　道路运输车辆技术管理应当坚持分类管理、预防为主、安全高效、节能环保原则。

第4条　道路运输经营者是道路运输车辆技术管理的责任主体,负责对道路运输车辆实行择优选配、正确使用、周期维护、视情修理、定期检测和适时更新,保证投入道路运输经营的车辆符合技术要求。

第5条　鼓励道路运输经营者使用安全、节能、环保型车辆,促进标准化车型推广运用,加强科技应用,不断提高车辆的管理水平和技术水平。

第6条　交通运输部主管全国道路运输车辆技术管理监督。县级以上地方人民政府交通运输主管部门负责本行政区域内道路运输车辆技术管理监督。县级以上道路运输管理机构具体实施道路运输车辆技术管理监督工作。

第二章　车辆基本技术条件

第7条　从事道路运输经营的车辆应当符合下列技术要求:①车辆的外廓尺寸、轴荷和最大允许总质量应当符合GB 1589《道路车辆外廓尺寸、轴荷及质量限值》的要求;②车辆的技术性能应当符合GB 18565《道路运输车辆综合性能要求和检验方法》的要求;③车型的燃料消耗量限值应当符合JT 711《营运客车燃料消耗量限值及测量方法》、JT 719《营运货车燃料消耗量限值及测量方法》的要求。④车辆技术等级应当达到二级以上。危货运输车、国际道路运输车辆、从事高速公路客运以及营运线路长度在800km以上的客车,技术等级应当达到一级。技术等级评定方法应当符合国家有关道路运输车辆技术等级划分和评定的要求;⑤从事高速公路客运、包车客运、国际道路旅客运输,以及营运线路长度在800km以上客车的类型等级应当达到中级以上。其类型划分和等级评定应当符合国家有关营运客车类型划分及等级评定的要求;⑥危货运输车应当符合JT 617《汽车运输危险货物规则》的要求。

第8条　道路运输管理机构应当加强从事道路运输经营车辆的管理,对不符合本规定的车辆不得配发道路运输证。在对挂车配发道路运输证和年度审验时,应当查验挂车是否具有有效行驶证件。

第9条　禁止使用报废、擅自改装、拼装、检测不合格以及其他不符合国家规定的车辆从事道路运输经营活动。

第三章　技术管理的一般要求

第10条　道路运输经营者应当遵守有关法律法规、标准和规范，认真履行车辆技术管理的主体责任，建立健全管理制度，加强车辆技术管理。

第11条　鼓励道路运输经营者设置相应的部门负责车辆技术管理工作，并根据车辆数量和经营类别配备车辆技术管理人员，对车辆实施有效的技术管理。

第12条　道路运输经营者应当加强车辆维护、使用、安全和节能等方面的业务培训，提升从业人员的业务素质和技能，确保车辆处于良好的技术状况。

第13条　道路运输经营者应当根据有关道路运输企业车辆技术管理标准，结合车辆技术状况和运行条件，正确使用车辆。鼓励道路运输经营者依据相关标准要求，制定车辆使用技术管理规范，科学设置车辆经济、技术定额指标并定期考核，提升车辆技术管理水平。

第14条　道路运输经营者应当建立车辆技术档案制度，实行一车一档。档案内容应当主要包括：车辆基本信息，车辆技术等级评定、客车类型等级评定或者年度类型等级评定复核、车辆维护和修理（含《机动车维修竣工出厂合格证》）、车辆主要零部件更换、车辆变更、行驶里程、对车辆造成损伤的交通事故等记录。档案内容应当准确、详实。车辆所有权转移、转籍时，车辆技术档案应当随车移交。道路运输经营者应当运用信息化技术做好道路运输车辆技术档案管理工作。

第四章　车辆维护与修理

第15条　道路运输经营者应当建立车辆维护制度。

车辆维护分为日常维护、一级维护和二级维护。日常维护由驾驶员实施，一级维护和二级维护由道路运输经营者组织实施，并做好记录。

第16条　道路运输经营者应当依据国家有关标准和车辆维修手册、使用说明书等，结合车辆类别、车辆运行状况、行驶里程、道路条件、使用年限等因素，自行确定车辆维护周期，确保车辆正常维护。车辆维护作业项目应当按照国家关于汽车维护的技术规范要求确定。道路运输经营者可以对自有车辆进行二级维护作业，保证投入运营的车辆符合技术管理要求，无需进行二级维护竣工质量检测。道路运输经营者不具备二级维护作业能力的，可以委托二类以上机动车维修经营者进行二级维护作业。机动车维修经营者完成二级维护作业后，应当向委托方出具二级维护出厂合格证。

第17条　道路运输经营者应当遵循视情修理的原则，根据实际情况对车辆进行及时修理。

第18条　道路运输经营者用于运输剧毒化学品、爆炸品的专用车辆及罐式专用车辆（含罐式挂车），应当到具备道路危险货物运输车辆维修资质的企业进行维修。前款规定专用车辆的牵引车和其他运输危险货物的车辆由道路运输经营者消除危险货物的危害后，可以到具备一般车辆维修资质的企业进行维修。

第五章 车辆检测管理

第19条 道路运输经营者应当定期到机动车综合性能检测机构,对道路运输车辆进行综合性能检测。

第20条 道路运输经营者应当自道路运输车辆首次取得《道路运输证》当月起,按照下列周期和频次,委托汽车综合性能检测机构进行综合性能检测和技术等级评定:①客车、危货运输车自首次经国家机动车辆注册登记主管部门登记注册不满60个月的,每12个月进行1次检测和评定;超过60个月的,每6个月进行1次检测和评定。②其他运输车辆自首次经国家机动车辆注册登记主管部门登记注册的,每12个月进行1次检测和评定。

第21条 客车、危货运输车的综合性能检测应当委托车籍所在地汽车综合性能检测机构进行。货车的综合性能检测可以委托运输驻在地汽车综合性能检测机构进行。

第22条 道路运输经营者应当选择通过质量技术监督部门的计量认证、取得计量认证证书并符合GB 17993《汽车综合性能检测站能力的通用要求》等国家相关标准的检测机构进行车辆的综合性能检测。

第23条 汽车综合性能检测机构对新进入道路运输市场车辆应当按照《道路运输车辆燃料消耗量达标车型表》进行比对。对达标的新车和在用车辆,应当按照GB 18565《道路运输车辆综合性能要求和检验方法》、JT/T 198《道路运输车辆技术等级划分和评定要求》实施检测和评定,出具全国统一式样的道路运输车辆综合性能检测报告,评定车辆技术等级,并在报告单上标注。车籍所在地县级以上道路运输管理机构应当将车辆技术等级在《道路运输证》上标明。汽车综合性能检测机构应当确保检测和评定结果客观、公正、准确,对检测和评定结果承担法律责任。

第24条 道路运输管理机构和受其委托承担客车类型等级评定工作的汽车综合性能检测机构,应当按照JT/T 325《营运客车类型划分及等级评定》进行营运客车类型等级评定或者年度类型等级评定复核,出具统一式样的客车类型等级评定报告。

第25条 汽车综合性能检测机构应当建立车辆检测档案,档案内容主要包括:车辆综合性能检测报告(含车辆基本信息、车辆技术等级)、客车类型等级评定记录。车辆检测档案保存期不少于2年。

第六章 监督检查

第26条 道路运输管理机构应当按照职责权限对道路运输车辆的技术管理进行监督检查。

道路运输经营者应当对道路运输管理机构的监督检查予以配合,如实反映情况,提供有关资料。

第27条 道路运输管理机构应当将车辆技术状况纳入道路运输车辆年度审验内容,查验以下相应证明材料:①车辆技术等级评定结论;②客车类型等级评定证明。

第28条 道路运输管理机构应当建立车辆管理档案制度。档案内容主要包括:车辆基本情况,车辆技术等级评定、客车类型等级评定或年度类型等级评定复核、车辆变更等记录。

第 29 条　道路运输管理机构应当将运输车辆的技术管理情况纳入道路运输企业质量信誉考核和诚信管理体系。

第 30 条　道路运输管理机构应当积极推广使用现代信息技术,逐步实现道路运输车辆技术管理信息资源共享。

第七章　法 律 责 任

第 31 条　违反本规定,道路运输经营者有下列行为之一的,县级以上道路运输管理机构应当责令改正,给予警告;情节严重的,处以 1000 元以上 5000 元以下罚款:①道路运输车辆技术状况未达到 GB 18565《道路运输车辆综合性能要求和检验方法》的;②使用报废、擅自改装、拼装、检测不合格以及其他不符合国家规定的车辆从事道路运输经营活动的;③未按照规定的周期和频次进行车辆综合性能检测和技术等级评定的;④未建立道路运输车辆技术档案或者档案不符合规定的;⑤未做好车辆维护记录的。

第 32 条　违反本规定,道路运输车辆综合性能检测机构有下列行为之一的,县级以上道路运输管理机构不予采信其检测报告,并抄报同级质量技术监督主管部门处理。①不按技术规范对道路运输车辆进行检测的;②未经检测出具道路运输车辆检测结果的;③不如实出具检测结果的。

第 33 条　道路运输管理机构工作人员在监督管理工作中滥用职权、玩忽职守、徇私舞弊的,依法给予行政处分;构成犯罪的,由司法机关依法处理。

第八章　附　　则

第 34 条　本规定自 2016 年 3 月 1 日起施行。原交通部发布的交通部令 1990 年第 13 号《汽车运输业车辆技术管理规定》、交通部令 2001 年第 4 号《道路运输车辆维护管理规定》同时废止。

参考文献

[1] 李保良,任跃宇,张殿国,等. 汽车维修企业管理人员培训教材[M]. 北京:人民交通出版社,2004.

[2] 张明. 新编汽车维修企业管理实用手册[M]. 北京:机械工业出版社,2009.

[3] 胡建军. 汽车维修企业创新管理[M]. 2 版. 北京:机械工业出版社,2012.

[4] 张平. 汽车维修企业管理基础[M]. 2 版. 北京:电子工业出版社,2015.

[5] 胡建军. 汽车维修企业创新管理[M]. 3 版. 北京:机械工业出版社,2015.

[6] 王一斐. 汽车维修企业管理[M]. 北京:机械工业出版社,2016.

[7] 高维,张铠锋. 汽车维修企业管理[M]. 北京:科学出版社,2016.